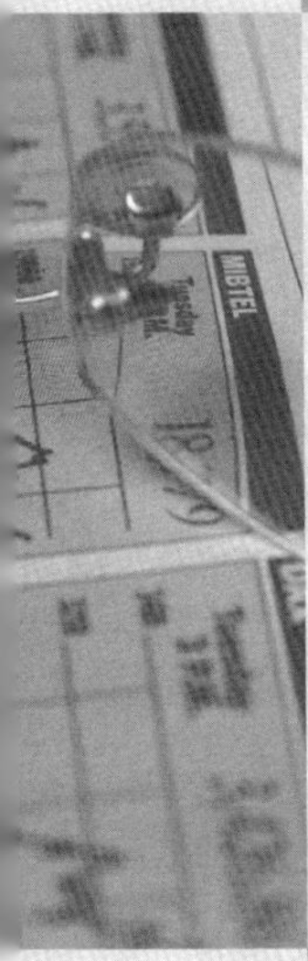

회계
제도론

최진현 · 權藝卿 공저

PnC
publishing and culture
피앤씨미디어

머 리 말

세계적인 회계 환경의 변화에 따라 회계기준이 자주 바뀌어 학생들이나 교수 및 실무담당자들이 힘겨워하는 형국이다. 우리나라에서도 국제회계기준인 IFRS를 2011년부터 적용하고 있고 중소기업의 회계기준을 따로 마련하였다. 회계기준의 변경에 따라 실무적인 처리는 조금씩 바뀔 수 있으나 회계의 사회적 맥락은 바뀌지 않는다. 그 이유는 사회에서 원하는 회계의 기능을 수행하기 위해서 회계제도화가 이루어지며 그 기본이 회계기준이기 때문이다.

그래서 저자는 회계의 제도화이론이 필요한 시점이라 생각한다. 본서는 회계의 제도화 과정에서 꼭 필요할 것으로 판단되는 회계환경과 회계의 사회적 기능을 중심으로 회계의 논리를 구성하였다. 회계제도의 이해란 논리적 성질에 따라 연역적으로 회계의 틀을 설명하고 있다는 의미이다. 그렇다고 해서 이 책이 완전한 논리적 정합성을 갖춘 것은 아니다.

이 책은 학부 학생들을 대상으로 하였기 때문에 학부 학생들이 세세한 회계처리 기법을 익히기 보다는 회계논리의 프레임을 이해하여 회계제도의 변경이 있더라도 쉽게 새로운 제도에 적응할 수 있는 능력을 배양하는데 초점을 두었다. 그래서 다음과 같은 편제를 갖추고 있다.

1. 회계의 기초적 관념론
2. 회계제도화의 기초적 논리
3. 회계제도의 구조론
4. 이익측정 및 자산 평가론
5. 부채평가와 자본

이 책에서 나오는 제목들과 구성이 기존서와 조금 다르지만 그 이외의 제반 내용은 특별히 다르다고 할 수는 없다. 단지 중언부언하는 내용을 최대한 축소하고 현대 회계의 근간이 되는 사상들을 부각시켰다. 경우에 따라서는 기존의 회계이론과 비교하면 주제가 약간씩 다르겠지만 전체적인 맥락은 크게 다른 바가 없을 것이다.

끝으로 이 책은 회계제도의 이해를 보완하여 개정한 것임을 밝히며 편집을 맡아주신 김인숙님께 감사드립니다.

2013. 3

연구실에서 저자

목 차

제1부 회계의 기초적 관념론 _ 9

제2부 회계제도화의 기초적 논리 _ 51

제 1 부

회계의 기초적 관념론

여기서는 회계의 어원·의의로 부터 시작하여 회계이론과 연구방법에 대해 설명하고 제도회계의 프레임 웍(frame-work)을 파악하는데 도움이 되는 기초적 관념들에 대해 알아본다. 이러한 관념들에는 회계제도의 개념, 회계제도의 규범과 기능 및 회계의 환경구조가 있다. 이들 관념들은 특정 국가에 있어서 회계제도화의 근간이 되는 필수적인 요소들이다.

제 1 장 회계이론과 연구방법

제 1 절 회계의 어원과 의의

회계는 원래 부기(book-keeping)라는 말이 의미하듯이 장부에 기록하는 것에서부터 출발했다. 이러한 부기는 주로 채권자가 부채의 차주와 금액을 잊어버리지 않게 증거(evidences)를 남기기 위한 수단이었다. 중국의 회계는 그 어원으로 보아 요순시대(BC 2000경)로부터 발전된 것으로 보이나 부기가 일반화된 것은 BC475년경 춘추전국시대의 종료 이후 성립된 봉건사회라고 할 수 있다. 그러나 이때까지의 중국의 부기는 단식부기 형식이었으며 복식주기에 의한 회계의 시초는 청나라 말기 해외 유학생의 귀국으로 전파된 것으로 보인다.

동양에서 회계(會計)의 어원은 중국 저장성(浙江省) 소흥에 있는 회계산(會稽山)에서 비롯되었다고 한다. 회계산의 본래 이름은 모산(茅山)이었는데 그 산의 이름이 회계산으로 바뀌게 되었다고 하는 연유는 다음과 같다.

> 중국의 고대왕조에서 황하나 장강의 치수가 나라의 운명을 좌우하는 중요한 과업이었다. 그래서 요순시대의 순(舜)이라는 임금이 우(禹)라는 신하에게 장강의 물길을 다루라는 명령을 내렸고, 우는 장강의 치수를 위해 여러 부하들을 불러 모아 9년간의 천신만고 끝에 치수에 성공하였다. 이것이 "9년 치수"이다. 이후 우(禹)는 9년치수의 공적을 인정받아 천자에 오르게 되었는데, 죽기 전에 9년치수에 노력한 모산(茅山)에 부하들을 모아놓고(會) 공적을 평가하여(稽) 후사하였다.[정석원, 재미있는 한자여행, 중앙일보, 1996. 1. 13]

이때부터 모산(茅山)은 회계산(會稽山)으로 불리기 시작했고, 계(稽)라는 문자는 쓰기 불편하여 음과 뜻이 똑 같은 계(計)로 바뀌었다고 한다. 이러한 회계(會計)의 어원을 미루어 보아 회계라는 용어는 특정한 과업을 성공시킨 사람들을 모아놓고 각기의 공적을 적정하게 평가하여 성과를 공정하게 배분하는 것에서 시작되었다고 볼 수 있다.

한편, 실무계나 관련된 학문분야에서 회계가 "기술(技術)"로 정의되는 것은 회계가 장부의 기록(簿記: book-keeping)과 회계처리를 하는 과정의 기법(technics)으로 인식되었기 때문이다.

그러나 이러한 관념은 1960년대 이후 부기라는 기술적 측면과 정보의 측정·전달이라는 측면이 결합되어 회계(accounting)라는 사회과학(social science)으로 발전하였다.

1. 기술로 보는 견해

회계란 거래를 기록·분류·요약·해석하는 기술(art)이다. 이 정의는 회계가 재무제표를 만들어 내는 회계처리의 기술에 초점을 두고 있다. 1941년에 발표된 미국공인회계사회(AICPA: American Institute of Certified Public Accountants)의 회계용어공보(ATB: Accounting Terminology Bulletin) No.1에 수록되어 있는 회계의 정의는 다음과 같다.

> 회계는 재무적 성격의 거래나 사건을 화폐액에 의하여 의미 있는 방법으로 기록·분류·요약하고 그 결과를 해석하는 기술이다(Accounting is the art of recording, classifying, and summarizing in a significant manner and in terms of money, transactions and events which are, in part at least, of a financial character, and interpreting the results thereof.[AICPA, ATB No. 1, 1941])

이것은 공식적인 회계전문기관이 최초로 회계를 정의했다는 의의를 가지며 전통적 회계사고(traditional accounting thought)를 잘 표현하고 있다고 할 수 있다. 이 정의를 분석해 보면 다음과 같은 의미를 내포하고 있다.

① 회계는 거래를 기록·분류·요약(회계처리)하여 재무제표로 만드는 것이다.

② 회계는 과학(science)이라기보다는 기술(art)이다.
회계는 실무를 위한 기술일 뿐이지 그 규범이나 논리가 다른 사회과학에서와 같이 질서정연하지 못하다. 그 이유는 회계가 실무와 밀접한 관련성을 갖고 실무적으로 발전되어 왔기 때문이다. 전통적 회계에서 부기는 회계보고서를 작성하기 위한 기술을 중시하여 왔기 때문에 아직도 일반인의 뇌리에 회계가 계산의 도구로 남아있는 것이다.

③ 회계는 재무적 성격의 거래나 사상을 화폐단위에 의해 기록, 분류, 측정한다.

이와 같은 정의 때문에 회계의 인식 및 측정의 대상이 되는 것은 화폐단위로 표시 가능한 것에 한정되고 비화폐적 자료[1](non-monetary data)는 회계의 인식 및 측정 대상이 아니다.

2. 프로세스로 보는 견해

회계란 경제적 정보를 인식, 측정, 전달하는 과정(process)이라고도 한다. 이러한 정의는 정보지향적 관점에서 회계의 본질을 경제적 의사결정에 필요한 정보를 산출하여 전달하는 과정(process)적 측면으로 보고 있다.

이러한 견해는 1966년 미국회계학회(AAA: American Accounting Association)에서 발표한 「기초적 회계이론에 관한 보고서」(ASOBAT: A Statement of Basic Accounting Theory)에서 비롯되었다. 그 이후 1970년 미국공인회계사회에서 발표한 회계원칙심의회 보고서(APB Statement) No.4에서도 회계의 직능(function)을 정보의 제공으로 보고 있는 점에서는 비슷하지만 구별되는 점은 회계의 본질을 행위(activity)에 포커스를 맞추고 있다.

> 회계란 정보이용자가 판단과 의사결정을 정통하게 할 수 있도록 경제적 정보를 식별·측정·전달하는 과정이다.(The committee defines accounting as the process of identifying, measuring and communicating economic information to permit informed judgements and decisions by users of the information. [AAA, ASOBAT, 1966])

1) 원재료의 물량 정보와 경영자·종업원의 인적 가치에 관련된 인적자원정보 등과 주기 및 주석이 비화폐적 자료의 예이다.

이 정의는 회계가 「기록·분류·요약」하는 전통적 회계처리라고 규정한 기술론의 범주를 벗어나 「판단과 의사결정에 필요한 정보제공」이라는 새로운 회계의 방향을 제시한 것으로 평가되고 있다.

① 이 정의의 핵심은 회계를 측정과정(measurement process)과 전달과정(communication)으로 간주하고 있는 것이다. 회계측정은 단순히 거래액(또는 교환가액)에 의해 이루어질 수도 있지만, 임의적으로 결정될 수도 있으며(예 감가상각비), 경제적 실질가치와 다르게 측정될 수 있다. 전달과정은 커뮤니케이션이론(communication theory)에 준가하여 회계정보의 생산자가 정보이용자의 이용목적에 따라 목적 적합한(relevant) 정보를 회계보고서에 공시하여 전달하는 것이다.

② 회계는 기본적으로 정보시스템(information system)으로서 정보이용자의 의사결정에 유용한 정보를 생산하고 제공하여야 한다는 것이다. 그러므로 회계가 정보이론(information theory), 의사결정이론(decision theory) 등과 결합될 수 있다. 정보이론과 결합하여 회계정보이론이 탄생되었다. 회계정보이론은 회계정보의 측정·평가·전달시스템 등을 다루는 것이다. 의사결정이론은 정보이용자가 의사결정을 수행하는 데 있어서 대안의 선택에 관련하여 의사결정의 본질·목적·모형·방법 등을 다루는 것이다. 회계연구에서는 이런 두 가지 이론이 모두 정보라는 동일한 연구대상을 다루는데 이용되고 있다. 따라서 회계에서는 정보이론 속에 의사결정이론을 포함시키기도 한다.

③ 전통회계에서는 기록·분류·요약에 의해 과거의 역사적 기록에 바탕으로 화폐적 정보(재무적 정보)를 생산하는데 주안점을 두고 있었지만 이 정의에서는 경제적 정보의 측정뿐 만 아니라 전달측면을 강조하고 비화폐적 정보(질적 정보)를 표시할 수 있는 가능성(개념체계 74 참고)을 제시하고 있다.

이상에서 설명한 바와 같이 전통회계에서는 재무적 회계정보를 화폐적 정보와 과거정보로만 한정하고 정보의 측정(기록·분류·요약)에 초점을 맞추어 전달을 등한시하여 정보이용자의 정보욕구에 부응하지 못한 점이 있었다. 미국회계학회의 회계정의는 전통회계의 한계점을 벗어나기 위해 정보이론과 의사결정이론에 입각한 회계정의를 하고 있다. 미국회계학회의 회계정의에서 회계정보를 재무정보 뿐만 아니라 비화폐적 정보까지를 포괄하는 것으로 그 범위를 확대하는 것은 바람직한 것이지만 비화폐적 정보와 미래정보의 측정에는 불확실성, 주관적 측정 등의 문제점이 있어 무조건 바람직한 것만은 아니다.

3. 행위로 보는 견해

미국공인회계사회의 APB Statement No.4(1970)에 의하면 회계를 서비스 활동이라고 정의하고 있다.

> 회계는 서비스 활동이다. 그 기능은 여러 대안 중에서 합리적 선택을 하는데 있어서 즉, 경제적 의사결정에 유용할 수 있도록 경제적 실체에 관해 주로 재무적인 양적 정보를 제공하는 것이다.(Accounting is a service activity. Its function is to provide quantitative informations, primarily financial in nature, about economic entities that is intended to be useful in making economic decisions - in making reasoned choices among alternative courses of action. [APB Statement No.4, 1970])

이 정의는 ASOBAT와 마찬가지로 회계가 정보제공이라는 점에서 동일한 직능을 갖고 있는 것으로 보고 있다. 그렇지만 회계의 본질을 서비스활동으로 규정하고 있다는 점에서 차이가 있다. 여기서 서비스활동은 정보이용자의 경제적 의사결정에 도움이 되도록 기본적으로 재무적 성격의 양적 정보를 제공하는 것을 가리키고 있다. 그리고 이 정의가 ASOBAT의 정의와 또 다른 점은 "재무적인 양적 정보"를 강조함으로써 전통회계에 의한 화폐적 정보로만 정보의 범위를 제한시켜 실무적으로 표시하기 곤란한 비화폐적 정보를 제외하여 회계를 정의하고 있는 것이다. 이것을 보면 AICPA가 실무계의 보수적인 입장을 대변하고 있음을 알 수 있다.

이상의 두 가지 회계의 정의는 오늘날에 있어서 모두 유효한 것으로 어느 한 쪽만이 옳다고 말할 수 없다. 회계를 "기술"로 보는 정의는 회계의 실무적 측면을 강조한 것으로 전통회계의 정의라고 할 수 있고 부기라는 개념에 합당한 것이며 회계장부의 기입, 재무제표의 작성 등 회계처리를 강조한 것이다. 회계를 "정보의 측정과 전달"의 과정 또는 행위로 정의한 것은 회계에 있어서 정보를 중심으로 논리적 설명, 과학적 방법의 적용 등에 의한 연구에 의하여 이론이 정립되어야 함을 암시하고 있다. 따라서 부기보다는 회계학이라는 학술적·이론적 측면을 강조하고 있어 회계의 영역을 확장한 정의라고 볼 수 있다.

회계의 정의는 "기술"로부터 "정보의 측정과 전달"로 발전되었는데, 현실세계에는 이 두 측면이 혼재하고 있다. 따라서 어느 한 쪽을 무시할 수는 없다. 다만, 실무가 논리와 이론적 지지를 잃으면 존재가치가 없어짐으로 이론을 무시해서는 안 된다. 반대로 이론이 타당성을 인정받기 위해서도 현실적 실무를 무시해서는 안 될 것이다.

4. 기업의 언어로 보는 견해

넓은 의미에서 "언어"는 "기호(sign)"와 같은 말이다. 그리고 그 기호는 "자신과는 다른 현상을 고시(告示)하거나 지시(指示)하는 것"으로 정의된다.[(2)]

기업의 경영상태나 경영활동을 고시하거나 지시하는 것이 회계이다. 이런 맥락에서 회계(accounting)는 "기업의 언어(the language of business)" 라고 일컬어진다.[(1)] 이 정의에 있어서 "자신과는 다른 현상"을 "대상(對象)"이라고 바꿔 놓고 "고시(告示)"를 "표현"이라고 바꿔 놓고 보면, 대상(표현되는 것)과 언어(표현하는 것)의 관계에 대한 대조적인 두개의 견해가 존재한다. 먼저 대상을 우선시하는 견해를 폴=로와이얄 논리학(logique de Port-Royal)의 관점이라 하고 언어를 우선시하는 견해를 소쉬르 언어학(linguistique de Saussure)의 관점이라 할 수 있다.

기본적인 연구접근법의 관점에서 보면, 폴=로와이얄은 대상(對象)이 우선적이어서 표현되는 언어를 후차적인 것이라고 본다. 즉, 먼저 존재하는 대상에 대하여 언어(기호)는 뒤에서 그것에 첨부되는 이름이라고 생각한다. 이러한 견해를 명칭목록관이라고도 하며, 회계에서는 사상론(寫象論)이라 한다. 반면, 소쉬르는 반대로 대상이 후차적인 것이고 오히려 표현하는 언어를 우선적인 것으로 본다. 즉, 언어(기호)가 먼저 생기고 비로소 대상이 출현된다고 생각한다.

1) 사상론의 관점

회계를 폴-로이얄 논리학(logique de Port-Royal)에 근거를 두고 있는 사상론적 관점에서의 기업의 언어라고 간주하는 대표적인 학자는 이지리(Ijiri)와 하워즈(Hawes)이다. 이들은 회계를 기호와 문법규칙에 의거하여 고립되어 있거나 단절되어 있는 대상물(실체)을 개념화[2)]한다고 주장한다. 이러한 주장에서 회계를 언어라고 할 때, 회계언어에서 기호는 용어(계정과목명), 수치(금액), 차변, 대변 등이며 문법규칙은 회계기준이라고 본다.

그리고 미국 재무회계기준심의회(Financial Accounting Standards Board: FASB)도 사상론의 관점을 갖고 있다. FASB는 이런 회계의 언어성을 유용성과 관련시키면서 다음과 같이 피력하고 있다.

> 지도(map)는 실제의 지형과는 전혀 비슷하지 않은 심볼을 이용해서 사상(寫像)되는 지역의 지리적 특징을 표현하지만 이와 같은 심볼은 실제의 지형에 대해서 지극히 많은 정보를 전달한다. 재무제표에 있어서 표제 및 숫자는 영리기업의 영상(picture)이며 게다가 해당 기업의 단순한 묘사라기보다 기업의 외부 및 내부관계의 많은 것을 더욱 엄밀하게… 실제로는 더욱 정보를 풍부하게…표현하고 있다. 잘 알고 있는 바와 같이 지형과 지도는 경제 활동과 재무제표와는 큰 차이가 있다. 그럼에도 불구하고 유사점도 명확할 것이다. [FASB, Statement of Financial Accounting Concepts and Accounting Standards, (Illinois : 1990/1991 ed.), p.41]

이 지리의 정의에 의하면 다른 물건이나 현상을 표현하는데 심볼(symbol: 기호)이 사용되는데 이 심볼에 의해 표현된 것을 사체(寫體: surrogates)라고 하고 사체인 심볼에 의해 표현되어지는 물건이나 현상을 본체(本體) 또는 원체(principals: 元體)라고 부른다. 그가 강조하는 바에 의하면 회계시스템으로부터 산출되는 것은 본질적으로는 모두 심볼에 의해 표현된 사체들(surrogates)이라고 본다.

---

2) 미국 회계기준에서 이연자산을 재무상태표에서 삭제한 것은 사상론의 관점에서 불합리한 것이기 때문이다.

2) 형상론의 관점

형상론의 관점에서 본 회계의 언어성은 소쉬르 언어학(linguistique de Saussure)에 근거를 두고 있다. 언어형상론의 관점에서 회계를 고찰함에 있어서는 소쉬르 언어학의 「동일성」과 「제로 기호」의 개념을 단서로 하여 회계상의 제반 의미관계를 도출한다. 그리고 소쉬르 언어학에 있어서의 「연사관계」 및 「연합 관계」의 개념을 원용하여 회계의 언어성을 논증하고 있다.

예컨대, 이연자산이나 가공자산과 같은 회계상의 개념은 회계사상론으로는 설명할 수 없는 것들이지만 형상론의 관점에서는 설명이 가능하다. 결국 회계를 형상론에 의해 설명하면 회계용어들의 의미관계를 통하여 회계현상을 전체적으로 설명할 수 있다고 보는 견해이다.[3)]

제2절 회계이론

국어사전에서 이론이란 지식을 법칙적이고 통일적으로 인식시키기 위한 다소 정합적인 원리적 인식의 체계라 하고 철학에서는 순관념적으로 조직된 논리라고 한다. 이러한 이론(theory)은 어떤 현상을 정확히 관찰하는 것으로부터 시작된다. 그리고 관찰된 것들을 법칙적이고 통일적으로 인식시키기 위해서는 현상을 질서정연하고 체계적으로 설명할 수 있어야 한다. 따라서 이론이란 첫째로 어떤 현상을 설명(explanation)하는 것이 무엇보다 중요하다. 그래서 맥도널드(McDonald)는 "이론이란 설명과 예측(prediction)을 다루는 것으로, 이론을 설명함으로써 예측이 더욱 확실하게 이루어질 수 있다"라고 하여 이론에 있어서 설명과 예측이 가장 중요한 요소임을 밝히고 있다. 이와 같이 설명과 예측이 이론에서 중요한 요소라는 것은 일반적 견해이다.

그래서 어떤 관찰의 결과(가설)가 이론으로 성립되기 위해서 설명력(ablity to explanation)과 예측력(predictive ability)을 갖추어야 한다. 즉 이론은 과거에 발생된 현상을 설명할 수 있고 미래에 발생할 가능성이

3) 자세한 내용은 최진현 역, 회계언어론의 기초, 대명, 2006을 참고하기 바람

있는 현상을 예측할 수 있어야 한다. 따라서 아래의 [그림 1-1]과 같이 과거에 발생된 사실에 의해 검증 가능해야 하고 다수의 사람이 그러한 검증을 실시하였을 때 동일한 결과를 가져올 수 있어야 한다. 이렇게 여러 사람에 의해 검증되어 탄생된 이론은 미래에 일어날 가능성이 있는 현상을 예측할 수 있는 것이다. 만약 미래의 발생 가능한 현상을 예측할 수 없거나 예측이 틀리는 이론은 이론으로서의 자격이 없는 것이다.

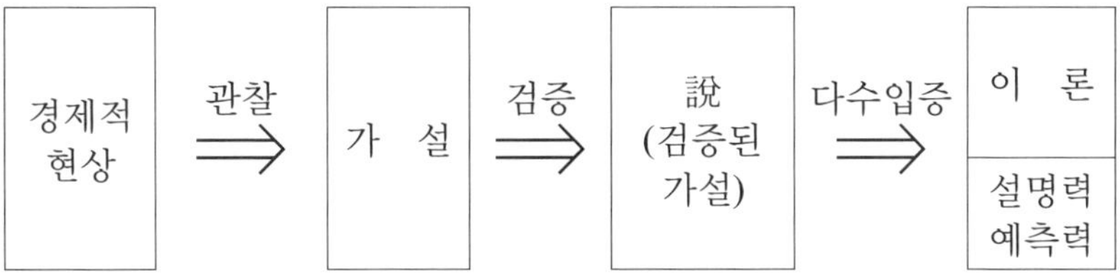

[그림 1-1] 이론의 모형

회계이론 및 검증위원회(Committee on Accounting Theory and Verification)에서도 이론의 수립과 검증에 대하여 다음과 같이 제시하고 있다.

> 과학적 제 이론은 현상에 대해 예측(또는 예상)을 제시하고 이들 예측이 실제로 발생될 때 이론이 입증되었다고 말한다. 만일 예상치 못한 결과가 발생하면 이들을 예외적인 사실로 간주하고 이로 인하여 이론의 수정 또는 새로운 이론의 수립이 필요하게 된다. 새로운 이론 또는 수정된 이론의 목적은 예상치 못한 결과와 예외적 사건발생을 설명하는데 있다.[Report of CATV, pp. 52-65]

웹스트사전에서 정의한 이론의 개념은 어떤 연구분야에 대한 일반적 준거의 틀을 구성하는 가설적·개념적 및 실무적 원칙들이 짜임새 있게 일관성을 유지하고 있는 집합이라 한다. 이러한 이론의 개념에 의거하여 헨드릭센(Hendriksen)은 회계이론을 다음과 같이 정의하고 있다.

회계이론이란 "일단의 광범위한 원리의 논리적 추론으로서, 회계실무를 평가할 수 있는 일반적 준거기준(準據基準)을 제공하고, 새로운 회계실무·절차를 발전시키는 데 있어서 지침이 되는 것"이다. 헨드릭센의 회계이론에 대한 정의를 분석해보면 다음과 같다.

첫째, 논리적 추론에 의해 얻어지는 것이며

둘째, '회계실무를 평가할 수 있는 일반적 준거기준(準據基準)을 제공하고' 라는 말은 '회계실무를 설명할 수 있는 근거를 제시하고'라는 의미이며

셋째, '새로운 회계실무·절차를 발전시키는 데 있어서 지침이 되는 것'이란 미래의 회계현상을 설명할 수 있는 지침이라는 말이다.

마지막으로 회계이론은 사회제도로서 사회현상을 다루는 회계에 관한 이론을 정립하고자 하는 것이므로 변화하는 속성을 갖고 있다. 즉, 사회적 환경의 변화, 시대의 변천, 인간의 사고변화에 따라 변화할 수도 있다. 따라서 회계이론은 자연과학에 있어서 자연법칙(law of nature)이 불변의 법칙(immutable laws)으로 설명되는 것과 같은 절대적 진실은 아니다. 이와 같이 회계이론은 존재 당시의 그 사회적 환경의 변화, 시대의 변천, 인간의 사고에 기초를 둔 상대적 진실을 추구한다. 이와 같은 점은 다른 사회과학에서도 마찬가지이다.

제3절 회계의 본질과 인식대상

최근에 회계학의 연구대상이 현저히 확대되고 또 그 연구방법도 다각화되고 있다. 이와 같이 회계학은 변화와 확대를 계속 해오고 있는 상황에서 회계가 그 사회적 존재의의를 발전시켜 나가야 할 것이다. 회계가 사회적 제도의 일환으로 발전해 나가기 위해서는 회계의 본질을 확실히 인식하고 그 실체를 정확히 파악해 두는 것이 필요하다. 왜냐하면 회계제도의 사회적 존재 본질을 확실히 인식하고 회계적인 사고의 특질을 명확히 해야만 회계학이 존재해야 할 이유와 앞으로의 회계학 연구의 방향을 잡을 수 있기 때문이다.

1. 회계의 본질

회계라는 것은 도대체 무엇이며, 그 존재의 본질적 실체는 무엇인가에 대해 고찰하기 위해 다음의 3가지 의문을 풀어야 할 것이다. 먼저 회계

가 자율적인 것인가 아니면 타율적인 것인가? 회계의 구조와 기능은 어떻게 되어 있는가? 회계적 사고의 특색은 무엇인가?

일반적으로 자율이란 '외부의 제어에서 벗어나 자신이 세운 규범에 따라 행동하는 것'을 의미한다. 더욱이 철학적으로는 '일반적으로 무엇인가의 문화영역이 다른 것의 수단이 아니라 그 자체 내에서 독립된 의의와 가치를 가지는 것'이 자율이라고 한다.

반면, 타율은 '스스로의 의지에 의한 것이 아니라 다른 사람의 명령과 결속에 의해 행동하는 것'을 의미하며 철학적으로 '어떤 문화영역이 독자적인 의의를 가지지 못하고 다른 수단이 되고 있는 것'을 뜻한다.

그러면 회계는 자율적인 것인가 그렇지 않으면 타율적인 것인가. 이러한 판단은 회계가 그 시스템의 내부에 회계시스템을 성립시키고 그것을 움직여 가지 않으면 안 되는 필연성, 동기, 목적 등을 가지고 있는가의 여부에 달려있다. 회계시스템이 외부에서의 힘과 제어를 받지 아니하고 스스로의 필요와 동기에 따라 성립하고 작동해 가는 것이라면 그 필요와 동기라고 하는 것은 도대체 어떻게 해서 정해지는 것인가. 또 기업회계가 그 시스템 밖의 필요와 동기에 의해 성립되고 작동한다면 그 근원은 도대체 무엇인가. 이러한 점에 대해서 설명하는 것이 필요하다.

회계가 자율성이나 타율성을 갖는가를 알기 위해서는 회계를 발생사적으로 고찰할 필요가 있다. 그것을 특히 기업회계의 구조 및 기능과 관련지어 살펴본다면 더욱 더 효과적이라고 생각된다. 따라서 회계의 초기형태인 부기의 발생과 그 기능 및 구조에 대해 고찰한다. 있다. 부기의 발생은 상인의 채권, 채무의 기록에서 시작해서 그 후에 기업의 거래활동의 전반에 걸치는 형태로 발전하게 된 것이다. 기록·계산의 방법으로서 전해져 현재 기업회계의 골격을 이루는 복식부기로 발달하고 빠찌올리의 책들이 간행되었던 1494년경에 이미 널리 보급되었다. 빠찌올리의 부기 책에서 부기는 상인의 경영관리에 필요한 거래활동 관련 정보의 측정을 위한 도구로 이용되고 있었다. 당시에는 측정된 정보를 기업외부에 공개할 필요는 없었기 때문에 오로지 상인의 경영관리를 위해 이용했다. 상인은 상품의 매입이나 재고 등에 관한 기록을 함으로써 그 현재의 재고를 통제하고 판매에 필요한 상품의 매입하며 계획적으로 판매활동을 함으로써 적정한 재고를 유지하려고 했다. 부기가 상인의 경영관리의 필요를 충족시키는 기록, 계산의 메카니즘으로서의 구조를 확립함에 따라 상인의 필요를 충족시키는 기능이 발휘될 수 있었고 또 그 구조는 필요를 충족시키는 기능을 발휘할 수 있도록 되지 않으면 안 되었다.

이와 같이 부기의 기능과 구조는 항상 일체의 관계가 있는 것이다. 여기서 '부기를 행하는 필요성이 그 필요를 충족시키기 위한 부기의 기능' 및 '그 기능을 발휘할 수 있는 부기의 구조'라는 3가지의 요소간의 관계를 나타내면 [그림 1-2]와 같다.

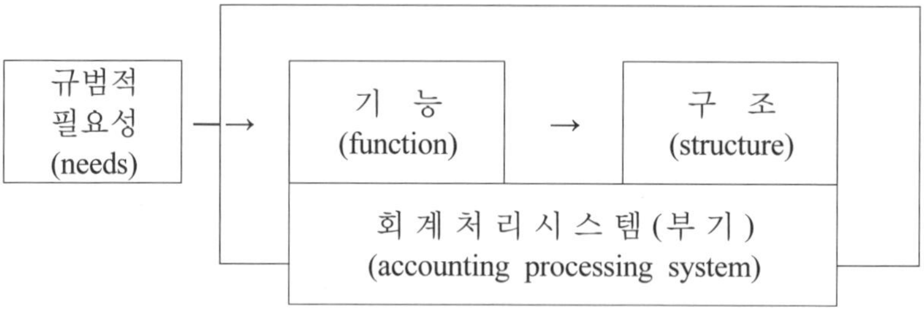

[그림 1-2] 회계처리시스템의 기능과 구조

위의 [그림 1-2]에서 화살표는 필요를 출발점으로 구조가 결정되는 관계를 표시하고 있다. 결국 어떤 사회적 필요성이 야기되면 그것을 충족시키기 위해서 어떤 기능이 있으면 좋을가를 생각하게 되고 그 기능을 발휘할 수 있도록 특별한 구조를 결정하게 된다. 이와 같이 결정된 구조와 기능은 메카니즘인 시스템을 이용하여서 일정한 필요를 충족시킬 수가 있다. 결국 일정한 구조를 가진 시스템을 조작하여 기능을 발휘하고 필요가 충족된다. 그러한 기능과 구조가 회계시스템을 결정하였고 적어도 15세기경에는 그것이 부기라는 이름의 기록·계산시스템이었다.

일정한 필요는 사회나 경제의 발전에 따라 점차로 변화해 간다. 그러면서 기록·계산시스템의 구조는 새로운 필요를 충족시킬 수 있는 기능이 발휘될 수 있도록 수정되어 간다. 이처럼 간단한 부기시스템이 주식회사의 출현에 따라 외부보고를 필요로 하는 회계시스템으로 발전하여 현재와 같은 보다 높은 단계의 회계시스템으로 발전하게 되었다.

기록·계산시스템은 그 환경의 필요를 통해 존재의의가 인정되고 그 기능과 구조의 내용 즉, 기록·계산시스템의 존재 본질이 규정되는 점에서 보면 회계의 타율성이 인정된다. 그리고 부기가 상인의 경영관리 상의 필요에서 발생되었고 경영목적을 달성하기 위한 관리도구가 아니라 수단으로써 이용되는 사실이야말로 회계가 타율적인 것으로 볼 수 있는 점이다.

상인의 경영관리 상의 필요를 충족시키기 위해서 거래에 관한 정보의 측정 메카니즘으로서의 복식부기는 그 원리의 완성과 동시에 독자적인 계산·기록기술의 체계를 확립했다. 그리고 계산기술로서의 부기는 시대의 추이에 따라 약간씩 개선이 되어왔지만 그 기술원리는 거의 그 형태로 현재에도 계속 유효하게 기능하고 있다. 그런 의미에서 부기는 기술로서의 자체적인 원리를 가진 형태로 자율성을 확보하고 있는 것으로 보인다. 이런 자체적 원리로서의 자율성을 가지고 있기 때문에 회계시스템이라 말할 수 있고 회계시스템 자체를 회계환경과 대비시켜서 자체적 원리로서의 자율성을 내생구조라고도 한다. 하지만 기록·계산기술을 움직이는 원리로서의 회계는 항상 역사적으로 변화하고 발전해 왔고 회계에 대한 환경의 요청과 필요의 변화에 대응한 것으로 그 본질이 규정된다. 부기는 기록, 계산의 기술원리와 자율성을 확보했지만 환경적 요청을 반영하여 기록, 계산기술을 작동해 가는 회계는 타율적이라고 하는 성격을 모면할 수는 없을 것이다. 이러한 회계의 타율적인 요소를 회계의 환경 또는 회계의 외생구조라고 한다.

이와 같은 회계시스템의 구조는 일정한 회계의 원리에 기초를 둔 기록과 계산의 메카니즘에 의해서 구체화된다. 여기서 회계의 원리는 회계목적의 달성을 위해 일정한 결과를 산출할 수밖에 없는 회계측정과 전달이라는 회계행위의 기준이다. 또 이 같은 구조의 회계시스템이 작동함에 따라 측정, 전달, 정보이용 등의 기능을 발휘할 수 있는 것이다. 이상의 관계를 도식화하면 [그림 1-3]과 같다.

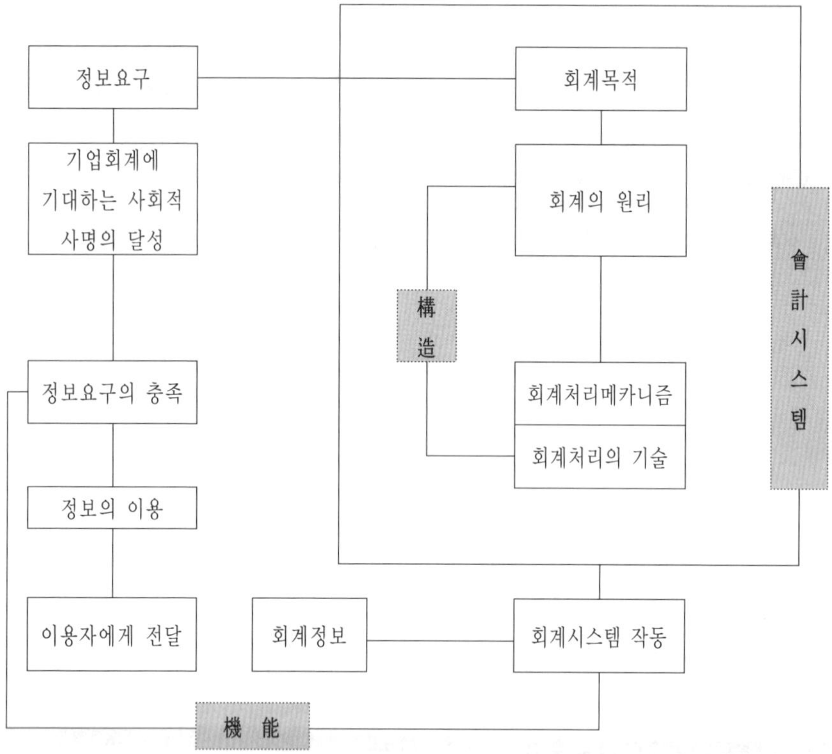

[그림 1-3] 회계시스템의 기능과 구조

2. 회계의 인식대상

일반적으로 인식(recognition)이란 변화무상하고 복잡한 현상을 나타내는 실재에 접한 인간이 그 실재를 계량화 등을 통해 알기 쉽게 정리한 그림이고 인지되어진 지식이 미래에 인간의 행동지침으로서 성립되는 가설을 말한다. 회계에서 인식하려고 하는 대상은 기업 및 그 활동에 관련된 것이지만 그 어떠한 측면이 인식되는 것인가 하는 것이 문제가 된다. 회계가 인식하려고 하는 대상을 명확히 하는 것은 회계의 본질을 정확히 이해하기 위한 발판이 되며, 또 그 한계를 정확하게 파악하는데 필요하다.

회계가 인식하고 파악하려고 하는 대상(objects)은 단적으로 말해서 기업에 투하된 자본의 순환과정, 즉 기업을 관류하는 경제가치의 흐름이다. 이와 같은 경제가치의 흐름은 거래활동의 형태를 취한다. 기업은 독자적인 기술원리에 따라 회계처리의 메카니즘을 이용해 자본의 순환과정을 인식하되 그것을 기말재고에 대한 자본(stock)과 일정 기간동안에 증식된 부분의 자본(flow: 잉여금)으로 구분하여 파악한다. 전자는 기업의 재무상태를 나타내고 후자는 경영성과를 나타낸다.

회계는 이와 같이 기업자본의 순환과정이라고 하는 경제가치의 흐름을 받아들일 수 있는 구조를 가지고 있다. 이것이 다른 계산기술에서 볼 수 없는 특징을 가지고 있기 때문에 회계가 사회적인 존재의의를 가진다. 이와 같은 회계의 독자적인 기업에 대한 인식방법은 회계적 사고방법의 특색을 나타낸다.

예컨대, 유형자산의 감가상각은 그 자본순환상의 한 과정으로 유형자산에 투하된 원가를 기간배분하는 과정으로 인식한다. 결국, 원가의 기간배분에 의해 투하된 자본 중에서 감가상각액만이 유출(outflow)로서 수익에 부과되고 나머지는 저량(stock)으로서 유형자산의 원가를 구성한다. 이와 같은 감가상각에 관한 인식은 기업자본의 순환과정을 기업의 경영성과와 재정상태의 파악이라는 목적에 부합될 수 있다는 점에서 특징이 있다.

통계적 기법도 기록, 계산의 방법에 대해 넓게 이용되고 그 유용성이 인식되고 있다. 통계적 기법에 의해서도 경제가치의 flow와 stock의 계산을 행할 수 있다. 하지만 기업회계와 같은 대상과 인식방법을 적용할 수 없기 때문에 통계정보는 회계정보와 질적으로 다르다. 통계에 의하면 기업의 유형자산에 투하된 자본의 금액은 파악할 수 있어도 그 비용화(취득원가의 기간배분)를 인식할 수 없다.

제4절 회계의 연구방법

인간이 어떤 목적을 합리적이고 동시에 효과적으로 수행하기 위해서는 적절한 방법을 선택하고 그러한 방법을 유효하게 적용하지 않으면 안 된다. 방법(method)이란 어떤 문제가 발생하면 이 문제를 해결(problem-solving)하기 위한 해답과 방책을 논리적으로 탐구하고 유도해내기 위한 사고의 방법이다. 그리고 각종의 방법을 학문적인 연구대상으로 하는 과학의 영역을 방법론(methodology)이라 한다. 방법이 방법론과 혼용되고 있는 예가 많지만 이 두 가지의 개념은 상이하기 때문에 정확히 구별하여 사용할 필요가 있다. 회계분야에 있어서도 방법은 중요한 역할을 한다. 그것은 회계이론의 영역이나 회계실무의 영역에 있어서 똑같은 모양이다. 흔히 회계연구의 방법을 회계연구방법론이라 부르고 회계이론의 영역에만 필요한 것처럼 생각하는 경향이 있는데 그것은 잘못된 생각이다.

1. 문제해결의 탐구패턴

실제로 어떤 문제를 해결(problem-solving)하기 위한 탐구과정에는 다양한 요인들을 고려해야 하지만 거기에는 다음과 같은 공통된 탐구패턴이 존재한다.

첫째, 문제해결의 필요성: 어떤 문제가 발생하면 이것을 해결해야할 필요가 있어서 해결을 다짐한다.

둘째, 문제의 실태 파악: 해결해야할 문제의 실태를 인식하고 명확히 한다.

셋째, 가설의 설정: 문제의 발생원인에 대한 가설을 세운다.

넷째, 추가정보의 수집: 가설을 더욱 더 정교하게 하기 위해 추가적인 사실과 정보를 수집한다.

다섯째, 가설의 수정: 처음 세운 가설을 추가적인 사실과 정보에 의해 수정하고 마무리한다.

여섯째, 추정: 그 귀결을 추리한다.

일곱째, 검증: 귀결을 결정한다.

만일 문제가 단순한 경우에는 넷째 및 다섯째의 과정은 생략된다. 이러한 탐구과정을 나타내면 [그림 1-4]와 같다.

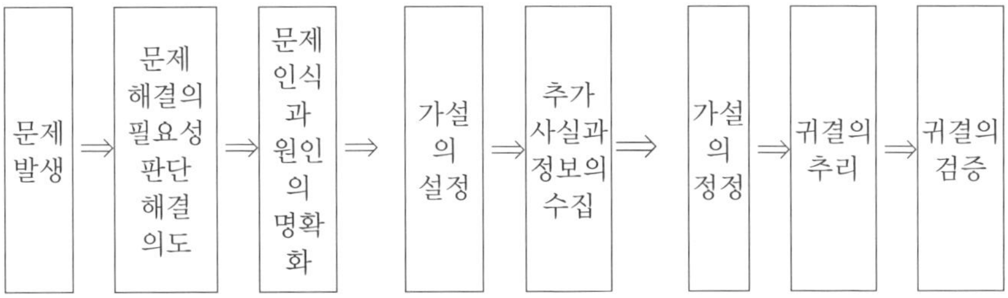

[그림 1-4] 탐구의 패턴

① 문제의 발생, 해결의 필요성 판단 및 해결의도의 결정

탐구의 출발점은 어떤 문제의 발생이다. 하지만 어떤 문제가 발생해도 그것이 위험을 초래할 우려가 없을 정도로 중요성이 적은 것이라면 무시해도 좋다. 그렇기 때문에 발생한 문제의 실태를 판단하고 문제를 해결해야할 필요성이 있는지의 여부를 먼저 평가해야 할 것이다. 그 결과 발생한 문제가 중요하고 해결해야할 필요성이 있다고 판단되면 그것을 해결할 문제로 결정한다.

예 일본의 지진과 쓰나미로 인한 원전에서의 방사능 유출 =인명피해 및 인류재앙의 초래가능: 방사능 유출 차단(무조건적 필요성 인식)

② 문제 인식과 문제의 명확화

문제의 중요성을 평가하여 그 문제를 해결할 의도가 있다면 다음에는 그 해결책의 탐구를 위해서 다시 문제의 전모와 그 본질 등을 명확히 인식해야 한다. 문제의 실태를 정확히 포착하지 않으면 적절한 해결책을 찾아낼 수 없기 때문이다. 일반적으로 문제라고 하는 것은 당연히 기대되는 상태(some desired situation)와 현상(the existing situation)의 불일치가 생겼을 때에 발생한다. 즉, 기대치와 실적의 불일치가 발생한 경우에 문제가 발생하는 것이다.

예 지진에 대비한 내진설계는 완벽(기대되는 상태)하다고 판단했으나 쓰나미로 인한 냉각수 공급이상 발생가능성(현상: 실제)은 예측하지 못했다. 냉각수 공급이 되지 않는 원인의 도출(본질의 명확한 인식)

③ 가설의 설정

문제가 발생했다면 가능한 해답으로써 가설(hypothesis)을 세운다. 가설은 검정가능(testable)한 것이어야 한다.

예 원전의 연료봉 보호 수위를 높일 수 있는 방법이 있다. 있다면 전력복구, 헬기에 의한 냉각수 공급 중에서, 헬기에 의한 물의 투하 방법으로 가설을 세운다. 즉, 연구가설은 「헬기에 의한 물의 투하로 원전의 온도를 낮출 수 있다.」

④ 추가적 사실과 정보의 수집

처음 세운 가설을 보다 치밀하게 만들기 위해 가설에 관련된 각종 사실과 정보를 수집한다.

예 헬기에나 물대포 의한 방법은 즉각 실시할 수 있으나 그 효과를 장담할 수 없다. 전력복구에 의한 방법은 48시간이 걸리는 폭발위험이 있지만 보다 물의 투하 보다는 효과가 크다. 원전의 일부 폭발로 측면에 구멍이 뚫렸다.

⑤ 가설의 수정과 귀결

최초의 가설을 추가적인 사실과 정보에 의해 수정하여 보다 정교한 가설로 만들 필요가 있다. 만일 가설이 두 가지인 경우는 그 중의 하나를 검증하고 틀리면 다른 가설의 검증을 한다.

예 추가적 사실과 추가 정보에 의해 「헬기에 의한 물의 투하로 원전의 온도를 낮출 수 있다.」는 「소방차로 원전 측면의 구멍으로 물의 투입시켜 원전의 온도를 낮출 수 있다.」

⑥ 귀결의 추론

마무리된 가설을 전개하고 연역에 의해 귀결을 추론한다.

예 일단 소방차로 원전 측면의 구멍으로 물의 투입시켜 원전의 온도를 낮추고 전력을 공급하여 사고를 수습한다.

⑦ 귀결의 검증

가설로부터 연역적으로 추리한 귀결이 올바른 것인지를 어떤 방법에 의해 검증(테스트; demonstrate)한다.

예 「소방차로 원전 측면의 구멍으로 물의 투입시켜 원전의 온도를 낮출 수 있다.」고 하는 가설을 국제원자력기구(IAEA)의 과거 경험 및 연구결과를 토대로 하기 위해 IAEA 위원들에게 질문지로 긴급히 조사한다.

이러한 탐구의 패턴은 문제해결을 위해 많이 이용된다. 예를 들어 자연과학에 있어서 법칙의 정립과 진리의 발견 등을 위한 연구나 범죄 수사와 같은 추리를 필요로 하는 경우에도 도움이 된다. 일상적으로 발생하는 여러 가지 문제의 해결에 있어서도 이와 같은 탐구의 패턴에 따라 추리를 한다면 문제의 해결책을 합리적으로 도출해 낼 수 있을 것이다.

이런 탐구패턴은 기업회계의 여러 가지 논리적 문제를 연구하여 원인이나 원리를 발견하거나 어떤 해결책을 찾는데 이용할 수 있다.

결국, 기업실무에서 가설에 의해 귀결의 추리와 귀결의 검증을 하기 위해서는 방대한 회계기록을 검토하거나 사실을 조사해야 하기 때문에 이런 비효율을 피하기 위해 과학적이고 논리적인 방법을 능란하게 구사할 필요가 있다. 예컨대, 회계감사의 경우, 감사일수가 제한되어 있고 또 피감사회사 측의 협력을 얻지 못할 수가 있기 때문에 효율적인 탐구방법을 사용해 논리적이고 효율적인 감사절차를 채택할 필요가 있다.

사례

예컨대, 어떤 사업부가 표준원가계산을 사용해 원가관리를 한다고 상정하자. 동 사업부내의 어떤 제조부문에 있어 직접재료비에 대해 불량률을 나타내는 원가차이가 상당히 높게 나타나고 있다면 이것이 문제의 발생이 될 수 있다. 여기서 문제의 발생이 이상성(異常性)을 보이는 원인이라고 볼 수 있다. 이러한 원가차이가 어떻게 해서 발생된 것인지? 그 원인을 규명하기 위해 가설을 세운다. 가설은 단순히 작업상의 불량만은 아니고 직접재료비의 원가표준에도 원인이 존재할 수 있다면 그 쌍방에 관련된 가설을 세운다. 거기서 직접재료비차이를 재료원가차이와 소비수량차이로 나누어 작업능률과 원가표준 쌍방에 문제가 있을 것이라고 하는 귀결이 추리될 수 있다. 이것을 검증하기 위해 원가기록을 상세히 분석함과 동시에 원가표준의 타당성을 과학적으로 재조사하여 직접재료비차이의 발생원인에 대해 00%가 잘못 설정된 원가표준에 기인하고 XX%가 비능률에 의한 것이라고 판명될 수 있다.

2. 논리형성의 방법

논리형성의 방법에도 여러 가지가 있지만 여기서는 전통적인 논리방법인 귀납법(inductive approach)과 연역법(deductive approach)에 대해서만 설명한다.

1) 귀납법

일반적으로 귀납법이란 특정의 사례에서 일반적인 명제를 유도하는 추리법이다. 귀납법에는 모든 경우를 관찰과 측정의 대상으로 해서 이들 모두에 공통으로 드러나는 특질을 유도하고 이것을 결론으로 유도하는 완전 귀납과 약간의 사례를 관찰대상으로 하여 결론을 유도한 불완전 귀납이 있다. 이들 중 불완전 귀납이 참된 귀납법이라고 볼 수 있다. 불완전 귀납법은 모든 경우의 사실에 의하지 아니하고 가능한 한 많은 구체적 사실을 선정하여 관찰·측정한 결과로써 공통적으로 인정되는 특성을 추출하고 이것을 일반화해서 결론을 내린다. 결국 구체적인 관찰과 측정의 대상으로 어떠한 사례를 선택할 것인가가 매우 중요하다. 왜냐하면 관찰대상의 선택방법에 따라 귀납적 결과가 좌우될 수 있기 때문이다. 즉 불완전 귀납법에 의해 유도된 결론은 개념적인 실수를 포함하여 허위에 빠질 가능성을 내포하고 있다. 따라서 귀납적 결론에 의해 또는 실험과 관찰을 통해 검증되어야 하는 것이다. 귀납법에 의한 일반적 귀결을 구하는 논리적 과정은 [그림 1-5]와 같다.

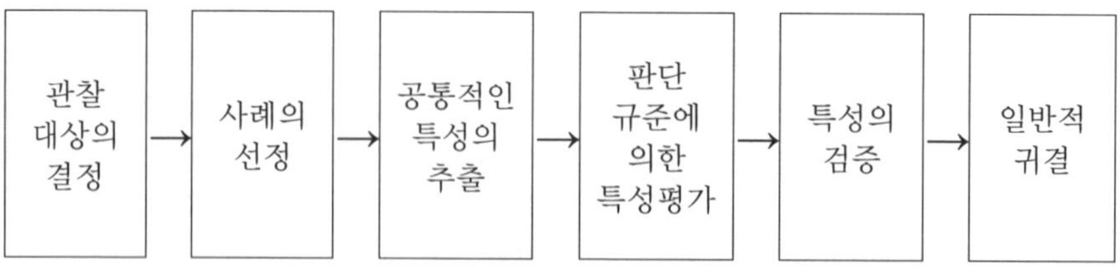

[그림 1-5] 귀납법의 논리적 과정

회계학에서 귀납법을 적용하여 회계실무에서 여러 가지 원리를 도출하기 위해서는 먼저 기업의 회계실무에 대해 관찰해야 한다. 이 경우 무엇을 관찰대상으로 할 것인가를 생각해야 한다. 예를 들어 슈레이더

(W.J Schrader)에 의하면 기업의 거래활동에서 생기는 재무적 데이타를 관찰대상으로 해야 한다고 하고, 리틀톤(A.C Littleton)은 경험적으로 검증된 회계행동을 대상으로 해야 한다고 말하고 있다. 이처럼 각종의 회계처리와 정보방식을 관찰할 필요가 있을 것이다. 그래서 그곳에 공통으로 채택되고 반복해 적용되는 사실이 인정될 경우에 이것을 귀납적 귀결로써 파악하는 것이다. 즉 어떠한 기업이 실시하고 있는 회계실무에 공통으로 인정되는 것이 추출되면 이것을 가지고 회계실무를 토대로 하고 있는 원리라고 간주하는 것이다.

이와 같이 해서 추출된 원리는 관찰의 대상이 된 회계실무를 기초로 하고 있지만 이것이 반드시 완전히 타당한 회계원리인지의 여부는 이것만으로 판단할 수가 없다. 거기서 기존의 회계원리에 비춰서 합리적이고 건전한 것이며 동시에 이 같은 원리에 기초를 두고 있는 회계실무가 이루어지고 일반적으로 공개된다면 이들의 원리는 일반적으로 공정 타당하다고 인정되어진 회계원칙으로서의 위치를 확보할 수 있다. 회계실무에 토대를 두고 있는 원리라고 할지라도 그것이 예를 들어 유용성과 같은 판단규준에 비추어 타당한 것이 아니라면 일반적으로 공정 타당하다고 인정되어진 회계원칙이라 할 수 없다.

귀납적·기술적인 접근방법을 취하는 학자들로 구성된 학파를 귀납적 학파(Inductive School)라고 한다. 이 학파에 속하는 회계학자로는 햇필드(Hatfield), 길만(Gilman), 리틀톤(Littleton), 이지리(Ijiri)등이 있다. 이들 학파는 회계실무로부터 회계이론을 도출하는 방식으로 회계이론을 정립하려고 시도하였다. 예컨대, 1900년대 초의 회계학자들인 햇필드, 길만은 회계실무를 서로 비교하거나 회계실무상의 비논리성, 비계속성을 지적하거나 정책적 권고를 하는 정도로 회계이론을 정립하였다.

리틀톤은 회계실무를 관찰함으로써 이로부터 회계원칙을 도출하여야 한다고 하였으며, 이러한 회계실무의 일반화가 회계에서 항상 유지되어야 한다고 주장하였다. 그래서 그는 회계는 끊임없이 발전해 나가야 한다는 회계다윈주의(accounting Darwinism)의 선봉장이 되었다. 또 그는 객관적이고 검증가능한 거래만을 측정하여 재무보고서를 작성하여야 한다고 하여, 역사적 원가주의를 주장하였다.

이지리는 현행가치주의를 비판하고 역사적 원가주의를 지지하였는데, 현행가치가 기업의 가상적 행동을 전제로 한 것으로서 검증하기 곤란하기 때문이라고 이유를 설명하였다. 특히 그는 귀납이론을 회계실무에서 발견할 수 있는 회계책임(accountability)의 개념으로 설명하였는데, 이 개념은 경제적 성과측정과 관련된 것이었다.

2) 연역법

어떤 명제를 근거로 해 다른 명제를 유도하는 것을 추리 또는 추론이라 하고 근거가 되는 명제를 제시라 부르며 결과로써 유도된 명제를 결론 또는 귀결이라 칭한다. 연역적 추리는 제시로 주어진 하나 또는 그 이상의 명제로부터 오로지 논리적 방법에 따라 추론하고 결론을 필연적으로 유도해내는 방법이고 수단이다. 회계이론의 형성에 있어서 연역법은 회계의 목적과 그 환경적 공준을 출발점으로 하고 있다. 여기서 회계이론과 구체적인 회계실무의 기준이 되는 회계원칙을 유도하는 과정이다. 이렇게 해서 유도된 회계논리와 회계원칙은 단지 현행의 회계실무를 설명하고 지지하는 것이라기 보다도 회계실무가 지향해야할 규범적인 것이다. 연역적 추론에 의한 회계이론의 형성은 [그림 1-6]의 과정에 따라 이루어진다.

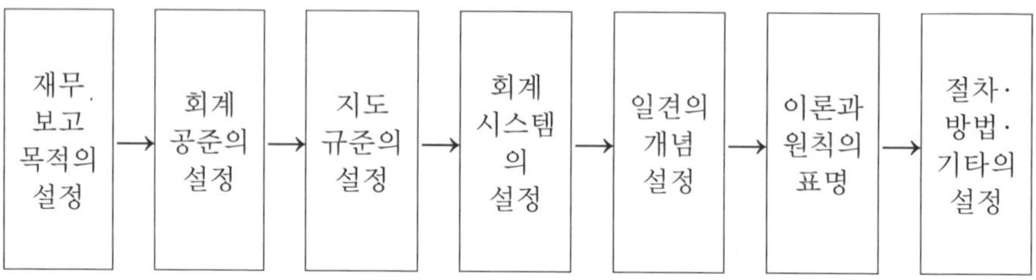

[그림 1-6] 연역법의 과정

① 재무보고의 일반적 또는 개별적인 목적 설정

회계원칙, 회계법칙, 절차 등을 이용해 작성되는 재무제표가 어떠한 목적을 위해 이용될 것인가를 먼저 분명히 해 두지 않으면 안 된다.

② 회계가 실시되는 환경에 관한 회계공준의 표명

이 공준은 사회적, 정치적, 경제적인 환경조건이고 회계가 실시되는 전제가 되는 것이다.

③ 논리적 과정을 유도하는 일련의 지도적 내지 구속적 조건의 설정

지도규준이란 재무제표가 이용목적에 비추어 갖추어야 하는 요건 또는 회계원칙, 회계법칙, 절차 등을 선택하고 실시하기 위한 판단 근거[4]이다.

④ 회계메카니즘의 설정

이 회계메카니즘은 계정, 원장, 시산표 등이 상호 유기적으로 결합하여 재무제표를 만들어 내는 복식부기의 체계와 원가계산의 구조이다. 회계메카니즘은 자료의 가공을 위해서도 불가결한 것이고 특히 재무제표의 형태와 그 내용은 재무제표의 이용자의 이용목적에 적합한 것이 되지 않으면 안된다. 이러한 회계메카니즘이 갖춰야 할 성격은 회계목적, 환경공준 및 지도조건에 의해 결정된다.

⑤ 일련의 개념 설정

회계이론을 표명하기 위해서는 주요한 개념의 본질을 규정해야 한다. 개념규정과 개념 상호간의 관계는 회계목적 등에 규제된 형태에 따라 당해 이론에 고유한 것이 되지 않으면 안 된다.

⑥ 논리적 과정에 의해 도출된 이론과 원칙의 형성 또는 정책의 일반적 표명

회계목적의 설정으로 시작되는 일련의 논리적 과정을 거쳐 드디어 회계논리와 원칙이 형성된다.

⑦ 원칙이 특정한 경우에 적용될 수 있도록 절차, 방법, 규칙 등의 설정

마지막으로 이전 단계에서 형성된 원칙을 실무에서 구체화하려면 필요한 절차와 규칙이 설정되어야 한다.

연역적 방법에 따라 회계원칙과 이론을 형성하는 경우에 공준이 단지 현재의 회계관행과 회계실무를 떠받치고 있는 것만은 아니다. 새롭게 설정된 회계목적에 따라 설정되지 않으면 안되는 것이다. 따라서 규범적 회계이론을 연역적으로 형성하는 경우에는 공준의 설정에 상당히 논리적인 엄격함이 요구된다. 귀납법에 의한 회계이론과 원칙의 형성에 의해 공준의 역할과 비교한다면 연역법에 있어서 공준이 훨씬 논리적으로 분명하다는 사실을 알 수 있다.

4) accounting standards가 그 예이다.

이러한 연역적 방법론에 의해 회계를 연구한 학자들이 대부분 규범적 결론을 도출하기 때문에 규범적·연역적 학파(Normative Deductive School)라고 한다. 또 이들의 접근방법을 진실이익모형(true income model)의 접근방법이라고도 한다. 이들 학자는 진실이익을 추구하는 학파로, 회계실무보다는 이론의 체계화를 중요시하여 수미일관된 논리의 회계이론을 정립하려는 시도를 한다. 이 학파에 속하는 회계학자로는 페이톤(Paton), 캐닝(Canning), 에드워즈와 벨(Edwards and Bell), 무니츠(Moonitz), 스프라우스(Sprouse) 등이 있다.

이들 연역적 학파(deductive theorists)들은 경제학의 所得·富[5]의 개념으로부터 이익·자산의 개념을 추출하여 이익측정을 중심으로 회계이론을 전개하였다. 또 이들은 이익측정을 위한 자산평가기준이 하나의 기준만 있어야 하며 여러 개의 기준이 있어서는 안 된다고 주장하였다. 그리고 회계기준은 모든 정보이용자의 정보욕구를 충족시키는 관점에서 설정되어야 하므로 현행가치(current value)가 되어야 한다고 주장한다.

그러나 이들은 무엇이 현행가치(current value)가 되어야 할 것인가에 대해서는 의견이 각기 따르다. 페이톤·무니츠·스프라우스는 시장가치(market value)를 현행가치로 보고 캐닝·알렉산더(Alexander)는 할인된 현재가치(present value)를 현행가치로 보고 있다. 또, 스위니(Sweeny)는 물가수준변동에 의해 수정된 가치(adjusted value by GPL)로 현행가치로 보고, 에드워즈·벨(Edward & Bell)은 대체원가(replacement cost)를 현행가치로 간주하여 자산평가기준으로 제시하고 있다.

---

5) 저량(stock) 개념

제 2 장
회계제도화 이론

제1절 회계시스템과 회계제도

일반적으로 한 국가의 회계시스템은 한 개 이상의 하위 회계시스템들로 이루어져 있다. 특히 자본주의 시장경제제도를 채택하고 있는 국가의 회계시스템은 대부분 다음 [그림 1-7]과 같다.

<table>
<tr><td colspan="8">미 시 회 계(micro-accounting system.)</td><td>거시회계
(macro-accounting system.)</td></tr>
<tr><td rowspan="2">가계회계
(house-holder accounting system.)</td><td colspan="2">기업회계
(business accounting system)</td><td colspan="5">비영리회계
(non-business accounting system)</td><td rowspan="2">· 국민소득회계
· 투입산출회계
(산업연관분석)
· 국제수지회계</td></tr>
<tr><td>기업
회계</td><td>은행
회계</td><td>정부
조직
회계</td><td>학교
회계</td><td>병원
회계</td><td>교회
(사찰)
회계</td><td>사회
복지
회계</td></tr>
<tr><td>단식부기</td><td colspan="7">복식부기회계(double-entry accounting)</td><td>매트릭스회계
(matrix accounting)</td></tr>
</table>

[그림 1-7] 자본주의 시장경제 국가의 회계시스템

반면 사회주의 계획경제제도를 채택하고 있는 국가에서는 미시회계시스템과 거시경제시스템이 네트웍으로 연결되어 있는 통일회계제도를 구축하고 있다. 통일회계제도는 구소연방의 회계제도가 대표적이었다. 이 통일 회계제도는 국민경제계획의 수립과 통제 및 평가의 정보를 필요로 하는 요구에서 비롯되었다. 그래서 기업과 정부기관 등의 계정과목이 하나의 분류체계로 나열되어 있다.

1. 회계시스템의 개념과 회계제도

회계시스템이란 거래, 회계인, 컴퓨터, 장부 등 제요소를 투입(input)하여 어떠한 과정(process)을 거쳐서 재무제표 등을 산출(output)하는 것이다. 즉 협의의 회계시스템이란 회계기간내의 기업과 기업외부 간에 어떤 사건이 발생하면 그 사건이 특정 회계실체의 회계상의 거래(transaction)[1] 인지를 판단하여 그 발생순서에 따라 영업일지에 기록한다. 기록된 사건이 회계상의 거래인지 여부를 판단하고 거래로 판정(회계기간 중의 외부거래)되면 분개장(전표)에 분개하여 기입한다. 그런 후에 총계정원장의 각 계정으로 전기하고 기말에 수정전시산표를 작성한다. 그리고 기업의 내부거래와 수익과 비용의 기간구분에 관련된 거래를 회계연도말(일정 시점)에 조사하여 재고조사표(기말 수정사항 또는 기말 정리사항)를 만들고 이 자료에 근거하여 수정분개를 하여 수정전시산표와 함께 정산표에 기입하여 재무제표를 작성한다. 이렇게 재무제표를 작성하는 일련의 과정(process)을 협의의 회계시스템이라 한다.

광의의 회계시스템은 한 가지 이상의 목표나 목적을 달성하기 위하여 상호 작용하거나 자체 내에서 서로 관련성의 집합으로 나타나는 인적·물적 요소들의 집합[2]이라 한다. 그리고 아코프(Ackoff)는 시스템을 개념적이든 물질적이든 간에 상호의존성을 가진 부분으로 구성된 어떤 실체[3]로 정의하고 있다. 또 홀(Hall)과 훼이건(Fagen)에 의하면, 시스템은 하나의 실체나 전체를 위해 객체의 상호간의 관계, 객체와 그 환경 사이의 관계 및 그 속성 간에 유기적인 관계를 가진 객체들의 집합[4] 이라고 한다. 이러한 3가지의 광의의 시스템개념을 요약하면, 객체의

---

1) 거래가 되기 위해서는 ①회계단위와의 관련성 ②자산·부채·자본 등에 영향 유무 ③객관적 측정가능성(증빙)이 있어야 한다.

2) M.J. Alexander, *Information System Analysis* : Theory and Application Palo Alto, Calif.: Science Research Associates, 1974, p.4.

3) R.L. Ackoff, "System, Organizations and Interdisciplinary Research" *General System Yearbook*, vol.5, 1960, p.1.

4) A.D. Hall and R.E. Fagen, "Definition of System" in W. Buckley (ed.) *Moden Systems Research for the Behavioral Scientist*, Chicago, Aldine, 1968, p.81.

시스템은 상호의존성과 관련성, 부분의 다기성, 부분의 단순한 집합이 아니라 전체로서의 의미성, 목표지향성을 갖고 있어야 한다.

이러한 시스템의 정의에 의거하면, 회계제도는 인적, 물적 제요소의 단순한 집합이 아니라 의사결정에 유용한 정보를 제공한다는 목표지향성을 가진 인적, 물적인 요소들이 상호의존성을 가지고 전체로서 투입요소를 정보로 변환시키는 블랙박스라고 할 수 있다.

이렇게 회계시스템을 광의로 해석하면 일정한 회계의 목표를 달성하기 위한 인적·물적 제 자원의 유기적 결합으로 해석할 수 있다. 회계의 내적구조를 구성하는 요소들 간의 관계에 입각해서 보면, 이러한 광의의 회계시스템은 어떤 국가의 특정한 회계의 목표를 달성하기 위해 회계의 인력과 회계장비, 프로그램, 장부조직 등이 유기적으로 결합하여 제 기능을 발휘해 가는 것으로 한 국가의 회계제도를 의미하는 경우가 많다.

한편, 사회생활의 기본적이고 영속적인 문제의 관점에서 보면, 제도란 그 사회구성원의 개개인 행위들을 한정적이고 조직화된 행태(organizational patterns)로 규제하는 원리(regulative principles)로 정의된다.[5] 이런 관점에서 회계제도의 개념은 회계시스템을 구성하는 인적, 물적인 요소들의 목표지향성 자체를 규정하는 일반적 규제원리이며 동시에 회계인 한 사람 한 사람의 회계행위를 통일성 있게 조직화시키는 일반적 원리라고 해석된다.

회계제도는 하나의 사회시스템으로서 사회시스템은 상호의존성, 규범과 가치, 문화의 행동결정 요인 등으로도 설명된다. 여기서 상호의존성은 시스템을 구성하는 부분들 간의 상호관계[6]뿐만 아니라 시스템과 그 이웃시스템과도 상호 관련된다.[7] 이러한 정의는 규제적 측면에서 본 회계제도의 개념이다. 일반적으로 규제적 측면의 회계제도는 법률, 규정 또는 관습이란 형식으로 나타난다.

---

5) S.N. Eisenstadt and N.Eisenstadt, *Encyclopedia of the Social Sciences*, vol.14, 1968, pp.409-421.
6) T. Parsons, *The Social System*, N.Y., Press of Gleucoe, 1951, p.5.
7) W. Buckley, *Sociology and Modern System Theory*, Englewood Cliffo N.J., 1969, p.3.

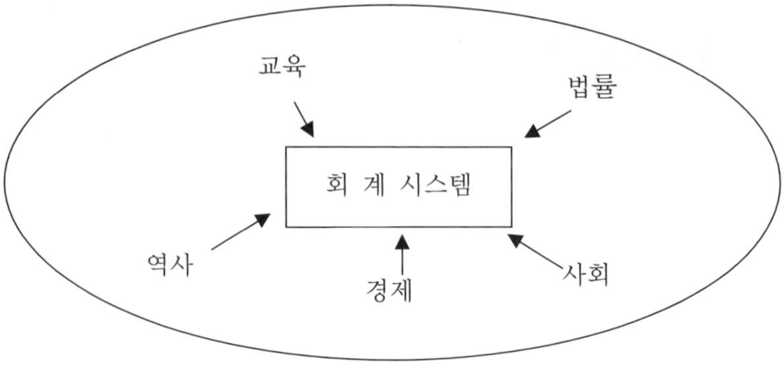

[그림 1-8] 회계시스템의 외생적 환경구조

이런 사회시스템의 개념을 원용하면 회계제도는 사회시스템의 한 구성요소이고 그 이웃시스템인 경제제도, 법률제도 등과의 외적 관련성과 회계시스템 내의 인적, 물적인 구성요소간의 내적 관련성을 내포하고 있다. 이렇게 회계시스템과 이웃시스템간의 관련성을 회계제도의 외생구조[8] 또는 외적 환경구조라고 하고, 회계시스템 내의 그룹간의 관련성을 내생구조 또는 내적 환경구조라 한다. 회계제도의 변화는 이러한 외생구조의 변화나 내생구조의 변화에 의하여 이루어진다. 여기서 구조란 계층으로 이루어진 어떤 체계내의 요소가 서로에 의존하고 서로의 상호관계에 의하지 않고서는 존재할 수 없는 내적관계의 자율적 실체 또는 그런 연대적 현상으로 이루어진 총체를 말한다.

그리고 회계제도는 다른 사회시스템과 마찬가지로 규범과 가치를 가진다. 가치는 "일의 어떤 상태를 다른 것보다 선호하는 전반적인 경향"[9] 이라고 정의되고 규범은 시스템의 집합적 가치로 표현된다. 그렇지만 특정의 규범이나 가치의 체계가 동일한 시스템 내에서도 개인 간 또는 그룹 간에 똑같이 수용되어지는 것은 아니다. 시스템내의 개인이나 집단은 그룹간의 잠재적 갈등으로 인하여 그 시스템의 규범과 가치를 수용하는 수준이 서로 상이하게 나타날 수 있다. 회계시스템의 경우에는 기업의 이해관계자집단이 의사결정을 하는데 유용한 정보를 제공하는 것이라고 하여 유용성을 회계행위의 가치로 하고 있다. 회계

8) 언어학에서는 구조를 관계의 망(網)이라고도 한다.
9) G. Hofstede, *Culture Consequences*, London, Sage Pub., 1984, p.18.

시스템의 규범차원에서 보면, 이해관계자집단간의 잠재적 갈등으로 인하여 이러한 유용성은 회계규범으로 수용하는 정도에 있어서 집단 간의 차이가 있을 수 있다.

끝으로, 회계제도는 문화의 행동결정요인에 의해 설명될 수도 있다. 문화는 어떤 인간집단이 다른 집단의 구성원과 구별되는 마음의 집합적 프로그램으로 정의된다. 그리고 크뢰버와 클럭혼에 의하면 "문화는 사회구성원으로서 인간이 습득한 지식, 법, 도덕, 관습, 습관 및 기타의 능력을 포괄하는 복합체"라고도 한다[10]. 파슨즈는 어떤 사회시스템에서 가치는 근본적으로 문화결정인자에서 나오며, 문화는 사회시스템 내에서 상호간의 작용에서 나타나는 집단행위를 조정한다[11]고 한다. 이러한 문화는 다른 사회시스템들에서와 마찬가지로 회계시스템의 변화에 대한 분석의 체계에 있어서도 필수적인 요소가 된다. 문화는 이러한 시스템의 규범과 가치, 시스템내의 구성요소들 간 및 시스템 간의 상호작용에 모두 영향을 미친다고 할 수 있다. 문화는 바로 회계환경이다. 문화의 변화는 회계환경의 변화를 가져온다. 그러므로 회계환경의 변화에 따라 회계실무의 지도지침인 회계제도와 회계이론도 변화된다. 이러한 회계환경에 대해 미국공인회계사회 회계원칙심의회 보고서(APB statement No.4)에서는 다음과 같이 표명한 바 있다.

> The environment of accounting consists of social - economic - political - legal conditions, restraints and influences, which have varied from time to time, as a results, accounting objectives and practices are not the same today they were in the past, because accounting theory have evolved to meet changing demands and influences. 〈APB statement No.4〉 : 회계환경은 사회적·경제적·정치적·법률적 여건, 제약과 영향으로 이루어져 있으며 시간의 흐름에 따라 변화한다. 그 결과 오늘날의 회계목적과 실무는 과거의 그것과 같지 않다. 왜냐하면 회계이론은 변화하는 요구와 영향을 충족시키기 위해 발전하기 때문이다.

---

10) G. Hofstede, op.cit., p.36.
11) T. Parsons, op.cit. ,p.17.

제2절 경제의 통제메카니즘과 회계제도

일반적으로 회계제도는 어떤 국가의 사회제도 즉 경제구조나 법률제도의 틀 안에서 인위적으로 만들어진 회계행위의 규범이라고 할 수 있다. 물론 회계제도는 사회를 구성하고 있는 제도들 사이에 상호 작용하는 개방적 성격(open system)을 갖고 있다. 회계제도의 측면에서 고찰하면 경제제도, 법률제도 등과 밀접한 상호의존관계에 있는 것이지만 대등한 위치에서 상호영향을 미치기보다는 영향을 받는 편이 더 많다. 따라서 경제제도나 법률제도 등은 회계의 외생적 환경구조라고 할 수 있다. 이러한 여러 가지 사회적 제도 중에서 회계제도의 하부구조가 되는 생산관계 및 생산력의 상태를 직접 반영하는 것은 경제제도이다.

경제제도를 경제자원의 소유방법에 따라 분류하면 사적 소유경제와 사회적 소유경제로, 경제활동에 이용되는 메카니즘에 따라 시장경제와 계획경제로 나누며, 경제의 제약요인에 따라 수요제약경제와 자원제약경제로 분류한다.

경제제도의 프레임웍은 경제적 자원의 소유방법과 경제활동수행에 이용되는 메카니즘에 따라 자본주의와 사회주의로 구분한다. 자본주의에서는 사적소유를 전제로 무간섭주의 시장경제의 메카니즘을 통해 기업가가 자신의 이익을 최대화시킬 수 있도록 자원을 배분·할당한다. 시장경제에 있어 생산품목의 구성과 수량은 소비자선호에 의거하여 기업이 살아남을 수 있도록 이윤획득에 관심을 두게 됨은 당연한 이치이다. 만일 시장에서 소비자의 선호(선택)를 얻지 못하면 제품이 팔리지 않아 가격을 낮추거나 재고로 남아 수익(매출)을 실현할 수 없게 된다. 따라서 자본주의 시장경제는 소비자선호에 의해 제약되는 경제이며 이윤동기에 의해 작동되는 분산경제의 특성을 갖고 있다. 왜냐하면 기업은 자율적인 경제적 의사결정의 실체이고 기업의 생명은 시장을 통한 연속적인 수요를 수임 받아야 하며, 기업가는 투입요소와 생산물에 관한 가격선호를 감지해야 하기 때문이다. 시장경제에 있어 기업가는 경제행위의 선택이 예상수익, 예상이익 등에 직결되어 있기 때문에 경제적 의사결정의 지침으로서 회계정보를 필요로 한다. 즉, 기업가는 회계정보를 이용하여 자원배분의 의사결정을 하게 되며, 투입생산요소를 생산물로 변환시키는 과정에 통제를 실시한다.

한편, 자본주의국가의 정부는 시장경제가 작동할 수 있는 제도적 프레임웍을 제공하고 직접적으로 지시하지 않는다. 정부는 직접적인 지시에 의해 기업을 규제하는 것이 아니라, 법과 정책에 의해 기업 활동에 간접적으로 개입할 뿐이다. 따라서 자본주의경제에 있어 회계의 기능은 동태적인 시장경제와 관련하여 기업가의 기업 활동에 필요한 정보를 제공하는 데 있다. 따라서 회계정보서비스의 성격과 범위는 기업을 위주로 결정된다. 기업가의 기업 활동에 대한 정보의 수요 변화, 기업내부구조의 변화, 기업 수임활동의 다양화 등에 따라서 회계제도가 변화되고 발전되고 있는 것이다.

반면, 자원제약경제제도를 채택하고 있는 사회주의국가에서는 국가가 직접적으로 경제적 희소자원을 소유하며 경제적 활동은 계획메카니즘을 통해 지휘하고 통제한다. 국가는 생산프로그램을 계획하고 각 기업에 지시한다. 기업은 생산에 관한 문제에 기술적인 해결책을 강구한다. 이러한 계획경제에서 생산의 제약요인은 자원의 이용가능성이다. 자원제약경제에 있어서 기업은 자율적인 의사결정체가 아니라, 중앙계획당국의 생산프로그램을 실행하는 도구적 수단일 뿐이다. 즉, 기업은 주어진 생산설비와 인력을 가지고 특정 원자재를 특정 생산물로 변환시키는 작업장이다. 따라서 시장경제에서처럼 소비자의 욕구충족을 목표로 하는 것이 아니라 생산의 최대화를 목표로 한다. 사회주의 계획경제에서 가격은 소비자의 욕구를 반영한 수요와 공급에 의하여 결정되는 것이 아니다. 가격은 국가가 결정하며 국민경제계획에 필요한 회계의 기능을 작동시키는 도구로서의 역할을 담당한다. 이렇게 가격이 사회주의 계획경제에서 회계의 기능을 보장함으로써 회계가 국민경제계획의 통제기구로 이용될 수 있는 것이다. 여기서 통제라는 용어는 주로 사회주의 재산의 실제적 존재를 확인하며 실현된 경영성과를 확인하고 입증하는 것을 의미한다. 따라서 통제를 위한 사회주의회계는 가격을 전제로 하여 생산물의 화폐적 가치, 발생원가, 달성이익 및 이와 관련한 물질적 보상에만 한정된 것이 아니라 소득의 분배와 사회적 기금축적에서도 중요한 역할을 한다. 이러한 회계의 통제기능은 가격메카니즘의 성패에 좌우된다. 다시 말하면 가격이 서로 다른 생산물들의 생산 및 사용능률을 정확하고 충분하게 반영한다면 회계는 국민경제계획의 성공적인 도구가 될 수 있으나 그 반대라면 국민경제활동에 대한 통제의 도구로써 효율적으로 실질적인 기능을 수행할 수 없다.

이와 같은 정부가 정한 가격에 기초를 둔 회계에 의해 통제되는 사회주의 계획경제제도는 경제자원의 사회적 소유를 전제로 하는 자원제약경제의 특징을 갖고 있다. 경제자원의 사회적 소유는 원칙적으로 생산자원의 국가소유를 의미하기 때문에 국가는 국민경제계획프로그램에 따라 노동, 원자재, 자본 등의 생산요소를 투입하고 통제한다. 국민경제계획은 10~20년 기간 단위의 장기계획, 5~7년 단위의 중기계획, 1년 이하 단위의 연차계획 등 세 가지로 구별된다. 이러한 경제계획은 물질적 계획차원과 재무적 계획차원으로 나누어 볼 수 있다. 물질적 계획차원은 총생산액, 생산물의 분배, 자원의 투자, 노동력의 이용에 관한 계획이며 재무적 계획차원을 근거로 하여 추론된 계획의 사체(寫體: surrogate)이다. 따라서 재무적 계획은 중앙은행이 생산주체인 기업들을 통제하고 물질적 계획의 타당성을 점검하며 재화의 수요와 공급을 일치시키는데 있어서 중요한 역할을 수행한다.

이와 같이 모든 경제활동이 연방의 국민경제계획프로그램에 의거하고 있기 때문에 범국가적인 계획, 통제, 실행의 조직이 필요하다. 따라서 경제조직은 계획차원, 지도관리차원, 통제차원, 실행차원의 4가지로 구분할 수 있다.

제3절 회계제도의 규범과 기능

1. 회계제도의 규범

제도란 어떤 사회나 사회생활에 있어 기본적이고 영속적인 문제를 해결하는 관점에서 그 사회의 개인행위들을 규범적 질서에 의해 한정적이고 조직화된 행동유형으로 규제하는 원리이다. 이러한 규제원리로서의 제도는 규범적 질서를 도구로 하고 있기 때문에 규범에 대한 상세한 논의가 우선되어야 한다. 일반적으로 규범은 논리의 진(眞), 도

덕의 선(善), 예술의 미(美)와 같이 어떤 사유(思惟)가 일정한 이상이나 목표를 이루기 위해 따라야 할 법칙과 원리라고 할 수 있다.

이와 같은 맥락에서 회계제도가 회계행위 즉, 회계처리나 보고 등의 행위가 한정적이고 조직화된 행동유형으로 나타날 수 있도록 규제하는 원리가 되기 위해서는 그 사회의 회계규범을 따라야 한다. 왜냐하면 회계규범은 회계가 사회가 요구하는 일정한 목표를 이루어 나아가기 위해 따라야 할 법칙과 원리이며 동시에 일정한 조건에서 회계가 존립할 수 있는 보편적이고 필연적인 근본 이유이기 때문이다.

그러면 특정 국가의 회계제도의 규범은 무엇인가? 또 그러한 회계제도가 존립할 수 있는 보편적이고 필연적인 근본 이유는 무엇인가에 대해 논의해 볼 필요가 있다.

자본주의시장경제에서 회계는 그 인식대상[이하에서는 사상(事象: events)이라 함]인 개별경제실체(기업)의 경제가치(자금)의 흐름을 다른 사람들에게 설명하기 위한 기술, 행위 또는 과정이다. 그래서 행위로서의 회계는 서비스 제공활동(service activity)이라고도 한다. 어떤 사상을 설명하는 활동 또는 행위는 회계정보를 필요로 하는 상대방의 존재를 전제로 한다. 예컨대 시장경제제도에서 회계정보를 필요로 하는 상대방의 존재는 자본을 가진 집단이며 사회주의 경제제도에서는 사회구성원 전체이다.

그리고 어떤 사상을 설명하는 것은 그 설명을 요구하는 상대방의 욕구(欲求: wants)나 필요(必要:needs)에 따라 다를 수밖에 없다. 가령 회계에 대한 사회적 요구가 부(富)의 설명이라고 한다면 부의 귀속이 개인인가, 사회인가. 또 개인에게 귀속되는 부라면 이익의 발생이냐 이익의 분배이냐 하는 것이 문제시 될 수 있다. 이러한 부나 이익의 설명은 어떤 일정한 조건하에서만이 가능하다. 만일 시장경제제도에서 투자가가 필요로 하는 회계정보가 주당순이익이라면 위의 경우에서 개인에게 돌아가는 배분이익이 될 것이다.

그러면 시장경제 자본주의국가에서 회계제도의 규범이 규정 지워지는 일정한 조건은 무엇인가? 회계는 본래 자본주의의 출현과 기원을 같이 하고 전통적으로 자본주의의 맥락에서 검토되어 왔다고 한다. 회계가 자본주의와 맥락을 같이 한다면, 회계제도의 규범이 규정 지워지는 일정한 조건은 자본주의적인 요소인 사적 소유(私的 所有: personal ownership)와 이윤의 확대동기 및 시장가격 메카니즘 등이라고 할 수 있다.

반면 사회주의 계획경제국가에서는 주요 생산수단을 사회적 공유(社會的 公有: public ownership)로 하고 중앙집권적 국민경제계획을 통하여 자원을 할당하고 이윤의 확대동기 대신 사회적인 재생산의 확대를 경제의 동기로 삼고 있다. 따라서 사회주의 회계제도가 존립할 수 있는 근거인 규범을 제약하는 일정한 조건은 재생산의 확대, 생산수단의 사회적 공유, 중앙집권적 국민경제계획 등이 될 것이다. 이러한 조건에서 회계제도가 존립할 수 있는 보편적이고 필연적인 근본이유는 사회적 공유재산의 보호, 중앙집권적 국민경제계획의 수립과 관리 및 통제, 독립채산제의 강화에 의한 노동생산성의 제고를 위한 계량적 정보의 제공이라 할 것이다.

그리고 사회주의계획경제에서 회계의 규범은 사회적 경제가치의 흐름(기금의 운동)에 관한 해명이라고 보여진다. 사회적 기금의 운동에 관한 해명이란 중앙정부가 총체적인 국민경제의 차원에서 국민경제계획을 통해 사회적 재생산의 확대에 기여하는 자원배분에 관한 의사결정을 하는데 유용한 정보를 제공하기 위해 국민경제기금의 원천과 이용에 관한 설명이라 할 것이다. 따라서 자본주의국가에서 개별경제주체인 기업의 이해관계자 중에서 자본을 가진 투자가나 채권자의 개별 의사결정에 유용한 정보를 제공하기 위해 단위기업의 기금운용과 원천에 관해 해명하는 것과는 차이가 있다.

2. 회계제도의 기능

각 국가는 회계행위에 대해 여러 가지 형태의 규칙을 정하고 법률, 규칙, 원칙 등의 이름으로 경제활동의 내용을 기록·계산·보고하는 과정을 규제한다. 이와 같이 회계행위에 대해 전체적이고 체계적인 규제의 틀을 설정하고, 그 규제의 틀에 따르는 어떤 권위가 적합하다는 사실을 사회에 발표하는 소위 회계의 제도화 방식을 채택하고 있다. 다시 말하자면, 회계제도는 회계행위가 어떤 규제의 목적에 따르고 회계행위를 일정한 방향으로 유도하며 회계가 그 사회가 요구하는 기능(경제적인 역할)을 수행할 수 있도록 제도화된 것이다. 회계는 그 사회적·경제적 역할에 따라서 회계인의 행위를 조직화하고 그것에 의해 회계방법을 규제하는 회계제도에 기초를 두고 있다. 예컨대, 어떤 국가가 경제성장에 필요한 급속한 자본을 축적해야 하는 경우에는 회계실체인 기업의 순이익이 커질 수 있도록 회계 관련법규나 회계기준, 준칙 등을 제정하거나 개정하여 공포하게 된다. 예컨대 한국이 국제적 자본의 유치를 위해 회계기준을 국제회계기준에 동조화(harmonize)시켜 개정하여 공표하였다.

이렇게 회계는 회계방법에 따른 회계인의 행위이고 그러한 회계인의 행위는 제도에 기초를 둔 틀(frame) 속에서의 행위이다. 그러므로 각국의 회계제도는 그 기능이나 목표, 개념, 방법 등이 서로 다를 수 있으며 회계제도의 변화에 따라 회계의 내용도 변화될 수밖에 없다. 그러므로 어떤 회계실체의 특정한 경제활동을 대상으로 회계처리를 하더라도 서로 다른 회계의 제도적 틀 속에서 기록·계산·보고하는 내용은 매우 다를 수밖에 없다.

이러한 회계행위는 그 제도의 기능을 충족시키는 행위이다. 회계제도의 기능은 국가경제의 규범적 질서에 따라 확립된다. 경제체제의 기본적 조건과 이 조건에 의거한 회계제도화의 규범은 회계제도의 기능 즉, 회계제도의 목표를 규정한다. 이러한 회계제도의 목표를 규정하는 견해에는 2가지가 있다.

첫째, 회계실체의 재산관리에 중점을 두고 회계의 측정기능에서 계산 구조적 측면을 강조하는 설

둘째, 이해관계자 집단 간의 이해관계 조정에 중점을 두고 외부보고 및 전달의 측면을 중시하는 설(자본의 축적이나 진실의 은폐설)

일반적으로 어떤 국가의 회계제도는 이 2가지 견해 중의 하나를 목표로 한다. 이런 목표에 의거하여 회계제도를 형성하는 것은 그 사회의 권력구조에 따라 서로 다르기 때문에 각국의 기업활동의 실체를 포착하는 회계방법도 매우 다양하다. 자본주의시장경제에서 첫째의 재산관리 회계측정은 회계의 근본적 기능이면서 동시에 둘째의 이해관계 조정의 바탕이 된다. 이해관계 조정의 목표에서 규정한 회계기능은 계약기능과 가치기능으로 나누어 볼 수 있다.

이해관계자 집단 간의 이해관계 조정에 중점을 둔
외부보고 및 전달의 측면

기능	계약기능	가치평가기능
질적특성	검증가능성	목적적합성, 표현충실성
기간이익	영업이익	포괄이익
추론방식	인과관계	상관관계(관련성)
관련연구	보수계약, 부채계약	지배구조, 소유구조
연구초점	수탁책임보고	의사결정이나 통제가 기업가치에 미치는 영향

김정재, 재무회계이론, 신영사, 2008, p,41 보완

한편, 회계제도는 그 형성방법, 회계에 대한 이해의 정도와 회계풍토 등의 영향도 받는다. 그리고 회계의 발전과정에서 보면 그 사회의 경제제도와 관련하여 그 기능이 제도화되고 서로 다른 사회의 제도적 골격에 따라서 그 성격이 변하여 왔음을 알 수 있다. 예컨대 봉건주의사회의 회계는 봉건영주의 재산보호를 목표로 하여 농노들에게 개별적으로 일정기금의 수지에 대한 책임을 부과·해지하는 것이 회계의 주요과업이었다.

그러면 사회주의국가에 있어서 회계제도의 기능은 무엇인가. 이들 국가에서는 국가계획위원회가 국민경제계획의 의사결정 주체이며, 생산프로그램의 수립과 실행을 지시한다. 이렇게 국가계획위원회가 국민경제에 대한 전체적인 생산계획을 수립하고 통제하기 위해서는 국가경제부문의 전체를 망라하는 총체적인 경제에 관한 집약된 정보를 필요로 한다. 이와 같은 국민경제에 관한 종합적이고 집약된 정보를 얻기 위하여 국민계산제도가 창안되었다. 이러한 목표에서 창안된 국민계산제도는 국민경제계획을 수립하고 경제가 계획한 방향으로 지향할 수 있도록 통제하기 위해 필요한 정보를 제공하기 위해 통계와 회계 및 업무기술 계산을 서로 유기적 관계로 결합시킨 것이다. 국민계산제도가 집중통제방식에 의한 사회주의생산방식의 수단으로서 구조화되어야 하고 기능을 발휘해야 하기 때문에 총체적 국민경제정보는 재무적 성격의 정보와 비재무적 성격의 정보가 결합된 것이어야 한다. 여기에서 재무적 성격의 국민경제정보는 각 기업의 회계정보를 결합시켜야 생산될 수 있다. 따라서, 국민경제정보의 생산을 위해서는 범국가적으로

통일된 기업의 회계시스템이 구축되어야 한다. 뿐만 아니라 통계와 업무기술계산에 있어서도 통일된 시스템이 구축되어야 한다.

이것을 통일국민계산제도라고 부른다. 회계는 이 통일국민계산제도의 일환으로 사회주의 데이터를 관할, 측정, 기록, 처리, 전달하는 것이다. 특히 사회주의국가는 국민경제의 목표에 따라 기업은 주어진 자원으로 할당된 생산물을 생산해 내는 기술적 단위로 간주되기 때문에 기업회계의 기능도 미시적 측면보다는 거시 경제적 측면이 보다 더 중요시된다.

회계정보가 기업차원에서 창출되기는 하지만 중앙정부차원의 국민경제계획수립의 정보로 이용되기 위해서는 기본용어의 통일, 재무보고양식의 통일, 회계방법의 통일이 필요하다. 이렇게 전 국민경제 부문에 걸쳐 표준화된 회계시스템을 통일회계제도하고 한다. 이러한 통일회계제도는 국민계정도표, 회계데이터의 기장·분류·요약을 위한 절차, 회계기장의 체계, 회계보고서의 표준서식 등을 그 주요내용으로 하고 있다. 따라서 통일회계제도는 회계의 대상인 사회적 기금의 운동에 관한 최초의 기장에서부터 회계순환과정의 절차 및 정기적인 회계보고서의 편집에 이르기까지 전부를 포괄한다고 할 수 있다. 그렇다고 기업차원에서 회계정보가 기업관리정보로서 활용되지 않는 것은 아니다. 단지 자본주의경제에 있어서의 회계정보가 기업과 관련된 미시적 차원을 중요시하는데 비하여 사회주의경제의 회계정보는 국민경제계획과 관련하여 거시적 차원의 이용정도가 더욱 크다는 사실을 강조하는 것이다.

일반적으로 회계는 사회주의 확대재생산과정에서 국민경제의 일부인 개별부문의 경제활동을 지도하고 관리하는 수단이라고 한다. 부언하면 회계는 주로 기업의 물적 재화와 화폐자산의 운용과 생산, 분배, 소비의 과정에서 그 이용상태를 증빙서류에 의거하여 경영과정을 계속적으로 파악하는 수단이다. 이러한 회계는 통계나 업무기술계산에 비교하여 증빙서류에 의거한 정보를 제공하는 점에서 큰 특징이 있으며 자본주의회계의 재무회계와 유사하다. 그리고 통계는 이러한 체계적인 서류증빙에 근거를 둘 수는 없으나 국민경제의 전반에 관한 보다 포괄적인 범주의 질적 정보를 제공해 준다. 그리고 업무기술계산은 자본주의의 회계의 관리회계에 해당하는 것으로 경영계산이라고도 한다. 이 업무기술계산은 경영자의 기업 관리에 필요로 하는 정보를 제공하기 위한 시스템이며 회계에 비하여 공식화의 정도가 낮은 시스템이다.

요약해서 말하면, 사회주의 회계제도는 국가당국이 국민경제를 계획하고 지도하며 관리·통제하는데 필요한 재무적이고 계량적인 성격의 집약된 정보를 제공하는 거시적 기능을 담당하며, 한편으로 국민경제의 개별부문에 있어서 경제활동을 지도하고 관리하는데 필요한 재무정보를 제공하는 미시적 기능을 갖고 있다.

3. 회계제도의 비교

이상에서 논의한 내용에 근거하여 자본주의시장경제에서 회계와 사회주의계획경제에서 회계를 비교해보면 다음과 같다.

사회주의 사회의 경제적 기초는 생산수단의 사회적 공유에서 구할 수 있다. 이런 점에서 자본주의 회계가 시장에서 기업 간의 격렬한 경쟁이나 사용자와 노동자간의 계급대립을 반영하여 사적 이윤추구나 기업의 자본축적의 도구로 이용되는 바와는 달리 사회주의 회계는 전 국민적인 성격이 강하여 국민경제계획의 원활한 수행과 통제를 용이하도록 국민경제계산제도의 일부분으로 성립하고 있다.

사회주의 회계에서도 이윤의 측정은 중요한 과제이다. 그러나 자본주의 경제에서 이윤자체가 기업의 목표인 점에 반해 사회주의 경제에서는 이윤이 생산의 확대를 도모하기 위한 수단이다. 사회주의경제에서는 건전한 기업경영의 방법으로 독립채산제를 채택하고 인센티브제도에 의해 노동의 절약, 물적 자원의 절약 및 원가 인하를 이루려 하기 때문에 이윤은 이러한 인센티브 제공을 위한 성과측정의 척도로서 기업자체와 개별 노동자에게 적용된다.

따라서 자본주의 회계가 소비자욕구를 중심으로 한 시장경제를 기반으로 하고 있기 때문에 자본축적에 의한 경제성장에는 유효할지 모르지만 자원의 낭비, 이윤분배를 둘러싼 노사 간의 갈등, 공해문제, 경쟁에 의한 인간성의 둔화 등에 관한 문제를 처방할 수 있는 정보는 제공하지 못한다. 즉 경제성장에 따른 사회제도의 긍정적 변화를 유도하기 위한 계량적 정보의 제공은 어렵다고 할 것이다.

반면, 사회주의회계는 생산수단의 사회적 공유에 의한 계획경제를 전제로 하고 있기 때문에 이윤의 배분은 공평할지는 모르지만 우회생산을 위한 자본축적이 마비되어 생산성의 향상을 기대하기 어렵다. 즉 경제성장에 따른 사회제도의 긍정적 변화자체의 변화를 유도하는 계량적 정보를 제공할 수 있을지 모르지만 그러한 사회제도의 변화를 야기 시키는 경제성장의 원천인 자본축적을 유도하기 위한 계량적 정보를 제공하지 못한다.

항 목	자본주의 시장경제 회계	사회주의 계획경제 회계
- 목적과 기능	이윤추구, 자본축적	계획경제의 수행과 통제
- 직접적 과제	이윤창출과정의 관찰	국민경제수행과정의 관찰
- 봉사 대상	생산수단소유자 개별이익	사회구성원의 전체이익
- 재산관리보호	사적 재산의 보호	사회적 재산의 보전
- 통일성 여부	통일성결여, 다양한 시스템	국가적으로 통일된 시스템
- 공시 내용	영업비밀, 진실 은폐	정확성과 진실성 확보

제2부

회계제도화의 기초적 논리

자본주의 시장경제 국가에서 회계의 제도화를 논리적으로 설명하거나 서술하기 위해서는 회계인이 언제 어디서 무엇을 왜 누구를 위해 일을 해야 하는지를 명확히 밝혀 둘 필요가 있다. 그래서 회계인은 제도화된 틀(제도회계)안에서 회계정보를 생산하여 제공하는 직무를 담당한다. 회계인은 개별정보이용자에게서 보수를 받고 회계정보를 제공(특수 목적 회계)할 수도 있지만 사회제도의 일환으로 일반 목적의 회계제도가 성립되는 이유는 법률적 규정 또는 관습에 의해 회계인의 직무가 규정되기 때문이다. 일반적으로 회계의 목적은 기업의 이해관계자집단이 기업과 관련한 경제적 의사결정을 하는데 유용한 정보를 제공하는데 있다. 그래서 일반 목적의 회계라고 한다. 이러한 회계의 목적을 규정하는데 있어서도 회계의 제도화를 염두에 두고 있다. 즉, 회계인은 기업에 관련된 현재적 또는 잠재적 이해관계를 가지고 있는 회계정보이용자집단을 위해 사회적 임무를 부여받는 것을 전제로 하고 있는 것이다. 이때 회계인의 보수는 사회적 비용이라고 보아야 한다. 왜냐하면 특정개인이나 집단의 요구에 부응해 회계정보를 생산하고 제공하는 것이 아니기 때문이다.

그래서 회계의 제도화를 시도할 때, 회계인이 언제(when), 어디서(where), 무엇을(what), 왜(why), 누구(whom)를 위해 일을 해야 하는지를 명확히 해야 만이 비로소 회계제도를 만들어 낼 수 있다.

① 기업의 수많은 이해관계자집단 중에서 주로 누구((whom)를 위해서 제도화할 것인가?

이는 회계처리나 보고를 누구의 입장에서 할 것인가의 문제이다. 즉, 회계주체를 누구로 볼 것인가 하는 문제이다. 이는 주주, 채권자. 종업원, 지역주민, 소비자, 정부 등등의 이해관계자 중에서 누구의 입장에서 회계를 하도록 제도화할 것인가의 문제이다. 회계에서는 이를 지분이론이라고 하고 있다.

② 회계의 제도화를 언제(when), 어디서(where) 할 것인가 하는 문제도 명확히 해두어야 한다.

이 문제에 대해서는 앞에서 이미 회계의 외생적 환경구조에서 살펴본 바 있다. 회계는 그 환경(where) 즉, 사회적 · 경제적 · 정치적 · 법률적 여건, 제약과 영향 속에서 이루어져 있으며 시간의 흐름(when)에 따라 변화한다.

③ 회계에서 무엇을(what) 관찰대상으로 할 것인가를 결정해야 제도를 만들 수 있다.

회계의 관찰대상은 경제실체의 가치흐름(경제적 현상: 경제적 상태와 경제적 사건)이라고 하지만 실제로는 그것들에 수반되는 자금의 스톡과 흐름이다. 회계에서 그러한 관찰대상을 한정지워야만 쉽게 관찰할 수 있다. 사회주의계획경제에서는 국민경제전체를 하나의 관찰대상(통일회계제도)으로 하지만 자본주의시장경제에서는 그 관찰단위를 회계실체(accounting entity) 또는 회계단위(accounting unit)라고 하고 기업을 회계단위(법적실체관)로 하고 있다.

④ 회계를 왜(why) 제도화하는가를 염두에 두어야 한다.

이 문제는 당해 국가의 사회경제적 체제와 관련되어 있다. 회계의 사회적 직능을 개인이나 사회적 부를 축적하는데 기여하도록 하거나 부를 배분하는데 초점을 맞출 것인가를 회계의 제도화 이전에 결정해야한다.

그리고 회계인이 회계정보이용자집단의 요구를 충실히 수행하고 회계의 관찰대상이 되는 원체(principal) 즉, 특정회계단위의 경제적 현상을 있는 그대로 계량화하여 의미있는 사체인 재무보고서를 만들어 낼 수 있도록 제도화되어야 한다. 이러한 관계를 시각적으로 표시하면 [그림 2-1]과 같다.

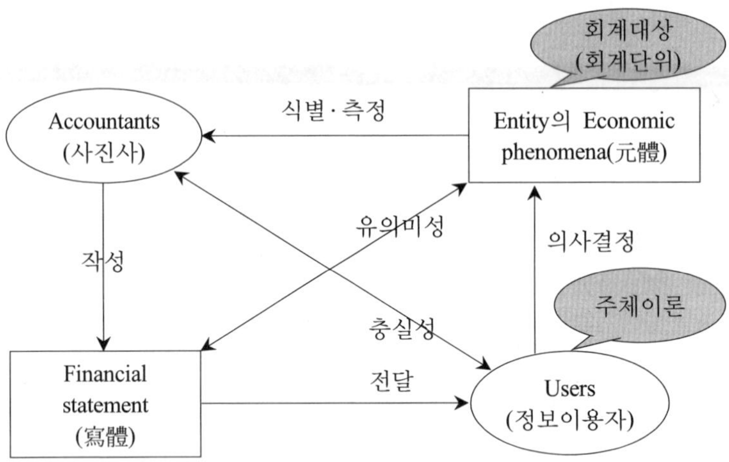

N. M. Bedford, *Income Determination Theory: An Accounting Framework*, Addison-Wesley, Publishing Co. 1965. p.198 참고하여 재조정함

[그림 2-1] 회계제도화의 논리적 맥락

제 3 장

회계정보이용자와 그 용도에 관한 이론: 지분(회계주체)이론

제1절 지분이론의 개념

재무회계분야에서 기업실체의 이해관계자집단을 모두 회계정보의 이용자라고 하고 있지만 회계정보를 산출하는 제도화의 과정에서 특히 누구의 입장에서 식별, 측정, 전달할 것인가를 고려하고 있다. 이렇게 회계의 제도화과정에서 특별하게 고려하는 이해관계자집단에 관한 이론을 회계주체이론 또는 이해관계자집단의 지분이론이라 한다. 이러한 지분이론(회계주체이론)의 생성원류는 '1907년 스프라그(Sprague)의 저서 「회계원리」, 1908년 콜(Cole)의 저서 「회계 그 구성과 해석」, 1909년 햍필드(Hatfield)의 저서 「근대회계학」' 등에서 찾아볼 수 있다.

본래, 지분(equity)이란 '몫을 나누어 갖는다'는 의미로 특정기업이 소유하고 있는 자원이나 권익에 대한 외부인의 청구권을 말한다. 기업은 법인이 아니더라도 회계에서 독립된 인격으로 취급[1]되지만 스스로 권리와 의무를 실행할 수 없지만 그 대리인 자격의 자연인에 의해 발휘된다. 따라서 엄밀한 의미에서 기업의 자원과 권익은 외부에 있는 자연인의 몫으로 이루어져 있다. 그런데 기업이 소유하고 자원과 권익이 순수하게 자금을 투하한 투자자의 몫으로만 구성되어 있는가하는 점이다. 기업이 순전히 투자자만의 자산이라 한다면 투자자와 분리해서 회계할 필요도 없다. 기업의 사회적 기능과 책임이 확대되어감에 따라 지분의 본질을 정의하고 이에 따라 회계 제 요소의 개념을 정의하고, 회계기준, 재무제표의 작성과정 등을 설명할 필요가 있다.

1) 회계실체의 공준을 의미함

따라서 회계의 제도화과정에서 기업이 존속함으로써 손해나 이익을 볼 수 있는 회계정보의 이용자집단들 중에서 어느 집단의 이해관계를 가장 중시하여 회계정보를 생산하여 전달할 것인가 하는 회계처리의 관점(view point)을 지분이론 또는 주체이론이라 한다.

지분이론의 중요성은 무엇보다도 이 이론이 재무제표의 자본계정을 설명하는 데 그치지 않고 기업회계에 있어서 회계실체가 되는 기업의 본질을 어떻게 규정할 것인가, 기업에 있어서 회계주체는 누가 되는가, 각각의 지분이론에 입각하여 재무제표의 작성목적, 자산 등 회계개념이 어떻게 정의될 수 있는가, 이들 목적과 개념의 정의에 의해 회계원칙은 어떻게 규정되어야 할 것인가의 문제를 다루는 데에 있다고 할 수 있다.

제2절 주요지분이론

1. 소유주이론

소유주이론(proprietary theory)에서 지분이란 소유자지분으로 만을 의미하며 기업의 순자본을 제고한 주주집단의 이해관계를 가장 중요시하여, 이 소유주의 관점에서 소유주를 위해 기업 활동에 대한 회계의 기록과 보고를 해야 한다고 하는 견해이다.

따라서 회계의 측정절차를 소유주의 순부(net wealth) 또는 순자산(net assets)의 가치를 측정하는데 맞추고 있다.

$$\Sigma A(\text{자산}) - \Sigma L(\text{부채}) = P(\text{소유주지분})$$
$$(\text{Assets} - \text{Liabillities} = \text{Proprietorship})$$

재무상태표의 등식은 $\sum A - \sum L = P$(단, A는 자산, L은 부채, P는 소유주의 순자산)이며 소유주의 순자산 P를 중심으로 하여 모든 회계상의 판단을 한다. 기업의 자산은 바로 소유주의 자산이고, 기업의 부채는 직접 소유주가 상환해야 할 의무이다. 기업의 자산과 부채와의 차액은 소유주의 순자산이 된다고 간주한다. 따라서 기업의 부채는 자산을 감소시켜 소유주의 순부의 가치를 감소시키기 때문에 "負의 자산"(마이너스 자산, negative assets)이라고 한다. 기업이 설립되었을 당시에는 기업의 가치(소유주의 순자산)는 소유주가 투자한 금액 즉, 투하자본과 일치한다. 그러나 기업이 영업을 하게 되면 회계연도 말의 자본금은 원초의 투하자본과 다르게 나타난다. 일반적으로 회계연도말의 자본은 기중에 추가로 투자한 금액의 합계액에 이익을 가산하고 이로부터 투자의 인출액을 차감한 것이 된다.

〈표 2-1〉 재무상태표

차 변		대 변	
자 산	xxx	자 본	xxx
부 채	(xx)	(소유주지분)	
	xxx		xxx

* 부채는 차감한다는 의미이며 대변으로 옮길 수 있다.

만일 이 소유주이론에 입각해서 재무상태표를 만든다면 <표 2-1>의 형식을 갖는 것이 원칙이라고 생각된다.

순이익은 소유주의 순자산 증가로 보아 소유주에게 직접 귀속되는 것으로 간주되기 때문에 수익은 소유주의 순자산을 증가시키며 비용은 그것을 감소시키는 것으로 볼 수 있다. 그러므로 소유주이론에서 손익계산서의 형식은 다음과 같다.

〈표 2-2〉 포괄손익계산서

매출원가	xx	순매출액	xx
외부거래비용	xx		
급료·임금	xx		
이자·집세·지대	xx		
조세공과	xx		
당기순이익(배당가능이익)	xx		
	XXX		XXX

개인기업에서 순이익이 발생하면 그것을 아무런 절차 없이 소유주에게 귀속되는 것으로 볼 수 있으므로 이익잉여금으로 기업의 내부에 적립

되면 투자자본이 늘어나는 것이다. 현금배당을 하게 되면 자본의 환급으로 볼 수 있어서 인출금과 같은 성질이 있다. 그리고 소유주이론에서 주식배당은 소유주가 기업에 대하여 가지는 지분에 아무런 변동을 주지 않기 때문에 배당받은 주식은 주주의 소득이 아니다. 소유주이론에서는 지급이자뿐만 아니라 소득세 또는 법인세도 소유주의 순자산을 감소시키는 것이므로 모두 비용이며 이들을 모두 공제한 후에 남는 잔액이 순이익이 된다. 그래서 소유주이론에서의 당기순이익을 주주순이익(net income to share-holders)이라고도 한다.

한편 소유주이론에서는 기업이 법인세(법인의 소득세)를 소유주의 소득세를 대신하여 지급하는 세금이기 때문에 배당소득에 대해 다시 소득세를 부과하는 것이 되므로 이중과세의 부당성이 제기된다.

한편 소유주이론에서 순이익은 배당금의 지급이나 자본거래를 제외하고 기업의 순자산에 영향을 미치는 모든 항목을 포함한다. 따라서 경상적인 영업활동의 결과뿐 만아니라 비경상적 차익을 포함하는 포괄주의 이익개념이 소유주이론에 더 적합하다.

이러한 소유주이론은 현재의 회계용어나 회계실무에 많은 영향을 끼쳤다. 예컨대 우리나라의 포괄손익계산서의 비용항목 및 주당순이익(earnings per share)표시, 주당장부가치(book value per share) 등은 바로 이 소유주이론에서 비롯된 회계개념들이다. 소유주이론에서는 손익계산서가 중심적 역할을 담당하게 되고 재무상태표는 부차적인 역할을 하게 된다.

그렇지만 이러한 소유주이론은 개인기업이나 조합기업 등에 적합한 이론이지만 증권시장을 통해 주식거래가 빈번하여 주식의 소유주(주주)가 직접 경영에 적극적으로 참여할 수도 없다. 이렇게 소유주인 주주가 경영에 직접적으로 참가함을 확인하기 곤란한 주식회사 형태의 기업에는 소유주이론을 적용하기 곤란한 측면이 많다. 왜냐하면 소유와 경영의 분리되어 있는 상황에서 기업의 권리와 의무를 곧 소유주의 권리와 의무로 보기 어렵기 때문이다.

2. 실체이론

실체이론(entity theory)은 회계실체가 기업에 투하된 외부인과의 독립된 권리와 의무의 주체로 보는 견해이다. 이와 같은 기업실체이론은 대리인설과 기관설로 나뉜다. 대리인설은 기업의 주된 이해관계자를 주주와 채권자로 보는 견해이며, 기관설은 주주, 채권자뿐만 아니라 정부도 주된 이해관계자로 간주하는 견해이다.

1) 대리인설

먼저 대리인설에 의한 기업실체이론은 채권자나 소유주(우선주주 또는 보통주주)이건 간에 이들의 지분은 모두 기업에 대하여 투자를 한 데 대한 청구권이니, 어느 지분의 이해관계를 특별히 중요시 할 것이 아니라 지분 전부를 중요시하고 총지분의 관점에서 기록과 보고를 해야 한다는 견해이다.[2] 실체이론에서는 기업을 지분소유자와 별개의 독립된 실체로 간주하고 회계의 제 개념과 절차를 규정하고 회계현상을 판단을 한다. 실체이론에서는 회계를 하는 주체가 소유주도 아닌 채권자도 아닌 바로 기업 그 자체라고 보기 때문에 기업자체의 입장에서 회계처리를 하고 회계보고를 하는 것이다.

따라서 기업은 단순히 소유주의 소유물이 아니며 자산과 부채, 이익 등은 모두 기업 자체의 것이며, 회계의 주된 목적도 소유주의 경제적 상태나 상태의 변화를 취급하는 것이 아니고, 기업 자체의 경제적 상태나 상태의 변화에 관한 정보를 제공하는 데 있다고 할 것이다. 기업실체이론은 기업을 외부인(소유주나 채권자)과 독립된 실체로 보고 있으므로, 기업의 자산은 소유주나 채권자의 자산이 아니고 회계실체인 기업자체의 자산이며, 또한 부채도 소유주의 채무가 아니라 기업 자체가 이행할 채무라고 본다. 따라서 소유주나 채권자는 기업의 자산에 대하여 단지 자기의 지분(청구권)을 가질 뿐이다.

자산 = 지분
(Assets = Equities)

∑A(자산) = ∑L(채권자지분:) + SE(주주지분)
(Assets = Creditor's Equity + Stockholder's Equity)

실체이론에서의 재무상태표 등식은 ∑A=∑CE+SE(단, A=자산, CE:

2) 김영청, 회계이론, 형설출판사, 1991, p.617.

부채, SE＝소유주지분)으로 표시된다. 따라서 실체이론에서의 자산은 기업자금의 운용형태를 표시하고, 채권자지분과 주주지분은 자금의 조달원천을 표시하며 동시에 외부적 지분(청구권)을 표시한다.

〈표 2-3〉 재무상태표

차 변		대 변	
자 산	xxx	주주 지분	xxx
		채권자지분	xxx
	xxx		xxx

이때 자산과 부채의 평가기준으로서 역사적 원가기준(cost basis)이 유도될 수 있다고 할 수 있다. 왜냐하면 역사적 원가이야 말로 회계책임을 명백히 하는 평가기준이라고 할 수 있기 때문이다. 이러한 회계책임은 기업이 특정한 이해관계자의 입장을 떠나서 이들과 독립된 위치에서 공정하고 객관적으로 회계정보를 보고함으로써 완수된다고 할 수 있다.

기업에서 순이익이 발생했을 때 그 순이익은 기업체의 것이지만 어떤 적절한 절차를 거쳐 그것에 대한 배당선언이 있을 때 비로소 그 이익은 주주의 소득으로 전환된다[3]. 그러므로 배당선언이 있기까지의 이익은 기업 자체의 것이고 주주의 것이 아니다.

주식배당은 주주의 소득이 아니고 주주지분의 재분류에 불과하다. 또한 기업의 이자비용은 손익계산서상의 비용항목이 아니라 기업이익을 그 지분소유자에게 배당하는 것과 같은 성격이다. 따라서 이러한 당기순이익을 투자자순이익(net income to investors)라고 하며 주주이익과 이자·집세·지대로 구성된다. 이상과 같은 내용을 손익계산서 형식으로 표현하면 다음과 같다.

3) 차) 이익잉여금 XXX / 대) 미지급배당금 XXX

〈표 2-4〉 포괄손익계산서(대리인설)

매출원가	xx	순매출액	xx
외부거래비용	xx		
급료·임금	xx		
조세공과	xx		
당기순이익(=배당금+이자 등)	xx		
	XXX		XXX

2) 기관설

기관설에 의한 기업실체이론에서는 대리인설의 주주나 채권자뿐만 아니라 정부도 기업경영실체가 사회적으로 존속하고 유지되는데 국방, 교육 등의 측면에서 기여하고 있기 때문에 기업의 외부청구권자의 한 집단으로 간주한다. 따라서 손익의 배분에 있어서도 정부에 귀속되는 조세공과를 비용이 아니라 이익의 배분으로 보는 견해이다. 그렇지만 기업이 보유한 자산에 투하한 자금이 없음으로 재무상태표의 대변에 나타내지는 않는다.

기업실체이론의 기관설에서 당기순이익은 기업체순이익(enterprise net income)이라 하며 주주이익, 이자·집세·지대 및 조세공과로 구성된다. 이런 이익산정에 있어서 비용의 구성요소를 손익계산서 형식에 나타내면 다음과 같다.

〈표 2-5〉 포괄손익계산서(기관설)

매출원가	xx	순매출액	xx
외부거래비용	xx		
급료·임금	xx		
당기순이익 (=배당+이자,지대,집세+조세공과)	xx		
	XXX		XXX

3. 잔여지분이론

잔여지분이론(residual equity theory)은 기업을 주주들 중에서도 잔여지분청구권을 가지는 보통주주들의 소유물로 보고 모든 회계의 여러 개념이나 절차를 보통주주의 입장에서 규정한다. 따라서 재무상태표의 등식은 자산－특정지분＝잔여지분. 여기서 특정지분이란 채권자지분과 우선주주지분을 의미하고, 잔여지분이란 보통주주의 지분을 의미한다.

자산 - 특정지분(채권자 지분 + 우선주 지분) = 잔여지분

잔여지분이론은 회계의 주체를 보통주를 소유하는 주주로 보고, 이들의 입장과 이해관계에 초점을 두어 회계를 해야 한다는 견해이다. 잔여지분이론을 주장하는 이유는 오늘날 증권시장에서 보통주의 비중이 다른 어떤 지분소유자보다도 크고, 그들로 하여금 그 투자에 관한 의사결정을 잘 할 수 있도록 보다 신뢰성이 있는 목적 적합한 정보를 제공할 필요가 있기 때문이다.

〈표 2-6〉 재무상태표

차 변		대 변	
자 산	xxx		
특정지분 (=채권자지분+우선주지분)	(xx)	잔여지분 (보통주주 자본)	xxx
	xxx		xxx

* 특정지분은 차감한다는 의미이며 대변으로 옮길 수도 있다.

보통주주는 기업의 수익 중에서 소유주 이론에서의 비용을 공제하고 다시 우선주주에 대한 배당을 비용으로 차감하고도 남는 잔액이 이익으로 산정된다. 이렇게 산정된 기업이익이 잔여지분이익이라 일컬어지며 비로소 보통주주의 순자산 증가로 나타난다. 잔여지분이론에서 이익의 현금배당은 소유주 이론에서와 마찬가지로 인출금의 성격을 갖는다.

잔여지분소유자인 보통주주가 기업의 경영에서 가장 큰 위험을 부담함으로 회계는 이들의 입장에서 이들의 이해관계에 초점을 맞추어 이익을 산정하여야 하기 때문에 법인세와 이자 및 우선주에 대한 배당액 등은 모두 비용으로 간주되어야 한다. 그리고 손익계산서와 이익잉여금계산서는 잔여지분의 소유자에 대한 배당 가능액을 표시해 주도록

작성하여야 하고, 재무상태표에서는 보통주주의 지분이 다른 지분과 별도로 구분되어 표시되어야 한다. 그리고 이익잉여금의 증감 변동 등은 모두 보통주주의 지분에 반영되도록 회계를 하여야 할 것이다. 따라서 잔여지분이론에서 당기순이익이란 잔여지분소유주순이익(net income to residual share-holders)라 한다. 이런 잔여지분소유주순이익의 산출과정을 손익계산서 형식을 빌어 나타내면 다음과 같다. 따라서 잔여지분이론에서 당기순이익은 보통주에게 돌아갈 이익금으로만 구성된다.

〈표 2-7〉 포괄손익계산서

매출원가	xx	순매출액	xx
외부거래비용	xx		
급료·임금	xx		
조세공과	xx		
이자,집세,지대	xx		
우선주배당	xx		
당기순이익(=보통주배당금)	xx		
	XXX		XXX

4. 기업체이론

기업체이론(enterprise theory)은 기업을 특정한 개인이나 집단의 사적 이익을 추구하는 조직(private organization)이 아니라 사회공공의 경제적 후생을 증대시킬 의무를 부담하는 하나의 사회조직(social institution)으로 보는 이론이다. 그래서 기업체 이론을 사회조직이론이라고도 한다. 이 견해에 따르면 회계는 소유주나 채권자들과 같은 기업자본의 제공자들 뿐만 아니라 종업원, 고객, 정부 및 일반 공중을 포함한 모든 이해관계자들이 필요로 하는 정보를 제공해 주어야 한다는 것이다. 즉, 기업체이론은 회계의 주체를 기업과 관계를 맺고 있는 광범위한 사회구성원으로 보는 이론이다. 하지만 기업실체이론 중 기관설에서 마찬가지로 기업이 보유한 자산에 정부나 종업원이 직접적으로 투하한 자금이 없음으로 재무상태표의 대변에 나타내지는 않는다.

기업체이론에서의 당기순이익(부가가치이익)에는 주주에게 지급되는 배당금, 신용공여자 등에게 지급되는 이자·지대·임차료, 종업원에게 지급되는 급여·임금, 정부에 납부되는 조세공과 및 유보이익 등이 모두 포함된다. 따라서 기업체이론에 입각해서 측정된 기간이익(당기순손익)은 부가가치이익(value-added)이 된다. 이 부가가치를 국가적으로 합계하면 국민순생산(NNP)과 같아진다.

〈표 2-9〉 포괄손익계산서

매출원가	xx	순매출액	xx
외부거래비용	xx		
당기순이익	xx		
(배당+이자,지대,집세+ 조세공과+급료 및 임금)			
	XXX		XXX

〈표 2-10〉 소유주이론과 기업실체이론의 비교

비교 중심점	소유주이론	기업(경영)실체이론
1. 회계의 중심(주체)	소유주(주주집단)	기업실체
2. 회계목적	소유주 재산의 상태·변동파악, 소유주를 위한 회계보고	기업의 이해관계자가 위탁한 자산을 운용하여 기업활동을 기록·측정·보고하는 것
3. 이해관계자	소유주	소유주, 신용공여자(정부)
4. 회계등식	자산−부채=소유주지분	자산=채권자지분+주주지분
5. 회계개념		
① 자 산	소유주의 소유 재산으로 간주	기업의 자산
② 부 채	소유주가 상환할 의무로 간주	기업의 채무
③ 자 본	소유주의 순자산으로 간주	주주지분
④ 수 익	소유주지분의 증가	기업활동에 따른 실수금
⑤ 비 용	소유주지분의 감소	수익발생에 따른 지출
⑥ 순 손 익	소유주지분(순부)의 증감	기업자체의 손익
⑦ 손익계산방법	포괄주의	당기업적주의
6. 회계보고서		
① 중요시하는 재무제표	재무상태표	포괄손익계산서
② 중요시하는 회계사고	소유주지분변동의 파악	순이익의 측정
7. 자산평가방법	시가(현행가치)	원가
8. 기타 회계개념		
① 현금배당	자본의 인출(부의 환급)	주주지분의 감소
② 주식배당	소유주지분의 이전	주주지분의 재분류
③ 지급이자	소유주가 부담하는 비용	기업의 비용
④ 법 인 세	소유주가 부담하는 비용	기업의 비용
9. 적용이 적합한 기업	인적관계가 긴밀한 기업 개인기업, 조합기업	법적 의제 주식회사, 대기업

* 남상오, 회계이론의 내용을 일부 보완함,

제3절 기타의 지분이론

기타의 지분이론으로는 잔여지분이론 등 4가지가 있다. 이들 중에서도 자금이론이 가장 주목을 끌었으나, 다른 이론도 각각의 이론적 타당성을 갖고 있다. 이들 이론은 앞서 설명한 주요지분이론에 비해 역사가 짧고 이론적 설명력이 약하며, 소수의 회계이론가에 의해 주장되었고, 회계이론이나 실무에 크게 영향을 준 이론은 아니었다. 그러나 이들 이론은 앞서의 주요지분이론에서 설명되지 못한 점을 설명할 수 있으며, 두 주요지분이론과 함께 동시에 회계현상을 설명하는 데 이용될 수 있어 보충적 이론으로 생각될 수도 있다.

1. 기금이론

기금이론(fund theory)은 회계의 주체를 소유주나 기업 자체가 아닌 기금이라는 활동지향적인 단위로 보는 이론이다. 여기서 기금이란 자산이 어떤 용도에 사용되도록 제약이나 제한을 받고 있을 때 이 제약을 받고 있는 일단의 자산을 말한다. 기금이론에 따르면, 자산은 기금, 즉 활동단위에 대한 미래의 용역을 나타내며, 부채는 특정 또는 일반적 자산에 대한 제약을 뜻하고, 순자산은 자산의 운용에 대한 법적 또는 재무적 제약을 의미한다. 부채와 순자산은 자산에 대한 제약이 되는 것이므로 회계등식은 다음과 같이 표현된다.

자산 = 자산에 대한 제약

(Assets = Restrictions of Assets)

자산 = 부채 + 순자산

예컨대, 기업회계에 있어서 감채기금(특정현금과 예금)이라는 자산은 사채라는 부채를 상환하여야 한다는 의무와 연결되어 그 사용에 제한이 가해진다는 점에서 기금이론의 설명을 위한 좋은 예라고 할 수 있다.

기금이론에서 회계의 주된 관심의 대상은 기금의 조달과 사용이다. 따라서 재무상태표나 손익계산서보다는 기금의 원천이나 운용상황을 나타내는 현금흐름표를 중요시한다. 기금이론은 자산의 용도와 이에 관한 제약을 강조하고 있기 때문에 기금을 중심으로 운용되는 비영리기관이나 정부회계에 적합한 이론이다.

우리나라 정부회계(지방자치단체 회계 포함)에서도 이 이론에 근거를 두고 재정상태보고서(B/S)의 등식을 다음과 같이 두고 있다.

자산 = 부채 + 순자산

이러한 기금이론이 기업회계에 미친 영향은 매우 크다. 기업 회계에서 각종 특정적립금이나 현금흐름표는 기금이론에 그 유래를 두고 있다.

2. 명령자이론

명령자이론(commander theory)은 기업의 자원사용에 관한 명령자인 경영자를 중심으로 회계실체의 경제적 현상에 관하여 관찰·식별·측정·전달한다는 견해이다. 즉, 경영자의 활동은 기업의 재무상태나 경영성과에 큰 영향을 미치므로 경영자가 수탁한 자원을 효율적인 관리·통제를 하였다는 사실(경영자의 수탁자원에 대한 관리책임의 해명)을 표명하는데 초점을 두고 회계현상을 설명하려는 이론이다.

이와 같은 명령자이론은 회계사고의 관점에서 새로운 시각의 통찰력을 주는 것으로 평가되지만 아직까지 다른 이론들에 비하여 설득력이 약하다.

제4절 지분이론과 수혜자별 이익개념

핸드릭센은 수혜자별 이익개념을 예시[4]하고 있는데 그 수혜자별 이익개념을 이상의 지분이론과 결부시켜보면 <표 2-9>와 같다.

4) E.S, Hendriksen, *Accounting Theory*, 4th, Richard, D. Irwin, Inc., 1982, p.167

〈표 2-9〉 수혜자별 기간이익의 개념과 산정과정 및 근거이론

기간이익(당기순이익)의 개념	이익의 산정과정	수혜자집단	근거 주체이론
부가가치	순매출액 -)매출원가 및 외부거래비용 부가가치	주주, 채권자, 정부 종업원	기업체 (사회조직)이론
기업체 이익	부가가치 -)임금(급료 등) 기업체순이익	주주, 채권자, 정부	실체이론(기관설)
투자자 순이익	기업체순이익 -)법인세 등 (조세공과) 투자자순이익	주주, 채권자	실체이론(대리설)
주주 순이익	투자자순이익 -)이자비용 등 주주순이익	주주(보통주주, 우선주주)	소유(자본)주이론
잔여지분 소유주순이익	주주순이익 -)우선주배당금 잔여지분소유주순이익	보통주주	잔여지분이론

* 수혜자별 이익의 근거이론은 필자의 견해임.

제 4 장

회계단위의 회계실체와 재무제표

회계실체(accounting entity)란 일종의 경제단위로서 그들의 경영활동이 하나의 회계시스템에서 기록·보고하는 회계단위(accounting unit)를 말한다. 이러한 회계실체는 회계처리의 장소적 범주로 정의되기도 하며 재무회계에서는 소유주로부터 독립된 단위로서 독자적으로 자산을 소유하거나 채무를 부담할 수 있는 회계단위 또는 재무제표를 작성하는 단위로 간주된다. 그러나 원가회계에서는 오로지 원가계산의 단위인 원가대상을 의미하기도 한다. 이러한 재무회계에서 회계실체에 관한 견해는 다음과 같은 2가지로 대비시켜 볼 수 있다.

제1절 법적 실체관과 재무제표

회계의 기록과 계산에 있어서 관찰의 대상을 한정지우는 범위를 회계단위로서의 실체라고 한다. 일반적으로 회계실체의 공준에 의거해서 기업단위가 회계처리를 위한 관찰단위로 된다. 이렇게 회계에 있어서 관찰단위가 기업이라고 간주하는 것은 기업이 하나의 법적 실체로 보기 때문이다. 법적 실체관(Legal Entity)은 한개의 기업을 법적으로 한개의 회계단위로 간주한다는 견해이다. 이렇게 보면 재무제표란 특정기업(회계실체)에 있어서 일정 회계기간 동안에 발생된 경제활동의 내용을 측정·기록·분류·정리하여 요약한 개별 회계보고서이다.

1. 개별기업의 재무상태표

재무상태표(balance sheet)란 특정일 현재의 특정 기업이 소유하고 있는 자산, 부채, 자본의 내용을 구성항목별로 정리하여 일정시점의 재무상태를 나타내는 보고서이다. 즉 작성시점에서 기업이 소유하고 있는 자금의 운용상태(또는 생산력)와 그 자금의 조달원천(또는 생산관계)를 나타내 준다. 즉, 재무상태표의 차변에는 외부에서 조달된 자금이 현재 어떤 운용상태로 기업에 남아 있는지를 나타내거나 노동의 대상이 되는 것(토지, 재고자산 등)과 노동의 용구가 되는 것(유형자산 등)으로 생산력을 나타낸다. 반면 그 대변에는 차변의 자산을 구성하는 자금이 누구에게서 조달되었는가를 나타내는 자금조달원천을 표시하거나 기업자산인 생산대상과 생산도구에 대한 인간과 인간 간의 사회적 관계를 표시한다. 따라서 재무상태표는 기업의 총체적 생산력과 그 생산력에 대한 사회구성원들의 사회적 관계를 표시함으로써 기업생산력에 대한 사회구성원의 권익관계를 나타낸다.

〈표 2-10〉 재무상태표의 구조

차변(자산)	대변(지분)
자금의 운용상태: 생산력 - 노동의 대상(토지, 재고자산) - 노동의 도구(유형자산 등)	**자금조달 원천: 생산관계** - 소유주 지분 - 채권자 지분
xxx	xxx

2. 개별기업의 손익계산서

손익계산서(income statement)란 특정기업의 일정한 회계기간 동안에 발생한 총수익과 총비용을 각각 항목별로 인식·측정하여 기간손익을 산정함으로서 일정기간 동안의 경영성과를 나타내기 위한 보고서이다.

3. 개별기업의 현금흐름표

현금흐름표(statement of cash flows)란 일정기간 동안 기업의 영업활동 및 투자와 재무활동으로 인한 현금의 유입과 유출내용을 적정하게 표시함으로서 현금의 변동내용을 나타내고, 현금흐름을 나타내는 보고서이다. 중소기업회계기준에서는 재무제표에 포함하지 아니한다.

4. 개별기업의 자본변동표

자본변동표는 일정 기간 동안 발생한 자본의 변동에 대한 정보를 제공하며, 그러한 변동의 원천에는 소유주의 투자와 소유주에 대한 분배, 그리고 포괄이익이 포함된다.

5. 개별기업의 이익잉여금처분계산서

이익잉여금처분계산서는 K-IFRS에서는 주요 재무제표에 포함시키지 않고 상법 등의 관련 법규에서 이익잉여금처분계산서(또는 결손금처리계산서)의 작성을 요구하는 경우에는 재무상태표의 이익잉여금(또는 결손금)에 대한 보충정보로서 이익잉여금처분계산서(또는 결손금처리계산서)를 주석으로 공시하도록 하였다. 한편으로 중소기업회계기준에서는 재무제표에 포함시키고 있다. 이러한 이익잉여금처분계산서(statement of appropriation of retained earnings)는 전기로부터 이월된 이익잉여금과 당기에 발생한 이익을 합친 처분전이익잉여금이 배당금, 법정적립금, 임의적립금 등으로 얼마나 처분되었는가를 나타내고, 다음 회계기간으로 이월될 이익잉여금의 금액을 확인하기 위해 작성되는 보고서이다.

제2절 경제적 실체관과 재무제표

경제적 실체관(economic entity)에 입각해서 기업들을 살펴보면 기업이 여러 사람과 여러 부문 및 여러 생산라인으로 구성되어 있다. 근래에 와서는 1개 기업이 해외 또는 지역에 여러 개의 공장과 물류센터 등을 가지고 있다. 독자적인 기업이라고 보이는 기업들이 그룹 총수의 의사결정에 따라 운영되는 기업체들도 많다. 이렇게 한 개 기업이라 하더라도 경제적으로 그 기업이 어떤 상태에 관한 정보를 정보이용자가 요구하느냐에 따라 회계처리를 해야 할 회계단위가 다를 수 있다는 점에서 법적인 기업보다는 경제적 실체를 중시하여 관찰의 대상을 정해야 한다는 견해이다. 이 견해에 따르면 사람, 제품, 생산라인, 각 공장, 또는 기업집단이 하나의 회계단위가 될 수 있다. 따라서 경제적 실체관은 연결회계나 원가회계 등에서 적용이 가능한 견해이다. 경제적 실체관에 따르면 연결회계의 경우에 연결재무제표만을 작성하여 보고하면 된다. 그러나 K-IFRS에서 연결재무제표를 주요재무제표로 하고 각 법적실체의 개별재무제표를 부차적으로 작성토록 하는 것은 경제적 실체관과 법적실체관을 병행하여 정보이용자에게 보다 자세한 회계정보를 제공하기 위함이다.

1. 결합재무제표

결합재무제표(combination financial statements)란 특정한 기업이 다수의 기업과 결합하여 하나의 회계실체를 나타내기 위해서 작성하는 재무제표라고 할 수 있다. K-IFRS에서는 작성하지 않는다.

2. 연결재무제표

연결재무제표(consolidated financial statements)란 지배종속관계에 있는 둘 이상의 관계회사를 하나의 경제적 실체라고 간주할 수 있기 때문에 그 경제적 실체를 하나의 회계실체로 하여 재무상태, 영업성과, 자본변동 사항, 현금흐름을 나타내기 위하여 작성하는 재무제표라고 할 수 있다. K-IFRS에서 연결재무제표를 주요재무제표로 하고 각 법적실체의 개별재무제표를 부차적으로 작성토록 하고 있다.

여기서 연결재무제표와 결합재무제표의 차이를 찾아보면 다음과 같다.

〈표 2-11〉 연결재무제표와 결합재무제표의 차이

구 분	연 결 재 무 제 표	결 합 재 무 제 표
1. 성격	지배회사와 종속회사를 연결한 재무제표	계열기업군에 속하는 모든 회사를 결합한 재무제표
2. 대상기업의 범위	투자지분 과반수 소유 또는 30% 초과 최대주주인 지분율	동일 계열기업군에 의한 실질적 경영지배력
3. 지배지분의 범위	법인 소유지분	법인 및 개인소유지분
4. 작성자	각각의 지배회사	기업집단 소속 계열회사중 특정회사
5. 이론적 배경	지배회사 이론 중심	기업실체이론 중심
6. 주요 정보이용자	지배회사의 이해관계자	기업집단의 모든 이해관계자
7. 외부주주지분	지배지분과 구분 표시함	지배지분과 구분하지 아니함

제 5 장
경제적 현상과 이익측정

회계실체의 경제적 현상은 경제적 상태(economic status-que)와 경제적 사건(economic events)으로 나누어 볼 수 있다. 회계에서 경제적 상태는 일정시점의 자본(stock)으로 표시되고 경제적 사건은 경제적 상태를 변동시키는 요인으로서 자본변동(flow)을 의미한다. 이들 관계를 도표로 나타내면 [그림 2-2]와 같다.

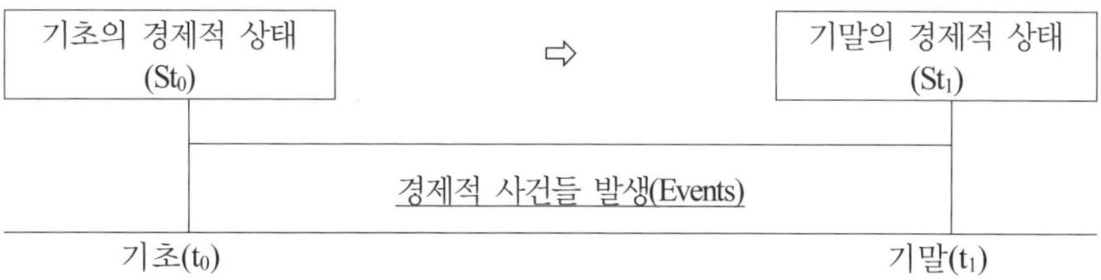

[그림 2-2] 경제적 상태와 경제적 사건의 관계

일반적으로 기초시점의 경제적 상태는 회계기간 중의 사건이 발생됨으로서 기말시점의 경제적 상태로 바뀐다고 할 수 있다. 기간이익을 측정하는 방법은 두 가지가 있다.

① 실지 재고조사를 통해 기말의 기업의 소유자산과 부채를 평가(St_1) 한 다음, 기초의 자산에서 부채를 차감(St_0)하여 산정되는 순자산의 증가 또는 순자본의 증가로 산정하는 방법(경제학적 접근방법)

② 기초(t_0)와 기말(t_1) 사이의 일정 회계기간 동안에 발생된 수많은 사건들을 하나하나 수익과 비용으로 분류하여 총수익에서 총비용을 차감하여 산정하는 방법(회계학적 접근방법)

회계학에서 기말시점의 순자산은 기초의 순자산에서 회계기간 동안에 발생된 수많은 사건들이 영향을 미쳐 변화된 경제적 상태(순자산)를 말한다. 다시 말하면 기초의 순자산상태에 기중의 각 사건을 수익과 비용으로 분류하여 가감하면 기말의 순자산이 된다. 여기서 중요한 것은 회계기간 동안에 발생된 사건들을 백퍼센트 인지하여 수익(차익 포함)과 비용(차손 포함)으로 분류할 수 있느냐의 문제이다. 바로 이점이 현재의 회계가 가지고 있는 문제점 중의 하나이다. 이 문제점을 보다 더 구체화하면 손익계산서의 당기순이익과 재무상태표의 당기순이익이 일치할 수 있는가? 또 손익계산서의 당기순이익과 재무상태표의 당기순이익이 일치하는 것이 논리적으로 옳은 것인가?하는 것이다. 분명히 일정 회계기간 동안에 발생된 사건들을 백퍼센트 인지하여 수익(차익 포함)과 비용(차손 포함)으로 분류할 수 있다면 경제적 사건은 회계상의 거래와 일치하기 때문에 손익계산서의 당기순이익과 재무상태표의 당기순이익이 일치할 수 있다. 또한 논리적으로도 옳은 것이다. 그러나 일정 회계기간 동안에 발생된 사건들을 백퍼센트 인지하여 수익(차익 포함)과 비용(차손 포함)으로 분류할 수 없다면 경제적 사건은 회계상의 거래와 일치하기 때문에 손익계산서의 당기순이익과 재무상태표의 당기순이익이 일치할 수 없다. 또한 일치한다고 하는 논리는 잘못된 것이 된다.

따라서 일정 회계기간 동안의 경제상태 변화는 다음 2가지 방법으로 측정할 수 있다.

① 기초의 경제적 상태(St_0)와 기말의 경제적 상태(St_1)를 비교하는 방법
② 일정기간 동안 발생된 경제적 사건들(Events)을 기금흐름(∑수익 - ∑비용)으로 종합하는 방법

제1절 두 시점의 경제상태 비교에 의한 방법

이 방법은 기초의 순자산상태와 기말의 순자산상태의 비교함으로써 기간이익을 산정하는 것이다. 일반적으로 순자산은 자산에서 부채를 차

감하여 선정되기 때문에 이러한 이익측정 방법을 자산-부채접근법(asset-liability approach)이라고도 한다. 그리고 자본유지개념(capital maintenance concept)의 의한 이익측정방법이나 재산법이라고 하는 것도 모두 두 시점의 경제적 상태의 비교에 의한 이익의 측정법이다. 즉, 이들 방법은 모두 [기말순자산-기초순자산=기간이익]으로 기간이익을 산정한다. 이렇게 두 시점의 경제적 상태는 회계학에서 기초의 재무적 상태와 기말의 재무적 상태라 하고 이를 재무상태표에 나타내기 때문에 재무상태표를 통한 이익의 산정방법이라고도 할 수 있다. 다만 자본유지개념의 의한 이익측정방법은 재무상태표에 표시하는 자산이나 부채의 평가액이 실제적인 평가의 결과이므로 경제적 실질을 반영한다는 전제를 갖고 있다 그러나 재산법은 회계기준에 의거한 자산 및 부채의 평가를 전제로 하고 있기 때문에 경제적 실질을 가장 잘 반영하지 못할 수도 있다.

그리고 회계기간 중에 추가투자를 하거나 인출을 할 경우가 있기 때문에 다음과 같이 기간이익을 산정해야 할 것이다.

기간이익 = (기말의 기업순가치 - 기초의 기업순가치) + (기중의 순가치 소비 - 기중의 순투자액)

이러한 방법은 경제학상의 이익에 기반을 두고 있기 때문에 이론적으로 타당하고, 회계처리과정을 거치지 않고도 기업에 투하된 모든 자본의 움직임을 조망할 수 있는 장점이 있다. 그러나 기초의 순자산과 기말의 순자산을 객관적으로 측정하기 곤란하고, 이익을 구성하는 거래의 손익자료, 즉 수익 및 비용에 관한 자료가 상세히 표시되지 않기 때문에 기업의 구체적인 영업활동에 관한 적절한 정보를 제공하지 못한다.

그리고 기초와 기말의 순자산의 실질을 어떻게 평가할 것인가에 따라 4가지 방법을 적용할 수 있다고 한다.

1. 자본화 방법

자본화 방법(capitalization method)은 기대되는 순현금유입액(net cash-inflow)을 현가로 환산하여 기말과 기초의 경제적 상태를 비교하는 것이다. 이렇게 산정되는 기간이익은 경제학상의 이익개념으로 이론적 타당성을 갖지만 할인율의 결정에 있어서 개인적 주관성이 개재될 수 있는 단점이 있다.

2. 시장가치 평가방법

기업가치를 시장가치로 평가하는 방법(market valuation of the firm)은 투자자가 기업가치로서 기꺼이 지불하고자 하는 금액을 고려하여 미래 현금흐름을 자본화하는 방법이다. 즉 두 시점의 주가(현재시장 가격) × 발행주식 총수로 측정한다.

3. 현행현금등가액 평가방법

현행현금등가액(current cash equivalent)으로 평가하는 방법에서는 기업의 순가치를 자산의 화폐등가액-부채의 화폐등가액으로 계산하고 기간이익은 기초와 기말의 순자산액을 비교한 금액에서 자본거래로 인한 증감액을 조정하여 결정한다. 현행현금등가액(current cash equivalent)으로 평가하는 방법은 자본화 방법보다 객관적이고 검증가능성이 높다고 할 수 있다.

4. 입력가치 평가방법

입력가치(input values)에는 역사원가(historical cost: H,C)와 현행원가(current cost: C,C)가 있다. 역사적 원가로 기초와 기말의 순자산을 평가하여 두 시점의 경제상태를 비교함으로써 기간이익을 산정하는 방법이다. 또 하나는 기초의 순자산을 현행원가(현행입력원가)에 의해 평가한 후 기말의 순자산의 금액과 비교하는 방법이다. 이들에 대한 장단점은 자산의 평가에서 다룰 것이다.

제2절 일정기간 동안 발생한 사건들을 기금흐름으로 종합하는 방법

이 방법은 기중의 사건을 수익과 비용으로 분해하여 종합하는 방법으로 거래개념(transaction concept)에 의한 이익 측정방법이라 한다. 또는 화폐가치 안정의 공준과 회계기준이 적용되는 손익법과도 유사하다. 거래개념(transaction concept)에 의한 이익 측정방법과 손익법의 관계는 앞에서 설명한 자본유지개념에 의한 이익측정법과 재산법의 관계와 동일하다. 엄격한 의미에서 경제적 사건(events)이 그대로 모두 회계상의 거래(transactions)로 인식되지는 못한다. 예컨대 환율의 변동이나 물가의 변동과 같은 경제적 사건을 매일 매일 회계상의 거래로 반영할 수는 없다. 그렇지만 화폐가치 안정의 공준이 지켜지고 있다고 보기 때문에 회계에서는 경제적 사건과 회계상의 거래를 동일시하고 있는 것이다.

$$\text{회계기간의 이익} = \sum\text{수익} - \sum\text{비용}$$

<표 2-12> 경제적 사건(economic events)과 거래(transaction)

경제적 사건(economic events)이 ① 실체와 관련성이 있고, ② 실제의 경제적 상태변화를 가져와야 하며, ③ 변화를 입증할 수 있는 측정가능성(evidences)이 모두 확보될 때 비로소 거래(transaction)라고 한다.

제도회계에서는 경제적 사건과 거래를 모두 같은 개념으로 간주하므로(화폐측정가정) 손익계산서의 기간이익과 재무상태표의 기간이익이 일치하게 된다. 만일 경제적 사건과 거래가 서로 다르다면 손익계산서의 이익과 재무상태표의 이익이 동일할 수 없게 된다.

이러한 거래개념에 의한 이익측정방법은 실물의 흐름이 아닌 수익과 비용이라는 요소에 의해 이익을 측정하는 것이다. 그래서 기간손익에 영향을 주는 요소가 잘못 규정되었거나 기간손익에 미치는 영향의 정도가 잘못 측정될 경우에는 정확하지 못한 이익을 산정하는 결과를 초래하게 된다. 거래개념에 의한 이익의 측정방법에서는 거래를 수익과 비용으로 분류하여 측정하고, 각각의 기간귀속(timing)을 결정(인식)해야 한다. 왜냐하면 이 방법에 의한 이익산정은 손익계산서에서 수익·비용의 대응으로 이루어지기 때문이다. 그래서 이 방법을 수익·비용접근법(revenue·expense approach)이라고도 한다.

이와 같이 거래개념에 의한 이익측정방법은 기간손익을 구성하는 수익과 비용이 세부적으로 파악되기 때문에 기업의 경영활동에 관해 구체적인 정보를 제공하는 장점이 있다. 반면 거래개념에 의한 이익측정방법은 자본유지개념에 의한 이익측정 방법보다 이론적 타당성이 낮고 발생된 경제적 사건이 제대로 거래로 인식되지 못하면 산정된 이익이 실질을 반영하지 못할 위험이 내재되어 있다.

그래서 회계실무에서는 최초의 재무상태표나 기초 재무상태표에 회계기간의 각종 거래를 수익과 비용으로 분류하여 집계해서 기말 재무상태표와 손익계산서를 작성하고 있다.

제3절 활동개념에 의한 이익측정 방법

이 방법은 거래개념의 측정방법을 연장으로 측정의 기초는 역시 거래를 중심으로 하고 있지만 거래에 중점을 두기보다는 기업의 활동자체에 중점을 두어 경영활동(activity basis)별로 이익을 측정하는 것이다. 따라서 이익은 활동이나 사건이 일어남으로써 나타난 것이지 거래결과로 나타난 것이 아니라고 본다. 이러한 활동개념에 의한 이익은 경영활동을 동인별로 원가를 파악하여 그 활동의 효율성을 측정하는데 유효한 수단이 된다. 원가회계의 활동기준원가계산(Activity Basis Costing: ABC)은 이러한 활동개념에 근거를 두고 있다.

제 6 장
기간이익과 자본유지개념

제1절 이익개념의 유래

이익개념은 회계의 중심적 개념이며 거의 모든 회계의 분야에 영향을 미치고 있다. 이러한 이익개념은 회계학뿐만 아니라 경제학, 법학, 재무론에서 많이 다루어져 왔다. 여기서는 특히 경제학상의 이익과 회계학상의 이익을 비교하여 설명하기로 한다.

베드포드(Bedford)에 의하면 이익개념이 최초로 인식된 것은, 석가모니가 최초로 베나레스(Benares)에서 설교할 때 이익이 인간의 생존(existence), 향락(pleasure), 번영(prosperity)에 대한 욕구 또는 욕망을 충족시키는데 불가결한 것임을 간파하면서 나타나게 되었다고 한다. 이러한 이익의 관념은 인간의 본성 또는 욕구충족과 관련해서 설명된 최초의 기록이라고 할 수 있다.

이익개념의 변화가 일어난 것은 초기의 중세시대이다. 이때의 이익개념은 중세의 상인이 상업·무역에 종사하면서 개인적인 부의 증가를 측정하는 수단으로서 사용되었다. 당시의 이익개념은 측정의 관점에서 볼 때 불완전한 것이었으나 이익이 부기의 손익계산에 의해 인식되었다는 점에서 오늘날의 이익개념과 흡사한 것이다. 이러한 손익계산에 의한 이익개념은 파치올리(Pacioli)의 복식부기로 계승되어 오늘날의 회계상 이익개념이 정립하게 된 기반이 되었다.

한편 아담 스미스(Adam Smith)는 1776년 「국부론」에서 개인의 순소득을 "자본(capital)을 손상함이 없는 스톡보유액(stock reserves, 富를 가리킴)으로, 즉시 소비될 수 있는 것"이라고 한 바 있다. 이러한 소득(이익: 이윤)개념에서 출발하여 1932년 피셔(Fisher)는 심적 이익·실질이익·화폐이익으로 분류하여 이익개념의 정립에 공헌하였고 또, 1939년 영국의 경제학자인 힉스(Hicks)는 오늘날 흔히 경제학상의 소득(이윤)이라고 부르는 이익개념을 확립하였다.

제2절 이익의 개념

원래 이익은 경제학에서 정의되었는데, 아담스미스, 피셔, 힉스를 거쳐 확고한 개념으로 정립되었다. 경제학상 이익(economic income)은 흔히 소득으로 표현되며 경제활동의 주체별로 집계되는 경향이 있다. 이러한 경제학상의 이익은 1946년 힉스의 저술 「가치와 자본」(Value and Capital)에서 정의된 관념에 근거를 두고 있다.

> 실무에서 이익을 산정하는 목적은 사람들이 더 이상 궁핍해지지 않고도 소비할 수 있는 금액지표를 제공하는 데 있다. 이러한 사고에 따라, 어떤 사람의 이익(소득)은 그 사람이 주말(기말)에도 주초(기초)와 동일하게 유족(裕足)한 상태를 유지할 것으로 기대하면서 그 일주일 동안(기중에) 소비할 수 있는 최대가치라고 정의할 수 있다.
>
> The purpose of income calculations in practical affairs is to give people an indication of the amount which they can consume without impoverishing themselves. Following out this idea it would seem that we ought to define a man's income as the maximum value which he can consume during a week and still expect to be as well off at the end of the week as he was at the beginning.

힉스의 정의에 의하면, 기말의 경제적 상태를 기초의 경제적 상태와 비교하여 더 나은 상태가 되면 바로 그 차이가 이익이라고 하는 것이다. 여기서 기초의 유복한 상태(well-offness)와 동일하게 유지되는 기말의 유복한 상태를 회계학에서는 자본유지(capital maintenance)개념으로 받아들이고 있다.

제3절 이익의 분류

이익은 관점에 따라 여러 가지로 분류될 수 있지만 기본적 이익은 심적 이익, 실질이익, 화폐이익으로 나누어진다. 이러한 분류는 경제학자인 피셔(Fisher)가 말한 것으로 인간 또는 사회의 관점에서 가장 기본적이고 본질적인 분류이다. 회계학자인 베드포드(Bedford)도 이를 따르고 있다.

1. 심리적 이익[1]

심적 이익(psychic income)이란 "인간의 욕구충족(satisfaction of human wants)에 관련된 이익개념"이다. 즉, 인간의 활동에 활력을 불어넣는 기본적 힘이라고 할 수 있다. 인간은 모름지기 부족한 것을 충족 또는 보충하기 위하여 노력한다고 볼 수 있는데, 심적 이익은 인간의 이러한 기본적 욕구에 따라 발생하는 이익이라고 할 수 있다. 그런데 이러한 심적 이익은 인간에 따라 욕구가 다르기 때문에 측정하기가 곤란하다고 생각되고 있다. 그러나 이 개념은 이익을 가장 본질적으로 파악하고 있으므로 항상 중요시되는 이익개념이다.

심리적 이익은 피셔(Fisher)로부터 유래하였는데, 그는 이익을 개인의 경험에 비추어 즐거움을 가져다주는 것으로 심리적 또는 향유이익(psychic or enjoyment income)이란 말로 표현하고 있다.

이와 같이 심적 이익은 인간의 욕구에 기반을 둔 이익으로, 개인의 모든 욕구가 충족될 수 있는 측정치라고 볼 수 있다. 그래서 심적 이익은 경제적·비경제적 욕구의 구별과는 관계없이 인간의 본능적 욕망에 기초한 이익인 것이다. 그래서 심적 이익은 인간의 주관적 태도에 따라 측정되므로 주관적 이익(subjective income)이라고 한다.

2. 실질적 이익

실질적 이익(real income)이란 "경제적 富의 증가분(increases in economic

1) 경제학에서 이것을 효용이라고도 하고 개인의 효용은 무차별곡선으로 표시할 수 있다.

wealth)"으로, 재화와 용역의 순유입(net inflow)을 통한 경제적 가치의 흐름에 의해 얻어지는 이익을 말한다. 따라서 실질적 이익은 경제학상의 이익과 가장 비슷한 개념이며 경제학에서는 이런 실질적 이익의 측정에 관심을 갖고 있다.

실질적 이익은 각 개인의 다른 심적 욕구를 고려하지 않으므로 각 개인에 따라 다를 수 없다. 실질적 이익은 경제적 가치가 있는 것을 획득하는 것 또는 재화와 용역의 교환을 통해 얻는 것이 된다. 그러나 경제적 가치는 인간이 갖고 있는 여러 다른 욕구 중의 하나가 되는 것으로 인간의 복잡한 모든 욕구가 집약된 것은 아닌 것이다.

실질적 이익은 경제적 가치를 추구한다는 점에서 경제학의 실질임금과 같은 실질소득에 유사한 개념이다. 심리적 이익은 인간의 심리적 욕구에 기반을 둔 이익인 반면, 실질적 이익은 인간의 내적 심성에 즐거움을 가져오는 외부의 물리적 사상(physical events)으로부터 얻는 이익이다. 실질적 이익은 주관적 이익(subjective income)이지만 간접적으로 측정될 수 있는 이익이며, 우리들의 생활세계에서 흔히 추구하는 경제적 가치를 얻기 위한 이익을 가리킨다.

한마디로 실질적 이익(real income)은 경제적 부의 증가분을 의미한다. 즉, 재화와 용역의 순유입(net inflow)을 통한 경제적 가치의 흐름에 의해 얻는 간접적으로 측정할 수 있는 이익이다.

3. 화폐적 이익

화폐적 이익(money income)은 "화폐적 가치로 측정한 자원의 증가분(increases in the monetary valuation of resources)"이며 인간이 수취한 화폐액으로 표시되는 이익이다. 화폐적 이익은 또 재화와 용역을 획득하는 수단이 되며 명목적인 화폐액으로 표시된다. 그래서 화폐적 이익은 위의 세 가지 이익개념 중에서 가장 측정하기 쉽지만 화폐가치 변동의 영향을 배제하지 못하는 결점이 있다.

화폐적 이익은 인간 또는 기업의 경제적 활동을 유발하는데 있어서 심적 이익이나 실질적 이익에 비해 이익을 본질적으로 표현하고자 할 때 가장 근사치가 되지 못하는 이익이다. 인간을 중심으로 생각할 때 심리적 이익이 가장 타당한 이익개념이라고 할 수 있고, 그 다음에는 경제적 가치에 근거한 실질적 이익이라고 볼 수 있다. 그런 면에서 화폐적 이익은 가장 정확하지 못한 이익개념이고 인간활동에 동기를 부여하는데 있어서 가장 적절치 못한 이익개념으로 생각되고 있다. 그러나 경우에 따라서는 화폐적 이익은 심리적·실질적 이익과 동일한 것이 될 수도 있고, 똑같이 인간의 동기를 유발하는데 도움이 될 수도 있다.

지금까지 세 가지 이익개념에 대한 설명에서 보면, 이익은 본질적으로 인간의 욕구충족에 기초를 두고 설명되고 있다는 것을 알 수 있다. 따라서 이익은 심리적·실질적·화폐적 이익의 순서로 그 개념적 타당성이 인정되지만 그 측정가능성은 이와 반대의 순서로 용이하다는 것을 알 수 있다.

경제상 이익은 실질적 이익에 중점을 두며, 회계상 이익은 화폐적 이익에 중점을 두고 있다. 이것은 회계에서 화폐적 측정에 의해 가치를 측정하고 화폐가치안정의 공준을 전제함으로써 더욱 그렇게 생각되는 것이다. 이렇게 인간을 중심으로 생각할 때, 심리적 이익이 가장 타당한 이익개념이라고 할 수 있고, 다음에는 경제적 가치에 근거한 실질적 이익이며 화폐적 이익은 가장 부정확한 이익개념이다.

이러한 이익개념 중에서 실질적 이익은 경제학상의 이익과 관련되고 화폐적 이익은 회계학상의 이익에 관련된다.

제4절 경제학의 이익과 회계학의 이익

1. 경제학의 이익

경제학상의 이익(economic income)은 이윤 또는 소득이라고도 하며, 순자원(자원-채무) 또는 부의 증가이며, 화폐적 이익이 아닌 실질이익이다. 경제학에서도 이익은 이윤 또는 소득으로 표현되며 소득의 분배에 있어서 그 개념은 매우 중요하다. 이러한 이익에 대해 Adam Smith의 국부론에서는 “기업의 수익으로부터 토지, 노동, 자본이 생산에 공헌한 대가인 임금, 지대, 이자를 차감한 잔액”이라고 한다. 이러한 경제적

이익을 몇 가지 측면에서 고찰해 보면 다음과 같다.

① 경제적 이익은 실질적 개념의 이익이다.

이는 경제적 가치의 변동을 측정함으로서 얻는 이익으로 경제적 부의 증가분이 실질가치로 표시된다. 즉, 수익비용의 대응이 아닌 자산의 가치변동으로 나타나는 이익개념으로 화폐가치 변동의 영향을 배제한 개념이다.

② 흐름(flow)의 개념으로서 기간별로 측정된다.

이는 기초, 기말의 경제적 상태를 비교한 차이가 이익, 즉, 두 시점의 경제적 상태를 비교한 차이를 의미한다.

③ 현가(present value)로 측정되는 자본화개념(capitalization)이고 주관적 가치를 나타낸다.

모든 미래의 기대에 대한 가치를 일정시점에서 현가로 측정하여 두 시점 사이의 가치를 비교하는 것으로 자본화의 방법에 의해 현가화한 것이다.

④ 자본유지개념(capital maintenance concept)에 의해 측정된 이익이다.

경제학상의 이익은 기초, 기말의 자본을 비교하는 자본유지개념에 의해 측정된다. 따라서 Hicks의 부유는 "자본을 있는 그대로 유지하는 것을 뜻하는 것으로 그 이익개념은 자본을 있는 그대로 유지하면서 얻는 이익인 것이다."

⑤ 미래에 대한 기대에 의존하는 추정(estimate)의 측정개념이다.

경제학상의 이익은 시간적 조망에 의한 것이며 미래지향적이다. 따라서 미래의 기대에 의존한 추정의 측정개념이므로 불확실성이 게재된다.

이상과 같은 경제학상의 이익개념을 회계학에서 사용할 수 없는 이유는 다음과 같은 문제점을 갖고 있기 때문이다.

① 경제학상의 이익은 주관적, 미래지향적이므로 측정에 문제가 있다. 예컨대 미래현금흐름을 예측할 때 주관적 이자율이 개입된다.

② 적절한 할인율이 제시될 수 없고, 미래에 대한 인간의 기대도 항상 변동될 수 있다.

2. 회계학의 이익

회계학상의 이익(accounting income)은 일정기간 실현한 수익(revenue)과 이에 상응하는 역사적 원가와의 차액으로 정의된다. 즉, 실제거래에 입각하여 재화 및 용역의 매출액(수익)에서 이 수익을 얻는데 소요된 원가를 차감(즉, 수익－원가=이익 : 거래적 접근법에 의해 산정된 것)하여 산출한다. 그리고 회계학상의 이익은 회계기간의 공준에 근거하여 수익실현과 비용발생의 원칙에 입각하여 파악한 것이다. 또한 역사적 원가에 집착하여 비용을 측정함으로서 계산된 갓이다. 이때의 비용은 그 수익에 대응한 원가의 소멸분, 즉 취득원가의 소멸액을 비용으로 인식하여 일정기간 실현된 수익과 이에 상응하는 원가를 대응시킴으로서 구해진다. 따라서 회계학상의 이익개념은 경제학의 그것과 비교하면 다음과 같은 특성이 있다.

① 주주지분 또는 소유자 지분의 증가분이다.

② 수익과 비용의 비교에 의한 초과분이다. 따라서 회계학상의 이익은 수익과 비용의 대응 결과이다.

③ GAAP에 의거한 측정과 회계원칙 적용이 적용된 결과이다.
회계상의 이익은 전통적인 회계구조에 의해 산출되는 것으로 일반적으로 인정된 회계원칙을 적용해 계산된다. 따라서 이익측정에 적용되는 원칙과 규칙은 현재 유효한 것이 적용되며, 경제학상 이익처럼 이상적이고 이론적인 원칙이 적용되지 않는다.

④ 화폐단위로 측정한 이익(money income)이다.
Fisher의 이익분류에서 심리적이익, 실질이익, 화폐이익이 있었다. 그 중에서 화폐이익이 회계상의 이익과 같은 것이다.

⑤ 과거 지향적이며 역사적 원가를 기초로 하고 있다.
회계상 이익은 과거 실적 자료를 중심으로 산출되며 역사원가회계를 기반으로 하므로 과거 지향적이다. 그래서 이익은 현행원가를 고려하지 않은 채 산출되며 자산보유손익도 계상되지 않는다. 현실적으로 입증기능하고 객관적인 역사원가만을 중시하며 수익은 현재 실현된 것을 계상하나 역사적 원가가 비용으로 수익에 대응되므로 물가변동기에는 불합리한 점이 있다.

그리고 이익이 경제학이나 회계학에서 중심적 개념인데도 불구하고 그 개념을 명확하게 표출시키지 못하고 있는 이유는 다음과 같다.

① 장래 용역흐름의 가치와 이 가치의 변화를 결정할 수 있는 좋은 측정수단을 갖고 있지 않다.

② 순이익을 계산할 때 이에 무엇을 포함시켜야 할 것인가에 관한 의견일치를 보지 못하고 있다.

③ 순이익의 수혜자 집단이 누구인지에 관해서 의견의 일치를 보지 못하고 있다.

3. 베드포드의 기업이익

베드포드(Bedford)는 기업이익을 다음과 같이 주관적 이익. 실현가능이익 및 실현이익으로 구별하여 설명하고 있다. 즉. 기업이익(business income)이란 경제적 실체인 기업이 경제적 활동을 통하여 획득하는 이익을 말한다. 회계상의 이익은 바로 기업이익 중의 하나이며 기업의 경제적 활동을 촉진하는 동인으로 이용할 수 있는 것이다.

① 주관이익(subjective income) : 두 시점 간에 있어서 주관가치의 차이(변동)를 가리키는 것으로 주로 자산의 현재가치가 된다.

② 실현가능이익(realizable income) : 두 시점 사이의 개별 자원 가치의 변동(차이)에 따라 이익이 인식되는 것, 특히 시장 판매 가격의 변동으로 얻을 수 있는 이익, 현재 실현된 것이 아니라 시장가치로 자산을 판매함으로써 얻을 수 있는 이익.

③ 실현이익(realized income) : 수익이 실현된 시점 또는 자산이 판매된 시점에서 이익이 획득된다고 할 때의 이익이다. 그 반대개념은 미실현이익이다.

제5절 자본유지개념과 이익측정방법

자본유지개념이 이익의 측정에서 중요하게 인식된 이유는 1970년대 인플레이션이 만연한 상황에서 미국의 기업들이 역사적 원가에 기초하여 이익을 과다하게 보고되고, 보고된 이익에 기초하여 법인세가 부가됨으로써 영업활동에 의해 창출된 이익뿐 만 아니라 투하된 자본에도 과세가 되어 실질자본이 훼손된다고 보았기 때문이다. 법인세의 과세대상은 정상적인 영업활동으로 가득한 기간이익이어야 한다. 따라서 과세 대상이 되는 기간이익과 실질적으로 유지되어야 하는 자본은 분명하게 구별되어야 한다. 만일 실질자본의 유지가 되지 못하고 계속해서 자금의 유출이 일어난다면 기업의 재무적 토태가 무너져 존속이 위태로울 수 있다.

1. 자본유지의 개념

J.R. Hicks에 의하면, 어떤 사람의 소득(이익)이란 기말에도 기초의 유복한 상태를 그대로 유지하면서 기중에 소비할 수 있는 최대가치라고 한다. 결국 이익이란 기초와 비교하여 기말에 있어서 유복한 상태의 초과액이라고 할 수 있다.

여기서 기초와 동일한 유복한 상태의 유지라는 개념이 회계에서는 자본유지라는 개념으로 사용된다. 이러한 자본유지개념은 다음과 같은 4가지가 있다.

〈표 2-13〉 자본유지개념과 측정척도

<table>
<tr><th></th><th>자본유지 개념</th><th>측정 척도</th><th colspan="2">비 고</th></tr>
<tr><td rowspan="4">자본유지</td><td>기초자본과 동일한 화폐금액을 기말에도 유지함 (Amount in money terms)</td><td>역사적 원가 (Historical cost)</td><td>명목 자본유지</td><td rowspan="2">재무적 개념</td></tr>
<tr><td>기초자본과 동일한 구매력을 기말에도 유지함 (Purchasing power)</td><td>일반물가수준에 의한 역사적원가의 수정 (GPL)</td><td rowspan="3">실질자본유지</td></tr>
<tr><td>기초와 동일한 수준의 물리적 용역을 기말에도 유지함(Physical service)</td><td>현행원가(Current cost) 또는 현행가치(Current value)</td><td rowspan="2">물리적 개념</td></tr>
<tr><td>기초와 동일한 수준의 수익력을 기말에도 유지함 (Earning power)</td><td>현재가치(Present value)</td></tr>
</table>

1) 명목자본유지개념

명목적 자본유지(nominal capital maintenance)란 화폐가치안전의 공준에 따라 기말에 기초와 동일한 금액의 자본을 유지하고 나머지는 기간이익이라고 보는 견해이다. 전통적 회계에서 명목화폐단위의 역사적 원가(nominal dollar/historical cost) 즉, 취득시점의 교환가격인 역사적 원가에 의해 평가된 기말자본과 기초자본을 비교하여 순손익을 산정하는 것은 명목적 자본유지를 전제로 하고 있다. 물론 기말에 기초와 동일하게 화폐가치가 안정되어 있다고 한다면 기말의 현행원가가 기초의 역사적 원가에 일치하기 때문에 아무런 문제가 없다. 그러나 인플레이션이 일반화되어 있는 현대에 와서는 역사적 원가에 의해 측정되는(명목적 자본유지개념에 의해 산정된) 당기의 영업이익에는 자산의 보유손익(holding gains)이 포함되어 있기 때문에 배당에 의해 자본의 일부가 기업외부로 유출될 수 있다. 이러한 경우의 배당을 제꼬리 배당이라고 하고 이런 기업의 주식을 혼수주(混水株)라고 한다. 결국 보유손익의 일부를 배당에 의해 사외로 유출되면 실질적인 경영자본의 유지는 어려워지며 이러한 배당이 계속되면 기업이 부실화될 수밖에 없다.

2) 실질자본유지개념

일반적으로 실질자본유지(real capital maintenance)란 자본과 이익을 구분하기 위한 개념이다. 명확한 자본과 이익의 구분은 처분가능이익이 기업의 자본을 유지하면서 산출되어야 하고 계속적인 영업활동으로부터 나타나야 함을 의미한다. 이러한 실질자본유지개념은 측정척도와 결부시키면 더욱 구체적 의미를 갖는다.

① 기초에 보유하고 있던 자산의 취득가액과 동일한 구매력(purchasing power)을 기말에 유지한다.

이러한 구매력의 유지를 전제로 한 실질자본유지개념은 기초에 보유하고 있었던 자산들의 역사적 원가를 일반물가지수(G.P.L)로 수정하여 기말자본에서 차감하여 손익을 산정하는 전제이다. 기말에 기초와 동일한 구매력을 유지하고 나머지가 이익이라고 생각하는 일반물가수준에 의한 역사적 원가의 수정(불변화폐단위에 의한 역사적 원가의 수정)

에서는 정상적 영업활동의 영업이익(operating incomes)과 자산의 보유차익(holding gains)을 구분할 수 있다.

그러나 일반물가에는 개별자산의 개별물가 변동에 의한 부분이 희석되어 반영되기 때문에 매출원가에 개별자산의 가격변동분이 그대로 적용되지 못한다. 따라서 정확한 구매력 유지개념에 의한 이익을 산정하기 위해서는 불변화폐단위(constant dollar)와 개별자산의 현행원가(current cost)를 적용하여 매출원가와 보유손익을 평가해야 한다.

이상에서 설명한 역사적 원가와 물가수준에 의한 역사적 원가의 수정은 재무적(財務的)관점에서 자본을 유지(financial capital maintenance)한다는 말이고 다음에서 설명하는 현행원가나 현재가치에 의한 자본유지는 물리적(物理的) 관점에서의 자본유지개념(physical capital maintenance concept)이다.

② 기초에 보유하고 있던 자산의 생산능력과 동일한 물리적 능력(physical capacity)을 가진 자산을 기말에 구입시장에서 재취득한다고 생각했을 때 지급해야할 금액을 유지한다.

이 자본유지개념은 기초에 보유하고 있던 자산과 동일한 생산능력의 자산을 기말에 재취득한다고 가정하기 때문에 현행원가(재취득원가)에 의해 평가된 금액을 기준으로 기초자본을 현행원가로 수정한 뒤 기말자본과 비교하여 기간손익을 산정한다. 그러므로 기간이익은 생산능력면에서 기초와 동일한 수준을 유지하면서 순전히 회계기간 동안의 정상영업활동의 결과만을 표시하게 된다.

③ 기초에 보유하고 있던 자산으로 생산한 제품을 판매하여 수취할 수익력(earning power)을 기말에도 유지한다.

기술혁신으로 인한 보유자산의 진부화나 해당 제품의 가격하락 등을 고려해서 기초와 동일한 수준의 수익력을 갖기 위해 더 많은 생산물을 필요로 하는 경우가 있다. 이런 자본유지 개념은 일반적으로 기초의 생산능력보다 더 나은 기말자산을 유지해야 함을 의미한다. 예컨대 장부가격 1백만 원의 기계가 기초에 @200 × 500개의 수익력이 있었는데 경쟁사에서 새로운 제품을 출시하는 바람에 단가를 조정하여 @180으로 해야만 팔릴 수 있다면 기초와 동일한 수익력을 유지하기 위해서는 적어도 556개 정도를 생산할 수 있는 기계를 기말에 보유해야 한다.

따라서 556개의 생산능력을 가진 기계의 현재 구입가격이 2백만 원이라면 기말에 실질적 자본으로 2백만 원이 유지되어야 한다고 보는 것이다.

이상과 같은 자본유지개념은 다음과 같은 유용성을 갖고 있다.

① 이익·자본의 정의 및 측정에 유용하다. 특히 경제학적 이익·자본의 정의 및 측정이어서 경제적 실질을 고려할 수 있다.

② 자본과 이익의 구별에 유용하다. 만일 자본과 이익이 명확하게 구별되지 못하면 이익배당이 자본의 환급으로 이어져 자본잠식을 가져올 수 있다.

③ 인플레회계에 적용되는 여러 가지 회계방법을 설명하는데 유용하다.

K-IFRS 재무보고를 위한 개념체계

☆ 자본 및 자본유지의 개념

(1) 자본은 재무적 개념에서 기업의 순자산이나 지분과 동의어로 사용된다. 자본은 실물적 개념에서는 예를 들어, 1일 생산수량과 같은 기업의 생산능력으로 간주된다.

(2) (1) 에 따라 자본유지개념은 다음과 같이 도출된다.

(가) 재무자본유지. 기말 순자산의 재무적 측정금액(화폐금액)이 기초 순자산의 재무적 측정금액(화폐금액)을 초과하는 경우에만 발생한다.

(나) 실물자본유지. 기말 실물생산능력이나 조업능력(또는 그러한 생산능력을 갖추기 위해 필요한 자원이나 기금)이 기초 실물생산능력을 초과하는 경우에만 발생한다.

제3부

제도회계의 구조론

제도회계는 한 국가의 법률적 또는 관습적 제약에 따라 회계의 처리나 회계행위를 일정한 방향으로 지향하도록 규제하는 원리에 따라 정립된 회계이다. 따라서 제도회계는 각 국가의 역사적, 문화적, 정치적, 사회적, 경제적 환경에 따라 서로 다르게 성립된다. 현재 세계경제가 지역별 블록화되고 통합되는 경향이 있으나 쉽게 각국의 회계가 하나로 통합되어 단일화되기는 쉽지 않다. 왜냐 하면 앞에서 언급한 바와 같이 각국의 회계환경이 서로 다르기 때문이다. 또 하나의 이유는 회계를 하나의 언어라고 한다면 회계가 나타내는 심볼 즉, 계정과목과 수치들이 나타내는 의미관계가 각국의 일반언어의 체계의 상이함에 의해 서로 다르게 해석될 수 있기 때문이다.

따라서 경제의 세계화, 또는 과거 일제시대에 한글을 없애 치우고 일본어를 공용어로 강요한 것과 같이 우리나라 역사적, 문화적, 정치적, 사회적, 경제적 환경을 무시하고 미국기준이나 국제회계기준을 그대로 따라가는 것은 창시개명과 다를 바 없다.

그렇지만 제도회계의 구체적 내용은 다르지만 제도회계의 구조는 [그림 3-1]과 같이 각국에서 모두 비슷하다.

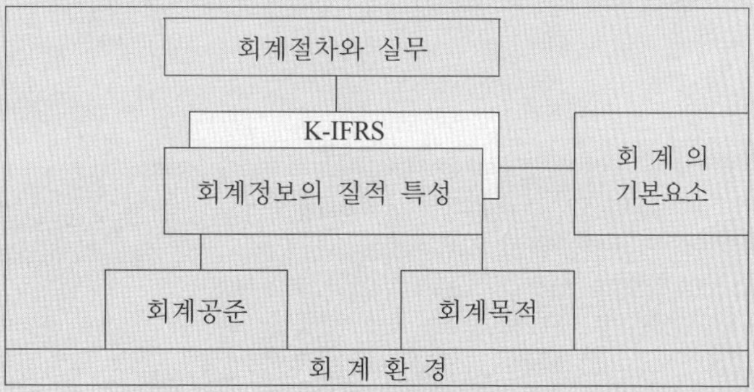

[그림 3-1] 제도회계의 구조

제 7 장
회계의 목적과 특성

제1절 회계의 목적

회계의 목적이란 목표를 달성하기 위해 회계가 지향하는 행위의 지침이라고 할 수 있다. 이러한 회계의 목적(objectives of accounting)에 대해서 미국회계학회 ASOBAT의 회계목적(1966), 미국공인회계사회 APB Statement No.4의 회계목적(1970), 미국공인회계사회 Objectives of Financial Statements의 회계목적(1973), ④ 재무회계기준심의회 SFAC No.1의 회계목적(1978)을 설명한다.

위의 보고서들 중 ASOBAT와 SFAC No.1의 회계목적이 특히 중요시되므로 이들에 대해 설명하고, 다른 회계목적들에 대해서는 설명을 생략하기로 한다.

이들 4가지 보고서의 공통점은 두 가지이다 첫째, 회계를 정보의 측정과 전달로 정의한 회계의 정의에 기초를 두고 회계의 목적을 열거하고 있다. 둘째, 회계의 제1의 목적으로 정보이용자의 경제적 의사결정에 유용한 정보의 제공을 주장하고 있다.

1. 미국회계학회의 회계목적

1966년 발표된 미국회계학회의 ASOBAT에서는 회계의 목적을 다음과 같이 열거하고 있다.

The objectives of accounting are to provide information for the following purposes:

① Making decisions concerning the use of limited resources, including the identification of crucial decision areas, and determination of objectives and goals.
② Effectively directing and controlling an organization's human and material resources.
③ Maintaining and reporting on the custodianship of resources.
④ Facilitating social functions and controls [AAA, ASOBAT, 1966, p.1])

회계의 목적은 다음을 위한 회계정보를 제공하는데 있다.

① 한정된 자원(limited resources)의 사용에 관한 의사결정: 목적이나 목표의 결정, 중요한 의사결정 분야의 식별
② 기업의 인적·물적 자원(human and material resources)의 효과적인 지휘와 통제
③ 자원 수탁관리(custodianship of resources)의 수행과 보고
④ 사회적 기능·통제(social functions and control)의 용이

이상의 목적은 다음과 같이 설명될 수 있다.

첫 번째의 목적은 정보이용자 또는 기업이 한정된 자원을 최적배분(optimal allocation)하기 위하여 의사결정을 하는데 도움이 되는 정보를 제공하여야 한다는 것이다. 이 목적은 근본적으로 경제학의 "희소자원의 최적배분" 목적과 유사하다. 그러나 경제학의 목적은 사회적 차원에서 자원의 최적배분이 목적인 데 반하여, 회계의 목적은 개인 또는 기업의 차원에서 각각의 이익을 극대화하려는 자원의 최적배분이라는 점이 다르다.

두 번째의 목적은 기업이 소유하고 있는 인간자원과 실물자원을 효과적으로 관리하거나 통제하는데 필요한 정보를 제공하는 것이다. 주로 경영자의 경영활동에 관한 것이며 효과적인 경영을 위해서는 경영계획의 수립과 경영통제에 필요한 정보를 제공해야 함을 의미한다. 이런 회계정보의 요구는 관리회계에서 제공될 수 있다.

세 번째의 목적은 수탁관리책임(stewardship responsibilities)에 관련된 것이다. 수탁관리책임이란 경영자가 기업의 소유주인 주주로부터 기업

의 재산을 관리·증식시키고 그 결과를 보고하는 책임을 말한다. 특히 회계와 관련하여 회계책임(accountabilities)이라고도 한다. 경영자는 수탁책임을 갖고 있으므로 재무제표 등의 회계정보를 제공하여 주주총회에서 수탁관리책임의 이행을 평가받게 된다.

네 번째의 목적은 회계의 사회적 기능(social function)에 관한 것이다. 회계도 다른 사회과학처럼 사회발전과 인간복지의 향상을 도모하여야 한다고 볼 수 있다. 따라서 회계를 개인이나 기업을 위하는 미시적 관점(micro viewpoint)으로만 볼 것이 아니라 거시적 관점(macro viewpoint)에서 사회적 기능을 가져야 한다는 것이다. 회계의 사회적 기능이 확대되기 위해서는 기업에 대한 회계규제, 공해(公害)에 관련한 사회책임보고, 사회회계(social accounting) 등이 확대되어야 할 것이다.

2. 미국공인회계사회의 재무보고 목적

미국 공인회계사회의 재무회계기준심의회(FASB:Financial Accounting Standards Board)에서 1978년에 발표한 재무회계개념보고서(SFAC: Statement of Financial Accounting Concepts) No.1 "기업재무보고의 목적"(Objectives of Financial Reporting by Business Enterprises)에 의하면 회계의 목적은 다음과 같이 규정하고 있다.

1) 투자 및 신용결정에 유용한 정보의 제공 : 현재 및 잠재적 투자자, 채권자, 기타의 결정을 하는 데 유용한 정보를 제공하는 것이다.
2) 현금흐름전망을 평가하는 데 유용한 정보의 제공 : 현재 및 잠재적 투자자, 채권자, 기타의 이용자가 배당금, 이자, 매출로부터의 실수금, 유가증권 또는 대출금의 상환, 만기로 인한 미래의 현금수입의 금액, 기간귀속, 불확실성을 평가하는 데 도움이 되는 정보를 제공하는 것이다.
3) 기업의 자원 그리고 그 청구권 및 이들의 변동에 관한 정보의 제공 : 기업의 경제적 자원(자산), 청구권(부채 및 자본) 및 이들의 변동에 관한 정보를 제공하는 것이다.

기업의 경제적 자원(자산), 청구권(부채 및 자본) 및 이들의 변동에 관한 정보를 제공하는 목적은 다시 다섯 개의 세부목적을 제시하고 있다.

SFAC No.1은 ASOBAT 이래 발표된 일련의 회계목적에 관한 이론적 연구와 광범위한 이해관계자에 대한 의견조사를 거쳐 내린 결론적 보고서이다. ASOBAT가 회계목적을 처음 정립하면서 추상적이고 이론적인 측면에서 회계목적을 설정한 반면에, SFAC No.1은 그 동안의 연구 결과를 종합하고 여러 이해관계자의 의견수렴으로 실무와 이론이 조화되는 회계목적을 정립하였다.

1. information useful in investment and credit decisions
2. information useful in assessing cash flow prospects
3. information about enterprise resources, claims to those resources, and changes in them

① economic resources, obligations and owner's equity
② enterprise performance and earnings
③ liquidity, solvency, and funds flows
④ management stewardship and performance
⑤ management explanations and interpretations

[FASB, SFAC No.1]

1. 투자 및 신용결정에 유용한 정보의 제공

현재 및 잠재적 투자자, 채권자, 기타의 결정을 하는 데 유용한 정보를 제공하는 것이다.

2. 현금흐름전망을 평가하는 데 유용한 정보의 제공

현재 및 잠재적 투자자, 채권자, 기타의 이용자가 배당금, 이자, 매출로부터의 실수금, 유가증권 또는 대출금의 상환, 만기로 인한 미래의 현금수입의 금액, 기간귀속, 불확실성을 평가하는 데 도움이 되는 정보를 제공하는 것이다.

3. 기업의 자원 그리고 그 청구권 및 이들의 변동에 관한 정보의 제공

기업의 경제적 자원(자산), 청구권(부채 및 자본) 및 이들의 변동에 관한 정보를 제공하는 것이다. 이 목적은 다음과 같이 다섯 가지로 세분된다.

① 경제적 자원, 채무 및 소유주지분에 관한 정보의 제공
② 기업성과와 이익에 관한 정보의 제공
③ 유동성, 지급능력, 현금흐름에 관한 정보의 제공
④ 경영수탁과 성과에 관한 정보의 제공
⑤ 경영설명과 해석에 관한 정보의 제공

SFAC No.1의 회계목적은 다음과 같이 설명될 수 있다.

첫째, 회계목적을 기본적으로 세 가지로 분류하되, 정보중심적 회계의 관점에서 정립하였다. 기본적으로 정보이용자들은 원하는 정보를 얻을 권한이 제한되어 있고 정보에 쉽게 접근할 수 없는 한계가 있어 이들의 공통된 정보욕구를 고려하여 회계목적을 정립한 것이다. 공통된 정보욕구로는 광범위한 연구조사결과 ① 투자 및 신용결정을 위한 정보제공, ② 현금흐름전망을 평가하기 위한 정보제공, ③ 기업의 자원·채무 및 그 변동에 관한 정보제공의 세 가지로 압축되었다.

둘째, 회계목적에 있어서 주요 정보이용자로 투자자와 채권자를 중요시하고, 이들의 경제적 의사결정을 위한 투자 및 신용결정을 위한 정보제공을 강조하였다. 기업의 이해관계자로는 투자자·채권자 이외에도 많은 집단이 있지만 오늘날의 경제환경(특히 증권시장의 발달)에 비추어 이들이 회계정보의 이용에 가장 많은 관심을 갖고 있고 이해관계도 많아 이들을 위한 정보제공이 중요시된다는 것이다. FASB에서는 회계목적을 투자자·채권자를 중심으로 하는 것은 실용적(pragmatic) 이유로서도 인정되는 것이라고 하고 있다.

셋째, 기업의 현금흐름전망을 평가하는데 유용한 정보의 제공을 중요시하고 있다. 정보이용자들은 기업의 순현금유입(net cash inflows)에 대해 관심이 많은데, 특히 배당금, 이자, 매출실수금, 사채·대출금의 만기·상환으로 인한 미래의 현금수입 등의 금액, 기간귀속(timing), 불확실성에 대해 관심이 있다. 이러한 현금흐름전망 평가에 대한 회계목적은 전통회계에서는 중요시되지 않았는데, 정보이용자들의 정보욕구로서 중요하다는 것이 판명되었다. 특히 발생주의(accrual basis) 중심의 전통회계에서 무시된 현금흐름에 관한 정보가 이 목적에서 강조되었다.

넷째, 기업의 경제적 자원·채무 및 이들의 변동에 관한 정보제공이 회계목적의 하나로 열거되고, 이 목적은 다시 다섯 개의 목적으로 세분되었다. 이 목적은 원래 전통적 회계목적으로 오래전부터 인정된 것이다. 이에 관한 정보는 재무상태표·손익계산서 등 재무제표에서 제공하는 정보들이다. SFAC No.1에서는 이 목적에 대해 단순히 자산·부채·자본·수익·비용·순이익에 관한 정보뿐만 아니라 유동성·지급능력·기금흐름·수탁책임·경영설명과 해석에 관한 정보제공도 추가하여 이들 정보의 해석과 이용을 다룸으로써 정보중심적(정보지향적) 회계의 관점에서 규정하였다.

3. Trueblood Report의 재무제표의 목적

미국공인회계사회는 1971년 4월 「재무제표 목적」과 「회계원칙 정립」을 위하여 2개의 스타디 그룹(study group)을 구성하였다. 「재무제표 목적」을 위한 스타디그룹을 Trueblood 위원회라고 「회계원칙 정립」을 위한 스타디그룹을 Wheat위원회라 하였다. 미국공인회계사회 이사회는 Trueblood 위원회에 다음과 같은 4가지 문제점을 제사하였다.

1) 재무제표의 이용자는 누구인가?
2) 이용자들은 어떤 정보를 필요로 하는가?
3) 필요한 정보 중에서 얼마만큼을 회계인이 제공할 수 있는가?
4) 필요한 정보를 제공하기 위해 어떤 기구가 필요한가?

이상과 같은 문제에 해답을 구하기 위해 경험적이고 이론적인 연구를 진행한 결과 2가지 연구결과를 발표하였다. 그 하나는 재무제표의 목적이고 다른 하나는 재무제표목적을 도출하는데 참여한 위원들의 논문집이었다. 다음에서는 Trueblood 위원회에서 발표한 재무제표의 목적을 제시한다.

이러한 Trueblood 위원회의 12가지 목적을 체계적으로 파악하기 위하여 소터·간스는 계층적 도표를 이용하여 5단계로 분류하고 있다[1].

1) G.H.Sorter and M.S,Gans, "Opportunities and Implications of the Report on Objectives of Financial Statement in Studies on Financial Accounting Objectives", *Journal of Accounting Research*, (Supplement to Vol.12), 1974, pp.3-5.

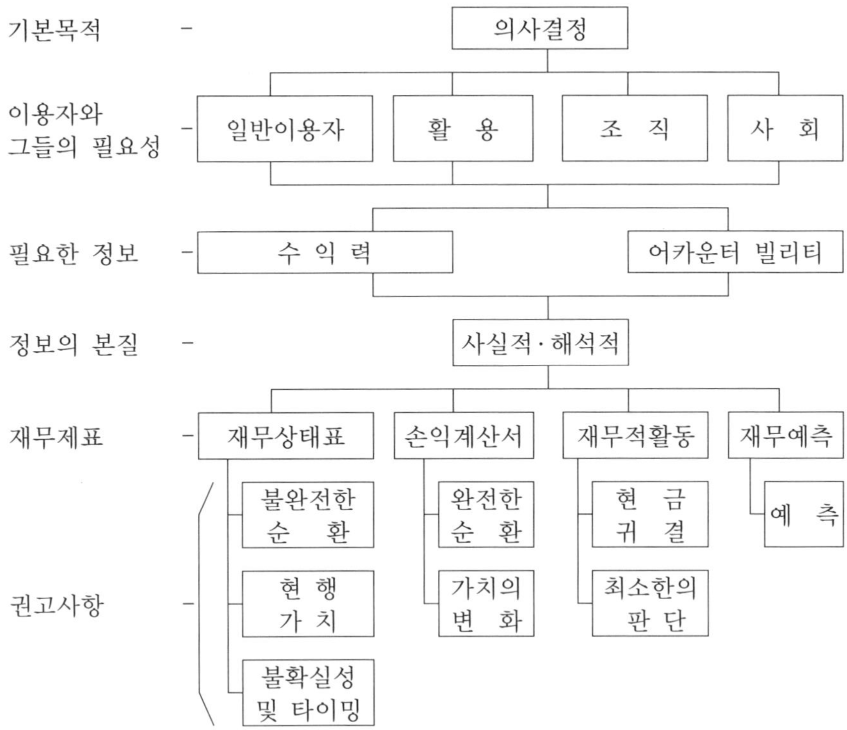

[그림 3-3] 재무제표목적의 계층적 구조

이러한 재무제표의 12가지 목적을 계층적으로 파악해 보면 다음과 같다.

제1단계는 재무제표의 기본목적으로 의사결정에 유용한 정보의 제공 [목적 1]을 규정하고 있다.

제2단계는 재무제표이용자와 그 요구를 식별하는 목적으로 다음 4가지를 규정하고 있다.

1.1) 모든 이용자에 공통되는 정보의 제공: [목적2]

2.2) 잠재적 현금흐름 평가에 유용한 정보제공: [목적3]

2.3) 정부 및 비영리 조직의 자원관리 효율의 평가에 유용한 정보제공: [목적11]

2.4) 기업 활동이 사회에 미치는 영향평가에 유용한 정보: [목적12]

제3단계는 제공정보와 이용자들의 필요를 결합시키려는 시도이다.

3.1) 기업의 수익력을 평가하기 위한 정보의 제공: [목적4]

3.2) 경영자가 수행한 회계책임을 판단하는데 유용한 정보제공: [목적5]

제4단계는 이용자들의 요구(제3단계)를 충족하기 위해 정보가 어떤 내용을 갖추어야하는가를 규정하고 있다.: [목적6]

제5단계는 제4단계에서 식별된 정보의 전달에 관한 목적으로 다음 4 가지를 들고 있다.

5.1) 완료되지 못한 이익가득(재무상태표)의 순환주기에 관련된 정보제공: [목적7]

5.2) 완료된 이익가득(손익계산서)의 순환주기에 관련된 정보제공: [목적8]

5.3) 계획 중인 거래사실(재무활동)에 관한 정보제공:[목적9]

5.4) 미래의 수익력 예측(재무예측) 에 관한 정보제공:[목적10]

제6단계는 제5단계의 목적을 달성하기 위한 구체적 권고사항을 배열하고 있다.

제2절 일반목적의 재무회계

재무회계(financial accounting)는 기업외부의 불특정 다수의 이해관계자들이 기업에 관한 경제적인 의사결정을 하는데 유용한 일반 목적의 재무정보를 측정하여 보고하는 회계이다. 또 재무회계는 기업이 외부 이해관계자(정보 이용자)들의 경제적 의사결정에 유용하도록 재무보고서를 작성·보고하기 때문에 외부보고목적(external reporting purpose)의 회계라고도 한다.

그러나 개별 정보이용자의 입장에서 보면 재무보고서의 내용이 자기의 의사결정과정에 전혀 관련성이 없거나 무시해도 되는 데이터들이 포함되어 있다. 엄밀히 말하면 특정의 정보이용자에게 필요한 관련내용은 재무제표 내용의 일부분일 것이다. 이때 재무제표의 내용중에서 특정 정보이용자의 경제적 의사결정에 관련이 없는 것은 회계정보라고 할 수 없다.

그럼에도 불구하고 재무제표의 내용을 회계정보라고 말하고 있다. 이렇게 재무제표의 내용을 회계정보라고 하는 이유는 기업의 수많은 이해관계자 집단들 중에서 누구에게 필요할지는 모르지만 어떤 한사람의 경제적 의사결정에는 관련성이 있을 것으로 간주하고 제도적으로 사회적 비용을 지불하고 재무제표를 제공하는 것이다. 그래서 재무제표의 내용 즉, 계정과목과 그 금액을 모두 회계정보라고 하는 것이다. 따라서 재무회계는 기업외부의 불특정 다수의 이해관계자들을 대상으로 하는 일반 목적의 재무제표의 작성과 이의 보고에 관련된 문제를 다루는 회계분야라고 할 수 있다.

그리고 재무정보(financial information)란 재무보고서라는 용기에 담긴 내용으로 주로 재무제표의 각 계정과 그 내용이 화폐액(금액)에 의해 표시되는 데이터 뿐만 아니라 회계처리과정을 거치지 않고 수집된 재무적 데이터 자체도 포함한 포괄적 개념이다. 반면, 회계정보는 재무제표라는 용기에 담긴 회계처리 및 보고의 대상이 되는 회계처리과정의 산출물로서의 정제된 정보이다. 일반적으로 재무정보는 회계정보보다 넓은 의미의 개념이다. 대부분의 회계정보는 재무정보에 속하지만, 모든 재무정보는 회계정보가 되지 못할 수도 있다. 예를 들면, 자본예산(capital budgeting)에 관련된 정보는 재무정보이지만 회계정보라고 말할 수는 없다. 회계정보(accounting information)란 회계처리과정을 거쳐 산출된 자료(processed data) 즉, 재무제표의 계정과목과 금액이며 주기 주석과 같이 비계량적 정보도 추가될 수 있다[2] 구체적으로 보면, 회계정보는 주로 재무제표에 수록되는 각 계정과목의 금액으로 자산·부채·자본·수익·비용·순이익에 관한 정보를 가리킨다.

---

2) 자료(data)와 정보(information)는 동일한 의미로 사용되기도 하지만 구별될 수도 있다. 일반적으로 두 용어의 형식적 공통점은 모두 사상(events)을 서술하거나 측정한 것이며 데이터에는 서술되거나 처리하지 않은 상태에서의 비가공 데이터(raw data)와 가공된 데이터(processed data)가 있다. 이러한 데이터 중에서 특정한 정보이용자의 의사결정모형에 관련해서 관련성이 있어 이용하고자 하는 목적에 적합한 데이터는 유용한 것이 될 수 있으므로 정보(informations)라고 한다. 따라서 전자(data)에는 정보이용자의 의사결정에 유용하지 못한 것도 포함할 수 있으나, 후자(informations)에는 반드시 정보이용자의 의사결정에 유용한 것이어야 한다. 재무회계에서 가공되어 처리된 재무제표의 모든 항목을 정보라고 하는 이유는 수많은 이해관계자들 중에 어떤 한 부류의 의사결정에 관련이 있을 것으로 간주하기 때문이다.

K-IFRS 재무보고를 위한 개념체계

☆ 일반목적재무보고의 목적

일반목적재무보고의 목적은 현재 및 잠재적 투자자, 대여자 및 기타 채권자가 기업에 자원을 제공하는 것에 대한 의사결정을 할 때 유용한 보고기업 재무정보를 제공하는 것이다.

일반목적재무보고서는 보고기업의 재무상태에 관한 정보, 즉 기업의 경제적 자원과 보고기업에 대한 청구권에 관한 정보를 제공하고, 경제적 자원과 청구권을 변동시키는 거래와 그 밖의 사건의 영향에 대한 정보도 제공한다.

제3절 한국 재무보고개념체계상의 회계목적

1. 투자 및 신용의사결정에 유용한 정보의 제공

재무보고는 기업실체에 대한 현재 및 잠재의 투자자와 채권자가 합리적인 투자의사결정과 신용의사결정을 하는 데 유용한 정보를 제공하여야 한다. 투자자와 채권자에게 유용한 정보는 사회 전체적인 자원배분의 효율성을 높이는 데 기여한다.

재무보고에 의해 제공되는 정보는 기업실체의 경제적 활동에 대해 어느 정도의 지식을 갖고 있는 투자자와 채권자라면 이해할 수 있는 정보여야 한다. 그러나 일부 투자자 및 채권자가 이해하기 어렵다거나 이용하지 않는다는 이유로 의사결정에 적합한 정보가 누락되어서는 아니 된다.

정보이용자에는 여러 유형의 투자자와 채권자가 포함된다. 장기투자 또는 단기투자, 기업실체에 직접 투자 또는 중개인을 통한 투자, 저위험투자 또는 고위험투자 등 형태에 관계없이 기업실체에 투자를 하는 개인투자자, 기관투자자 및 채권자가 모두 포함된다.

2. 미래 현금흐름 예측에 유용한 정보의 제공

현재 및 잠재의 투자자와 채권자가 합리적 의사결정을 하기 위해서는 투자 또는 기금대여 등에서 기대되는 미래 현금유입을 예측하여야 한다. 이러한 미래 현금유입은 미래의 배당 또는 이자와 미래의 주식 매각가액 또는 채권의 만기가액 등이다. 그러므로 재무보고는 투자 또는 기금대여 등으로부터 받게 될 미래 현금의 크기, 시기 및 불확실성을 평가하는 데 유용한 정보를 제공하여야 한다. 또한, 그러한 미래 현금유입은 기업실체의 미래 현금창출능력에 의존하게 되므로, 재무보고는 당해 기업실체에 유입될 미래 순현금흐름의 크기, 시기 및 불확실성을 평가하는 데 유용한 정보를 제공하여야 한다.

현재 및 잠재의 주식투자자는 기업가치를 평가하고 이 기업가치 중 주주가치에 해당하는 부분과 현재의 주식가격을 비교하여 주식의 매각 또는 매입 여부의 의사결정을 한다. 기업가치의 평가는 미래의 기대배당과 투자위험 등에 근거하며, 재무보고는 이러한 평가에 유용한 정보를 제공하여야 한다.

현재 및 잠재의 채권투자자는 회사채의 가치를 평가하고 이를 현재의 회사채가격과 비교하여 회사채의 매각 또는 매입 여부를 결정한다. 회사채의 가치는 발행회사의 채무이행능력(이자지급 및 원금상환능력)에 의해 결정된다. 또한, 기금대여자 및 문단12 ㈏의 공급자등과 같은 채권자도 당해 기업실체의 채무이행능력 또는 신용위험을 평가하여 의사결정을 한다. 따라서, 재무보고는 기업실체의 채무이행능력 또는 신용위험 평가에 유용한 정보를 제공하여야 한다.

기업실체는 영업활동에서 창출되는 순현금흐름을 이용하여 기업실체 유지에 필요한 투자에 충당하고, 배당 및 이자를 지급하며 채무를 상환한다. 그러므로 기업실체의 미래 현금창출능력은 배당 및 이자 지급과 채무이행능력에 영향을 미치고, 주식 및 회사채의 가치도 이에 따라 영향을 받는다. 이와 같이 투자자와 채권자에 대한 미래 현금유입액과 주식 및 회사채의 가치는 당해 기업실체의 미래 순현금흐름에 직결되어 있으므로, 재무보고는 기업실체에 유입될 미래 순현금흐름의 크기, 시기 및 불확실성을 평가하는 데 유용한 정보를 제공하여야 한다.

3. 재무상태, 경영성과, 현금흐름 및 자본변동에 관한 정보의 제공

투자자와 채권자는 투자 또는 기금대여 등으로부터의 미래 현금유입이나 기업실체의 미래 순현금흐름을 예측하기 위해서 다양한 재무정보를 필요로 한다. 그러므로 재무보고는 기업실체가 보유하고 있는 경제적 자원과 그 자원에 대한 청구권, 그리고 경영성과 측정치를 포함하여 그러한 청구권의 변동에 관한 정보와 현금흐름 정보를 제공하여야 한다. 즉, 재무보고는 기업실체의 재무상태, 경영성과, 현금흐름 및 자본변동에 관한 정보를 제공하여야 한다.

기업실체의 경제적 자원, 의무 및 자본에 관한 재무상태 정보는 투자자와 채권자가 당해 기업실체의 재무건전성과 유동성을 평가하는 데 유용하다. 재무건전성은 기업실체의 장기적인 채무이행능력을 평가하는 요소이며, 유동성은 단기적인 채무이행능력을 평가하는 요소이다. 자산 항목의 일부와 대부분의 부채 항목은 기업실체에 대한 미래 현금유출입의 직접적 원천이다. 또한, 자산, 부채 및 자본에 대한 정보는 자본이익률을 측정하여 기업실체의 경영성과를 적절히 평가하는 데 필요한 근거를 제공한다.

일정 기간에 대한 기업실체의 경영성과, 즉 회계이익과 그 구성요소에 대한 정보는 기업실체의 미래 순현금흐름을 예측하는 데 유용하다. 발생기준에 따라 측정된 이익정보는 현금주의에 의한 성과측정치보다 기업실체의 경영성과를 더 잘 나타내며, 현재의 회계이익은 현재의 순현금흐름보다 기업실체의 미래 순현금흐름의 예측에 더 유용한 것으로 인식되고 있다.

일정 기간에 대한 현금흐름 정보는 기업실체가 영업활동에서 창출한 순현금흐름, 투자활동, 기금의 차입과 상환, 현금배당을 포함한 자본거래 및 기업실체의 유동성에 관한 정보를 제공한다.

기업실체의 자본변동에 관한 정보는 일정 기간 동안에 발생한 기업실체와 소유주(주주)간의 거래 내용을 이해하고 소유주에게 귀속될 이익 및 배당가능이익을 파악하는 데 유용하다.

4. 경영자의 수탁책임 평가에 유용한 정보의 제공

재무제표는 경영자의 수탁책임의 이행 등을 평가할 수 있는 정보를 제공한다. 경영자는 소유주로부터 위탁받은 기업실체의 자원을 적절히 유지하고 효율적으로 운용하여 수익을 창출하여야 하며, 물가변동이나 기술진보 및 사회적 변화에 따라 발생할 수 있는 불리한 경제 상황으로부터 최대한 이 자원을 보전할 책임이 있다. 이러한 책임의 이행 여부에 대해 경영자는 주기적으로 평가받게 된다.

기업실체의 경영성과에 대한 정보는 회계이익을 중심으로 측정되며, 경영자의 수탁책임 이행을 평가하는 주된 정보로 사용된다. 그러나, 기업실체의 경영성과는 경영자의 능력뿐 아니라 거시경제상황이나 원자재의 가격상승 등 경영자가 통제할 수 없는 요인에 의해서도 영향을 받으므로 재무제표에 근거하여 경영자의 수탁책임 이행을 평가하는 경우 이러한 환경적 요인을 고려하여야 한다. 또한, 경영자의 장기적 의사결정의 결과는 상당한 기간이 경과한 후에 그 효과가 나타날 수 있으므로 과거의 경영자의 성과와 현재의 경영자의 성과를 명확히 구분하기 어렵다. 따라서 특정 기간을 대상으로 하는 재무제표는 경영자 수탁책임 이행의 평가를 위한 정보를 충분히 제공하지 못할 수 있다. 회계이익 외의 다른 재무정보, 예를 들어 현금흐름표에 나타난 정보도 경우에 따라 경영자의 수탁책임 이행의 평가를 위한 정보로 사용될 수 있다.

기업실체가 상장된 경우라면, 경영자의 수탁책임은 현재의 주주뿐만 아니라 미래의 주주와 일반대중에 대한 책임으로까지 확대될 수 있다. 또한, 기업실체와 경영자에게 사회적 문제에 대한 광범위한 또는 특정한 책임이 요구되기도 한다. 예를 들어, 심각한 환경문제에 따른 환경개선에 대한 사회적 요구는 기업실체와 경영자에게 자연환경의 보전에 대한 새로운 책임을 부가할 수 있다. 이 경우 경영자는 기업실체의 활동이 환경에 미치는 영향을 측정하고 이와 관련된 문제가 있다면 환경개선을 위한 기업실체의 활동과 성과를 평가·보고하여야 할 것이다.

제 8 장 회계의 기본가정

제 1 절 회계공준의 의의와 요건

1. 회계공준의 의의

회계의 공준은 회계의 기본적 가정(basic assumptions)을 의미한다. 여기서 기본적 가정이란 회계가 성립되기 위한 전제조건으로 연역법에서의 공리(axiom), 가정, 전제를 말한다. 일반적으로 연역법에서 이론은 어떤 원리나 법칙을 발견할 수 있는 정리(thorem)를 공리로부터 연역하고 검증함으로써 성립된다. 따라서 회계공준은 회계이론을 연역적으로 이끌어내고자 할 때에 사용되는 회계의 기초적 개념이다.

웹스터사전에 의하면 공준이란 "논의 이전의 자명한 명제(proposition) 또는 기초적인 가설 또는 가정(underlying hypothesis or assumption)"을 뜻한다. 콜러(Kohler)의 회계사사전에 의하면 공준이란 "사고의 체계(system of thought)의 기초가 되는 것으로, 공리(axiom)나 가정(assumptions)과 같은 것이다. 공준은 가정과 마찬가지로 보통 자명하다고 인정되는 것 또는 당연히 그렇게 생각되는 것이다. 또 공준은 어떤 것에 대해 공통적인 것이 되는 것으로, 논리의 출발점이 될 수도 있다"라고 하였다.

그리고 일리노이(Illinois)대학 연구팀의 견해에 의하면 공준은 현실적으로 타당성을 가지고 있는 것으로서 일반적으로 인정된 기초적인 가정이다. …동시에 이는 다른 명제를 도출하는 기반을 제공하는 것으로 이론 구성상 기본이 되는 것이다. 회계공준은 연적적인 추론에 의해 형성된 것이 아니라 귀납적인 관찰에 의해 발견된 것이다.[1)]

이렇게 보면 회계공준은 어떠한 증명을 하지 않고서도 자명한 명제로서 회계적 사고의 기초가 되는 가정이라고 말할 수 있다.

2. 공준의 특성

일리노이대학 연구팀의 의하면 어떠한 명제가 회계의 공준이 되기 위해서는 다음과 같은 특성을 가져야 한다고 한다.

① 공준은 그 성격이 포괄적인 것으로 다른 명제를 도출하기 위한 기초가 될 수 있어야 한다.

② 공준은 회계이론의 기초가 되고 또 이것과 직접적으로 관련되는 자명한 명제이어야 한다.

③ 공준은 현실적인 타당성이 있는 것으로 일반적으로 인정된 것이지만 증명될 수는 없는 것이다.

④ 일련의 공준은 체계상에서 서로 모순되지 않는 것이어야 한다.

⑤ 공준은 각각 별개의 독립적인 가정으로서 서로 중복되지 않아야 한다.

제2절 주요한 회계공준

어떠한 명제가 회계의 공준이냐에 관해서는 아직도 합의점을 찾지 못하고 있지만 다음에서 설명하는 공준들이 일반적이다. 한국의 회계공준은 재무회계개념체계에서 재무제표의 기본가정이라 하여 기업실체, 계속기업 및 기간별보고를 제시하고 K-IFRS에서는 계속기업과 발생주의를 기본가정으로 하고 있다.

1. 경영(기업)실체의 공준

경영(기업)실체의 공준(business entity postulate)란 회계처리를 하는 단위(accounting unit)를 말한다. 회계에서 회계처리의 단위와 보고의 단위(reporting unit)가 같은 경우가 많지만 서로 다른 경우도 있다. 예컨대

1) A Study at the University of Illinois, *A Statement of Basic Accounting Postulates and principles*, 1964, pp.6-7

단일 기업의 경우에는 회계실체와 보고실체가 동일하지만 학교의 경우에 보고단위는 학교가 되고 기성회계, 각 재단회계, 학생회계 등이 각각 회계실체가 된다.

그리고 회계처리의 장소적 범주로서 회계단위는 법적 실체관에서는 당연히 기업이 회계실체가 되지만 그룹기업이나 원가회계 및 기금회계에서는 경제적 실체관에 따라 기업이 회계의 실체가 되지 않는다. 그래서 중국에서는 경영실체라고 한고 있다. 이러한 개념적 혼란을 피하기 위해서 기업실체의 공준이란 용어 대신에 단위실체공준(entity postulate), 경제적 실체공준(economic entity postulate), 회계실체공준(accounting entity postulates)이라고도 부른다.

실체공준은 기업자체가 단독으로 존재한다고 하는 관념적인 가정이다. 즉, 기업(경제적 실체 또는 경영실체)은 그 자체로서 존재하며 기업의 구성원인 소유주·종업원과는 분리될 독립적인 조직일 뿐만 아니라 다른 기업과도 별개의 관계에 있다는 것을 뜻한다.

기업을 기업실체로서 이해할 때에 기업은 소유주와 독립된 별개의 기관이 되어, 기업의 자산인 현금·외상매출금·재고자산·유형자산 등은 소유주의 것이 아니고 기업 자체의 자산이며, 외상매입금이나 장기차입금 같은 것도 기업의 채무이지 소유주의 채무는 아닌 것이다. 이때 기업의 목표는 기업 자체의 순이익을 증대시키는 위한 것이며, 소유주에게 이익배당을 많이 하기 위해서만 이익을 추구하는 것은 아니다. 따라서 기업의 재무상태와 경영성과에 관한 정기적인 회계보고도 기업자체를 위한 것이 된다.

기업실체의 개념이 공준으로서 중요한 이유는 이 개념이 무엇보다도 기업에 대한 이해관계를 명확히 구별하도록 한다는 점이다[2]. 그래서 회계보고서에 포함될 내용이 어떤 것이 되어야 하며, 회계자료는 어떤 관점에서 기록·분류·요약·보고·해석되어야 할 것인가를 명확히 해준다. 따라서, 기업실체의 공준에서는 기업실체의 관점에서 회계처리·보고가 이루어져야 한다는 것이다.

기업실체의 공준으로 이해관계자간의 이해관계를 명확히 구별할 수 있어 특히 기업거래(business entity transaction)와 소유주거래(owners' transaction) 간의 구별이 명확해진다. 이 구별은 특히 개인기업이나 조합

2) 인출금계정은 이 공준에 근거를 두고 만들어진 것이다.

에서 중요한데, 이것은 보통 이러한 기업형태에서는 개인의 재산이 기업의 재산으로 흔히 생각되고, 법적으로도 소유주재산과 명확히 구별하여 기업재산이 존재한다고 보기 어렵기 때문이다. 그러나 기업실체의 공준에 의하면 기업거래와 소유주거래를 명확히 구별하여 회계자료를 처리하는 것이 원칙이라고 할 수 있다. 또 기업거래와 소유주거래가 혼합되어 회계처리가 이루어지면, 그 기업에 대한 회계보고서는 왜곡되어 작성되기 쉽다고 말할 수 있다.

그러므로 기업실체의 공준에 의하면 회계보고서는 소유주만을 위해 작성되는 것이 아니며, 채권자·경영자·종업원 등 많은 기업의 이해관계자를 위해서도 작성된다. 이것은 기업실체가 소유주와 별개의 실체라는 가정에서 이해될 수 있는 것이다. 따라서 기업실체의 개념은 기업에 대한 이해관계를 명확히 해주는 공준이 된다.

기업실체의 단위로는 흔히 독립기업인 개인기업·조합·회사(합명·합자·유한·주식회사)·비영리조직[3] 등이 될 수 있으며, 기업내의 부·과·사업부도 될 수 있고, 여러 개의 기업을 연결하여 작성하는 연결재무제표(consolidated financial statement)의 회계단위도 단일의 기업실체[4]로 인정될 수 있다. 이와 같이 회계상의 기업실체는 법률상 법인격이 인정되는 기업만이 아니라 더욱 포괄적인 의미로 사용된다.

마지막으로, 기업실체의 공준은 상호 대조적 개념인 기업실체이론(entity theory)과 소유주이론(proprietory theory)의 구별과도 관련시킬 수 있는 개념이다. 즉, 기업실체이론은 바로 기업실체의 공준과 동일한 정의에서 출발한 회계사상이나, 소유주 이론은 기업실체의 공준을 부정하는 소유주 중심의 회계사상인 것이다.

2. 계속경영(기업)의 공준

K-IFRS의 채택공준으로서 계속경영(기업)공준(going concern postulate)은 계속성공준(continuity postulate)이라고도 불리기도 한다. 경영체(기업)는 영속적으로 존재하고, 그 경영활동도 영구히 계속될 것이라고 가정하는 것이다. 계속기업의 공준에 의하여 기업의 재무제표는 기업이

3) 법적실체
4) 경제적 실체

계속적으로 존재할 것이라는 전제하에 작성된다.

그러나 이 공준은 무한히 영속적으로 존속한다고 가정하기보다는 얼마동안은 정상적인 경영활동을 수행하며, 현재의 경영계획과 계약상의 의무를 전부 이행하려 한다는 것을 뜻하는 것이다.

계속경영의 개념은 기업측 뿐만 아니라 투자자 측에서도 유용한 개념이다. 즉, 어느 회사에 대한 주식투자는 당해 기업이 영속하리라고 보는 가정하에서 투자를 하게 되는 것이다. 예를 들면, 신주의 발행가격을 정할 때에도 그 기업의 자산가치와 수익가치를 계산하게 되는데, 이 계산의 전제로 계속기업의 공준이 있는 것이다.

이러한 계속경영(기업)의 전제하에서 회계기준·회계방법·회계절차는 기업이 계속 존재하리라는 가정하에 이루어진다. 현실적으로 기업은 언제라도 파산·해산될 수 있지만 대부분의 기업은 장기간 존속한다고 생각된다. 따라서 장기간 존속할 기업을 청산가치(liquidation value)로 평가할 필요는 없는 것이다.

여기서 우리는 계속경영(기업)의 공준이 자산평가와 밀접한 관련을 갖고 있다는 것을 알 수 있다. 계속기업의 개념에 따라 분류·평가된 재무상태표의 자산·부채는 기업이 청산되리라고 가정할 때와는 다른 가치가 된다. 기업이 영속적으로 존재하므로 자산은 일정기간 사용되거나 처분되고, 부채는 언젠가 변제될 것이라고 가정된다. 이때 전통회계에 의하면 재무상태표에 계상되는 자산가치는 청산가치나 현행가치보다는 미상각원가(undepreciated costs)로 나타내게 된다. 한편 손익계산서에서는 기업의 전존속기간을 인위적으로 구분하여 손익의 기간계산을 할 필요가 생긴다. 따라서 매년도말마다 기업의 경영업적을 파악하기 위하여 기간손익(periodic income)을 산정하는 것이다.

그러나 계속경영(기업)의 개념은 청산개념(liquidation concept)도 염두에 두어야 한다는 것을 시사한다. 현대기업은 재무적인 관점에서 볼 때 위험속에 존재하는 경우가 많이 있다. 회계감사인은 이러한 위험요소를 고려하여 기업에 대한 가치평가를 하여야 하며, 정기적으로 그 기업의 재무제표의 적정성(fairness)을 검토하여 계속기업의 공준을 가정해도 좋은지를 항상 확인할 수 있어야 한다.

청산개념을 기업에 적용한다면 자산이나 부채를 청산우선순위나 법적 처분순위에 따라 분류하여야 할 것이다. 그러나 보통 기업은 영구히 존속하리라고 보므로 계정을 유동성배열법에 의해 배열하고 자산은 원가로 나타내게 된다.

자산을 취득원가로 평가하는 원가주의(cost principle)는 계속기업의 공준을 전제로 하여 인정된 개념이다. 그러나 계속기업의 공준이 원가주의를 정당화시켜 주는 것은 아니다. 앞으로 기업이 계속 존재할 것이라는 전제하에서 객관성과 입증가능성이 결여된 시가보다는 원가로 표시하는 것이 타당하다는 범위내에서 원가주의는 신봉될 수 있는 것이다.

기업이 계속적으로 존재하지 않을 것이라고 예상될 때에는 자산평가기준이 원가보다는 청산가치 또는 시가가 되어야 할 것이다. 만일 조만간 청산이 예상된다고 할 때에 자산을 원가로 표시한다면, 회계정보로서의 유용성을 갖지 못하는 결과가 될 것이다. 청산이 예상된다면 자산가치는 원가보다는 순실현가능가치(net realizable value)[5]로 평가하는 것이 더욱 타당한 방법일 것이다. 또 이때에는 자산·부채를 유동·고정항목으로 구분할 필요가 없고, 앞서 말한 것처럼 청산우선순위에 따라 열거하는 것이 보다 합리적일 것이다. 최근에는 자산가치를 역사적원가보다는 일반물가변동(general price-level change)에 의하여 수정하거나 대체원가(replacement cost)로 표시하자는 움직임이 미국·영국 등에서 나타났는데, 이는 계속기업을 전제로 원가보다는 현행원가(current value)로 표시하는 것이 보다 합리적이라고 생각되기 때문이다. 뿐만 아니라 회계기간의 구분(공준)은 이러한 계속경영(기업)의 공준에서 비롯되는 것이라고 해서 공준이 될 수 없다고 주장하는 학자도 많다.

3. 화폐적 측정의 공준

화폐적 측정(monetary measurement)의 공준은 여러 가지 명칭으로 불리고 있는데, 예를 들면, 화폐가치안정(stability in monetary value)·안정화폐단위(stable monetary unit)·화폐단위(monetary unit)·화폐측정단위(money-measuring unit)·측정단위(unit of measure)의 공준이라고도 불린다.

5) 판매가격에서 처분비용을 차감한 것

이것은 화폐를 회계의 측정단위(measuring unit)로 하여, 회계현상을 화폐단위로 측정한다는 가정이다. 또 이 공준하에서는 화폐가치가 일정기간 동안 안정적인 것이라고 가정한다.

그래서 회계과정상의 모든 거래에 대한 기록뿐만 아니라 회계상 측정대상이 되는 자산·부채·자본·수익·비용·순이익은 화폐단위에 의하여 표시되고 그 결과 작성되는 재무제표는 화폐단위(monetary unit)에 의하여 집계된다.

화폐가 회계의 측정단위로 인정되는 이유는 화폐단위에 의해 대부분의 회계현상을 측정할 수 있어 공통분모(common denominator, 공통측정단위)로서의 역할을 하기 때문이다. 물론 화폐가 이러한 역할을 할 수 있는 것은 화폐가 가치의 척도, 교환의 매개물, 가치의 보전수단이기 때문이다.

이 공준은 화폐가치가 일정기간 동안 안정적이라고 하는 가정하지만 언제나 타당한 것은 아니다. 전통회계에서는 물가수준의 변동으로 인한 영향을 무시하여 왔다. 이러한 가정에 따라 작성된 회계장부에서는 예를 들면, 1970년에 구입된 토지의 화폐금액과 1990년에 구입된 토지의 화폐금액이 동일하게 취급되고 있다. 현실적으로는 화폐가치는 부단하게 변동하므로 상이한 시점에서 구입된 자산의 화폐금액은 상이한 측정척도에 의한 측정치가 된다. 따라서 공통적으로 적용할 수 있는 물가지수(price index)와 같은 수단을 이용하여 수정한 후에야 비로소 비교가 가능하게 된다.

위와 같은 문제점이 있음에도 불구하고 현대회계가 원가주의에 집착하고 있는 이유는 객관적으로 납득할 수 있는 회계자료의 수정기준이 없고, 현행원가(current value)의 정의가 모호하며[6], 인플레가 사실상 심각하지 않을 수도 있다는 반론 때문이다. 그러나 각국의 인플레가 만성적으로 심화되고 있으므로 수정원가주의의 등장과 함께 물가수준을 반영한 재무제표의 수정이 각국에서 논의되고 있다. 역사적 원가에 의한 재무제표는 현행가치를 표시하지 않으므로 당해 자산이 저평가될 뿐만 아니라 순이익의 측정에 있어서도 왜곡된 결과를 가져오며, 의사결정이 잘못 이루어질 수도 있다.

---

6) 예를 들면, 물가지수로 수정할 것인가?, 대체원가로 할 것인가?

화폐가치가 안정적이 아닌 경우에는 재무제표의 비교가능성(comparability)을 해치게 된다. 즉, 동일한 회사내에서 상이한 시점에 취득된 자산이 다르게 평가될 뿐만 아니라 이에 따라 작성된 기업간의 재무제표도 비교하기가 어려워진다. 예를 들면 어떤 기업의 자산은 2000년의 취득원가로 되어 있고 다른 기업의 자산은 2010년의 취득원가로 되어 있을 경우, 두 기업의 재무제표를 그대로 비교한다는 것은 공통의 평가기초를 상실하게 되는 문제가 있다. 왜냐하면 각 기업자산의 금액 수치가 나타내는 가치가 서로 다르기 때문이다

따라서 재무제표의 질적 수준을 높이고 비교가능성을 높이기 위해서는 역사적 원가에 의해 표시된 회계자료를 현행가치로 수정하여 현재의 경영의사결정과 미래예측에 도움이 되도록 하여야 할 것이다.

4. 회계기간의 공준

이 공준은 인위적으로 정한 시간간격에 따라 회계현상을 측정하고 보고한다는 전제이다. 따라서 회계기간의 공준(fiscal period postulate)은 기간공준(time period 또는 periodicity)이라고도 한다. 일반적으로 기업에서 회계기간을 1년으로 하고 있으나 3개월 또는 6개월을 회계기간으로 정할 수도 있다. 물론 2년이나 10년의 회계기간을 잡을 수도 있을 것이다.

이러한 회계기간의 개념은 계속기업의 공준과 연결하여 설명될 수 있다. 기업이 계속적으로 존재한다면 원래 그 기업의 최종적인 재무상태·경영성과를 알기 위해서는 그 기업의 설립시로부터 해산시까지의 단 1회의 재무제표만 작성해도 될 것이다. 이는 중세의 모험기업(venture business)에서 택한 방법이었다. 그러나 오늘날 회계정보이용자는 기업이 영구히 존속한다는 사실을 의식하고 존속기간 중에 시기적절한 정보(timely information) 또는 정기적인 정보를 필요로 한다. 예컨대 주식배당금 정보 등이 필요하다. 그래서 계속경영의 공준에 의거한 무한정의 기간을 어떤 간격으로 끊어서 그 회계기간의 경영성적과 기말의 재무상태를 보고하는 것이다.

일반적으로 회계기간은 1월1일부터 12월31일까지 1년으로 하고 있다. 이것은 보통 정상영업순환주기(nomal operating cycle)가 1년으로 생각

되기 때문에 이에 맞추기 위한 것이다. 이러한 회계기간은 1년, 6개월, 3개월 등으로 정할 수 있으며 사업연도의 시적도 3월1일 또는 7월 1일 등과 같이 기업에서 마음대로 정할 수 있다. 최근에 와서는 대부분의 상장기업들은 증권시장의 요청으로 6개월 또는 3개월마다 반기 또는 분기별보고서를 작성하고 있다.

회계기간의 공준이 회계전반에 미친 영향은 다음과 같다.

① 발생주의회계(accrual accounting)를 채택하는 근거가 되었다. 즉 자산·지분의 변동을 현금의 수입·지출에 따라 기록하는 것이 아니라, 기간손익을 정확하게 측정하기 위하여 현금수입이 없더라도 수익이 당기에 실현되었으면 수익이 획득된 것으로 인식하고, 현금수입이 있더라도 차기의 수익이라고 인정되면 수익으로 계상하지 않는 것이다. 이는 비용의 경우에도 마찬가지로 적용된다. 이에 따라 이연계정(deferrals, 선급비용과 선수수익), 예상계정(accruals, 미수수익과 미지급비용)을 이용하며 회계기간개념에 따라 회계처리하여 순이익을 정확히 측정하게 된다.

② 인위적으로 기업의 존속기간을 회계기간으로 분할하였기 때문에 회계의 측정문제가 발생하며, 이에 따라 회계담당자의 주관적 판단, 회계측정상의 불확실성의 문제가 생긴다. 원가배분(cost allocation)은 그 대표적인 예이다, 예를 들면 유형·무형자산의 상각, 이연자산의 상각, 대손상각의 추정이 그것이다. 이러한 원가배분에 의하여 현재와 미래의 회계보고서에 원가를 배부하게 된다.

③ 중간보고서를 작성할 때에 특별항목(예 화재손실)을 발생된 특정기간에 처리하고, 계절적 산업에 있어서 기간별 손익의 엄청난 차이로 인한 문제가 발생한다는 문제점을 내포하고 있다. 결국 이러한 문제는 원가배분을 합리적으로 하거나 회계측정상의 불확실성을 극소화하는 방향에서 논리적으로 타당한 방법을 선택하여 해결한다. 이러한 원가배분에 의한 수치들은 모두 개략치이므로 진실치는 아니다, 따라서 회계에서 중시하는 기간이익(당기순이익)도 진실치가 아니라 개략치(approximation)이다. 왜냐하면 기간이익 산정을 위해 수익에 대응되는 비용이 원가배분에 의한 개략치이기 때문이다.

그래서 회계학에서 진실성보다 적정성 개념을 강조하고 있다. 우리나라 기준 제3조에서도 적정한 정보를 제공하는 것을 목적으로 하고 있다.

〈표 3-1〉 현금주의와 발생주의의 비교

현금주의(cash basis)	발생주의(accrual basis)
수익이나 비용을 현금의 수수시점을 기준으로 인식하는 기준이다. 따라서 현금이 수반되지 않는 거래는 인식되지 아니함으로 회계처리의 대상에서 제외된다. 현금주의를 적용하면 수익(revenues)과 수입(receipts)의 의미가 동일하고 비용(expenses)과 지출(expenditures)의 의미가 동일함으로 굳이 수익이나 비용이라는 용어를 사용할 필요가 없다.	현금의 수지와는 관계없이 거래로 인한 권리나 의무의 발생 사실에 근거하여 수익과 비용을 인식하는 기준이다. 발생주의를 적용하면 수익(revenues)과 수입(receipts)의 개념이 달라지고 비용(expenses)과 지출(expenditures)의 개념이 서로 달라진다. 예컨대 선수수익, 선급비용, 미수수익, 미지급비용, 감가상각비 등의 인식은 발생주의를 적용하기 때문에 나타난 개념이고 현금주의에서는 나타나지 않는 것들이다.

5. 발생주의 회계

발생주의 회계공준의 기본적인 논리는 발생기준에 따라 수익과 비용을 인식하는 것이다. 발생기준은 기업실체의 경제적 거래나 사건에 대해 관련된 수익과 비용을 그 현금유출입이 있는 기간이 아니라 당해 거래나 사건이 발생한 기간에 인식하는 것을 말한다. 발생주의 회계는 현금거래 뿐 아니라, 신용거래, 재화 및 용역의 교환 또는 무상이전, 자산 및 부채의 가격변동 등과 같이 현금유출입을 동시에 수반하지 않는 거래나 사건을 인식함으로써 기업실체의 자산과 부채, 그리고 이들의 변동에 관한 정보를 제공하게 된다.

발생주의 회계는 발생과 이연의 개념을 포함한다. 발생이란 미수수익과 같이 미래에 수취할 금액에 대한 자산을 관련된 부채나 수익과 함께 인식하거나, 또는 미지급비용과 같이 미래에 지급할 금액에 대한 부채를 관련된 자산이나 비용과 함께 인식하는 회계과정을 의미한다. 발생주의 회계에 의하면, 재화 및 용역을 신용으로 판매하거나 구매할 때 자산과 부채를 인식하게 되고, 현금이 지급되지 않은 이자 또는 급여 등에 대해 부채와 비용을 인식하게 된다.

이연이란 선수수익과 같이 미래에 수익을 인식하기 위해 현재의 현금유입액을 부채로 인식하거나, 선급비용과 같이 미래에 비용을 인식하기 위해 현재의 현금유출액을 자산으로 인식하는 회계과정을 의미한다. 전자의 경우 수익의 인식은 관련 부채에 내재된 의무의 일부 또는 전부가 이행될 때까지 연기된다. 또한 후자의 경우 비용의 인식은 관련 자산에 내재된 미래 경제적 효익의 일부 또는 전부가 사용될 때까지 연기된다.

이연에는 수익과 비용의 기간별 배분이 수반된다. 기간별 배분은 상각이라고도 하며, 이는 매 기간에 일정한 방식에 따라 금액을 감소시켜가는 회계과정을 말한다. 상각의 전형적인 예로는 감가상각 또는 감모상각에 의한 비용을 인식하는 것과 선수수익을 수익으로 인식하는 것을 들 수 있다.

발생주의 회계에서는 현금 유·출입이 수반되지 않는 자산과 부채 항목이 인식될 수 있다. 그러므로 발생주의 회계와 현금주의 회계의 주된 차이는 수익과 비용을 인식하는 시점이 다르다는 데 있다. 기업실체가 재화 및 용역을 생산하기 위해 설비 등에 투자하는 기간과 생산된 재화 및 용역을 판매하여 수익으로 회수하는 기간은 일반적으로 일치하지 않는 경우가 많다. 설비투자에 현금이 지출되는 시점에서부터 판매된 제품의 대가가 현금으로 회수될 때까지는 상당한 기간이 소요될 수 있다. 그러므로 일년 정도의 짧은 기간에 대해 현금유입과 현금유출만을 단순 대비하는 것은 기업실체의 재무적 성과를 적절히 나타내지 못할 수 있다. 그러나 발생주의 회계에서는 회계기간별로 기업실체의 경영성과를 적절히 측정하기 위하여 발생과 이연의 절차를 통해 수익과 비용을 기간별로 관련시키고 동시에 자산과 부채의 증감도 함께 인식하게 된다.

발생주의 회계는 재무회계의 기본적 특징으로서 재무제표의 기본요소의 정의 및 인식, 측정과 관련이 있다. 다만, 현금흐름표는 발생기준에 따라 작성되지 않는다.

제 9 장 회계의 기본요소

회계의 기본요소(the basic elements of accounting)는 재무상태표의 구성요소와 손익계산서의 구성요소로 나누어 볼 수 있다. 재무상태표의 구성요소는 자산, 부채, 지분(자본)을 뜻하며 손익계산서의 구성요소는 수익, 비용, 손익을 의미한다.

제 1 절 재무상태표의 구성요소

1. 자산

FASB의 SFAC. No.3의 정의에 의하면 자산을 다음과 같이 정의[1)]하고 있다.

> 자산은 과거의 거래 또는 사건의 결과로서 특정 실체가 취득하였거나 지배하고 있는 미래의 가능성이 높은 효익이다.(Assets are probable future economic benefits obtained or controlled by a particular entity as a result of past transactions or events.) [FASB, SFAC. No.3, par.19.]

이 정의에 의하면 다음 세 가지 요건을 모두 만족하는 것이 자산이 될 수 있다.

① 과거의 거래 또는 사건의 결과이어야 한다.

② 현재 통제하고 있어야 한다.

③ 미래에 효익을 가져올 수 있어야 한다.

---

1) "Element of Financial Statement of Business Enterprises", Statement of Financial Accounting Concepts No. 3(stamford conn ; FASB, 1980), par.19.

이 정의에서 있어서 미래의 효익이란 경제적 자원이 기지고 있는 특징 또는 희소능력(scarce capacity)이라고 규정하고 있다.(13)

이러한 정의에 의하면 자산이 되기 위해서는 회계실체(회계단위)와 관련된 사건이나 거래로 인한 것이어야 하고 자본의 증가를 가져온 것으로 현재 배타적으로 통제가능 해야 하며 미래에 유리한 현금흐름을 가져올 수 있는 경제적 자원의 특징 또는 희소능력(scarce capacity)이 있어야 한다. 예컨대 슈퍼마켓에 음료회사가 자기의 음료를 판매하기 위해 쇼케이스를 갖다놓았을 경우에 슈퍼마켓의 자산이 될 수 없다. 이러한 쇼케이스는 음료회사가 구입(거래)한 결과이기 때문이다. 표면적으로 볼 때, 비록 그 관리를 슈퍼에서 하고 있지만 배타적 통제권 역시 음료회사에 있는 것이다. 또한 음료회사가 시원한 음료를 소비자에게 제공함으로써 미래에 보다 많은 매출을 올릴 수 있기 때문에 음료회사의 자산이 된다.

그리고 헨드릭센(Hendriksen)에 의하면 다음과 같은 조건을 만족시킬 때 자산이라 한다.2)

① 자산에는 미래의 효익 또는 용역잠재력에 대한 어떤 특정의 권리가 존재하여야 한다.

② 자산으로 인정되기 위해서는 그 권리가 특정의 개인 또는 기업의 것이어야 한다.

③ 자산에는 권리 또는 용역에 대해 법률적으로, 강제 할 수 있는 청구권이 존재해야 한다.

④ 자산의 경제적 효익은 과거의 거래 또는 사상의 결과로 나타난 것이어야 한다.

이상의 자산개념들을 종합해 보면 자산(assets)이란 다음과 같은 성질을 지닌 경제적 자원(economic resources)이나 권리(rights)이다. 여기서 경제적 자원(economic resources)이란 회계실체가 경제활동을 수행하는데 이용 가능한 최소한의 수단으로 다음과 같은 유형이 있다.

① 생산자원(productive resources)

- 기업소유의 생산적 자원: 원재료, 기계, 비품, 설비 등
- 생산적 자원에 관한 계약상의 권리 (contractual rights)

---

2) 남상오, 회계이론, 다산출판사, 1997, pp.465～467.

② 생산물(products): 교환을 위해 대기중인 상품과 재공품
③ 화폐성자산(money): 현금, 현금대용증권 (선하증권)
④ 청구권(claims to receive money): 외상매출금, 미수금
⑤ 타 기업에 대한 소유지분(ownership interests)

일반적으로 각종 자산에 적용되는 자산의 개념적 속성을 중심으로 살펴보면 다음과 같다.

① 용역잠재력(Service potentials): 유형자산 (건물, 기계장치)
② 미소멸원가(un-expired cost): 재고자산
③ 정당하게 귀속된 청구권: 미수이자
④ 기대되는 미래의 경제적 효익(economic benefit)에 대한 청구권: 무형자산
⑤ 화폐로 표시되거나 미래에 화폐로 전환 가능한 미래의 용역: 수취채권, 현금

우리나라 회계기준(K-IFRS)에서는 FASB의 정의를 이용하고 있다. 즉, 자산은 특정의 경제실체가 과거사건의 결과로서 통제할 수 있고 미래경제적 효익이 유입될 것으로 기대되는 자원으로 정의하고 있다. 이를 구체적으로 살펴보면 다음과 같은 내용을 담고 있다.

① 특정실체에 영향을 미치는 경제적 사건 중, 자산으로 분류되기 위해서는 미래의 경제적 효익이 있어야 한다는 것이다.
② 특정실체가 배타적으로 통제될 수 있어야 한다.
③ 경제적 효익은 과거의 거래나 사건의 결과로서 발생된 것이어야 한다.
④ 자산의 효익은 화폐단위로 계량화 또는 측정될 수 있어야 한다.

2. 부채

일반적으로 부채(Liabilities)는 타인에게 지급할 것을 약속한 채무이다. 즉, 부채는 구두 또는 서면계약에 의해 약정되거나 암묵적으로 결정된 금액(금액은 확실하거나 추정될 수도 있다.)을 장래의 자산(현금 또는 상품)으로 지급하거나 용역으로 제공할 것을 약속한 의무(obligations)

또는 채무이다.

APB Statement No.4에서는 부채를 "일반적으로 인정된 회계원칙에 따라 인식되고 측정된 경제적 의무이다"(economic obligations recognized and measured in conformity with generally accepted accounting principles) 라고 규정하고 있다. 그러나 이 보고서에서는 위의 정의와 상관없이 정립되는 개념인 이연수익(deferred credits)을 부채에 포함시키고 있는데, 이는 자산의 정의에서 이연비용이 이연자산으로서 자산에 포함되는 것과 같다.

또 이 보고서에서는 "경제적 의무"를 구체적으로 기업이 다른 기업에게 미래에 경제적 자원(자산)을 이전할 책임이 있거나 용역을 제공할 책임이 있는 것을 뜻한다고 하였다. 그래서 경제적 의무는 "① 화폐를 지급할 의무, ② 재화 또는 용역을 제공할 의무"가 된다고 하였다. 또 이 의무는 구체적인 자산에 대한 청구권이라기보다는 기업에 대한 일반적 청구권(general claims)이 된다고 하였다.

1980년에 공표된 FASB의 SFAC No.3에서는 부채를 다음과 같이 정의[3)]하고 있다. 이는 최근의 공식적 견해라고 할 수 있다.

> "부채란 과거의 거래·사상의 결과로 미래에 다른 실체(기업 등)에 자산을 이전하거나 용역을 제공하기 위하여 특정실체의 현재의 의무로부터 발생하는 것으로 가능성이 높은 미래의 경제적 효익의 희생이다."
>
> (Liabilities are probable future sacrifices of economic benefits arising from present obligations of a particular entity to transfer assets or provide services other entities in the future as a result of past transactions or events.[SFAC No.3. 1980, par.28.])

이 정의는 지금까지 부채의 정의에 관련하여 논의된 본질들을 망라한 것으로, 본질에 관련된 설명은 뒤에서 다루게 된다. 이 정의에서 "probable(가능성이 높은)"이라고 한 것은 증거나 논리에 비추어 합리적으로 기대되거나 믿을 수 있다는 것으로 발생하지 않을 가능성보다 발생할 가능성이 높다는 의미이지, 확실하거나 증명된다는 것을 뜻하는 것이 아니다.

---

3) "Element of Financial Statement of Business Enterprises", Statement of Financial Accounting Concepts No. 3(stamford conn ; FASB, 1980), par.28.

probable이란 More likely than not.(발생하지 않을 가능성보다 발생할 가능성이 높은)

SFAC No.3의 정의에서는 부채의 특징[4])으로 3가지를 들고 있는데 다음과 같다.

① 미래에 자산을 이전 또는 사용할 가능성이 있는 현재의 의무와 책임(present duty or responsibility)이라는 것.

② 특정기업의 미래의 희생(future sacrifice)이라는 것. 이러한 희생은 위의 의무와 책임을 수행하기 위한 것이다.

③ 기업의 과거거래 또는 사상(past transaction or event)의 결과로 나타나는 것이라는 것.

한편, 부채는 채권자의 청구권(creditor's claim)이란 말로도 표현되고 있다. 이러한 표현은 채무자의 의무라는 말과 정반대되는 것으로 앞에서 설명한 경제적 의무와 본질적으로 다른 것이 없으며, 단지 어떤 입장에서 부채를 보는가에 따른 것이다. 그래서 이때에는 기업이 채무자의 입장에 있을 경우 기업의 외부인인 채권자가 기업자산에 대해 갖는 권리 또는 청구권(right or claims to assets)인 것이다.

① 타 회계실체에 경제적 자원을 이전해 주어야할 의무(obligation)

② 채권자 지분(creditor's equity) - AAA 실체이론

③ 소극적 자산(negative assets) - 소유주이론

여기서 장래에 타 실체에 경제적 자원을 이전해 주어야할 현재의 경제적 의무(economic obligation)의 유형은 다음과 같다.

① 돈을 지급해야할 의무(obligations to pay money)

② 재화나 용역을 지급해야 할 의무(obligations to provide goods and service

4) ibid, par. 29.

3. 주주 지분(자본)

기업에 있어서 지분(equity)의 특성은 소유주의 권리 또는 그 등가액으로 보고 있다. 그리고 다른 이해관계자 집단보다는 소유주와 기업의 관계에 초점을 두고 기업자산에 대한 제1차적 청구권은 채권자집단에게 있고 나머지 순자산에 대해 소유주는 청구권을 가진다.

> 지분이란 부채를 차감한 후에 남는 자산에 대한 잔여청구권이다. 기업에 있어서 지분은 소유주 청구권이다. Equity is the residual interest in the assets of an entity that remains after deducting its liabilities. In a business enterprise, the equity is the ownership interest. ([SFAC No.3. 1980, par.43.])

이상에서 보면 자본이란 ① 소유주 지분 (equities) 또는 부채를 차감한 후에 남는 자산에 대한 잔여청구권으로서의 ② 잔여지분(residual equity, esidual interest)의 의미를 갖고 있다.

제2절 손익계산서의 구성요소

1. 수익

수익(revenues)의 원체는 생산물이나 제공되는 서비스이다. 이렇게 수익을 실체로 파악하는 견해를 수익의 유출개념(out-flow concept)이라 한다. 회계에서는 이러한 생산물이나 제공되는 서비스를 화폐적 평가공준에 의해 인식하기 때문에 생산물의 인도 또는 서비스의 제공 대가로 유입되는 재무적 자원으로 측정한다. 이렇게 기업이 생산물을 고객에게 인도하거나 서비스를 제공함으로서 그 반대급부로 유입되는 재무적 자원으로 수익을 정의하는 견해를 수익의 유입개념(in-flow concept)이라 한다.

> 수익은 기중에 기업 등 실체의 계속적·중심적 활동으로 인한 재화의 생산·인도, 용역의 제공, 기타의 활동으로 나타나는 자산의 유입액·증가액 또는 부채의 청산액이다.(Revenues are inflows or other enhancements of assets of an entity or settlements of its liabilities(or a combination) during a period from delivering or producing goods, rendering services, or other activities that constitute the entity's ongoing major or central operations).[SFAC No.3. 1980, par.63.]

그리고 소유주이론에서는 수익이 소유주의 순재산을 증가시키는 요인으로 인식하고 있다. 소유주의 순재산이 증가되기 위해서는 자산이 증가하거나 부채가 감소되어야 하기 때문에 수익을 자산의 증가요인 또는 부채의 감소요인이라고 정의하고 있다.

2. 비용

비용(expenses)은 일반적으로 수익과 관련시켜 수익의 획득에 기여한 원가의 소멸로 정의된다. 그러나 수익과의 관련성을 증빙에 의해 추적하기 어렵기 때문에 상당히 인위적인 측면이 많다.

> 비용은 기중에 기업 등 실체의 계속적·중심적 활동으로 인한 재화의 생산·인도, 용역의 제공, 기타의 활동으로 나타나는 자산의 유출액·감소액 또는 부채의 발생액이다.(Expenses are outflow or other using up of assets or incurrences of liabilities (or a combination) during a period from delivering or producing goods, rendering services, or other activities that constitute the entity's ongoing major or central operations.)[SFAC No.3. 1980, par.65.]

또 소유주이론에서는 비용을 순자산의 감소요인으로 정의하고 있다. 재무상태표 등식에서 순자산이 감소하기 위해서는 자산이 증가하거나 부채가 감소되어야 함으로 비용을 자산의 감소요인 또는 부채의 증가요인이라 한다. 이러한 소유주 이론의 비용정의는 비용과 차손을 구별하지 않는 포괄주의적 비용개념과 일맥상통하는 것이다.

3. 차익과 차손

차익(gains)은 정상적인 주된 영업활동이외의 활동으로 인한 순자산의 증가이다. 이러한 차익에 대해 재무회계기준심의회의 SFAC No.3에서는 다음과 같이 정의하고 있다.

> 차익은 기중에 기업 등 실체에 영향을 주는 부차적·부수적 거래, 기타의 사상·여건으로 나타나는 자본(순자산)의 증가이다. 소유주에 의한 수익이나 투자는 여기서 제외된다.(Gains are increases in equity(net assets) from peripheral or incidental transactions of an entity and from all other transactions and other events and circumstances affecting the entity during a period except those that result from revenues or investments by owners.) [SFAC No.3. 1980, par.67.]

차손(losses)은 수익획득과 무관한 재화의 소멸을 의미한다. 재무회계기준심의회의 SFAC No.3에서는 수익과 차익을 다음과 같이 정의하고 있다.

> 차손은 기중에 기업 등 실체에 영향을 주는 부차적·부수적 거래, 기타의 사상·여건으로 나타나는 자본(순자산)의 감소이다. 소유주에 의한 수익이나 투자는 여기서 제외된다. (Losses are decreases in equity(net assets) from peripheral or incidental transactions of an entity and from all other transactions and other events and circumstances affecting the entity during a period except those that result from revenues or investments by owners.)[SFAC No.3. 1980, par.68.]

그렇지만 당기업적주의에서는 대부분 기간이익의 산정에서 제외되지만 포괄주의에서는 기간이익에 포함된다. 다시 말해 포괄주의에 의한 이익의 산정에서는 차익과 수익을 구분할 필요가 없으며 비용과 차손을 구별할 필요도 없다.

4. 이익 또는 순손실

포괄손익계산서의 이익(profit, income) 또는 순손실(net losses)은 수익과 비용이 대응한 결과로 나타나는 결과[(수익-비용)+(차익-차손)]인 순자산의 증가를 의미한다. 그리고 재무상태표의 이익은 회계기간 중의 투자 및 인출을 제외한 순자산의 증가액을 의미한다. 회계기간 중의 투자 및 인출은 자본변동표에 나타낸다.

K-IFRS의 회계요소

☆ 재무상태표의 기본요소

자 산

자산은 과거의 거래나 사건의 결과로서 현재 기업실체에 의해 지배되고 미래에 경제적 효익을 창출할 것으로 기대되는 자원이다. 자산에 내재된 미래의 경제적 효익이란 직접 또는 간접적으로 기업실체의 미래 현금흐름 창출에 기여하는 잠재력을 말한다. 일반적으로 자산은 고객의 요구를 충족시킬 수 있는 재화 및 용역의 생산에 이용된다. 생산된 재화 및 용역에 대하여 고객은 그 대가를 지급할 것이며 이로부터 기업실체의 현금흐름이 창출된다. 또한 자산은 다른 자산과의 교환 또는 부채의 상환에 사용되거나 소유주에 대한 분배에 사용될 수 있다. 현금은 그 자체로서 다른 자산에 대한 구매력을 통하여 기업실체에 경제적 효익을 제공한다.

유형자산을 포함한 많은 자산이 물리적 형태를 가지고 있지만 물리적 형태가 자산의 본질적인 특성은 아니다. 예를 들어, 물리적 형태가 없는 자원이라도 특정 실체에 의하여 지배되고 그 실체에게 미래의 경제적 효익을 창출할 것으로 기대되는 경우 당해 항목은 자산의 정의를 충족할 수 있다.

채권과 부동산을 포함한 많은 자산이 소유권과 같은 법적 권리와 결부되어 있다. 그러나 소유권 등의 법적 권리가 자산성 유무를 결정함에 있어 최종적 기준은 아니다. 경제적 효익에 대한 지배력은 법적 권리에 따라 발생하나, 경우에 따라서는 법적 권리가 없어도 자산의 정의를 충족시킬 수 있다. 예를 들어, 기업실체가 개발활동으로 획득한 신기술을 보유하면서 그 신기술로부터 예상되는 경제적 효익을 지배할 때에는 이러한 신기술 사업권은 자산의 정의에 부합할 수 있다. 기업실체의 자산은 과거의 거래나 사건으로부터 발생한다. 기업실체는 구매 또는 생산에 의하여 자산을 취득하는 것이 일반적이지만 주주나 정부의 증여 등 다른 방법에 의해서도 자산을 취득할 수 있다.

자산이 과거의 거래나 사건의 결과라 함은 구매나 생산활동 등 자산을 취득하는 거래나 사건이 이미 발생하였음을 의미하는 것이므로 미래에 발생할 것으로 예상되는 거래나 사건만으로는 자산이 취득되지 않는다. 일반적으로 현금유출과 자산의 취득은 밀접하게 관련되어 있으나 양자가 반드시 일치하는 것은 아니다. 예를 들어, 기업실체의 연구비 지출은 미래 경제적 효익을 추구했다는 증거는 될 수 있지만 자산의 정의를 충족시키는 자원을 취득했다는 확정적 증거는 될 수 없다. 반면에, 증여받은 재화는 이에 관해 지출이 발생하지 않았지만 자산의 정의를 충족시킬 수 있다.

부 채

97. 부채는 과거의 거래나 사건의 결과로 현재 기업실체가 부담하고 있고 미래에 자원의 유출 또는 사용이 예상되는 의무이다.

98. 부채는 기업실체가 현재 시점에서 부담하는 경제적 의무이다. 의무란 일정한 방법으로 실행하거나 수행할 책무 또는 책임을 말하는 것으로서 이에는 계약이나 법령에 의해 법적 강제력이 있는 의무와 상관습이나 관행 또는 거래상대방과의 원활한 관계를 유지하기 위한 정책 등으로 인해 발생하는 의무가 있다. 전자의 예로는, 이미 제공받은 재화 및 용역에 대한 대가의 지급의무를 들 수 있다. 후자의 예로는, 제품보증기간 후에 발생하는 하자에 대해서도 보수해주기로 방침을 정한 경우 품질보증기간이 경과한 후에 지출될 것으로 예상되는 금액을 들 수 있다.

99. 일반적으로 기업실체가 자산을 이미 인수하였거나 자산을 취득하겠다는 취소불능계약을 체결한 경우 현재의 의무가 발생한다. 그러나 미래의 일정 시점에서 자산을 취득한다는 결정이나 단순한 약정은 현재의 의무가 아니다. 취소불능계약이라 함은 의무불이행의 경우 상당한 위약금을 지급해야 하는 등 자원의 유출을 피할 수 없는 계약을 말한다.

100. 기업실체가 현재의 의무를 이행하기 위해서는 일반적으로 미래에 경제적 효익의 희생이 수반된다. 현재의 의무는 주로 현금 또는 기타 자산의 이전, 용역의 제공, 다른 의무로의 대체 또는 자본으로의 전환 등의 방법으로 이행된다. 또한, 기업실체의 의무는 채권자의 권리의 포기 또는 상실 등에 의해 소멸되기도 한다.

101. 부채는 과거의 거래나 사건으로부터 발생한다. 신용으로 재화를 구입하였거나 용역을 제공받은 경우 매입채무가 발생하며 은행대출을 받은 경우에는 상환의무가 발생한다. 그러나, 미래에 발생이 예상되는 대규모 수선비의 경우와 같이 장래에 자원의 유출 또는 사용이 기대된다 하더라도 과거의 거래나 사건으로부터 기인하지 않은 의무는 부채의 정의를 충족하지 못한다.

102. 일반적으로 부채의 액면금액은 확정되어 있지만 제품보증을 위한 충당부채와 같이 그 측정에 추정을 요하는 경우도 있다. 따라서, 문단97에 규정된 부채의 정의를 만족하기 위해서는 금액이 반드시 확정되어야 함을 의미하는 것은 아니다.

103. 문단90과 문단97에 규정된 정의는 자산과 부채의 본질적 특성을 나타내는 것으로서, 이러한 정의가 특정 항목이 재무제표에 자산·부채로 인식되기 위한 충분조건은 아니다. 자산과 부채의 정의를 만족하지만 제6장에 규정된 인식기준을 충족하지 못하는 경우에는 재무제표에 표시되지 않는다.

자 본

104. 자본은 기업실체의 자산 총액에서 부채 총액을 차감한 잔여액 또는 순자산으로서 기업실체의 자산에 대한 소유주의 잔여청구권이다. 주식회사의 경우 소유주는 주주이므로, 본 개념체계에서 주주지분은 자본과 동의어로 사용된다. 또한, 자본이라는 용어는 타인자본, 즉 부채를 포함하는 개념으로 쓰이기도 하나, 본 개념체계에서는 소유주지분인 자기자본을 의미한다.

105. 자본을 분배 또는 사용에 대한 법적 제한이나 기타 사용목적에 따라 구분표시함으로써 재무제표이용자에게 유용한 정보가 제공될 수 있다. 또한 배당금 수령이나 청산시에 주주간의 권리가 상이한 경우 그에 관한 정보를 제공하기 위해 주주지분을 구분표시 할 수 있다.

106. 재무상태표에 표시되는 자본의 총액은 회계기준에 의해 자산 및 부채를 인식, 측정함에 따라 결정된다. 따라서 재무상태표상의 자본의 총액은 주식의 시가총액과는 일치하지 않는 것이 일반적이다.

☆ 자본변동표의 기본요소

107. 자본변동표는 일정 기간 동안 발생한 자본의 변동에 대한 정보를 제공하며, 그러한 변동의 원천에는 소유주의 투자와 소유주에 대한 분배, 그리고 포괄이익이 포함된다. 포괄이익은 손익계산서의 기본요소이기도 하므로, 문단108 내지 문단110에서는 소유주의 투자와 소유주에 대한 분배에 대해서만 기술한다.

소유주의 투자

108. 소유주의 투자는 기업실체에 대한 소유주로서의 권리를 취득 또는 증가시키기 위해 기업실체에 경제적 가치가 있는 유무형의 자원을 이전하는 것을 의미하며, 이에 따라 자본이 증가하게 된다.

109. 소유주의 투자는 일반적으로 기업실체에 자산을 납입함으로써 이행되나 용역의 제공 또는 부채의 전환과 같은 형태로도 이루어질 수 있다. 기업

실체는 소유주의 투자를 통해 영업활동에 필요한 자원을 제공받고, 동시에 소유주는 기업실체의 자산에 대한 청구권을 취득하게 된다. 따라서 기업실체의 순자산 증가를 가져오지 않는 소유주 상호간의 지분거래는 소유주의 투자에 포함되지 않는다.

소유주에 대한 분배

110. 소유주에 대한 분배는 기업실체가 소유주에게 자산을 이전하거나 용역을 제공하거나 또는 부채를 부담하는 형태로 이루어지며, 현금배당, 자기주식의 취득, 감자 등이 이에 속한다. 소유주에 대한 분배가 있게 되면 기업실체의 순자산은 감소한다.

☆ 손익계산서의 기본요소

111. 기업실체의 경영성과에 대한 재무정보를 제공하는 손익계산서의 기본요소는 포괄이익, 수익 및 비용이다.

포괄이익

112. 포괄이익은 기업실체가 일정 기간 동안 소유주와의 자본거래를 제외한 모든 거래나 사건에서 인식한 자본의 변동을 말한다. 즉, 포괄이익에는 소유주의 투자 및 소유주에 대한 분배 등 자본거래를 제외한 모든 원천에서 인식된 자본의 변동이 포함된다.

113. 포괄이익은 문단117 이하에서 정의되는 수익의 합계에서 비용의 합계를 차감하여 측정한다. 포괄이익을 이와 같이 측정하는 것은 거래접근법에 의한 것이다. 그러나 적용되는 회계기준에 따라 포괄이익의 정의를 만족하는 특정 항목이 손익계산서상 당기순이익의 계산에 반영되지 않을 경우 회계기준에 의한 당기순이익과 문단112에서 정의한 포괄이익은 동일하지 않을 수 있다. 예를 들어, 매도가능증권평가차손익, 해외사업환산차손익 등이 당기순이익에 반영되지 않고 누적기타포괄이익(손실)의 항목으로 자본에 표시되는 경우 포괄이익과 당기순이익은 일치하지 않는다.

114. 문단112에서 정의된 포괄이익은 화폐자본유지에 근거한 투자이익의 개념이다. 기업실체가 일정 기간 동안 자원을 투자해서 획득하게 되는 투자이익은 유지해야 할 자본을 화폐자본으로 측정하는지 또는 실물자본을 측정하는지에 따라 달라진다. 화폐자본유지개념 하에서는 소유주와의 자본거래를 제외하고 회계기간말의 순자산 화폐액이 회계기간초의 순자산 화폐액을 초과할 때 그 초과액을 투자이익으로 측정한다. 이에 비해, 실물자본유지개념 하에서는 소유주와의 거래를 제외하고 회계기간말의 실물생산능력이 회계기간초의 실물생산능력을 초과할 때 그 초과액을 투자이익으로 측정한다. 화폐자본과 실물자본은 측정단위의 관점에서 명목화폐단위 또는 불변화폐단위로 측정될 수 있다.

115. 화폐자본 대 실물자본의 개념은 보유하고 있는 자산 및 부채에 대한 가격변동의 효과를 처리하는 데 있어 차이가 있다. 화폐자본 개념 하에서는 자산 및 부채에 대해 인식한 가격변동 효과를 보유손익으로 보아 투자이익에 포함시키게 된다. 반면, 실물자본개념 하에서는 이러한 가격변동효과를 유지해야 할 자본의 일부로 간주하여 자본의 조정항목으로 처리한다.

116. 명목화폐자본유지 개념은 회계실무에서 오랫동안 사용되고 있는 자본유지개념으로 현행의 회계기준도 이에 근거하고 있으며, 제4장에서 기술된 재무제표와 문단112에서 정의한 포괄이익에 관련된 측정은 모두 명목화폐자본유지개념에 근거한 것이다. 이러한 명목화폐자본유지개념은 자본시장에서 투자자와 채권자가 투자이익률을 산출하는 방식과도 관련이 있다. 따라서 본 개념체계에서 포괄이익은 소유주와의 자본거래를 제외하고 회계기간말의 명목화폐자본이 회계기간초의 명목화폐자본을 초과하는 금액으로 측정된다. 다만, 향후에 물가상승의 정도가 매우 커지는 경우 불변화폐단위를 사용한 측정이 고려될 수도 있다.

수 익

117. 수익이란 기업실체의 경영활동과 관련된 재화의 판매 또는 용역의 제공 등에 대한 대가로 발생하는 자산의 유입 또는 부채의 감소이다. 예를 들면, 재화 및 용역을 공급한 대가로서 현금이나 매출채권이 증가하게 된다. 또한 기업실체는 차입금을 상환하기 위하여 재화 및 용역을 채권자에게 공급할 수 있으며 그 결과로 부채가 감소된다.

118. 수익은 기업실체의 경영활동의 결과로서 발생하였거나 발생할 현금유입액을 나타내며, 경영활동의 종류와 당해 수익이 인식되는 방법에 따라 매출액, 이자수익, 배당금수익 및 임대수익 등과 같이 다양하게 구분될 수 있다.

119. 손익계산서의 정보유용성을 높이기 위해 포괄이익을 증가시키는 요소인 수익 중에서 차익을 분리하여 표시할 수도 있다. 여기서 차익('이익' 또는 '차익'이라는 용어가 동일한 의미로 사용되어 왔음)이란 기업실체의 주요 경영활동을 제외한 부수적인 거래나 사건으로서 소유주의 투자가 아닌 거래나 사건의 결과로 발생하는 순자산의 증가로 정의된다.

비 용

120. 비용이란 기업실체의 경영활동과 관련된 재화의 판매 또는 용역의 제공 등에 따라 발생하는 자산의 유출이나 사용 또는 부채의 증가이다. 예를 들면, 재화의 생산 및 판매 과정에서의 비용 발생은 재고자산의 유출, 유형자산의 사용 또는 미지급비용과 같은 부채의 증가로 나타난다.

121. 비용은 기업실체의 경영활동의 결과로서 발생하였거나 발생할 현금유출액을 나타내며, 경영활동의 종류와 당해 비용이 인식되는 방법에 따라 매출원가, 급여, 감가상각비, 이자비용, 임차비용 등과 같이 다양하게 구분될 수 있다.

122. 손익계산서의 정보유용성을 높이기 위해 포괄이익을 감소시키는 요소인 비용 중에서 차손을 분리하여 표시할 수도 있다. 여기서 차손('손실' 이라는 용어가 동일한 의미로 사용되어 왔음)이란 기업실체의 주요 경영활동을 제외한 부수적인 거래나 사건으로서 소유주에 대한 분배가 아닌 거래나 사건의 결과로 발생하는 순자산의 감소로 정의된다.

차익과 차손의 구분표시

123. 차익과 차손을 수익과 비용으로부터 분리하는가의 여부는 기업실체의 순자산에 아무런 영향을 주지 않지만, 차익과 차손을 구분하여 표시하게 되면 이익의 발생 원천에 대해 보다 유용한 정보를 제공할 수 있다는 판단에 따라 현재까지 회계실무에서는 차익과 차손을 손익계산서에서 구분하여 표시하고 있다. 일반적으로 차익과 차손은 그 발생한 금액이 미래에 유사한 크기로 다시 발생할 가능성, 즉 손익효과의 미래 지속성이 낮다. 따라서 차익과 차손을 수익과 비용으로부터 구분 표시하면 손익계산서는 정보이용자들이 당해 기업실체의 미래 이익 또는 미래 현금흐름을 예측하는 데 더 유용한 정보를 제공할 수 있다고 간주되어 왔다.

124. 차익과 차손은 일반적으로 그 발생원천에 따라 몇 가지 유형으로 구분된다. 차익과 차손의 일부 항목들은 그 거래에서의 유입액과 희생액을 비교한 순액으로 측정된다. 예를 들어, 유가증권처분차손익, 유형자산처분차손익 등이 그러한 유형에 속한다. 사채상환차손익과 같이 부채의 상환에서도 차익 또는 차손이 발생할 수 있다. 다른 유형의 차익과 차손으로는 보유 자산 및 부채에 대한 가격변동으로 발생하는 재고자산평가차손, 유가증권평가차손익, 외환차손익, 외화환산차손익 등이 있다. 또한 일부 차익과 차손 항목들은 당해 기업실체와 다른 실체간의 일방적 거래에서 발생하기도 하며, 예를 들어 자산수증이익, 채무면제이익, 기부금 등이 그러한 항목에 속한다. 또한, 재해손실과 같이 환경적 요인에 의해 차손이 발생할 수도 있다. 이와 같이 일방적 거래 또는 환경적 요인에 의해 발생하는 항목들은 그 명칭에 차익 또는 차손이 포함되어 있지 않으나, 기업실체의 순자산에 영향을 미친다는 점에서 여타 항목들과 비교하여 본질적으로 차이가 없다.

125. 차익과 차손을 수익과 비용으로부터 구분하는 경우 그 구분은 기업실체의 성격에 따라 달라질 수 있다. 즉, 어떤 기업실체에서는 차익 또는 차손으로 분류되지 않는 항목이 다른 기업실체에서는 차익이나 차손으로 분류될 수 있다. 예를 들면, 자동차 제조회사의 경우 차량판매는 주요 경영활동으로 매출과 매출원가로 기록되지만, 여타 제조회사의 경우에는 보유차량의 매각은 부수적인 활동에 속하므로 차익 또는 차손을 발생시키는 거래이다.

126. 개념적으로나 실무적으로 차익과 차손을 수익과 비용으로부터 구분하는 것은 명확하지 않은 문제이다. 이러한 이유 때문에 차익과 차손을 반드시 수익과 비용으로부터 구분하여야 하는가에 대한 논란이 있으며 국제적으로 이러한 구분을 폐지하려는 움직임이 있다.

☆ 현금흐름표의 기본요소

127. 기업실체의 현금흐름에 대한 정보를 제공하는 현금흐름표의 기본요소는 영업활동 현금흐름, 투자활동 현금흐름 및 재무활동 현금흐름이다.

영업활동 현금흐름

128. 영업활동 현금흐름은 사업활동의 지속, 차입금상환, 배당금지급 및 신규 투자 등에 필요한 현금을 외부로부터 조달하지 않고 제품의 생산과 판매 활동, 상품과 용역의 구매와 판매활동 및 관리활동 등 자체적인 영업활동으로부터 얼마나 창출하였는지에 대한 정보를 제공한다.

투자활동 현금흐름

129. 투자활동 현금흐름은 미래 영업현금흐름을 창출할 자원의 확보와 처분에 관련된 현금흐름에 대한 정보를 제공한다. 투자활동은 투자부동산, 비유동자산에 속하는 지분증권, 유형자산 및 무형자산의 취득과 처분활동 등을 포함한다.

재무활동 현금흐름

130. 재무활동 현금흐름은 주주, 채권자 등이 미래현금흐름에 대한 청구권을 예측하는 데 유용한 정보를 제공하며, 영업활동 및 투자활동의 결과 창출된 잉여현금흐름이 어떻게 배분되었는지를 나타내어 준다. 재무활동은 현금의 차입과 상환 및 금융비용 지급, 신주발행과 배당금의 지급, 재무자산의 취득과 처분, 재무자산의 보유수익에 따른 현금유입 등을 포함한다. 금융비용 지급은 일상적인 영업활동에 수반되어 빈번히 발생하는 경우도 있으므로 영업활동으로 분류하기도 하나 기금의 차입 등 기업의 재무활동과 더 직접적인 관련이 있다고 볼 수 있다.

☑ K-IFRS 재무제표를 구성하는 요소의 정의, 인식 및 측정의 요약

(1) 요소의 정의

재무상태의 측정과 직접 관련된 요소는 자산, 부채 및 자본이며, 성과의 측정과 직접 관련된 요소는 수익과 비용이다.

㈎ 자산은 과거 사건의 결과로 기업이 통제하고 있고 미래경제적효익이 유입될 것으로 기대되는 자원이다. 자산이 갖는 미래경제적효익이란 직접으로 또는 간접으로 특정 기업의 미래 현금 및 현금성자산의 유입에 기여하게 될 잠재력을 말한다.

(나) 부채는 과거 사건에 의하여 발생하였으며 경제적효익을 갖는 자원이 기업으로부터 유출됨으로써 이행될 것으로 기대되는 현재의무이다. 현재의무와 미래의 약속은 구별되어야 한다. 미래에 특정 자산을 취득하겠다는 경영자의 의사결정 그 자체만으로는 현재의무가 발생하지 아니한다.

(다) 자본은 기업의 자산에서 모든 부채를 차감한 후의 잔여지분이다. 자본총액은 그 기업이 발행한 주식의 시가총액 또는 순자산을 나누어서 처분하거나 기업 전체로 처분할 때 받을 수 있는 대가와 일치하지 않는 것이 일반적이다.

(라) 수익은 자산의 유입이나 증가 또는 부채의 감소에 따라 자본의 증가를 초래하는 특정 회계기간 동안에 발생한 경제적효익의 증가로서, 지분참여자에 의한 출연과 관련된 것은 제외한다.

(마) 비용은 자산의 유출이나 소멸 또는 부채의 증가에 따라 자본의 감소를 초래하는 특정 회계기간 동안에 발생한 경제적효익의 감소로서, 지분참여자에 대한 분배와 관련된 것은 제외한다.

(2) 요소의 인식

재무제표 요소의 정의에 부합하는 항목이 다음 기준을 모두 충족한다면 재무제표에 인식되어야 한다.

(가) 그 항목과 관련된 미래경제적효익이 기업에 유입되거나 기업으로부터 유출될 가능성이 높다.

(나) 그 항목의 원가 또는 가치를 신뢰성 있게 측정할 수 있다.

(3) 요소의 측정

측정은 재무상태표와 포괄손익계산서에 인식되고 평가되어야 할 재무제표 요소의 화폐금액을 결정하는 과정이다. 측정기준의 예는 다음과 같다.

(가) 역사적 원가

(나) 현행원가

(다) 실현가능(이행)가치

(라) 현재가치

제 10 장 회계정보의 질적 특성

제1절 의의

회계정보의 기준(accounting information criteria)은 회계의 목적에서 규정한 회계정보의 유용성(usefulness)을 확보하기 위해 지켜야져야 할 지침을 말한다. 이러한 지침에는 정보의 내용측면(측정: measuring)과 공시측면(보고: reporting)에 관한 것이 있다. 내용측면의 회계정보기준은 회계정보가 갖추어야할 속성(attributes of accounting information)에 관한 지침이며 공시측면의 정보기준은 재무제표의 과목과 금액이 갖는 정보의 질을 높이기 위한 지침이다. 따라서 회계정보기준은 회계정보의 질적 특성((qualitative characteristics of accounting information)또는 기준이라고도 한다. 이러한 회계정보의 기준은 다음과 같은 성격을 갖고 있다.

① 회계정보가 정보이용자(information user)의 의사결정(decision-making)에 유용할 수 있도록 정보이용자(user)의 욕구(needs)를 반영하는 기본적 지침이다.

② 회계정보가 유용(useful)하기 위해 지녀할 속성, 자질, 성격을 그 내용으로 하고 있다.

③ 회계정보기준은 회계정보의 측정, 평가, 공시하는 지침이다.

④ 회계정보가 갖추어야 할 질적 특성, 속성, 제약기준이다

⑤ 회계정보는 회계공준, 목적을 토대로 재무제표를 작성하고, 이것을 이해하는데 판단의 기준이 되는 일반적인 원칙이나 지침이다.

이러한 회계정보의 기준은 ASOBAT에서는 회계기준(accounting standards)이라 하고 AICPA 회계목적연구단은 질적 특성(qualitative characteristics)으로 부르고 있다. 또 SFAC No.2에서는 회계정보의 질적 특성 또는

회계의 질적 속성(accounting qualities)이라 부르고 있다. 스나벨리(Snavely)[1]는 이를 회계정보기준(accounting information criteria)이라 하면서 계층화하여 설명하고 있다. 먼저 미국회계학회, 미국고인회계사회 및 스나베리의 회계정보의 기준들을 비교해 보면 다음과 같다.

〈표 3-2〉 주요 회계정보기준 비교

미국회계학회	미국공인회계사회	Howard J. Snavely
1. relevance 2. verifiability 3. freedom from bias 4. quantifiability	1. relevence 2. understandability 3. verifiability 4. neutrality 5. timeliness 6. comparability 7. completeness	제1계층:usefulness 제2계층: 1. relevance 2. reliability 3. understandability 4. significance 5. sufficiency 6. practicality 제3계층: verifiability, comparability, timeliness 등
[ASOBAT, 1966]	[APB Statement No.4, 1970]	[Accounting Information Criteria, 1967]

이 비교에서 회계의 정보기준으로 공통성을 갖는 것은 목적적합성(relevance)과 검증가능성(verifiability)이다. 검증가능성은 신뢰성(reliability)을 확보하기 위한 기본적 기준이기 때문에 회계의 목적을 달성하기 즉, 유용성(usefullness)을 확보하기 위한 기본적 정보기준으로 목적적합성와 신뢰성(검증가능성 포함)으로 삼고 있다. 우리나라도 마찬가지이다.

제2절 미국회계학회의 회계기준

미국 회계학회의 ASOBAT에서는 표에 표시된 바와 같이 질적 특성으로 목적적합성, 검증가능성, 불편성, 양적 표현가능성의 4가지를 들고 있다. 이들 기준은 회계정보를 평가하는데 시금석이 되는 것이다. 즉,

1) relevance(목적적합성), verifiability(검증가능성), neutrality(중립성), timeliness(적시성), comparability(비교가능성), completeness(완전성), reliability(신뢰성), significance(중요성), sufficiency(충분성), practicality(실용성),

어떤 자료가 회계정보에 포함되고 또는 배제될 것인가를 결정하는 기준이라고 할 수 있다.

첫째 회계정보의 관점에서 회계방법의 타당성을 평가하는 기준이 되고, 둘째 특정용도에 관련하여 회계정보가 요구될 경우 준거기준이 된다고 하였다. 한편, ASOBAT의 질적 특성에는 유용성이 없는데, 유용성을 이들 네 질적 특성보다 상위개념으로 보아 회계목적에 포함시키고 있다. 또 유용성은 목적적합성과 유사개념이므로 목적적합성에 포함되기 때문에 별도로 열거하지 않았다

ASOBAT의 질적 특성은 4개 뿐으로 수가 적고 제한적이었다. 따라서 그 후 발표된 APB Statement No.4와 스나벨리의 질적 특성은 수가 늘었고, 여러 측면에서 거론될 수 있는 질적 특성이 추가되었다. 특히 스나벨리는 질적 특성을 계층적 구조(hierarchial structure)로 표시하여 제1계층, 제2계층, 제3계층으로 나누어 배열하였다. 그에 의하면 유용성이 가장 중요하고 가장 중심이 되는 기준이다.

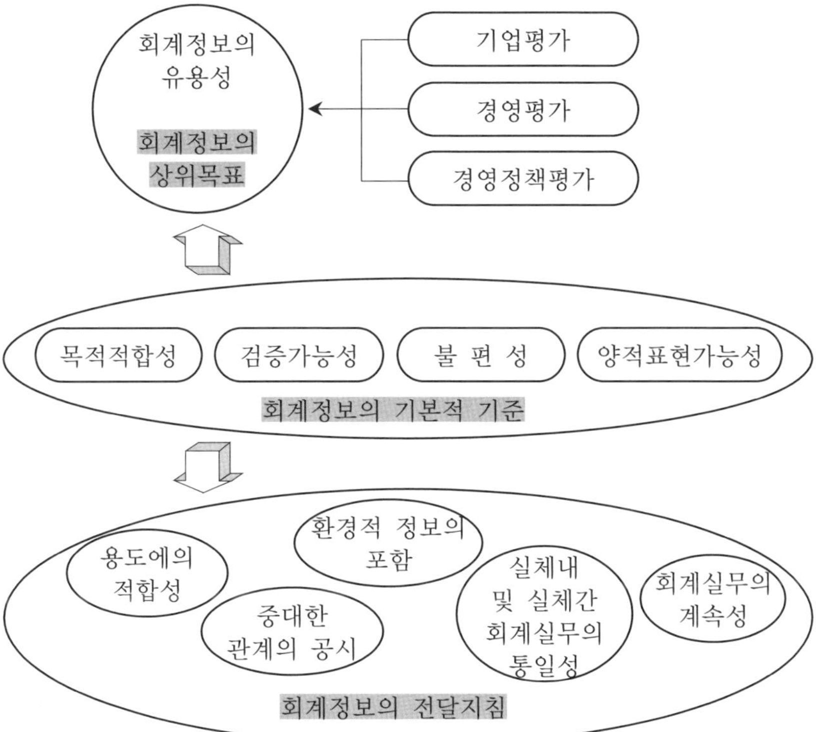

[그림 3-2] ASOBAT의 회계정보 기준체계

1. 회계정보의 기본적 기준

미국회계학회는 ASOBAT에서 정보의 질적특성이란 이름으로 회계정보가 갖추어야 할 기본적 속성으로 목적적합성, 검증가능성, 불편성, 양적표현가능성을 규정하고 있다.

1) 목적적합성

목적적합성(relevance)은 회계정보의 유용성을 확보하기 위한 기본적인 기준으로써 정보 이용자가 정보를 활용하려고 의도하는 행동 또는 바람직한 결과를 도출해내는데 관련된 것으로 그것과 유효한 관계를 가져야 한다는 요청이다. 이 기준을 적용하는데 있어서 가장 중요한 점은 잠재적 정보이용자의 요구를 알고 있거나 상정할 수 있어야 한다는 것이다. (Relevance is the primary standard and requires that the information must bear upon or be usefully associated with actions it is designed to facilitate or results desired to be produced. Known or assumed informational needs of potential user are of paramount importance in applying this standard.)

2) 검증가능성

검증가능성(verifiability)은 두 명 이상의 자격있는 회계인이 동일한 자료를 검토하여 본질적으로 유사한 측정치 또는 결론에 도달할 수 있어야 한다는 요청이다. 이것이 중요한 이유는 원자료에 접근할 수 없는 일반인이 회계정보를 이용하기 때문이다. 자료에의 접근이 곤란하면 할수록 검증가능성에 대한 요구 정도가 커진다. 또한 회계정보의 이용자가 서로 상반되는 이해관계를 갖는 경우에도 검증가능성이 역시 중요하다. (Verifiability requires that essentially similar measure or conclusions would be reached if two or more qualified persons examined the same data. It is important because accounting information is commonly used by persons who have limited access to the data. The less the proximity to the data, the greater the desirable degree of verifiability becomes. Verifiability is also important because users of accounting information sometimes have opposing interest.)

3) 불편성

불편성(freedom from bias)은 사실을 편파적으로 결정하여 보고해서는 안 된다고 하는 요청이다. 이것은 또한 자료를 처리하는 기법은 편향이 없는 것이어야 한다는 것을 의미한다. 편향된 정보는 내부적으로는 아주 유용하고 또 허용할 수 있더라도 외부보고에는 거의 용납될 수 없다. (Freedom from bias means that facts have been impartially determined and reported. It also menas that techniques used in developing data should be free of built-in bias. Biased information may be quite useful and tolerable internally it is rarely acceptable for external reporting.)

4) 양적표현가능성

양적표현가능성(quantifiability)은 보고하는 정보에 수치를 할당하는 것에 관련되어 있다. 화폐는 회계인이 사용하는 가장 일반적인 수량적 척도이지만 유일한 것은 아니다. 만일 회계담당자가 다른 제 기준에 의하여 비 수량적 정보를 제공한 때에는 그 정보의 측정가능성을 암시하여서는 안 된다. 이와 반대로 어떤 주의를 하지 않고 수량적 정보가 보고된 경우에는 회계인이 그 측정가능성에 대하여 책임을 져야 한다. (Quantifiability relates to the assignment of numbers to the information being reported. Money is the most common but not the only quantitative measure used by accountants. When accountants present non-quantitative information in compliance with the order standards, they should not imply its measurability. Conversely, when quantitative information is reported without a caveat the accountant must assume responsibility for its measurability.)

2. 회계정보의 전달지침

이상과 같은 AAA의 회계정보의 기본적 기준은 회계정보의 유용성을 확보하기 위해 당연히 필요한 기준으로 다음과 같은 회계정보의 전달 지침을 권고하고 있다.

① 예상되는 용도에의 적합성 (appropriateness to expected use)
② 중대한 관계의 공시 (disclosure of significant relationship)
③ 환경적 정보의 포함 (inclusion of environmental information)
④ 실체들 내부 및 실체간의 실무 통일성 (uniformity of practice within and among entities)
⑤ 기간간 실무의 계속성 (consistency of practices through time)

이상과 같은 회계정보의 질적 특성에서 목적적합성(Relevance)이란 회계정보가 기업을 평가하는데(evaluating a firm), 경영을 평가하는데(evaluating management), 경영정책을 평가하는데(evaluating management's policies) 관련되어 의도된(기대된) 행동이나 결과에 관련성이 깊어야 한다는 요청이라고 할 수 있다. 그리고 신뢰성(Reliability)은 회계정보가 신뢰성을 갖기 위해서는 검증가능(verifiable)[2]하고, 불편성(free from bias)을 갖지 않으면 안 된고, 표현의 충실성을 겸비해야 한다는 요청이다.

또, 회계정보가 이해 가능한 것(이해가능성: understandability)이 되기 위해서는 양적표현가능성(quantifiability), 이용자가 사용하는 회계의 제 개념과의 수미일관성(consistency with user concepts)[3], 비교가능성(comparability)[4]. 단순성(simplicity)[5]을 가져야 한다는 것이다. 그리고 회계정보를 제공할 때에 그 정보가 중요하다고 판단되는 경우에 보고하고 그렇지 못한 경우에는 제외해야 한다는 것이다

이러한 중요성(significance, materiality)은 현실적으로 판단할 명확한 근거가 없는 것이 사실이다. 단지 선언적의미를 가지고 있을 뿐이다. 이론적으로는 어떤 정보가 의사결정 시스템에서 고려되어짐으로써 선택 안이 바뀔 때 그 정보는 중요하고, 그 정보가 고려되지 전과 비교하여 선택 안이 바뀌지 않으면 중요하지 않다고 한다. 이러한 중요성은 양적인 것과 질적인 것으로 나누어 볼 수 있다.

---

2) 적절한 증거(adequate evidence)란 객관적으로 검증 가능한 증빙을 말한다.
3) 제 개념이란 순이익, 수익, 비용, 재무상태, 자산, 부채, 출자자지분, 가치 등 8가지를 말한다.
4) 비교가능성의 확보를 위해서는 통일성과 계속성이 지켜져야 한다.
 i) 통일성의 원칙 : 기업들 사이의 회계절차나 처리방법의 통일
 ii) 계속성의 원칙 : 동일기업에 있어서 기간간의 회계절차, 처리방법의 계속적인 적용
5) 단순성이란 재무제표상의 계정과목이나 수치가 이용자가 이해할 수 있도록 애매하거나 모호하지 않는 범위 내에서 간결해야 한다는 것이다.

① 양적중요성(quantitative materiality)은 어떤 항목의 금액 크기가 중요함을 의미한다. 예컨대, 어떤 항목의 금액이 총자산의 2/100 이상이 중요하다고 판단되면 구분하여 별도로 공시해야 하는 것이다.

② 질적중요성(qualitative materiality)은 어떤 항목의 존재자체가 의사결정에 큰 영향을 미치는 것으로 임원 및 주주와의 내부거래, 관계회사와의 내부거래, 재무제표에 중대한 영향을 미치는 사항 등이 그 예이다.

한편 회계정보가 유용하기 위해서는 의사결정에 필요한 충분한 정보(충분성: suficiency)를 제공하기 위해 완전(full-disclosure)하게 공시해야 된다는 요청을 하고 있다. 이렇게 충분한 정보를 제공하기 위해 주석(footnote), 주기(parenthotical comment), 부속명세서(schedules), 보충명세서(supplementary statement), 중간보고서(interim report), 감사보고서(auditor's report) 등이 필요하다. 경우에 따라 full-disclosure(완전공개, 완전공시), fair disclosure(공정공시), adequate disclosure(적정공시)라는 개념과 동일시하기도 한다. 예컨대, 의문이 가는 환경(circumtances)이나 적용된 회계처리방법 (accounting method used)등을 주석으로 표시해주어야 하는 것도 이러한 완전공시의 요청 때문이다.

마지막으로 어떤 항목의 회계정보를 제공해야 하느냐의 여부는 그 정보의 실질적 이용가치에 따라 판단해야 한다는 요청으로 실용성(practicality)을 들고 있다. 어떤 특정 항목의 정보가 실용성이 있기 위해서는 ① 정보의 경제성(benefit>costs)과 ② 적시성(timeless)이 있어야 한다는 것이다.

제3절 FASB의 SFAC NO.2의 회계정보기준

재무회계심의위원회의 재무회계개념보고서 No.2의 회계정보기준은 의사결정에의 유용성(decision-usefulness)의 확보를 위해 유용성(usefulness)을 확보하기 위한 전제조건으로서 ①의사결정자와 그들의 특성 즉, 이해의 정도나 사전지식 ② benefit>costs(경제성), ③ 이해가능성(understandability)을 들고 있다.

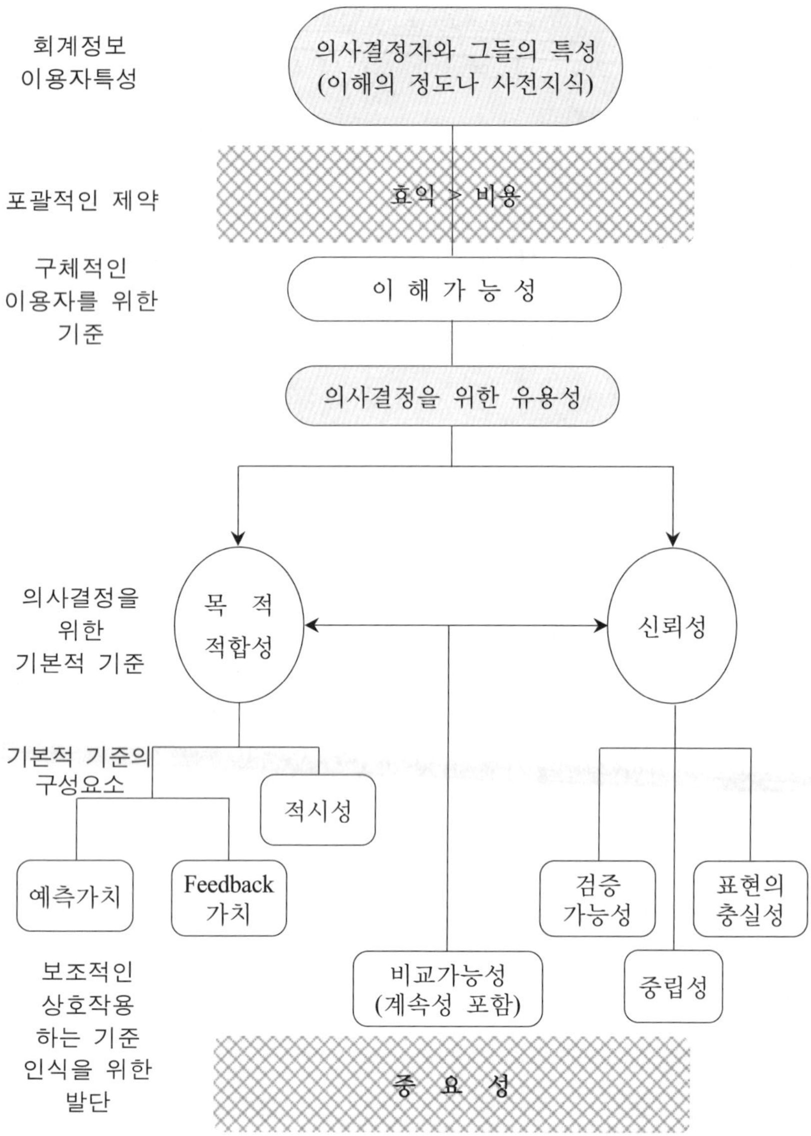

[그림 3-3] 회계정보기준의 계층

그리고 유용성을 확보하기 위해서 기본적인 기준으로 목적적합성(relevance)과 신뢰성(reliability)을 제시하고 기본적 기준의 구성요소 및 2차적이고 상호작용적 기준을 제시하고 있다. 그리고 실무적 차원에서 회계정보가 유용하기 위해서는 그 항목이 중요성을 가져야만 회계정보로 인식해애 한다는 의미에서 중요성(materiality)을 인식의 출발점(문지

방)으로 보고 있다

또 회계정보가 이용자의 용도에 목적적합(relevance)하기 위해서는 의사결정을 하는 시기에 늦지 않게(적시성: timeless)제공되어야 하며 그 정보가 현재 및 미래에 나타날 결과를 예측할 수 있는 예측가치(predictive value)와 과거에 예측한 바 혹은 기대한 바를 확인(confirm)하거나 수정(correct)할 수 있는 피드백(feedback)가치를 가져야 한다는 것이다.

여기서 피드백가치(feedback value)와 예측가치(predictive value)란 의사결정자는 미래에 대해 과거의 지식에 의해 과거행동을 수정하거나, 예측할 수 있는 능력을 회계정보에 의해 갖춤으로써 의사결정을 향상시킬 수 있다. 과거에 대한 지식이 없이는 미래에 대한 예측이 잘못 이루어질 수 있다. 즉 이것은 미래에 대한 불확실성을 줄임으로써 정보는 의사결정에 목적적합한 것이 될 수 있는 것이다. 정보의 예측가치는 회계에서 특히 이익예측, 경영성과에 대한 예측, 재무상태에 대한 예측에 대한 것이다. 정보이용자는 단순한 예측모형을 가질 수도 있으나 수학적으로 복잡하게 예측모형이 표현될 수도 있다. 기업의 파산에 대한 재무모형은 도산기업들의 과거 재무기록의 역사를 뒤져보아 정립될 수도 있다.

그리고 회계정보가 신뢰성(reliability)을 갖추기 위해서는 무엇보다 검증가능(검증가능성: verifiability)해야 하고 회계상의 측정치 또는 설명이 표현하고자 하는 경제적 현상(economic phenomena)과 일치하거나 대응(표현의 충실성: representational faithfulness)될 수 있어야 하며, 어느 한쪽의 이해관계자를 중시하여 편중된 정보를 제공하지 않아야 한다(중립성: neutrality)는 것이다.

표현충실성(representational faithfulness)이란 표현하고자 하는 현상과 측정치 사이의 조응(correspondence) 또는 일치(agreement)에 관한 속성이다. 회계에서 표현하고자 하는 현상은 경제적 자원과 의무, 이들의 변동인 거래·사상이 된다. 즉, 경제적 현상을 회계에서 얼마나 충실하게 표현할 수 있는가의 정도가 표현충실성이다.

제4절 회계정보기준의 요약

이상에서 설명한 회계정보의 기준은 다음과 같은 특성을 갖고 있다.

첫째, 회계정보의 기준은 유용성(usefulness)에 입각한 개념이다.

여러 가지의 질적 특성 중에서 가장 으뜸이 되는 것이라고 할 수 있다. 이것은 회계정보가 근본적으로 정보이용자들이 정보를 유용하게 이용하는 것으로부터 가치를 찾는다는 점에서 가장 중요한 기준이 되는 것이다. 유용성이 중요한 질적 특성으로서 다른 질적 특성보다 우위에 있다고 하는 것은 ASOBAT, 스나벨리(Snavely), SFAC No.2에 의해서도 확인되고 있다. 즉, ASOBAT에서는 유용성의 전제하에 목적적합성, 검증가능성, 불편성, 양적 표현가능성의 네 특성을 열거하고 있다. 스나벨리와 SFAC No.2에서는 질적 특성을 계층적으로 배열하면서 유용성을 맨위에 두어, 유용성이 최고의 기준임을 표시하고 있다.

둘째, 회계정보의 기준은 회계정보의 측정(measuring)과 보고(reporting)에 관련된 것이다. 원칙적으로 회계정보는 측정가능한 것만이 측정대상이 되어야 하지만 반드시 그런 것은 아니다. 오늘날 회계정보는 적절한 측정기준·측정수단·측정방법이 없다고 하여 측정을 회피할 수 없다. 회계정보를 측정할 수 없다는 것은 미래에 대한 불확실성보다는 측정방법이나 측정기술이 개발되지 않아 나타날 수도 있다. 회계정보의 기준 중에서 신뢰성·객관성·검증가능성·불편성 등은 측정에 관련된 것이다.

일단 측정된 회계정보를 어떻게 보고하는가에 대해서도 회계정보의 기준은 중요하다. 수많은 회계적 사건을 요약해서 회계정보를 만들게 되는데, 어떻게 회계정보로 보고하는가가 중요하다. 중요한 회계정보를 누락시킨다든가 회계정보를 잘못 요약할 경우 정보이용자의 의사결정에 나쁜 영향을 미칠 수도 있다. 회계정보의 기준은 중에서 신뢰성·비교가능성·중요성·충분성·표현충실성 등은 보고에 관련된 것이다.

셋째, 회계정보의 기준은 「회계의 개념적 틀」에서 회계목적이나 회계공준보다 아래에 위치하지만 회계기준보다는 위에 위치한다. 회계정보의 기준은 회계목적과 회계공준에 의거하여 도출되는 것이다. 회계목적이 정보이용자의 경제적 의사결정에 유용한 정보를 제공하는 것이라면, 회계정보의 기준은 이러한 회계목적에 따라 회계정보가 가져야 할 질적 특성이 어떤 것이 되어야 할 것인가를 결정하는 시금석이다.

회계정보의 기준은 제도 회계의 회계기준보다 상위에 위치하고 있다는 것은 회계기준이 회계정보기준을 고려하여 정립되어야 한다는 것을 뜻한다. 회계기준의 정립에 있어서 회계정보의 기준을 무시하면 정보이용자의 의사결정에 바람직하지 못한 회계기준이 만들어질 수 있고, 회계실무도 그에 따라 잘못 이루어질 수 있는 것이다.

넷째. 회계정보의 기준은 회계정보를 평가하는 기준이 될 수도 있다. ASOBAT에 의하면 회계정보기준(질적 특성)의 목적은 선택된 회계방법의 타당성·적정성을 검토하는 기초 또는 출발점이며, 특정용도에 사용될 정보가 그 용도에 맞는가를 확인하는 준거기준이 된다는 것이다.

이로써 회계정보의 기준은 정보로서의 가치를 갖고 있는가를 평가하는 기준이 되며, 정보로서의 가치가 없다면 회계정보에서 제외하고 반대로 가치가 있는 것이라면 회계정보에 포함하여야 할 것이다.

K-IFRS 재무보고를 위한 개념체계

☆ 유용한 재무정보의 질적 특성

유용한 재무정보의 근본적 질적 특성은 목적적합성과 충실한 표현이다.

(1) **목적적합성**. 목적적합한 재무정보는 정보이용자의 의사결정에 차이가 나도록 할 수 있다. 재무정보에 예측가치, 확인가치 또는 이 둘 모두가 있다면 의사결정에 차이가 나도록 할 수 있다.

(2) **충실한 표현**. 재무정보가 유용하기 위해서는 나타내고자 하는 현상을 충실하게 표현하여야 한다. 완벽하게 충실한 표현을 하기 위해서 서술은 완전하고, 중립적이며, 오류가 없어야 할 것이다.

비교가능성, 검증가능성, 적시성 및 이해가능성은 목적적합하고 충실하게 표현된 정보의 유용성을 보강시키는 질적 특성이다.

(1) **비교가능성**. 정보이용자가 항목 간의 유사점과 차이점을 식별하고 이해할 수 있게 하는 질적 특성이다.

(2) **검증가능성**. 합리적인 판단력이 있고 독립적인 서로 다른 관찰자가 어떤 서술이 충실한 표현이라는 데 대체로 의견이 일치할 수 있다는 것을 의미한다.

(3) **적시성**. 의사결정에 영향을 미칠 수 있도록 의사결정자가 정보를 제때에 이용가능하게 하는 것을 의미한다.
(4) **이해가능성**. 정보를 명확하고 간결하게 분류하고, 특징지으며, 표시하면 이해가능하게 된다.

제 11 장
한국의 회계기준

제1절 회계기준의 발달과정

1. 기업회계준칙의 생성: 기업회계원칙과 재무제표규칙

한국에서 학문적으로 보면 최초의 회계기준(accounting standard)이라 볼 수 있는 것은 1957년 재무부장관의 고문기관인 기업회계준칙제정분과위원회 기초소위원회가 직접 만든 기업회계준칙 초안(draft)이다. 이러한 기업회계준칙 초안은 거업회계를 처리함에 있어서 지켜야할 기본적인 제기준이고 어디까지나 회계학의 학문적 분야이기 때문에 재무부의 이름으로 공표하지 못했다1). 이렇게 정부에서 공표한 것이 아니기 때문에 처음에는 기업회계준칙이라고 하였다가 뒤에는 기업회계원칙이라고 부르게 되었다.

이러한 기업회계원칙을 모체로 하여 1958년 7월 2일 재무부고시의 형식으로 재무제표규칙이라는 약간의 구속력이 있는 것이 최초로 발표되어 1959년 1월 1일부터 시행하게 되었다. 그러나 당시의 상법이나 증권거래법에는 아직 외부감사제도가 규정되어 있지 못했다. 따라서 재무제표규칙은 법적 강제력보다는 행정조치에 해당된다고 볼 수 있다.

그 후 1963년 1월 1일부터 상법이 개정 시행되고 부칙 제5조에 의거한 주식회사의 계산서류 등에 관한 건이 대통령령으로 공포되어 1964년 1월 1일부터 시행됨에 따라 재무제표규칙의 일부를 개정하여 1964년 6월 1일부터 시행하게 되었다. 그리고 1968년 세제개혁으로 법인세법 제26조의 규정에 의하여 법인은 법인세과세표준신고서를 제출할 경우 재무제표규칙을 준용하여 작성된 재무상태표와 손익계산서를 반드시 첨부하도록 하였다.

2. 자본시장육성에 따른 개정: 상장법인 등의 회계처리에 관한 규정과 규칙

한편으로 1973년 초부터 자본시장육성을 위하여 증권거래법 및 자본시장육성법을 일부 개정하고 기업공개촉진법을 제정함에 따라 증권거래소에 제출하는 유가증권신고서에 첨부하는 재무제표는 반드시 공인회계사의 회계감사보고서를 첨부하도록 확대 규정하였다.

개정된 증권거래법의 규정에 따라 1973년 10월 초에 증권심의위원회가 구성되고 그 위원회내에 기업회계분과위원회가 구성되었다. 이 기업회계분과위원회에서 과거에 만들어진 기업회계원칙을 '상장법인 등의 회계처리에 관한 규정'이라는 개칭하여 대통령령으로 공표하고 재무제표규칙은 '상장법인 등의 회계처리에 관한 규칙'이라고 하여 재무부령으로 공표하였다.

1976년 12월 26일 증권거래법이 개정됨에 따라 상장법인 등의 회계처리에 관한 규정이 일부 개정되었고, 그 후에도 1980년 11월 11일 및 1981년 4월 40일에 외화자산 및 외화부채의 평가방법 등이 일부 개정되어 시행되었다.

3. 주식회사의 외부감사의 강화에 따른 개정: 기업회계기준

1981년 12월 23일자로 주식회사의 외부감사에 관한 법률 제 13조와 동 법률시행령 제 6조의 규정에 의하여 증권감독위원회가 '기업회계기준'을 제정하여 재무부장관의 승인을 얻어 시행토록 공포하였다. 이 '기업회계기준은 종전의 상장법인 등의 회계처리에 관한 규정과 상장법인 등의 회계처리에 관한 규칙을 통합한 것이다. 이 '기업회계기준은 1984년 9월 1일 및 1985년 12월 27일에 일부 개정되었고 1990년 3월 29일에 일부 신설조항이 첨가되어 개정된 바 있다.

4. 자본시장의 해외개방에 따른 개정: 재무회계개념체계와 기업회계기준서

1993년 3월과 1996년 12월 26일에는 자본시장의 개방을 대비하여 대폭적인 기업회계준의 개정이 있었다. 그리고 1997년 12월 이후 IMF 경제위기로 대변되는 금융 및 외환위기를 계기로 회계정보와 회계기준의 투명성에 대한 국제사회의 요구를 재인식하게 됨에 따라 1999년 9월 정부로부터 기업회계기준의 제정권을 위탁받은 민간기구인 한국회계연구원이 탄생되었다. 사단법인 한국회계연구원(Korea Accounting Institute : KAI)은 「주식회사의 외부감사에 관한 법률」 제13조와 동법 시행령 제7조의2의 규정에 따라 2000년 7월 27일부터 기업회계기준의 제정, 개정, 해석과 질의회신 업무를 금융감독위원회로 부터 위탁받았다. 한국회계연구원은 정관의 규정에 따라 회계기준위원회(Korea Accounting Standards Board: KASB)를 설치하고, 동 위원회의 심의·의결을 통하여 상기 업무를 수행하고 있다. 회계기준위원회는 회계정보의 유용성과 기업회계기준의 국제적 정합성을 높이기 위하여 새로운 기업회계기준을 제정하거나 기존의 기업회계기준을 개정하여 「기업회계기준서」를 공표하고 있다. 앞으로 기업회계기준서는 현행 기업회계기준, 준칙 및 기업회계기준 등에 관한 해석의 관련 조항을 대체하며 기업회계기준의 근간을 이루게 된다. 지금까지 이 위원회에서는 미국과 유사하게 재무회계개념체계와 기업회계기준 및 기업회계기준서 No.1-17 및 No.101-102를 발표하였다.

특히 한국은 IMF 위기를 맞아 기업회계기준을 국제적 회계수준으로 개선하여 기업의 경영성과와 기업내용이 정확히 재무제표에 반영되도록 함으로써, 기업경영의 투명성(透明性)을 높이고 재무정보에 대한 국내외의 신뢰성을 제고할 목적으로 1998년 12월 11일에 개정한바 있다. 그 개정의 주요 내용은 다음과 같다.

① 과거의 기준에서 재무상태표에 환율조정대 또는 환율조정차로 계상했던 모든 화폐성외화자산과 부채에서 발생하는 외화환산손익을 당기손익에 반영토록 하였다.

② 채권과 채무의 현재가치 평가를 확대하였다. 장기금전대차거래 등

에서 발생하는 채권과채무의 평가와 법정관리, 화의 등의 사유로 이자율, 상환기간 등이 재조정되는 경우, 관련채권·채무에 대하여 현재가치로 평가하도록 의무화하고 명목가치와 현재가치의 차이를 당기손익으로 처리하도록 하였다(제66조 및 제67조).

③ 투자주식의 지분법 평가를 의무화하였다. 투자지분율이 20%이상인 경우, 중대한 영향력을 행사할 수 있는 것으로 추정하여 동 투자주식에 대하여 지분법을 적용하여 평가토록 의무화하고 그 차액을 당기손익에 반영토록 하였다(제59조).

④ 자산평가 기준을 적정화하였다.

첫째, 금융비용의 자본화 대상을 재고자산, 유형자산 이외에 투자자산 및 무형자산까지 포함하여 금융비용을 자산으로 계상하여 관련 수익이 발생하는 기산에 걸쳐 비용으로 인식할 수 있도록 허용하였다(제55조).

둘째, 자산의 가치가 크게 하락하여 회복이 어려운 경우에는 동 자산의 가치하락부분을 감액손실로 처리하여 당기손익에 반영토록 하여 자산의 경제적 실질가치를 반영토록 하였다(제55조).

셋째, 현물출자로 취득한 자산은 공정가치 또는 주식의 발행가액으로 선택적으로 평가토록 하던 것을 자산의 실질가치인 공정가액으로 평가하도록 단일화하였다(제55조).

넷째, 유가증권 중 채권은 과거에 원가법 또는 시가법을 선택적으로 적용할 수 있었으나 이를 공정가액으로 평가하도록 통일하였다(제56조).

다섯째, 투자유가증권 중 채권은 과거에 원가법을 적용하였으나 만기보유채권은 원가법, 장기투지채권은 공정가액으로 평가하도록 구분하여 투자채권의 보유목적에 따라 채권의 가치변동을 재무제표에 적정하게 반영토록 하였다(제60조).

여섯째, 파생상품거래를 공정가액으로 평가하여 자산 또는 부채로 계상하고 헷지요건을 충족하는 경우에는 관련손익과 대응하도록 함으로써 주석으로 부외자산처리되던 파생상품거래에서 발생된 손익을 재무제표에 직접 반영토록 하였다(제70조).

⑤ 손익인식기준을 보완하였다. 단기용역매출이나 단기예약매출의 수

익인식기준을 인도기준에서 진행기준으로 변경함으로써 당기손익 상황을 정확히 표시할 수 있도록 하였으며(제37조) 영업외손실(이익)에 반영하던 매출할인(매입할인)을 매출액(매입액)에서 차감하여 실질매출(매입)액을 표시하도록 하였고(제38조 및 제39조) 우발상황 및 재무상태표일 이후에 발생한 사건에 대해 재무제표 및 주석으로 표시하도록 명문화하였다(제74조 및 제75조).

⑥ 재무재표에 자산 및 부채를 적정하게 표시하도록 개정하였다. 과거에 매출채권의 양도액을 일률적으로 매각거래로 처리해왔으나 현행기준에서는 거래조건 등 실질을 고려하여 매각거래 또는 차입거래로 처리할 수 있도록 함으로써 부채가 적정하게 표시될 수 있도록 하였다(제14조). 또 연구비 등 자산성이 없는 이연자산을 삭제하고 창업비, 개발비 등도 2002년부터 당기비용으로 계상토록 하였다. 그리고 사채발행비 및 주식발행비는 관련 사채 또는 주식의 발행가액에서 차감토록 하였다(제20조, 제28조 및 제31조). 한편, 회계변경 및 오류수정의 회계처리방법의 경우에 회계변경의 누적효과 및 전기오류수정손익을 잉여금에서 조정함으로써 당기순이익이 당해 연도의 영업성과만을 반영토록 하였다(제73조 및 제79조).

⑦ 재무제표 주석의 공시를 강화하였다. 특수관계자의 범위를 지배-종속 관계에 있는 회사, 지분법 평가 대상이 되는 피투자회사 등으로 명확히 하고(제9조) 사업부문별 및 중던된 사업부문에 관한 정보를 주석으로 공시하도록 하는 등의 공시내용을 강화하였으며(제87조) 차별적 공시개념을 도입하여 중소기업에 대한 주당순이익을 배제하여 중소기업의 재무제표 작성을 용이하게 하였다.

제2절 K-IFRS 재무보고를 위한 개념체계와 기업회계기준서

1. 재무보고를 위한 개념체계

재무회계개념체계는 직접적으로 회계정책과 절차를 결정하는 회계기준은 아니지만 보다 근본적인 재무회계와 보고의 개념을 제시하는 것이다. 따라서 재무회계개념체계에서 재무보고의 기초개념을 정립하게 되면 재무정보의 유용성 및 신뢰성 제고에 도움을 주기 위한 것이다. 이 재무회계개념체계는 국제회계기준위원회의 개념체계를 바탕으로 하고 한국의 재무보고환경을 고려하였다(한국회계연구원 회계기준위원회, 2011, K=IFRS 재무보고개념체계 <부록>)고 한다.

이러한 K=IFRS 재무보고개념체계는 다음 <표 3-3>과 같은 내용을 담고 있다.

〈표 3-3〉 K=IFRS 재무보고개념체계

서론
목적과 위상
적용범위
내용
제1장 일반목적재무보고목적
제2장 보고기업
제3장 유용한 재무정보의 질적 특성
제4장 재무제표의작성과 표시를 위한 개념체계

2. 기업회계기준서

한국의 기업회계기준서는 기업회계기준을 해석하여 실무적으로 적용하는데 필요한 사항을 설명하고 있다. 이러한 기업회계기준서는 2013년 현재까지 부록과 같이 개정을 거듭하고 있다.

제3절 K-IFRS의 특징

1. 과거 기준과의 차이점

우리나라는 자본의 국제적 이동을 용이하게 하고 기업의 국제화를 도모하기 위해 필요조건인 회계 투명성 제고와 국내외 회계감독 강화를 위해 국제회계기준을 도입하여 한국채택국제회계기준(K-IFRS)이라는 이름으로 2011회계연도부터 자산규모 2조원 이상의 상장법인에 적용하고 2013회계연도부터는 모든 상장법인에 적용토록 하고 중소기업에 대한 회계기준은 따로 마련하여 2014년 1월 1일부터 적용한다(부록 참고)[1]. 한국채택국제회계기준(K-IFRS)을 적용하여 작성되는 재무제표는 전세계 범용 재무제표이기 때문에 국내기업에 대한 해외투자자의 신뢰도를 제고할 수 있는 이점이 있다.

한국채택국제회계기준의 주요내용은 과거와 달리 연결재무제표가 주 재무제표가 된다. 따라서 개별기업의 재무제표는 연결재무제표의 부차적 재무제표의 지위를 갖는다. 그리고 과거와 달리 연결제외 종속기업의 규정이 없음으로 연결대상기업의 범위가 확대된다. 또한 이익잉여금처분계산서가 주요 재무제표가 아닌 주석의 일부에 포함되며 과거의 손익계산서는 포괄손익계산서로 바뀐다. 한편, 자산 및 부채 등의 평가에는 공정가치를 적용하는 것이 원칙으로 되어 있다.

여기서 한국채택국제회계기준과 기존 GAAP와의 차이점을 이슈별로 정리하면 다음과 같다.

구 분	K-IFRS 1001	이전 GAAP
주재무제표 변경	연결재무제표	개별재무제표
재무제표 명칭변경	재무상태표, 포괄손익계산서	대차대조표, 손익계산서
재무상태표	① 유동·비유동법과 유동성배열법 중 택일 ② 매각예정자산·부채의 별도표시	유동성배열법 언급 없음
포괄손익계산서	비용의 기능별 또는 성격별 기준 중 택일	언급 없음
현금흐름표	당좌차월은 현금흐름에서 제외	언급 없음
이익잉여금처분계산서	재무제표에서 제외	상법447조에서는 포함

1) 자본시장과금융투자업법률 시행령

구 분	K-IFRS 1039	이전 GAAP
금융자산 및 부채의 공정가치 평가	① 금융자산이나 금융부채는 최초인식시에 공정가치로 측정 ② 대여금, 보증금 및 수취채권은 상각후원가로 측정 ③ 금융자산의 손상발생에 대한 객관적 증거가 있는지 매 보고기간별 평가시	
	그 증거가 있는 경우 상각후원가을 장부가액으로 하고 손상차손을 인식함	
	발생하였으나 보고하지 아니한 손실에 대해서도 손상차손을 인식함	대손상각
	미래사건의 발생으로 예상되는 손상치손은 아무리 가능성이 높아도 인식하지 아니함	미수금과 미수채권에 대해 합리적이고 객관적 기준에 따라 산출한 추산액을 대손충당금 설정
	과거 과대 계상된 충당금은 환입 처리함	전년도의 충당금이 당해연도 대손추산액을 초과하는 경우에 그 초과분을 대손충당금 환입

구 분	K-IFRS 1039	이전 GAAP
재고자산	영업성과 왜곡가능성으로 불인정	인정

구 분	K-IFRS 1011 및 1018	이전 GAAP
건설계약 및 분양 회수금 처리	법적으로 구속력 있는 계약	구체적으로 합의된 계약
	구매자에게 인도되는 시점기준으로 인식	진행기준 등
	건설공사원가는 재고자산으로 인식	
	분양대금의 회수액은 선수금으로 인식	
	인도기준일에 선수금은 매출액으로, 재고자산은 매출원가로 전환	

2. K-IFRS의 특성: 유/무형자산 및 투자부동산

1) K-IFRS 최초 적용시 간주취득원가

최초 적용시에는 모든 자산과 부채에 K-IFRS를 소급적용하는 것이 원칙이다. 그러나 소급적용에 따른 기업의 부담을 완화하기 위해서 최초 적용시 유형자산, 투자부동산 및 무형자산의 장부가액은 과거 재평가금액, 최초 취득원가, 전환일의 공정가치 중에서 선택하여 적용토록 하고 있다.

2) 최초 인식 이후의 평가

유형자산, 투자부동산 및 무형자산에 대하여 원가모형과 재평가모형 중에서 선택하여 적용할 수 있다. 재평가모형을 선택한 경우에는 매 보고기간 말마다 재평가를 실시해야 하는 것은 아니다. 재평가된 자산의 공정가치와 장부금액이 중요하게 차이가 나지 않으면 3-5년마다 재평가할 수 있다. 그런데 투자부동산의 경우에는 원가모형을 적용하더라도 공정가치를 주석으로 공시해야 한다.

3) 재평가모형의 회계처리

자산의 장부금액이 재평가로 인하여 증가된 경우에 그 증가액은 기타포괄이익으로 인식하고 재평가잉여금의 과목으로 자본에 가산한다. 자산의 장부가액이 재평가로 인하여 감소한 경우에는 그 감소금액은 당기손실로 인식한다.

4) 유/무형자산의 내용연수, 잔존가치 및 상각방법의 변경시 회계처리

유/무형자산의 내용연수, 잔존가치 및 상각방법은 실제소비행태를 반영하여 매 회계연도말에 변경여부를 검토해야 한다. 변경 시에는 회계추정의 변경으로 간주하여 전진법으로 회계처리한다.

5) 손상의 회계처리

자산의 손상검사는 손상징후가 발생했을 때 수행하며 손상징후는 시장가치하락이나 기술, 경재, 법률적 환경 변화 등의 외부요인과 진부화 등의 내부요인이 있다. 그러나 일부 회원권과 같은 비한정의 내용연수를 갖는 무형자산의 경우에는 손상징후에 관계없이 매년 손상검사를 해야 한다.

자산의 회수가능액이 장부금액보다 적은 경우에는 그 감소금액이 손상차손이 되며 즉시 당기손실로 처리한다. 여기서 회수가능액이란 사용가치와 순공정가치 중에서 큰 금액을 의미한다.

한편 개별자산의 손상평가가 어려운 경우 즉, 자산이 다른 자산과 연관되어야만 현금흐름을 창출할 수 있는 경우에는 현금창출단위별로 손상검사를 수행한다. K-IFRS에서 현금창출단위별는 다른자산 또는 자산집단으로부터의 현금유입과는 거의 독립적으로 구별되는 현금유입을 창출하는 식별가능한 최소자산집단이라고 정의하고 있다. 예컨대, 유통업종에서는 점포, 운송업에서는 경로 등.

구 분	K-IFRS 1016 및 1036	이전 GAAP
유형/무형자산의 내용연수, 잔존가치 및 상각방법, 손익	내용연수 및 상각방법은 경제실질과 소비행태를 반영하여 매 회계연도말에 재검토	없음
	변경시에는 회계추정으로 보아 전진법 적용	
	손상차손과 보험금수익의 상계금지(총액표시)	
불용자산과 운휴자산의 손상차손 인식	매 회기에 불용자산과 운휴자산 집계해서 손상차손 인식여부 검토	
	자산손상의 징후가 있는 부분은 당해자산의 회수가능액으로 추정	
	회수가능액이 장부금액에 미달하는 부분은 손상차손으로 인식하고 장부가액에서도 감액	

구 분	K-IFRS 1016 및 1036	이전 GAAP
투자부동산의 처리	임대수익이나 시세차익 목적의 보유하면 투자부동산으로 인식	유형자산
인식후의 측정	공정가치나 원가모형 중 하나로 일관되게 적용	

구 분	K-IFRS 1016 및 1036	이전 GAAP
퇴직급여채무	임금과 근무연수에 따라 확정급여 계산하여 보험수리적 방법을 적용하고 현재가치로 할인함(예측급여채무개념)	청산가치개념(평균임금×현재근속연수)
연월차수당(누적유급휴가) 및 인센티브상여금	관련 회계연도의 비용으로 인식	

특히 퇴직급여채무의 경우, 이전의 GAAP에서 퇴직급여채무는 결산일 현재 임직원의 전체가 퇴직할 경우 지급해야할 청산가치개념(평균임금×현재근속연수)으로 계상하여 왔으나 K-IFRS에서는 예측급여채무개념을 도입하여 보험수리적 방법으로 계상토록 하고 있다. 따라서 확정급여채무의 계상시점에 미래 임금상승률 등을 반영하여 미래 퇴직시점의

예상수령액을 계산하고, 이 금액에 할인율을 적용하여 현재가치로 할인하면 현재시점의 퇴직급여채무가 된다. 이를 구체적으로 수식화하면 다음과 같다.

현재의 퇴직급여채무
= **장래퇴직급여 지불 예상액**[현재급여×(1+임금상승율)^{기대근무연수} × 퇴직시근속연수×퇴직율] × **근무기간의 안분**[현재근속연수/퇴직시근속연수] × **현재가로 환산** [1 / (1+할인율)^{기대근무연수}]

그 외에도 충당부채의 인식요건 중 자원의 유출가능성 기준을 완화하였다. 즉, 충당부채의 인식요건으로 미래 자원의 유출가능성이 50%를 초과할 경우( )에 충당부채로 인식한다. 그리고 자산의 취득, 건설 또는 제조와 직접 관련된 차입원가는 당해자산의 원가일부로 자본화하여야 하며 차입원가를 즉시 비용으로 처리하지 못하도록 규정하고 있다.

6) 일반기업회계기준과 K-IFRS의 주요 차이

구 분	K-IFRS	일반기업회계기준
제2장 재무제표의 작성과 표시 I	• 이익잉여금처분계산서를 재무제표에서 제외하고 상법 등 법규에서 요구하는 경우에 주석으로 공시	• K-IFRS와 동일
제4장 연결재무제표	• 연결범위(회계기준) – 지분율 50%초과 또는 실질지배력이 있는 경우 – 소규모회사 제외 기준 없음 – 특수목적기구 관련 별도 지배력 기준 규정	• 연결범위(회계기준) – 지분율 50%초과 또는 실질지배력이 있는 경우 – 외감법규에서 정한 경우 – 소규모회사 제외
	• 회계정책만 일치	• K-IFRS와 동일. 다만 종속(피투자)회사가 K-IFRS 적용시 회계정책 일치 면제

구 분	K-IFRS	일반기업회계기준
제6장 금융자산· 금융부채	• 특례없음	• 특례없음
	• 상환청구권부 매출채권할인은 회계상 매각처리 부인	• 종전 K-GAAP과 동일
	• 대손충당금 설정시 발생손실만 인식 * 감독규정상 설정기준 준용불가	• 종전 K-GAAP과 동일
	• 금융상품의 취득원가는 공정가치로 측정	• K-IFRS와 동일
	• 대여금으로 분류하되 매도가능증권으로 지정가능	• 사모사채와 자금조달 목적 어음을 발행인으로부터 직접 취득시 대여금으로 분류
	• 전환증권 등 복합상품 소유자는 내재파생상품 분리 또는 전체를 당기손익인식항목으로 지정	• K-IFRS와 동일
	• 파생상품 정의에 미래결제 요건 포함(적용범위확대)	• 종전 K-GAAP과 동일
제7장 재고자산	• 실제원가와의 차이가 크지 않을 경우 표준원가법 허용	• K-IFRS와 동일
	• 후입선출법 불허	• 종전 K-GAAP과 동일
제8장 지분법	• 종속회사 지분만 합산	• K-IFRS와 동일
제10장 유형자산	• 손상차손과 보험금수익을 총액표시	• K-IFRS와 동일
	• 감가상각방법 변경시 회계추정변경으로 보아 전진적용	• K-IFRS와 동일
	• 임대업자의 임대용부동산은 투자부동산으로 분류하고 공정가액 평가시 당기손익으로 반영	• 종전 K-GAAP과 동일
	• 투자부동산은 공정가치모형 허용	• 투자부동산은 유형자산 회계처리를 준용(재평가 허용)
	• 재평가 유형자산 처분 또는 상각시 재평가잉여금을 이익잉여금으로 대체 허용	• 종전 K-GAAP과 동일
제11장 무형자산	• 무형자산의 재평가 허용	• 종전 K-GAAP과 동일
	• 영업권은 상각하지 않고 손상평가만 수행	• 종전 K-GAAP과 동일
제12장 사업결합	• 취득법만 인정	• K-IFRS와 동일
	• 당기손익으로 인식	• K-IFRS와 동일

구 분	K-IFRS	일반기업회계기준
제14장 충당부채, 우발 부채 및 우발자산	• 유출가능성이 높은 경우 충당부채 인식	• 종전 K-GAAP과 동일
	• 충당부채 후속 측정시 현행 할인율 적용	• 충당부채 후속 측정시 당초 할인율과 현행할인율 중 선택
제15장 자본	• 부채성자본은 경제적 실질에 따라 구분	• 종전 K-GAAP과 동일
	• 복합금융상품의 중도상환대가는 부채와 자본에 배분	• K-IFRS와 동일
	• 외화전환사채의 부채부분은 현행 환율로 외화환산	• K-IFRS와 동일
	• 유도전환대가를 당기손익으로 인식	• K-IFRS와 동일
제16장 수익	• 자체분양공사가 건설계약에 해당하거나 위험·효익, 통제의 지속적 이전시 진행기준을 적용하고 그 외는 인도기준 적용	• 종전 K-GAAP과 동일
제21장 종업원급여	• 보험수리적방법에 따라 퇴직급여 산출	• 종전 K-GAAP과 동일
	• 퇴직연금미지급금 측정시 우량회사채수익률(두터운 시장이 없을 경우 국공채시장수익률) 적용	• K-IFRS와 동일
제23장 환율변동효과	• 기능통화 손익항목의 표시통화 환산시 거래일의 환율 또는 평균환율(환율변동이 유의적이지 않는 경우에만 사용가능)	• 기능통화 손익항목의 표시통화 환산시 거래일의 환율 또는 평균환율 중 선택
	• 기능통화는 제반 사항을 고려하여 결정	• 해당국가 통화를 기능통화로 사용가능
	• 별도 기준 없음	• 별도 기준 없음
제26장 기본주당이익	• 기본 및 희석주당이익 공시 의무화	• 다른법규 요구시 기본주당이익 공시 가능 * 사업보고서 제출 주권비상장법인의 경우 요약재무정보에 기본주당이익 공시 의무화
제27장제1절 농림어업	• 생물자산의 인식후 측정: 순공정가치법 • 수확물의 수확시점 인식: 순공정가치	• 생물자산의 인식후 측정: 순공정가치법/원가법 선택 • 수확물의 수확시점 인식: 순공정가치(취득원가 가능)
제27장제2절 추출활동	• 탐사평가지출을 탐사평가자산으로 인식가능	• 탐사평가지출 관련 별도 기준 없음(유무형자산의 회계처리 기준을 준용)
	• 탐사 관련 유무형자산을탐사평가자산으로 인식	• 탐사 관련 유무형자산 인식에 대해 별도기준 없음

구 분	K-IFRS	일반기업회계기준
제30장 일반기업회계 기준의 최초채택	• 최초 K-IFRS 재무제표 작성시 K-IFRS 최초채택 규정 적용	• 과거 일반기준을 적용하지 않던 기업이 일반기준을 최초채택시 적용
	• 세 개의 재무상태표, 두개의 손익계산서, 현금흐름표, 자본변동표 및 관련 주석을 비교공시	• 당해회계연도분과 직전회계연도분을 비교하는 형식으로 재무제표 작성
	• 최초채택시점에 간주원가 사용가능	• 최초채택시점에 간주원가 사용가능
제31장 중소기업 회계처리 특례	• 중소기업 특례기준 없음	• 종전의 특례규정을 대부분 유지
제32장 동일지배거래	• 지배·종속 또는 종속기업간 거래에 대한 회계처리기준 없음	• 종전기준과 동일(단, 종속회사가 지배회사 지분매각시에도 손익처리금지)
경과규정	• 해당사항 없음	• 종전 K-GAAP을 일반기업회계기준으로 간주하여 소급적용 및 비교 F/S 재작성 면제 • 유형자산에 대해 재평가모형을 적용했던 기업은 원가모형으로 환원 허용
주요 용어 변경	• 손상차손	• 손상차손
	• 판매원가	• 판매원가
	• 유의적인 영향력	• 유의적인 영향력
	• 관계기업 ※ 연결재무제표상 지분법대상을 의미하므로 종속기업은 제외되는 개념	• 관계기업, 지분법피투자기업 ※ 관계기업은 종속기업이 아닌 지분법 대상을 의미하며, 지분법피투자기업은 종속기업과 관계기업을 모두 포함하는 개념
	• 취득법	• 취득법

삼정회계법인, 2007, 11. 국제회계기준과 한국회계기준 비교

구분	제목	구분	제목
제1장	목적, 구성 및 적용	제17장	정부보조금의 회계처리
제2장	재무제표의 작성과 표시 I	제18장	차입원가자본화
제3장	재무제표의 작성과 표시 II (금융업)	제19장	주식기준보상
제4장	연결재무제표	제20장	자산손상
제5장	회계정책, 회계추정의 변경 및 오류	제21장	종업원급여
제6장	금융자산 · 금융부채	제22장	법인세회계
	제1절 공통사항	제23장	환율변동효과
	제2절 유가증권	제24장	보고기간후사건
	제3절 파생상품	제25장	특수관계자 공시
	제4절 채권 · 채무조정	제26장	기본주당이익
제7장	재고자산	제27장	특수활동
제8장	지분법		제1절 농림어업
제9장	조인트벤처 투자		제2절 추출활동
제10장	유형자산	제28장	중단사업
제11장	무형자산	제29장	중간재무제표
제12장	사업결합	제30장	일반기업회계기준의 최초 채택
제13장	리스	제31장	중소기업 회계처리 특례
제14장	충당부채, 우발부채 및 우발자산	제32장	동일지배거래
제15장	자본	시행일 및 경과규정	
제16장	수익		
	제1절 수익인식		
	제2절 건설형 공사계약		

제4절 일반적으로 인정된 회계원칙

오늘날의 회계실무는 일반적으로 인정된 회계원칙에 의하여 이루어진다고 말할 수 있다. 이러한 일반적으로 인정된 회계원칙(generally accepted accounting principles: GAAP)는 회계기준과 동일한 의미로 사용되기도 하지만 구별되는 개념이다.

1. 「일반적으로 인정된 회계원칙」의 본질

「일반적으로 인정된 회계원칙」이란 광범위하게 그리고 많은 사람에 의해 받아들여질 수 있는 것으로, 권위 있는 전문가의 합의에 의해 정립된 회계기준이다. 기업회계기준에서도 회계처리와 보고는 GAAP에 의거하도록 하고 있는데 다음과 같이 규정하고 있다.

「일반적으로 인정된 회계원칙」의 본질은 다음과 같이 4가지로 설명될 수 있다.

첫째, GAAP는 일반적 수용성(general acceptance)이 있는 회계기준이다. 즉, 광범위하게 많은 사람들에 의해 지지받을 수 있고 또 받아들여지는 회계기준이라는 것이다.

둘째, GAAP는 다수의 권위있는 전문가의 합의에 의해 정립되는 회계기준이다.

회계현상은 자연현상과는 달리 사회현상이므로, 어떤 문제에 대한 해결에 대해 여러 가지 다른 의견이 있을 수 있다. 따라서 회계기준을 정립하기 위해서는 전문가로 구성된 인위적 기구를 구성하여 심도있는 연구조사와 토론을 거쳐 기준을 확정하는 절차를 밟는 것이 좋다. 최근에 공표되는 회계기준은 대개 이러한 과정을 거쳐 정립되고 있다.

셋째, GAAP는 회계실무의 지침으로서 기업의 회계처리와 보고의 기준이 되고 감사인의 회계감사에 있어서도 감사지침이 된다.

여기서 회계기준은 일반적이고 광범위한 개념이지만 GAAP는 회계기준보다 회계실무에 관련된 개념이다.

넷째, GAAP는 관습적 성격을 갖는 수가 많고, 회계기준의 정립방법 중 기술적 모형·귀납적 접근방법·실용적 접근방법에 따라 정립되는 수가 많다.

원래 GAAP는 회계실무로부터 발달하여 회계실무 중 회계목적에 비추어 공정·타당하다고 생각되는 것을 선택하여 정립되었다. 따라서 GAAP는 현실의 회계현상을 그대로 나타내는 기술적 모형, 회계현상을 관찰하여 보편적인 일반원칙을 끌어내는 귀납적 접근방법, 회계실무에서 실용성이 있는 것이 기준으로 되는 실용적 접근방법에 따라 정립되는 경향이 있었다. 그러나 오늘날 GAAP의 정립에는 규범적 모형, 연역적 접근방법이 중요시 되고 있다. 따라서 현재의 GAAP는 이 두 가지 측면을 모두 고려하여 정립된다고 말할 수 있다.

2. 「일반적으로 인정된 회계원칙」의 범위

일반적으로 인정된 회계원칙(general accepted accounting priciples: GAAP)을 구체적으로 어디에서 얻어야 할 것인가의 문제가 바로 그 원천에 관한 것이다. 이것은 회계실무의 회계처리나 보고에 있어서 어디까지의 회계지침에 준거하여 회계실무에 적용할 것인가 하는 문제로서 회계실무가들이 흔히 고민하는 문제 중의 하나이다.

「일반적으로 인정된 회계원칙」은 일반적으로 공정타당하다고 생각되고, 다수의 권위 있는 전문가의 합의와 해석에 의해 결정되는 것으로서 공식적으로 인정되는 회계기준이다. 회계기준도 이러한 「일반적으로 인정된 회계원칙」의 일부이다. 「일반적으로 인정된 회계원칙」은 포괄범위에 따라 다음과 같이 두 가지로 나누어질 수 있다.

① 협의의 「일반적으로 인정된 회계원칙」은 공식적으로 인정되고 공식적인 회계기준제정기관에서 규정한 회계규정이다. 예컨대. 재무회계개념체계, 기업회계기준(서), 준칙, 예규 등이 에에 속한다.

② 광의의 「일반적으로 인정된 회계원칙」은 공식적인 회계기준제정기관에서 규정한 것은 아니지만 비공식적으로도 인정될 수 있는 법률, 전문기관의 유권해석, 회계문헌, 외국의 규정, 회계관습 등을 포함한다.

실무에서 회계처리 및 보고에 있어서는 광의의 GAAP에 따르는 것이 좋다.

1) 수익실현주의 용인

수익(revenues)이란 제품의 판매나 생산, 용역제공 등 경제실체의 중요한 영업활동으로부터 일정기간 동안 발생하는 이익의 증가요인, 즉 순자산의 증가를 말하며 계속기업에 있어서 수익은 기업의 경영활동 전 과정을 통해서 발생한다. 수익의 인식이란 수익이 귀속되는 회계기간을 결정하여 재무제표에 공식적으로 포함시키거나 기록하여 보고하는 과정을 말하는데, 일반적으로 수익은 다음 두 요건이 모두 충족되는 시점에서 인식한다.

① 가득요건(발생요건) : 주요 경제활동(영업활동)의 수행(완료)
② 측정요건(실현요건) : 객관적 측정 가능성 확보

이를 수익인식의 원칙(revenue reognition principle) 또는 실현주의(realization basis)라 한다. 이러한 수익인식의 원칙을 가장 잘 충족시키는 시점은 재화나 용역의 판매시점이다. 즉, 판매시점에서는 재화나 용역이 상대방과의 거래에 의해 현금 또는 현금청구권(매출채권)과 교환되므로 판매금액을 합리적으로 측정할 수가 있고, 판매라는 행위 자체는 수익을 얻기 위한 가장 결정적인 사건에 해당되므로 대부분의 기업에서 수익인식기준으로 판매기준을 적용하고 있다. 그러나 특수한 상황에서는 판매하기 전에 수익을 인식할 수도 있으며, 판매 이후에 대금회수시점에서 수익을 인식할 수도 있다.

2) 비용의 수익대응 인식 용인

수익·비용대응의 원칙(principle of matching costs with revenues)은 일정기간 발생한 수익과 이에 대응하는 비용을 비교하여 당기순손익을 산출함으로써 그 기업의 경영성과를 명확히 알 수 있게 된다.

대응의 원칙을 적용하기 위해서 일반적으로 수익은 실현주의에 의해, 비용은 발생주의에 의해 각각 계산한다. 발생주의(accrual basis)는 현금수지와는 직접적인 관계없이 수익과 비용을 발생사실에 의거 회계기간별로 배분하는 원칙이다. 예를 들면, 두 회계기간에 걸치고 있는 수입집세나, 이미 기간이 도래하였으나 아직 현금을 받지 못한 미수이자는 발생주의에 따라 기간배분을 하게 된다. 그러나 일반적으로 수익은 실현주의에 의해 결정되므로 비용은 발생주의를 적용하는 경향이 있다.

이런 수익·비용대응의 원칙은 회계상 다음과 같은 관점에서 중요하다.

① 대응의 원칙에 의하여 당기순손익이 결정되며, 이에 따라 기간손익의 개념(periodic income)이 중요하게 된다. 기업의 경영성과를 알 수 있고, 배당정책을 수립하고, 정부에 세금을 납부하며, 경영자의 경영능력을 평가할 수 있으며, 기업의 수익성을 종합적으로

판단할 수도 있다.

② 대응의 원칙에서는 수익과 비용의 기간배분 문제가 있다. 보통 비용은 수익과 관련하여 발생하는 것만을 대응시키는 것이 원칙이다. 수익과 비용은 직접적으로 관계를 갖지 않고 발생하는 경우가 있어 기간배분을 해야 될 필요가 있다. 예를 들면 재고자산·선급비용·감가상각대상의 유형자산 등이 있다. 이들은 이미 원가나 비용이 발생하였지만 미래의 수익과 대응될 비용이기 때문에 일단 자산으로 이연(deferral)한 후에 차차 수익과 대응시켜 비용화한다.

이러한 원가의 기간배분의 문제는 제품대응(product matching)이나 기간대응(period matching)에 모두 필연적으로 나타나는 현상이다. 이러한 대응개념에 따라 배분된 원가는 제품원가(product cost)와 기간비용(period expense)으로 이전된다. 제품원가는 재료비·노무비·제조경비처럼 제품과 직접 관련되어 발생한 원가이다. 만일 차기에 그 제품이 판매된다면 당기의 원가가 되지 않고 차기로 이월된다. 기간비용은 수익과 직접적인 관련이 없이 발생한 원가로 모두 당기의 비용으로 처리하는 원가이다.

수익에 관련된 비용만을 대응시킨다는 대응의 원칙은 인과관계의 논리에 비추어 당연한 것이다. 그러나 수익에 직접 연결시킬 수 없는 많은 비용이 발생하기 때문에 당기의 순손익을 계산하기 위해서는 임의적인 배분(arbitrary allocation)이 필요하다.

③ 대응의 원칙을 철저히 지키기 위해서는 발생주의에 의해 수익·비용을 기간배분하여야 한다. 이를 위해서는 임의적인 기준에 의하여 원가를 기간 배분할 필요도 있다. 또 이에 따라 결산기말에는 정리분개도 하여야 한다. 예를 들면, 결산기말에 기말정리사항으로 감가상각·보험료·소모품비·미지급비용·대손상각·미수수익을 계상하는 것이다. 발생주의를 적용할 때에는 미래에 지급될 것이지만 당기비용으로 계상할 항목에 대한 추정(estimates)이 필요할 경우도 있다. 예를 들면 판매보증비는 아직 지급할 필요가 없지만 당기에 실현된 매출에 대해서 미래에 지급될 채무로서 일단 당기비용으로 처리하고 상대계정은 우발채무(contingent liabilities)로 계상하는 것이다.

3) 완전공시의 원칙

완전공시의 원칙(full disclosure)은 재무제표이용자의 의사결정이나 판단에 영향을 줄 수 있는 모든 회계정보를 공개해야 한다는 것이다. 다시 말하면 회계실체인 기업의 재무적 문제와 관련된 중요한 모든 정보는 재무제표에 완전히 이해할 수 있도록 표시된다. 그리고 재무제표도 이에 따라 설계되고 작성되어야 한다는 것이다. 따라서 공시의 원칙은 주로 회계보고의 문제와 관련된 회계원칙이다.

회계정보의 공시는 가급적 정보를 많이 표시하자는 입장과 적게 표시하자는 입장의 이율배반적 입장이다. 이 원칙은 전자의 입장에 가깝지만 그렇다고 해서 지나친 공시(excessive disclosure)를 지지하는 것은 아니다. 상세한 정보를 늘어놓는 것은 바람직하지 못하며 오히려 이용자의 판단을 흐려놓을 가능성이 있다. 그러므로 이용자가 잘 이해할 수 있도록 회계정보는 적절히 배열되고 요약되어야 한다.

완전공시 원칙의 이론적 근거는 목적적합성과 신뢰성이다. 즉, 목적적합한 정보라면 모두 빠짐없이 공개함으로써 양적인 면에서의 편의, 즉 어떤 정보를 제공하고 어떤 정보를 제공하지 않을 것인가를 선택함에 있어서의 편의(bias)가 개입되어서는 안 된다는 원칙이다. 여기서 정보의 선택에 편의가 없어야 한다는 것은 곧 정보가 표현의 충실성을 가져야 한다는 의미이다.

오늘날 공시의 원칙은 점차적으로 중요성을 띠어가고 있다. 기업이 경제사회적 측면에서 중요한 역할을 하고 증권시장의 발달로 투자자층이 두터워짐으로써 회계정보의 양적·질적 확대는 시대적 요청이 되고 있다. 또 공시의 원칙이 있음으로 해서 회계담당자는 건전한 판단에 따라 회계정보를 적절히 공개할 책임을 느끼게 된다.

공시의 원칙이 중요하게 된 또 하나의 이유는 여러 가지 다른 회계처리방법이 있을 경우 기업의 순이익을 조절할 수 있는 이익조작(income manipulation)의 문제가 있기 때문이다. 재무제표이용자의 입장에서 볼 때에 그 회사에서 어떤 회계방법에 따라 재무제표가 작성되었는지는 알 필요가 있다. 만일 회계방법의 변경에 의해 당해 기업의 순이익이 크게 증감했다면 이에 관한 정보를 고려하여 그 기업의 재무상태나 경영성과를 판단하여야 할 것이다.

제4부

이익측정 및 자산평가론

제도회계의 중심적인 과제인 기간이익의 측정이 거래법에 의해 측정되기 때문에 수익과 비용의 대응을 심도 있게 다룬다. 이를 위하여 수익과 비용 뿐만 아니라 배분과정을 통하여 비용화되는 자산의 평가(측정)도 매우 중요한 요소이다. 때문에 자산평가를 별도의 장으로 다루고 있다. 기간이익의 결정에 있어 주요한 변수는 외부거래의 비용과 내부거래인 자산평가이다.

제 12 장 기간이익의 측정

제 1 절 기간이익의 유용성

오늘날 회계상 이익은 거래접근법, 손익법, 수익·비용접근법에 의해 수익과 비용의 비교에 의한 수익의 초과분이라고 정의하기도 하고 자본유지접근법, 재산법, 자산·부채접근법에 의해 순자본의 증가분이라고도 한다. SFAC No.3의 정의에 의하면 회계상의 포괄이익(comprehensive income)이란 기간중 기업의 자본(순자산)의 변동액으로서 비소유주원천(nonowner sources)의 거래로 발생하는 것이다. 또 포괄이익은 기중의 모든 자본변동액을 포함하는 것으로, 다만 소유주에 의한 투자와 소유주에 대한 분배는 제외되는 것이다.

이러한 이익은 회계학에서 profit, income 또는 earning, returns라고 한다.

회계학의 관점에서 이렇게 사용되는 용어들의 용도와 그 뉘앙스를 살펴보면 다음과 같다.

① profit : 손실과 대칭되는 말로 쓰이는 말(예 profit and losses)로 수익에서 비용을 차감하여 산출되는 차이의 뜻을 강조하는 개념

② earning : 수익, 이윤, 이익을 모두 가리키거나 포괄하는 단어로 이익이 획득되는 과정(예 earnings per share; EPS)이 강조된 개념

③ income : 일정기간 획득되거나 발생한 화폐액을 가르키거나 profits, earning과 유사어로 쓰임, 특히 회계에서는 순이익을 가르키며 수익-비용의 결과를 뜻함(예 income statement)

④ returns : 투자에 대한 보수개념으로서의 이익을 의미함(예 returns on investments: ROI)

회계학에서 이러한 이익이 매우 중요하게 다루어지고 있는 이유는 다음과 같다.

1) 투하자본 유지

이익을 보고하는 목적은 여러 가지가 있을 수 있으나 기본적인 목적은 투하된 자본과 이익을 명확하게 구분하여 자본의 변동에 관한 정보 제공하는 것이다.

회계는 기업의 경제적 자원에 대해 stock(저량)와 flow(유량)를 측정하는 문제를 다룬다. 여기서 stock는 일정시점의 자본을 가리키고 장차 이익을 제공할 원천이 된다.

한편, 이익은 주주가 배당을 받아 소비하거나 또는 재투자를 위해 이용할 수 있는 현금의 흐름(cash folw)을 말한다. 여기서 자본은 미래에 걸쳐 다시 이익(현금흐름)을 가져올 원천이므로 손상하지 않고 그대로 유지해야 할 부분이다. 따라서 이익을 측정하지 않으면 유지해야 할 것이 얼마인지 배당가능액이 얼마인지를 알 수 없다. 즉 회계는 자원의 흐름(flow)중에서 미래현금 흐름을 손상시키지 않고 자유로이 처분할 수 있는 자본의 보상(return on capital) 즉, 이익과 유지해야 할 자본의 회수(return of capital)에 관한 정보를 제공해야 한다.

자본의 회수와 이익을 구분해야 하는 이유는 자본과 그 변동(이익)이 주주 등의 지분소유자가 수취할 미래의 배당금액에 영향을 미치고, 그리하여 그 시점의 지분가치에 영향을 주고, 채권자를 포함하여 여러 형태의 지분소유자의 이해관계에 각각 영향을 미치기 때문이다.

2) 기업 경영활동의 성과측정 지표

이익은 기업경영활동의 성과, 효과, 효율을 측정, 평가하는 지표가 된다. 다수의 공급자와 다수의 수요자가 존재하는 시장경제에서는 이익이 인간의 욕구를 충족시켜준 회계실체의 생산물이 시장에서 평가된 결과를 표시하기 때문이다. 그러나 시장이 완전하지 못하거나 독점적인 경우에는 경영활동의 성과, 효과, 효율을 측정, 평가하는 지표가 될 수 없다. 따라서 비영리기간의 이익은 그 활동의 성과, 효과, 효율을 측정, 평가하는 지표가 될 수 없는 것이다

3) 주주·투자자의 의사결정에 있어서 유용한 지표

투자자들이 기업의 미래 수익력을 예측하는데 유용한 지표이다. 주당이익 등의 자료를 다른 기업들과 비교함으로써 의사결정에서 대안의 선택 근거가 된다.

4) 채권자의 의사결정에 있어서 유용한 지표

신용의 공여, 채권의 안전성에 대한 측정 등 신용의사결정을 하는데 기초자료를 제공한다.

5) 경영자의 의사결정과 경영평가의 자료

기업목적이 이윤극대화라 한다면 이것을 달성하기 위해 이익은 경영의사결정에 중요한 자료가 된다.

6) 배당정책의 자료

배당금 결정에 있어서 자본의 잠식을 막기 위해 자본과 이익을 구별하고 달성된 이익에 근거하여 배당정책을 수립해야 하므로 기간이익이 배당가능이익의 산정자료가 된다.

7) 과세의 기초자료

기업의 순이익은 과세의 기본자료가 된다. 일반적으로 재무회계에서 산출된 이익에 근거를 두고 세법 규정에 의거해서 손금산입 및 불산입, 익금산입 및 불산입 등의 세무조정이 이루어진 후의 이익이 과세소득이 된다.

8) 투자지표

이미 실행한 투자, 또는 미래 투자에 대한 지표가 된다.

9) 가격, 요금결정의 자료

공공기업에 있어서 이익은 요금결정의 자료가 되고, 정부의 독과점

상품에 대한 가격규제에 도움이 되며, 기업의 제품가격 결정에도 도움이 된다.

10) 사회 경제적 정책의 수립을 위한 자료

이익은 정부의 기업에 대한 경제정책, 노동정책, 가격통제, 금융정책, 증권관리 등 사회경제적 정책을 수립하는데 참고자료가 된다.

제2절 기간이익의 측정 목적

이익측정 또는 이익보고의 목적은 헨드릭슨(hendriksen)에 의하면 다음과 같이 설명하고 있다. 이익측정(이익보고)의 주요 목적은 재무보고서에 많은 관심을 갖고 있는 정보이용자에게 유용한 정보를 제공하는 것이다. 여기서 주요 목적은 이익측정(이익보고)에 국한된 목적이 아니고 일반적인 회계목적도 된다.

1. 자본과 이익의 구별

기업의 자본은 미래의 용역을 제공하는 부의 스톡(stock of wealth)이며, 이익은 이 富 또는 용역의 흐름(flow)이다. 기업은 자본을 일정한 수준에서 유지하면서 초과분인 이익을 계속 창출하는 것을 목표로 하고 있다. 이와 같이 자본을 손상하지 않고 일정수준 이상을 유지하는 것은 회계인(accountants)의 책임이라기보다는 경영자(manager)의 책임이다. 반면, 회계인은 정보이용자에게 기업의 자본변동과 이익발생으로 인한 향유(enjoyment)의 존재를 적절하게 보고할 책무가 있다. 따라서 회계인은 자본과 이익(capital and income)을 엄격히 구별하여 자본의 손상(잠식), 미래현금흐름의 감소 또는 부의 감소에 관한 사항을 이익의 수혜자(beneficiaries)인 지분소유주 등 정보이용자에게 보고하여야 하는 것이다.

자본과 이익을 구별해야 할 필요성을 구체적으로 살펴보면 다음과 같다.

① 기업자본의 변동은 잔여지분소유주(보통주주, residual equity holders)

가 예측할 미래현금흐름의 금액에 영향을 주게 되며, 이로써 일정시점에 있어서 이들 지분소유주가 소유한 부의 가치에도 영향을 준다. 특히 자본과 이익을 명확히 구별하지 않음으로써 자본에서 배당금이 지급되면 자본잠식의 현상이 나타난다. 자본과 경영의 분리에 따라 주주로부터 수탁관리의 책임을 맡은 경영자들은 그들에게 위탁된 투자자본을 적절히 운용해야 할 책임이 부과되어 있다. 그래서 그들은 자본과 이익을 엄격히 구별하여 주주의 이익을 도모하는 관점에서 적절하게 투자자본을 운용하고 배당도 해야 하는 것이다.

② 기업자본의 변동은 여러 지분소유주(특히 채권자 및 우선주주)와 기업의 관계에 영향을 미친다. 자본유지개념에 의한 이익개념은 채권자, 우선주주에게 모두 중요하다고 할 수 있다. 이들은 모두 미래 일정시점에 있어서 원금의 상환과 이자지급, 배당금지급에 관한 확률에 관심을 갖고 있다. 이때 만일 기업의 투자자본이 일정수준 이상으로 유지되고 있으면 상환될 확률이 높다고 보지만, 만일 감소되어 있으면 전망이 어두울 것이라고 생각할 것이다. 채권자들은 언제나 불의의 손실에 피해를 입을 수도 있으나, 큰 손실을 입기 전에 미리 피해를 최소한으로 줄일 수도 있을 것이다. 법적으로 채권은 기업이 존속하는 한 기업의 결손에도 불구하고 변제되도록 되어 있는 것이다. 아무튼 보통주주 이외의 지분소유주에 있어서 투자자본이 일정수준에서 유지되는 것은 소망스러운 것이다. 또 지분소유주는 미래의 현금흐름에 대한 의사결정을 하기 위하여 투자자본의 변동에 대한 정보도 필요로 하는 것이다.

이상에서 설명한 자본과 이익의 구별에서 특히 이들 개념의 정립이 아직 완벽하지 않으며, 두 개념을 구별하는데 있어서 측정의 곤란성이 지적되고 있다. 자본은 개념적으로 잘 정립되지 않았는데, 예를 들면 자본은 현행화폐단위(current monetary unit, 즉 대체원가 또는 현행원가) 또는 불변가치의 화폐단위(monetary unit of constant value, 즉 물가변동정보)로 나타낼 것인가, 아니면 주주에 대한 미래현금흐름에 관한 기대로 나타낼 것인가 하는 문제점이 있다. 또 자본과 이익을 분리하는데 있어서 부딪히는 측정의 문제는 더욱 어려운 문제이다. 예를 들면 자산측정을 어떻게 할 것인가 하는 문제가 그것이다.

2. 효율성 측정수단

이익은 효율의 측정(measurement of efficiency)의 척도 또는 수단이다. 이러한 효율성 측정치로서의 이익에 의해 기업의 경영효율을 효과적으로 측정·평가할 수 있다고 생각된다. 일반적으로 기업의 효율적 경영은 현재 배당금흐름(current dividend stream)뿐만 아니라 미래 배당금흐름(future dividend stream)에도 영향을 미친다. 기업의 효율적 경영은 경영자가 기업의 투자자본(invested capital)을 적절히 배분·운용함으로써 이루어진다. 따라서 현재의 주주는 만일 현재의 경영자가 효율적으로 기업을 경영하지 못하면 새로운 경영자로 바꾸고자 하며, 효율적으로 경영하면 상여금 등으로 보상을 한다. 한편, 미래의 주주(prospective stockholders)는 주식투자를 결정하기 이전에 기업의 경영효율을 평가하고 주식의 가치를 이에 따라 평가하고자 한다. 아무튼 현재 또는 미래의 주주 모두 의사결정의 기초로서 이익을 고려하며, 이 이익은 경영효율을 판단하는 수단이 되고 있다.

이러한 이익을 이용하여 구체적으로 경영효율을 측정하는 방법으로는 흔히 두 가지가 쓰이고 있다.

① 투자이익율(rate of return on investment)에 의한 방법

투자이익율은 순이익을 투자자본(주주지분)으로 나누는 것이다. 이와 비슷하지만 다른 것인 총투자이익률(rate of return on total equity)이 쓰이는 수도 있다. 이 두 가지 이익률은 자본의 효율적 사용에 관련된 지표로서 일정한 비율을 초과하면 자원의 효율적 이용되었다는 것을 표시한다. 그러나 효율의 판단기준은 어떤 표준을 사용했느냐에 따라 달려 있다고 볼 수 있다. 그런 표준으로는 과거년도의 이익률, 동종 동일규모의 평균 이익률, 산업의 평균 이익률, 임의적 이익률이 사용될 수 있다. 마지막으로 이익률에 의한 경영효율의 측정에서 주의해야할 점은 이러한 측정의 타당성은 이익에 대한 적절한 측정이 수행되어야 할뿐만 아니라 기업에 사용된 자본에 대한 측정이 적절히 이루어져야 비로소 확보될 수 있다는 사실이다.

② 이익이나 총수익(total revenue)의 의한 방법

총수익은 사용자본보다 더 정확하게 측정될 수 있는 이점이 있으나 결점도 있다. 순수익과 매출액을 수년간 비교하기 위해서는 매년 기업의

생산능력(capacity utilization)이 동일하다고 가정한다. 이런 경우 실제로 다른 기업과의 비교는 매우 어렵게 된다고 볼 수 있다. 그러나 이때에 여러 기업의 자본회전율(capital turnover, 매출액을 자본으로 나눈 것)이 동일하다면 이익 대 매출액의 비율에 의해 기업간의 경영효율을 비교하는 것이 가능할 것이다. 그러나 이러한 상황은 거의 현실적으로 일어나지 않으므로 기업 간의 비교에는 적용되기 어렵다.

3. 미래의 예측수단

이익은 미래에 대한 예측수단(predictive device)으로 사용될 수 있다. 일반적으로 이익예측(income predictions)은 단기적인 배당금분배에 대한 예측보다는 미래의 주가를 예측하는데 더 적합한 것이다. 또 장기적인 배당금분배는 축적된 이익잉여금의 규모 또는 기업성장의 전망에 따라 결정된다. 그러므로 투자자들은 미래이익에 대한 기대를 미래배당금의 흐름을 예측하는데 사용한다. 기대되는 배당금은 현재의 주가 또는 기업의 가치를 결정하는 중요한 요소가 될 것이다. 한편, 채권자(단기채권자 또는 장기채권자)들도 미래이익에 관심이 있다. 기업의 미래이익에 대한 기대가 클수록 채권자들은 채권의 상환이 더욱 용이해지리라고 예측하며, 기업에 대한 신용공여도 쉽게 허락할 것이다.

대부분의 투자자들은 미래이익에 대한 예측이 주식의 구입·처분에 대한 결정에 도움이 된다고 생각한다. 그래서 많은 회계학자들은 미래이익을 예측하는 관점에서 이익측정이 이루어져야 한다고 주장한다. 이러한 주장은 소위 이익유연화(income smoothing)[2)]의 문제에 대한 논쟁과도 관련이 있다. 이익유연화가 주장되고 있는 이유는 기업의 내부보고에 있어서 측정과 통제에 적절하고, 외부보고에 있어서 이익은 미래현금흐름의 지표가 되고, 자본자산가치(capital asset values)가 주식의 미래판매가격을 포함한 미래현금흐름 등 미래의 기대흐름(expected stream)에 관련되고 있다고 가정함으로써 변호되고 있다.

그러나 이익유연화는 중요한 자료를 공시하기보다는 정보를 왜곡하고 숨기는 데 악용될 소지도 있다. 따라서 오히려 매년 기업활동의

2) 여기서 이익유연화는 대체적 회계방법을 사용함으로써 회계상 이익의 가변성을 최소한으로 줄이려는 회계처리를 말한다.

가변성(variability)에 관한 정보를 공시하는 것이 정보이용자가 기업에 대한 위험을 평가하는데 도움이 된다고 할 수 있다.

4. 경영의사결정과 경영통제

일반적으로 재무제표는 기업의 외부정보이용자를 위해 작성되지만 내부이용자인 경영자에게도 유용한 정보를 제공한다. 그래서 경영자는 이 정보를 경영의사결정(managerial decision making)과 경영통제를 수행하는데 사용한다. 투자자는 보통 미래배당금흐름에 관심이 있다. 경영자 역시도 미래에 무엇이 발생할 것인지에 대해 관심이 있으나 투자자와는 관심의 각도가 다르다. 경영자는 미래배당금을 예측하는데 관심이 있다기보다는 현재와 미래배당금흐름에 관련된 의사결정을 하는 것에 더 관심이 있다.

경영자가 이익을 경영의사결정 및 경영통제의 목적으로 사용할 경우 이익을 산출하는 과정에서 적용되는 원가배분(allocations)과 수익·비용의 대응(matching)에 있어서 임의성을 최소한으로 줄이거나 중립화시켜야 한다. 여기서 중립화(neutrality)의 의미는 경영의사결정이 이익을 측정하는데 적용한 임의적 원가배분 및 수익·비용의 대응에 의해 영향을 받지 않고 수행되어야 한다는 것을 의미한다. 만일 중립화가 달성될 수 없으면 이익은 경영의사결정의 기초로서 사용되어서는 안 될 것이다.

한편, 경영자는 투자자·채권자 등 정보이용자가 이익에 대해 어떻게 행동하는가를 주시할 필요가 있다. 비록 이익은 회계구조에 의해 결정되는 것이지만, 정보이용자의 이익에 대한 태도로 인해 경영자와의 관계에서 생기는 피드백현상(feed-back phenomenon)은 경영자가 회계방법을 선택하는 데에 영향을 미친다고 볼 수 있다. 예를 들면, 주가는 이익이 매년 꾸준히 상승하는 추세에 있으면 그 가치가 최대로 될 것이다. 그래서 많은 기업들은 이익을 이러한 목적에 맞추어 보고하기 위하여 회계정책 및 회계절차를 선택하거나 조정하려는 시도를 하는 수도 있다. 그래서 이익유연화는 기업의 이익이 매년 변동하기보다는 매년 일정하거나 상승추세가 될 경우 투자자들이 그 기업의 주식에 대해 더 많은 관심을 가져 결국 기업의 가치도 상승할 것이라는 점에서 합리화되고 있다. 그러나 앞서 언급한 것처럼 이익유연화는 반드시 바람직한 것만은 아니다.

제 13 장

수익·비용의 대응과 이익의 구성요소

제1절 수익·비용의 대응

1. 대응의 의의

수익과 비용의 대응(Matching costs with revenues)이란 보고되는 수익과의 인과관계에 기초하여 비용을 보고하는 과정(AAA)이라고 한다. 바꾸어 말하면 기간손익을 계산(수익-비용=기간손익)하기 위하여 인식된 수익에 그 수익의 획득을 위해 소멸된 원가와 기타지출을 관련시키는 과정이라 할 수 있다.

2. 계층별 손익표시의 이유

우리나라 기업회계기준에서 매출총이익, 영업이익, 경상이익, 법인세차감전순이익 및 당기순이익으로 구분하여 표시하는 이유는 다음과 같다. 본래 완전경쟁시장에서 기업이익은 그 기업의 효율성을 나타내는 지표이기 때문에 기간이익은 당해 기간의 기업 효율성을 측정하는 척도이다. 이러한 전제하에서 당해 기간에 있어서 기업활동의 효율성을 나타내기 위해서 ① 매출총이익, ② 영업이익, ③ 법인세차감전계속사업이익이라는 지표를 사용하고 있다.

① 매출총이익은 당해 기업의 생산활동의 효율성을 나타내는 지표이다.
② 영업이익은 생산활동과 인사 및 마케팅활동의 효율성을 나타내는 지표이다.
③ 법인세차감전계속사업이익은 포괄주의 관점에서 당기의 정상적인

경영(생산, 인사, 마케팅, 재무)활동과 비반복적 영업외 손익(과거에 특별손익)을 포함하는 이익으로 과세의 기본적 표준이 되는 지표이다. 세무회계에서는 이러한 법인세차감전계속사업이익에 세법규정에 따른 익금산입·불산입, 손금산입·불산입 금액을 가감하여 실제의 법인세과표를 결정한다.

〈표 4-1〉 대응관계

항목	번호	대응
매출액		} 직접대응
-)매출원가		
매출총이익	①	} 간접대응
-)판매·일반관리비		
영업이익	②	
+)영업외수익		
-)영업외비용		
법인세차감전계속사업이익	③	
-)법인세		
계속사업이익	④	
중단사업이익	⑤	
당기순이익	⑥	

④ 계속사업이익은 정부에 지급하는 법인세를 차감한 나머지로 계속경영실체(기업)로서 획득한 이익이다. 일반적으로 장기적 관점에서 계속사업이익이 기업의 잠재력을 잘 반영하는 것으로 보고 있다. 여기서 계속사업손익은 기업의 계속적인 사업활동과 그와 관련된 부수적인 활동에서 발생하는 손익으로서 중단사업손익에 해당하지 않는 모든 손익을 말한다. 따라서 계속사업손익은 기업의 주된 영업활동과 부수적 활동에 의해 창출되는 손익으로 지속성이 유지될 수 있음으로 미래의 현금흐름을 예측하는데 유용한 지표가 된다.

⑤ 중단사업이익은 재무제표의 기간별 비교가능성을 제고하기 위하여 사업중단 등에 의해 영업의 내용이 중요하게 변경된 경우에는 중단사업손익을 별도로 표시한다. 중단사업손익은 중단사업으로부터 발생한 영업손익과 영업외손익으로서 사업중단직접비용과 중단사업자산손상차손을 포함하며, 법인세효과를 차감한 후의 순

액으로 보고하고 중단사업손익의 산출내역을 주석으로 기재한다. 이 때 중단사업손익에 대한 법인세효과는 손익계산서의 중단사업손익 다음에 괄호를 이용하여 표시한다.

⑥ 당기순이익은 포괄주의 기간이익으로서 당기에 창출된 이익으로 배당할수 있는 최대 가능이익을 나타내는 지표이다. 당기순손익은 계속사업손익에 중단사업손익을 가감하여 산출하며, 당기순손익에 기타포괄손익을 가감하여 산출한 포괄손익의 내용을 주석으로 기재한다. 이 경우 기타포괄손익의 각 항목은 관련된 법인세효과가 있다면 그 금액을 차감한 후의 금액으로 표시하고 법인세효과에 대한 내용을 별도로 기재한다.

☑ 법인세차감전계속사업이익의 용도

예컨대, 동일 규모의 동종 산업집단 평균 매출총이익이 100억, 영업이익이 30억, 법인세차감전계속사업이익이 10억 원이라가정하고 당해 기업의 매출총이익이 70억, 영업이익이 30억, 경상이익이 5억이라고 하자. 그러면 당해 기업의 경우 생산활동은 다른 기업에 비해 효율성이 낮고, 인사나 조직활동은 상대적으로 효율성이 높다고 평가할 수 있다. 왜냐하면 당해 기업의 매출총이익이 산업에 비해 30억원이나 적은데 법인세차감전계속사업이익은 같기 때문이다. 그리고 재무활동 즉, 기금의 이용과 관련한 기타활동은 다른 기업에 비해 상대적으로 효율적이지 못하다. 이런 경우에 효율적이지 못한 원인을 재무제표의 분석을 통해 찾아낼 수 있다.

제2절 이익의 구성요소

이익측정에 있어서 중요한 의문 중의 하나는 이익에 무엇이 포함되고 무엇이 제외되어야 할 것인가의 문제이다. 즉, 손익계산서를 작성할 때 「어떤 항목이 손익계산에 포함되고 어떤 항목이 제외되어야 할 것인가?」하는 문제이다. 이 문제에 관련되는 두 가지 입장이 당기업적주의와 포괄주의이다. 다시 말해 당기업적주의와 포괄주의는 "무엇이 이익에 포함되어야 할 것인가?(What should be included in income?)"에 관한 주장이다.

이러한 문제를 중심으로 과거 수년동안 회계학자·회계실무가들 사이에는 어떤 항목을 당기순이익에 포함하여 손익계산서에 표시할 것인가 아니면 이익잉여금계산서에 표시하여 당기순이익에서 제외할 것인가 하는 문제에 대해 의견이 대립되었다. 여기서 어떤 항목이란 비정상적 항목인 특별항목과 순이익에서 결정되는 법인세, 전기손익수정을 가리킨다.

당기업적주의는 미국공인회계사회의 ARB No.32에 처음으로 규정되었고, 이 규정은 다시 ARB No.43에 수록됨으로써 AICPA의 당기업적주의에 대한 지지를 재확인하였다. 그러나 AICPA는 AAA와 SEC의 포괄주의에 대한 지지와 계속적인 압력으로 당기업적주의에 대한 지지를 철회하고, 1967년 APB Opinion No.9에서 포괄주의를 채택하여 오늘날에 이르게 되었다.

1. 당기업적주의

당기업적주의(current operating performance concept)란 기간이익의 측정치를 기업의 경영효율(management efficiency)의 척도로 생각하여 당해 회계기간의 정상적인 영업활동(normal operations)으로부터 발생하는 경상항목만을 고려하여 손익을 계산하고, 특별항목은 순이익의 결정에서 제외되어야 한다는 주장이다. 즉, 손익계산서에는 경상항목에 속하는 매출액, 매출원가, 판매비와 일반관리비, 영업외수익, 영업외비용만을 고려하여 당기순이익을 산출한다.

그러므로 기간손익에 포함되지 못하는 전기손익수정항목이나 임시적·이상적 항목(특별손익항목)은 손익계산서의 항목에서 제외하여 이익잉여금계산서(결손금처리계산서)에 반영해야 한다.

따라서 당기업적주의 순손익은 당기의 영업활동으로 생긴 순수잉여금(clean surplus concept)으로 구성되며 당해 기간의 정상적(normal)인 경영활동 즉, 제조, 영업 및 재무활동(manufacturing, operating, financial avtivities)에서 생기는 경상적(recurring)인 오로지 손익요소만으로 기간손익이 결정된다. 우리나라에서는 포괄주의를 채택하고 있기 때문에 손익계산서상에서 법인세차감전계속사업이익(비반복적·임시적 영업외손익 제외: 과거의 경상이익)이 당기업적 주의의 당기순이익이라고 할 수 있다.

이러한 당기업적주의의 논거는 다음과 같다.

첫째, 기업의 경영능률을 보다 적정하게 측정하고 평가할 수 있다.

둘째, 기간별 또는 기업간 기업이익의 비교를 용이하게 해준다.

셋째, 일반 이해관계자의 의사결정에서 오도가능성을 배제할 수 있다.

넷째, 장래의 수익력 예측에 보다 유용할 수 있다.

2. 포괄주의

포괄주의(all-inclusive concept, selective performance concept)는 당해기간의 손익계산에 정상적이고 경상적인 영업활동 결과의 손익요소만이 아니라 전기손익수정항목이나 임시적·이상적 항목(특별손익항목)을 모두 반영해야 한다는 주장이다. 따라서 손익계산서의 당기순손익은 모든 수익과 비용뿐 만이 아니라 정상적이고 경상적인 영업활동에 관계가 없는 차익과 차손도 모두 포함시켜 계산된다. 이렇게 포괄주의에 의해 손익계산서를 작성하는 경우에는 이익영여금계산서에 전기손익수정항목이나 임시적·이상적 항목(특별손익항목)은 제외된다.

이런 포괄주의를 주장하는 논거는 다음과 같다.

첫째, 자본의 증감을 가져오는 각종 수익과 차익 및 비용과 차손이 모두 반영되므로 이익의 조작을 배제할 수 있다.

둘째, 기업존속기간동안의 이익은 각 기간의 당기순손익을 모두 합산한 것과 일치한다.

셋째, 현실적으로 경상적 손익항목과 비경상적 손익항목을 구분하기 힘들다.

넷째, 기업의 장기적 이익창출능력을 예측하는데 포괄주의 이익이 더 유용하다.

현재 우리나라 기업회계기준에서는 손익계산서에 특별손익을 포함시켜 계산하고 전기손익수정항목은 이월이익잉여금계산서(이월결손금처리계산서)에 가감한다.

제3절 수 익

1. 수익의 본질

수익(revenue)은 회계의 기본요소에서 설명한 바와 같이 기업외부로 유출(outflow)되는 생산물이 원체이고 기업의 생산물(products)로서 기업외부로 유출되는 실물자산의 반대급부로서 유입(inflow)되는 재무적 자산(financial assets)이 사체(surrogate)이다.

2. 수익의 분류

수익은 발생원천과 발생빈도에 의한 분류를 많이 사용한다.

1) 발생원천에 따라 영업수익과 영업외 수익(비영업수익)으로 나눈다. 영업수익은 정관에 규정된 주 영업활동을 수행함으로서 얻는 각종 수익이며 영업외 수익은 영업활동에 따라 부수적으로 생기는 수익이다. 우리나라의 경우에 영업수익은 매출을 말하며 영업외 수익에는 다음과 같은 것들이 있다.

〈표 4-2〉 우리나라 수익의 분류

영업 수익	영업외 수익
매출	이자수익, 배당금수익(주식배당액 제외), 임대료, 유가증권처분·평가이익, 외환이익, 와화환산이익, 투자자산처분이익, 지분법평가이익, 유형자산처분이익, 사채상환이익, 법인세환급액

2) 발생빈도에 따라 경상적 수익(기간수익)과 비경상적 수익 (임시적 수익)으로 나눈다. 경상적 수익(기간수익)은 영업활동과 관련해서 계속적, 반복적으로 발생되는 수익을 말하며 비경상적 수익(임시적 수익)은 임시적, 비 반복적 성질을 가진 수익을 말한다.

3. 발생과 인식

수익은 영업활동과정의 각 시점에서 발생하기 때문에 엄밀하게 말하면 각 발생시점마다 인식해야 한다. 그러나 수익을 발생시점마다 인식하는 것은 인식된 정보의 효익보다는 인식에 소요되는 코스트가 더 크게 될 수 있다. 따라서 수익을 어떤 조건에 따라 인위적으로 인식하기 위해 발생주의를 채택하고 있다. 여기서 수익의 인식(recognition of revenue)이란 발생된 수익이 어느 회계연도에 귀속시켜야 할 것인가를 결정하는 것을 의미한다. 즉, 수익의 귀속기간(timing of revenue)의 결정을 말한다. 이러한 수익의 인식조건으로 일반적으로 다음 두 가지를 들고 있다.

① 중요한 경제적 활동의 수행[1)]

② 개관적 측정가능성(결정적 사건: critical event)

4. 수익의 인식기준

수익의 인식이란 당해연도의 손익을 계산하는 과정에서 당해연도의 수익으로 인정할 것인가를 결정하는 것이다. 다시 말해 수익의 귀속년도를 결정하는 과정을 말한다. 수익의 인식에서는 2가지 인식조건을 생산시점, 판매시점. 대금회수 시점 중에서 어느 시점에서 먼저 만족시키느냐에 따라 결정된다. 예컨대 수익의 2가지 인식조건이 생산시점에서 만족된다면 생산시점의 회계기간에 귀속시킨다는 말이다. 만일 생산시점에서 수익의 2가지 인식조건이 모두 만족되지 못하면 판매시점에서 만족되는지를 관찰한다. 이 시점에서 만족되면 판매시점의 회계기간에 해당수익(매출)을 귀속시킨다. 판매시점에서도 만족되지 못하면 대금회수기준을 적용한다.

이러한 인식기준들 중에서 가장 확실한 방법은 대금회수기준이지만 발생주의를 채택하는 현대회계에서는 판매기준이 중심이 된다. 그리고 그림에서 오른쪽으로 갈수록 보수적인 방법이다. 그래서 대금회수기준이 판매기준보다 보수주의적이라 할 수 있다. 물론 판매기준은 생산기준보다 보수적이다.

---

1) 정관에 명시된 사업영역에 의해 판단한다.

또, 생산기준의 경우에는 생산진행기준과 생산완료기준으로 나눌 수 있다. 장기건설공사의 경우에 2가지 인식조건이 생산진행과정에서 만족된다면 생산진행기준을 적용하여 수익을 인식할 수 있으나 그렇지 못한 경우에는 생산완료기준을 적용해야 한다.

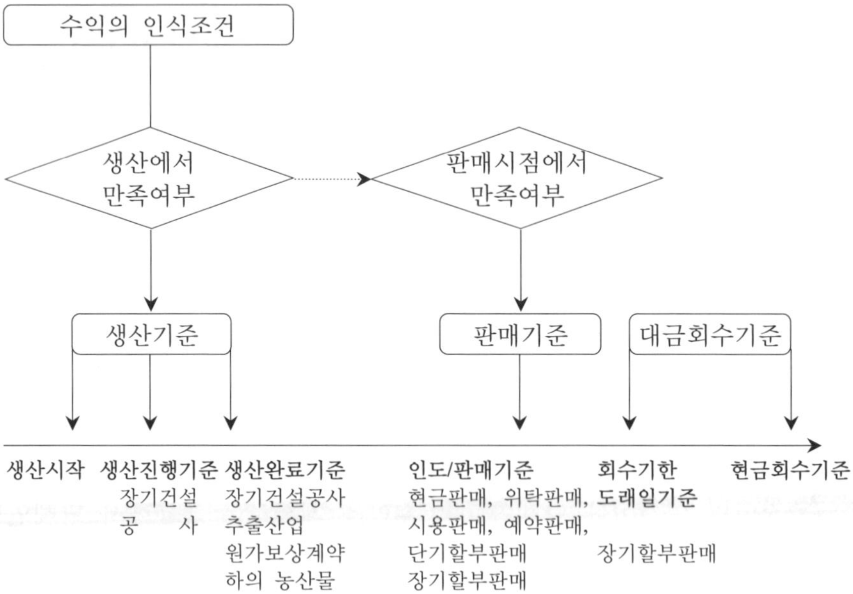

[그림 4-1]

5. 발생주의와 실현주의

C.T.Horngram은 인식을 실현(realization)조건 중[2]의 하나로 간주한다. 일반적으로 실현이란 ① 수익획득과정(earning process)이 완료되고 ② 교환거래(exchange transaction)등으로 객관적으로 측정 가능한 것 (APB. No.4) 예컨대, 이자수입의 경우 계약에 의해 시장거래가 확정되고, 시간의 경과에 따라 fund service가 제공된 것으로 볼 수 있기 때문에 기말에는 지난 기간의 이자수입이 실현된 것으로 본다.

실무적으로 수익을 발생주의에 의해 인식하기 어려우므로 일반적으로 실현주의를 다음과 같이 적용하고 있다.

2) ① 인식, ②시장거래, ③ Good or Service의 제공

〈표 4-3〉 수익인식기준의 적용

기준시점	인정되는 경우	적용의 예
생산기준 공사진행기준 :생산기간중	공사계약금액(공사수익)이 확실한 금액으로 결정되는 경우 총공사비용과 공사진행률을 합리적으로 추정할 수 있는 경우	도급공사 예약매출 (예외)
공사완성기준 :공사완료시점	단기공사계약인 경우 공사진행기준 적용조건을 충족하지 못할 경우	도급공사 예약매출 (원칙)
원가가산정액수수료계약기준 :생산기간중	원가가산정액수수료계약을 체결한 경우	국방계약, 정부조달계약
생산완료기준 :생산완료시점	판매가격이 확정적으로 결정될 수 있는 경우 판매비가 소액일 경우 제품단위가 상호교환성이 있는 경우	고가광산물, 농산물
판매기준 :판매시점	판매가격이 확실하게 있는 경우 회수가능금액을 합리적으로 추정할 수 있는 경우 추가적 비용을 추정할 수 있는 경우	대부분의 상품판매
회수기준 :대금회수시점	수취할 자산을 정확히 추정할 수 없는 경우 추가적 비용을 합리적으로 추정할 수 없는 경우	할부매출

6. 수익의 측정

일반적으로 측정(measurement)이란 회계적인 특정 사상의 특성, 속성을 나타내기 위해 계량화하는 과정이다. 따라서 수익의 측정이란 기업의 생산물에 화폐평가의 공준에 따라 수치를 부여하여 계량화하는 과정이다.

회계에서 수익은 일반적으로 유출(outflow)되는 시점의 판매시장가격을 고객에게 인도되는 생산물의 수량에 곱하여 계량화하기 때문에 수익의 측정이란 한마디로 말해 수익의 금액을 결정하는 과정이다.

제4절 비 용

1. 본질

비용(expenses)의 본질은 다음의 비용 정의 3가지에서 찾아볼 수 있다.

① SFAC에 의하면 비용은 지속적이면서도 주요한 또는 중심적인 영업활동과 관련하여 재화를 공급하고 용역을 제공함으로써 그 기간 동안에 발생하게 되는 자산의 유출 또는 소비이거나 부채의 생성(혹은 양자의 결합)이다.

② 비용은 수익을 얻기 위해 당해기간 중에 소멸된 원가(expired cost)이다.

③ 비용은 순자산의 감소요인이다.

2. 분류

비용도 수익과 마찬가지로 발생원천과 발생빈도에 따라 분류된다.

1) 발생원천에 따라 영업비용과 비영업비용(영업외비용)으로 나뉜다. 영업비용은 기업의 주된 영업활동에 따라 발생하는 비용으로 매출원가나 판매비와 일반관리비 등을 말하며 영업외비용은 주된 영업활동에 부수하여 발생되는 비용으로 각종 재무적 비용, 투자자산 관리비 등을 말한다.

〈표 4-4〉 우리나라의 비용분류

영업 비용	영업외 비용
매출원가. 판매비와 일반관리비(인건비, 복리후생비, 접대비, 세금과 공과, 광고선전비, 기타의 판매비와 일반관리비)	이자비용, 기타의 대손상각비. 유가증권처분손실, 유가증권평가손실, 재고자산평가손실(원가성이 없는 재고감모손실 포함), 외화차손, 와화환산손실. 기부금, 지분법평가손실, 유형자산처분손실, 사채상환손실, 법인세추납액 유형자산처분손실

2) 발생빈도에 따라 기간비용과 기간외비용으로 나뉜다. 기간비용은 계속적, 반복적으로 발생하여 그 회계기간의 수익에 대응하여 비용화

되는 것으로 매출원가, 판매비 등이 해당된다. 기간외비용은 임시적, 비반복적으로 발생하는 비용 중에서 수익에 대응되지 않는 것으로 순이익의 차감성질로 손익계산서에 계상되는 것이다. 예컨대, 특별손실, 전기손익수정손실(한국: 손익계산서에서 제외 이익잉여금계산서에 표시)등이 이에 속한다.

3. 발생과 인식

1) 비용의 발생

일반사회에서 원가와 비용이 구별없이 쓰이는 경우가 많다. 그 이유 중의 하나는 원가의 발생과 비용의 인식을 동일시하는데서 비롯된다. 엄격하게 말하면 비용의 발생시점은 원가(cost)의 발생시점과 동일하다. 원가는 재화나 용역이 기업내부로 유입되는 시점에서 생산물이 outflow 되는 시점까지 계속적으로 발생한다. 그러므로 비용은 원가가 발생되는 시점에서 동시에 발생된다고 볼 수 있다. 그러나 비용을 발생시점에서 무조건 인식하는 것이 아니다. 비용의 인식이란 비용을 어느 회계기간에 귀속시킬 것인가를 결정하는 과정을 말한다. 다시 말해 비용의 기간귀속 결정 문제이다. 비용은 발생주의 원칙에 따라 인식한다고 하지만 실제로는 수익과 관련해서 인식하는 것이 일반적이다. 다만 관련수익을 찾을 수 없는 지출은 비용의 발생시점에서 인식하고 있는 것이다. 이러한 사실은 다음의 비용의 인식방법에서 잘 알 수 있다.

2) 비용인식 방법

APB Statement No.4에 의하면 비용은 다음 3가지 형식으로 인식한다. 비용의인식은 비용의 귀속귀간의 결정 문제이다. 즉, 특정 항목의 비용을 어느 시점에서 계정에 기록하여 결과적으로 재무보고서에 포함시킬 것인가 하는 문제이다. 이러한 비용의 인식은 수익비용의 대응에 근거하여 인식하는 것이 원칙이다.

① 비용이 관련수익과 인과관계(associating cause and effect)를 갖고 있는 경우에는 직접적 대응이라 하여 관련수익의 계상시점에 비용도 인식한다. 이러한 비용에는 매출원가, 판매원수수료 등이

있다.

② 비용이 관련수익과 인과관계를 가지고 있지는 있지만 간간적인 관점에서 보아 수익의 인식시점에 원가소멸(비용)이 일어난 것으로 볼 수 있는 경우에는 기간수익에 기간의 발생비용을 합리적이고 체계적인 방법에 의해 배분(systematic and rational allocation)하여 인식하고 관련 기간수익에 대응시킨다. 예컨대 재고자산의 기간별 배분, 감가상각비 등이 그 예이며 간접대응 또는 기간대응이라고 칭한다.

③ 위의 2가지 방법을 적용할 수 없는 경우에는 (즉 미래의 경제적 효익과 인과관계가 없거나 불확실할 경우) 당기에 발생한 지출을 즉시 인식(immediate recognition)로 비용으로 인식한다. 이러한 지출비용에는 경상적 지출의 시험연구비, 일반관리비, 화재손실 등이 있다.

4. 비용의 측정

비용의 측정은 기업의 경영활동과정에서 수익을 얻기 위해 소멸되는 재화나 용역을 화폐단위로 측정하는 문제이다. 일반적으로 비용은 ① 역사적 원가(Historical cost)에 의해 측정한다고 알고 있으나 실제로는 그리 간단한 문제가 아니다. 왜냐하면 어떤 목적으로 이익을 측정하느냐 즉, 이익측정의 목적에 따라 비용의 측정방법이 달라질 수 있기 때문이다. 이렇게 이익의 측정목적에 따라 서로 다른 비용의 측정방법이 사용될 것이지만 현재 회계학에서 비용을 측정할 때 사용할 수 있는 기준에는 다음과 같은 것이 있다.

① 역사적 원가(Historical cost)
② 현행원가(대체원가:Replacement cost)
③ 순실현가능가치(Net realizable value)
④ 일반물가수준에 의한 수정된 역사적 원가(Abjected historical cost by General price level)

이러한 비용의 측정기준들에 대해서는 다음 장에서 자산의 측정(평가)기준에서 자세히 설명할 것이다.

제 14 장

자산의 인식과 평가(측정)

제 1 절 자산의 본질

FASB의 정의에 의하면 자산은 과거의 거래 또는 사건의 결과로서 특정 실체가 취득하였거나 지배하고 있는 미래의 가능한 효익이다(Assets are probable future economic benefits obtained or controlled by a particular entity as a result of past transactions or events.[1])

Hendriksen의 정의[2]에 의하면 자산에는 미래의 효익 또는 용역잠재력에 대한 어떤 특정의 권리가 존재하여야 하고 그 권리가 특정의 개인 또는 기업의 것이어야 한다. 그리고 그 권리 또는 용역에 대해 법률적으로 강제 할 수 있는 청구권이 존재해야 하며, 경제적 효익은 과거의 거래 또는 사상의 결과로 나타난 것이어야 한다.

우리나라 기업회계기준에 의하면 자산은 특정의 경제실체가 과거의 거래 또는 사상의 결과로 획득하였거나 통제하고 있는 미래의 수취 가능한 경제적 효익을 나타낸다고 정의하고 있다. 이를 구체적으로 살펴보면 다음과 같은 내용을 담고 있다.

① 특정실체에 영향을 미치는 경제적 사건 중, 자산으로 분류되기 위해서는 미래의 경제적 효익이 있어야 한다는 것이다.

② 특정실체가 배타적으로 통제될 수 있어야 한다.

③ 경제적 효익은 과거의 거래나 사건의 결과로서 발생된 것이어야 한다.

④ 자산의 효익은 화폐단위로 계량화 또는 측정될 수 있어야 한다.

1) "Element of Financial Statement of Business Enterprises", statement of Financial Accounting concepts No. 3(stamford conn ; FASB, 1980), par.19.

2) 남상오, 회계이론, 다산출판사, 1997, pp.465~467.

이러한 자산의 정의는 그 쓰임새와 자산의 종류에 따라 다음과 같은 본질적 특성을 고려하는 것이 좋다.

전통적 정태론 회계는 채권자보호에 초점을 두고 실재자산의 가치를 계산하기 위해 재무상태표 중심의 사고이다. 따라서 자산은 장래의 유리한 현금흐름을 가져올 수 있는 잠재적 능력보다는 처분가치가 있는 자원의 개념이 강하다. 반면 투자자보호를 위해 손익계산서(기간손익의 계산) 중심의 동태론에서는 자산의 유형에 따라 다음과 본질적 특성을 갖는다고 볼 수 있다.

① service potential (유형자산)
② unexpired cost (재고자산)
③ 장래에 기대되는 경제적 효익에 대한 청구권 : 용역잠재력과 유사 (영업권등의 무형자산)
④ 화폐로 표시되거나 미래에 화폐로 전환가능한 미래의 용역 (현금, 외상매출금 등의 당좌자산)

제2절 자산의 분류와 종류

자산은 다음과 같은 기준에 따라 분류될 수 있다.

첫째, 영업활동에의 투입여부에 따라 업무(operating assets:영업)용자산과 비업무(nonoperating assets:비영업)용자산으로 구분한다.

둘째, 자산형태의 유무에 따라 유형자산(tangible assets)과 무형자산(intangible assets)으로 구분한다.

셋째, 기업내의 체류기간(1년 또는 정상적 영업순환기준)에 따라 유동자산(current assets)과 비유동자산(noncurrent assets)으로 구분한다. 비유동자산은 정상적 영업활동과정을 통해 재무상태표일로부터 1년이내 현금화되기 곤란한 자산을 고정자산(fixed assets)이라고도 부르지만 정확한 표현은 아니다. 일반적으로 유동성을 결정하는 요소는 정상적으로 1년내에 현금화시킬 수 있는 가능성의 정도와 현금화시킬 때의 금액의 확실성 정도이다. 예컨대 기계장치 등의 생산설비는 1년내에 처분하여 현금화시키기도 어렵지만 만일 처분한다고 하더라도 처분시장에서 받을 수 있는 금액이 자산가치보다 훨씬 낮을 수 밖에 없다.

넷째, 화폐성 유무에 따라 화폐성 자산(monetary assets)와 비화폐성 자산(nonmonetary assets)로 구분한다. 일반적으로 화폐성자산은 판매과정을 거치지 않고도 화폐금액으로 확정되어 있어서 지급목적에 사용할 수 있는 자산이다. 주로 현금 및 현금등가자산이 이에 속한다. 이렇게 화폐성자산은 화폐금액으로 확정되어 있고 처분과정을 거치지 않고도 지급목적에 사용할 수 있는 자산이기 때문에 물가가 상승하면 화폐성 자산의 실질가치가 저하된다. 이러한 화폐성 유무에 따른 자산의 분류는 물가변동이나 환율변동에 의한 구매력 손익을 측정하는데 중요하다.

그리고 유동자산과 화폐성 자산의 이동점을 살펴보면, 대부분의 화폐성 자산은 유동자산이지만 그렇지 않은 것도 있다. 예컨대 특정목적의 현금과예금은 화폐성 자산이지만 유동자산이 아니다. 반면 재고자산은 유동자산이지만 화폐성 자산이 아니다.

1) 유동자산(current assets)

현금과 1년 내 또는 영업순환기간(operating cycle)내에 현금으로 전환될 수 있거나 판매, 소비되리라고 기대되는 자산이다.3)

이러한 유동자산에는 당좌자산, 재고자산, 기타유동자산이 있다.

① 당좌자산(quick assets)

유동자산 중에서도 재무상태표 항목중 유동성이 가장 높은 자산으로서, 기업의 주된 영업활동인 상품의 매매와 용역의 제공과정을 거치지 아니하고도 1년 이내에 현금화가 가능한 자산이다.4) 이런 당좌자산에는 현금 및 현금등가물, 단기 금융상품, 유가증권, 매출채권, 단기 대여금, 미수금, 미수수익, 선급금, 선급비용, 기타의 당좌자산이 있다.

② 재고자산(inventory)

기업의 정상적인 영업활동 과정에서 판매를 목적으로 보유하고 있는 자산 또는 판매할 제품의 생산을 위하여 사용되거나 소비될 재화를 말한다. 이런 재고자산에는 상품, 제품, 반제품, 재공품, 원재료, 저장품 및 기타의 재고자산 등이 속한다.

---

3) 남상오, 회계이론, 다산출판사, 1997, pp.463~467.
4) 송인만·이효익 공저, 회계원리, 신영사, 1989, pp.280.

2) 비유동자산(non-current assets)

기업에 장기적으로 체류하는 자산으로, 재무상태표일 이후 1년 이내에 현금으로 실현·판매·소비될 수 없는 것이다.5)이 비유동자산은 투자자산과 유형자산 및 무형자산 등으로 구성된다.

① 투자자산(investments)

장기의 차익을 얻을 목적 또는 다른 기업을 지배·통제할 목적으로 투자하는 자산이다. 이러한 투자자산에는 장기금융상품, 투자유가증권, 장기대여금, 장기성매출채권, 투자부동산, 보증금, 이연법인세차, 기타의 투자자산 등이 있다.

② 유형자산(tangible assets)

형체가 있는 물적 자산으로서, 기업에 장기적으로 체류하여 재판매 목적보다는 경영활동의 기본재산이 되는 자산이다. 유형자산에는 토지, 건물, 구축물, 기계장치, 선박, 차량운반구, 건설 중인 자산 및 기타의 유형자산 등이 속한다.

③ 무형자산(intangible assets)

물적 실체가 없는 유형자산으로서, 이 자산을 소유함으로써 미래의 경제적 효익을 얻을 수 있는 자산이다. 이런 자산에는 영업권, 산업재산권, 광업권, 어업권, 차지권(지상권포함), 개발비 및 기타무형자산 등이 있다.

과거의 기준에서 이연계정(deferred charges)에 대해 그 지출의 효과가 차기이후에 미치기 때문에 지출한 연도의 비용으로 하지 않고 차기 이후의 비용으로 배분하기 위하여 당기에 자본화해서 이연자산으로 해오든 것을 개정 기업회계기준에서 일부항목이 무형자산으로 재분류되고 나머지 항목은 당기비용으로 처리토록 규정하고 이연자산 항목은 폐지하였다.

제3절 자산의 장부가액 결정

재무상태표에 자산을 취득한 원가로 기록·보고하여야 한다는 것을 역사적 원가주의 또는 취득원가주의라 한다. 모든 자산의 취득은 교환

5) 남상오, 회계원리, 다산출판사, 1999, pp.199.

가격인 원가로 계상하고, 일단 원가로 계상된 금액은 그 후 해당자산이 판매·처분 될 때까지 회계장부에 원가로 계상한다. 자산의 취득원가는 보통 매입대금에 부대비용을 가산하여 결정된다.

이렇게 원가주의 원칙이 주장되는 이유는 ① 원가는 객관적으로 결정되고, ② 원가는 확실하고, 용이하게 결정되며, ③ 원가는 검증가능성을 갖고 있다는 것이다. 그리고 비판의 논거는 ① 원가가 결정되기 곤란한 경우가 있고, ② 원가는 현행가치를 표시하지 않는다는 점에 있다.

1. 취득시점의 장부가액 결정

자산을 구입한 경우에는 현금에 의한 경우와 외상의 경우로 나누어 볼 수 있다.

1) 현금구입의 경우에는 구입시의 지출과 정상적이고 추적 가능한 구입부대비용의 합계를 취득원가로 한다.
2) 외상구입세에는 현금구입시 지불했을 것으로 간주할 수 있는 가격과 정상적이고 추적 가능한 구입부대비용의 합계를 취득원가로 한다.
3) 장기할부구입의 경우네는 할부금총액에서 취득일 이후의 이자상당액을 차감한 금액을 장부가액으로 한다.
4) 자가건설의 경우에는 직접비와 변동간접비는 취득원가로 하고 고정간접비는 제외한다.
5) 현물출자로 받은 경우에는 출자자에게 교부된 주식의 발행가액을 장부가액으로 간주한다.
6) 교환의 경우에는 장부가액 또는 공정한 평가액(시가)를 장부가액으로 간주한다.
7) 증여의 경우에는 공정한 평가액을 장부가액으로 한다.

이러한 취득원가의 결정과정과 원가집합과 배분의 과정을 보면 [그림 4-2]와 같다.

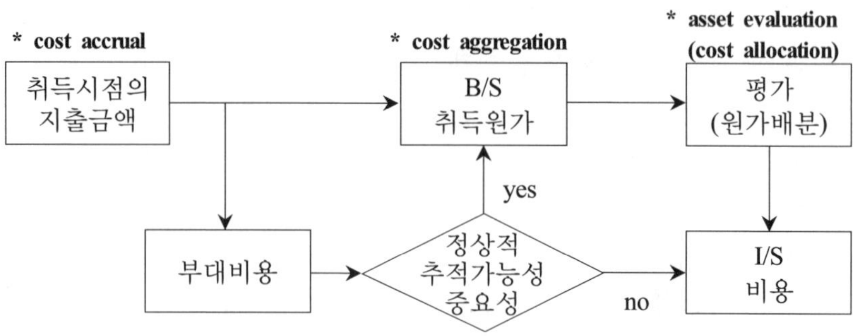

[그림 4-2] 원가집적과 배분

2. 취득이후의 지출

취득이후의 지출에 대해서는 지출의 효과가 내용연수의 연장이나 경제적 가치의 증대(서비스 양적 증대 또는 질적 증대)를 가져오는 자본적 지출의 경우에는 장부가액에 부가하고 수익적 지출의 경우에는 당해 기간의 비용으로 처리한다. 취득이후의 지출이 내용연수의 연장이나 경제적 가치의 증대를 가져오는지의 여부를 판단하기 곤란하기 때문에 실무적으로는 다음의 경우에 자본적 지출로 간주한다.

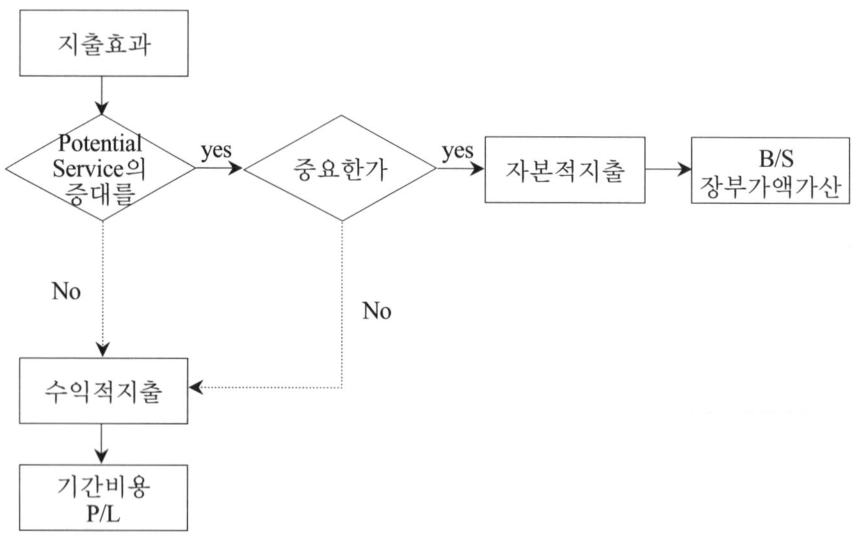

[그림 4-3] 자본적 지출과 수익적 지출

이와 같은 자산이 미래수익 증대를 가져올 수 있는 경우는 증설(additions), 개량(improvements), 대치(replacements), 재배치(rearranges), 이전(transfers), 수선(repairs) 등이다. 따라서 자산의 취득시점 이후에 증설, 개량, 대치, 재배치, 재이전, 수선 등이 있는 경우에는 그 지출의 효과가 미래의 수익증대를 가져올 수 있다면 자본적 지출로 처리하고 그렇지 못하면 수익적 지출로 처리한다.

제4절 자산평가(측정)

1. 자산평가의 의의

일반적으로 평가(valuation)란 어떤 대상에 경제적 가치를 부여하는 과정이다. 이 가치는 시장에서 객관적으로 결정될 수도 있고, 회계담당자의 추정에 의해 결정할 수도 있으며, 회계절차의 적용결과로 나타나는 수치일 수도 있다. 다시 말하자면, 일정한 대상에 대하여 가격을 매기는 과정 또는 그것을 화폐액으로 표현하는 과정이다. 한편 측정(measurement, measuring)이란 일정한 규칙에 따라 사건, 대상 또는 속성에 수를 부여하는 과정이다.

그런데 회계에서는 화폐평가의 공준하에서 측정이 이루어지기 때문에 양적으로 표현되거나 계량화되는 것이 금액의 수치로 표시된다. 따라서 원래의 의미에 있어서 평가와 측정이라는 용어가 다르지만 회계에서는 동일하게 화폐가치에 의해 표현되기 때문에 동일시되고 있다. 단지 언어습관상 수익과 비용에서는 측정이라 하고 자산 및 부채에서는 평가라는 용어를 많이 사용한다.

2. 자산평가의 목적

1) 이익산정(측정)을 위한 목적

이익측정을 위한 자산의 평가는 동태론적 관점이라고 할 수 있다. 동태론적 관점에서 자산은 수익을 획득하기 위해 유보되어 있는 원가

뭉치(미소멸원가)이다. 따라서 자산을 평가한다는 것은 원가의 배분과정(process of allocation)이라고 본다. 즉 기초의 원가뭉치인 자산을 당기의 수익 창출에 이바지한 원가와 차기 이후의 수익창출에 이바지할 원가로 배분하는 과정이다. 이렇게 자산평가를 원가의 배분과정으로 보는 방법에도 2가지가 있다.

① 수익–비용 대응의 한 단계

수익-비용 대응의 한 단계(as a step in the matching proces)로 보는 견해는 대응 접근법이라고도 한다. 이 견해에서는 자산평가를 수익-비용의 대응에 의해 이익을 측정하는 하나의 단계(step)로 보는 것이다. 발생수익에 대해 관련비용을 대응시켜 이익을 측정하는 단계에서 자산 중에서 소멸된 원가를 어떻게 측정하는가에 따라 비용이 달라지므로 결국 자산의 소멸원가 측정치에 따라 이익측정(평가)이 영향을 받게 된다.

여기서 중요한 것은 이익을 측정하기 위해 자산을 평가하며 수익과 관련지워서 소멸원가(비용)를 인식한다는 점이다. 이렇게 자산평가를 수익-비용 대응의 한 단계로 보는 경우에 수익은 실현시점의 현행수익(current revenues)이지만 비용은 자산의 구입시점의 역사적원가(historical cost)나 대체원가(replacement cost) 등의 여러 가지 기준에 의한 평가치가 대응될 수 있다. 따라서 기간이익이 비용화된 자산을 어떤 기준의 평가치를 사용하느냐에 따라 서로 달라질 수 있다.

그리고 대응에 있어서 실현이익에 관련비용을 대응시키기 때문에 임의적 원가배분(arbitrary cost allocation)이 개재되어 부적절한 것이 될 수도 있다. 예컨대. 재고자산평가방법, 감가상각방법, 제조간접비 배부방법 등에서 2개 이상의 선택가능한 방법이 존재하고 그 중에서 어떤 방법을 선택하느냐에 따라 동일수익에 대응되는 비용이 달라질 수 있다.

② 가치의 증분척도

자산의 평가를 가치의 증분척도(as a measure of accretion)로 보는 견해는 증가접근법이라고도 한다. 이 견해에서 이익은 증가된 기업의 자산가치에 의해 측정된다고 본다. 따라서 증분가치에 의한 이익은 자본거래가 없는 상황에서 보면 기업의 순자산가치(net value) 증분(accretion)이다. 이러한 기업의 순자산가치 증분은 입력가치와 출력가치의 차이를 말한다. 증분척도에 의한 자산의 평가는 최종적인 출력가치나 수령할 현금액에 의해 가치변동을 인식함으로 기업의 순가치에 의해 이익을 잘 나타낸다고 볼 수 있다.

2) 재산상태의 공개목적

재산상태의 공개목적은 정태론적 입장에서 채권자나 투자자들을 위한 재산의 적정가치를 표시하는데 있다. 따라서 평가란 이러한 재산상태를 공개할 목적으로 재무상태표의 작성일 현재의 그에 부여할 가치가 얼마인가를 결정하는 것이다. 정태론적 입장에서 재산가치를 표시하기 위해서는 현행가치(current value) 즉, 순실현가치나 대체원가 등에 의한 평가가 중요하다. 이와 같은 주 목적외에도 다음과 같은 부차적인 목적이 있다.

① 여러 지분소유주의 청구권 표시

기업이 일정시점에서 기업이 소유하고 있는 경제적 자원의 스톡(stok)과 그에 대한 청구권을 주주 기타 이해관계자에게 보고하기 위해 자산을 평가한다. 재무상태표는 이와 같이 평가된 자산가치에 의하여 주주와 채권자등 여러 지분소유자의 지분 크기를 일정시점에서 나타내주기 때문에 기업에 위탁된 자원의 수탁책임 또는 회계책임을 명시하는 것이라고 말할 수 있다.

② 예측수단으로서 재무상태의 공개

재무상태표에 나타난 자산의 평가액에 의해 미래의 현금흐름을 예측할 수 있도록 하기 위한 것이다. 회계정보가 미래를 예측하기 위해 필요하다고 한다면, 자산을 평가하여 재무상태에 관한 정보를 제공하는 것도 당연히 그 평가된 자산에 의해 미래에 어떤 현상을 예측하기 위한 것이라고 보아야 한다.

3. 자산평가의 기준

자산평가기준이란 자산평가에 있어서 척도(尺度)를 말한다. 자산평가에서 이러한 척도는 평가규칙이라고 하는데 어떤 평가규칙을 적용하여 자산에 화폐가치를 부여하는가에 따라 다양한 평가치가 산정될 수 있는 것이다. 대표적 자산평가기준으로는 원가·시가·저가 이외에도 역사적 원가·현행원가·현행시장가치·순실현가능가치·미래의 현금흐름의 현가(또는 할인가치)를 들 수 있다.

① 역사적 원가

자산의 역사적 원가는 그 자산을 취득한때 지급한 현금액 또는 현금등가액이다. 이것은 곧 취득원가 또는 역사적 교환가격을 뜻한다. 이러한 역사적 원가는 구입자와 판매자의 합치된 의견에 따라 결정된 교환가격이기 때문에 객관적이며 검증가능하다는 장점을 갖고 있다. 반면. 자산가치는 시일경과에 따라 또는 물가변동에 따라 변동될 수 있음으로 취득 이후에 그 의미가 상실 될 수 있는 단점이 있다. 따라서 취득원가에 의한 평가는 자산의 보유손익(holding gains and losses)을 무시하게 된다. 또한, 화폐가치의 변동이 있는 경우에 각각 다른 시점에서 취득된 자산들의 원가를 그대로 합산한 재무상태표의 자산총액은 아무른 의미가 없는 총계액에 불과하게 된다.

② 현행원가와 대체원가

현행원가(current cost)는 현행입력원가(current input cost)라고도 하며, 평가대상인 자산과 동일한 내용연수나 조업능력을 가진 자산 또는 그 등가액을 얻기 위하여 현재시점의 시장에서 구입될 수 있는 교환가격이다. 즉, 동일한 용역잠재력의 원가에 기초한 개념이다. 반면 대체원가(replacement cost)는 현재상태의 시장에서 동일한 자산을 구입하는데 필요한 화폐액을 말하며, 다시 말해 현존하는 자산의 기능을 대신할 수 있는, 현존하는 자산대신에 사용할 수 있는 다른(異種) 자산에 대하여 지급할 현재의 시장가격을 말한다.

이렇게 현행원가와 대체원가를 엄밀하게 개념구분을 하는 학자[6]도 있지만 동일시해도 무방하다고 생각된다. 이러한 현행원가는 물가변동기에 적절한 투입가치의 측정기준이 된다. 즉, 현행원가는 현행수익과 현행원가를 대응시킴으로써 적절한 수익-비용의 대응이 이루어진다. 이러한 대응으로 현행원가는 예측의 목적에도 알맞은 손익을 산정할 수 있다. 또한 현행수익과 현행원가를 대응시켜 자산의 보유손익과 영업활동으로 인한 손익을 구분할 수 있다.

6) 김영청, 재무회계이론, 형설출판사, 1986, p.569.

반면 현행원가에 의한 평가는 현재 소유하고 있는 자산을 현행원가로 환산할 때에 주관성이 개재되기 쉽기 때문에 .객관성이 결여될 수 있다는 단점을 갖고 있다. 그리고 동일자산을 구입할 수 있는 시장이 존재하지 않을 수도 있으므로 평가에 어려움이 있고 보유차익을 수익으로 인식하는 것은 전통적인 실현개념에 위배된다고 볼 수 있다.

③ 현행시장가치

현행시장가치(current market value)는 현행유출가치(current exit value))라고도 하며, 순차적인 청산상태에서 자산을 매각시장에서 판매함으로써 얻을 수 있는 현금액 또는 현금등가액이다. 챔버스(Chambers)는 순차적인 청산의 상태에서 기업이 가지고 있는 모든 자산을 현재 판매한다고 가정할 때 받을 현금액 또는 현금 등가액을 현행현금등가액(current cash equivalent)이라고 표현하고 있다. 그에 의하면 생산물이나 시장성 있는 자산만이 아니라 모든 자산을 현행현금등가액으로 평가하자고 주장하는데, 이렇게 평가하면 잔존하는 자산은 기회원가를 나타낼 것이고, 자산의 소멸분은 기회비용을 나타낼 것이라고 한다. 또 그래야 만이 모든 자산이 논리적으로 가감계산이 되고, 그 가치의 상호비교가 가능해지기 때문이다.

이러한 현행시장가치는 자본화가치와 더불어 경제학적 기회원가를 반영하는 측정치이므로 기업의 재무적 적응도와 유용성을 평가하거나 경영자의 수탁책임기능을 평가하는데 목적적합한 필요한 정보를 제공할 수 있는 장점이 있다.

반면 현행현금등가액은 기업이 사용하고자 하는 자산에는 목적적합하지 않고 특정자산(예를 들어, 무형자산의 평가, 영업권의 평가 등)과 부채의 평가에 있어서는 현행현금등가액을 적절히 적용할 수가 없다는 단점을 갖고 있다.

④ 순실현가능가치

순실현가능가치(net realizable value)는 예상유출가치(expected exit value)라고도 하며, 정상적인 영업과정에서 받을 것으로 예상되는 할인하지 않은 현금액 또는 현금등가액 그리고 판매가능금액으로부터, 그 자산을 현금과 교환하는데 필요한 직접원가 즉 그 자산의 완성·판매·처분에 필요한 추가적인 제비용을 차감한 가치나 금액을 말한다. 간단히 말해서 순실현가능가치는 미래에 받을 금액을 일정한 할인율을 적용하여 할인하지 않고 거래비용을 차감한 것을 말한다. 우리나라 기업회계기준에 의하면, 재고자산을 저가기준으로 평가할 경우 순실현가능가액을 적용할 수 있도록 규정하고 있다.

한편 이와 유사한 개념으로 현재가치(present value)가 있는데 이는 미래에 받을 금액을 할인한 것을 말한다.

〈표 4-5〉 순실현가능가치와 현행시장가치의 비교

현행시장가치	순실현가능가치
자산을 현재의 상태 그대로 현재에 판매한다면 받을 금액	자산을 현재의 상태로 판매하지 않고, 그 자산을 장차 추가로 가공하여 판매한다고 가정하면 받을 것으로 예상되는 금액에서 판매하기까지 추가로 소요되는 직접비용을 차감한 금액
순차적인 청산을 가정	정상적인 영업과정에서 이익을 포함하여 받을 금액

⑤ 미래현금흐름의 현가

미래현금흐름의 현가는 미래현금유입액의 할인가치라고도 하며, 기대되는 미래의 현금흐름을 현가로 계산하여 자산의 평가액으로 하는 것으로서, 자산이 정상적인 영업과정에서 전환될 것으로 예상되는 미래의 현금유입액의 현가로부터, 그러한 유입을 얻는데 필요한 현금유출액의 현가를 차감한 금액으로 표시된다.

미래현금흐름의 현가를 구하기 위해서는 미래의 현금흐름액 즉, 유입할 금액과 할인율, 그리고 기간(현금흐름의 발생시점)등을 알아야 한다.

(i) 일시에 전액이 유입될 경우

$$v = a(1+i)^{-n} \quad \text{또는} \quad v = \frac{a}{(1+i)^n}$$

여기서, υ: 자산의 현가, n : 기간수
i : 할인율, a : 유입될 금액

(ii) 분할하여 유입될 경우

$$P_0 = \sum_{j=1}^{n} \frac{R_j}{(1+i)^n}$$

여기서, P_0 : 자산의 현가(기준연도 t_0)
R_j : j연도말에 유입될 금액
j : t_1~t_n의 각 연도

이러한 미래현금흐름의 현가는 개념적·이론적으로 타당성이 있지만 미래의 현금흐름, 할인율, 기간을 결정하기 어렵고, 기업의 제품이나 용역의 산출, 이에 따른 현금흐름에 대한 두 가지 이상의 요소들을 논리적으로 배분한다는 것은 불가능하며, 기업의 모든 자산에 대한 각각 다른 현금흐름의 할인된 가치를 합계한다고 해도 기업가치와 다를 수 있다는 문제점이 있다.

〈표 4-5〉 Hendriksen의 자산평가 기준별 비교표

평가(측정) 기준	적용 가능한 조건
(1) 교환산출가치	산출가치의 신뢰할 수 있는 증거를 미래현금수입의 지표(indication)로서 얻는 것이 가능한 경우
① 할인된 미래현금 수입 또는 용역 잠재력	① 기대되는 미래현금수입 또는 등가액을 알 수 있거나 확실하게 추정될 수 있을 경우와 대기기간이 비교적 긴 경우
② 현행산출가치	② 현금판매가격이 미래의 산출가격을 나타낼 경우
③ 현행현금등가액	③ 최상의 대체적 방법이 자산의 순차적 청산에 의할 경우
④ 청산가치	④ 기업이 생산물을 정상적인 마케팅경로에서 판매할 수 없을 경우 또는 정상적인 기대용역가치(expected service value)를 예상할 수 없을 경우
(2) 교환입력가치	매출가치에 관해 신뢰할 만한 증거를 얻을 수 없는 경우로 미래현금 수입의 지표가 될 수 있는 경우
⑤ 역사적원가	⑤ 현행입력가치의 측정치로서 최근에 획득되었을 때
⑥ 현행입력원가(현행원가)	⑥ 현행입력가치에 관한 검증가능한 증거를 얻을 수 있을 경우
⑦ 할인된 미래원가	⑦ 이미 알려진 또는 추정된 원가의 미래용역이 필요할 때 취득하지 않고 미리 구입된 경우
⑧ 표준원가	⑧ 표준원가가 효율과 조업도의 정상적인 상황하에서의 현행원가를 나타낼 때

* 미래현금수입이나 미래현금지급의 예측목적을 가정한다.

이러한 자산측정(평가)의 기준들을 헨드릭센은 적용이 가능한 조건에 따라 <표 4-5>와 같이 제시하고 있다.

그리고 자산의 평가기준들이 갖는 특징과 자산의 유형을 정리해 보면 <표 4-6>과 같다.

<표 4-6> 자산 평가기준별 특성과 자산유형

구 분 / 측정기준	측정 시점	유입가격 또는 유출가격	특성			자산유형
			사상의 성격	목적적합성	신뢰성	
(1) 역사적원가	과 거	유입가격	실제 사상	낮 다	높 다	기본
(2) 현행원가	현 재	유입가격	가정된 사상	높 다	비교적 높 다	재고자산, 유형자산 (SFAS 33, APR 12)
(3)순차적청산에의한 현행출력가치(현행흐름등가액)	현 재	유출가격	가정된 사상	의사결정에따라 높기도하고, 낮기도 하다	낮 다	재고자산, 특수산업(보험회사, 증권회사등)의 유가증권 (SFAS12)
(4)정상영업활동에서 기대되는출력가치(현행산출가치)	미 래	유출가격	기대된 사상	높 다	낮 다	재고자산, 외상매출금 (순실현가치임)
(5) 현금흐름에 대한 현재가치	미 래	유출가격	기대된 사상	높 다	매 우 높 다	투자자산, 장기부채, 연금회계등

K-IFRS와 공정가치

우리나라에서는 IMF 외환위기 이후 민간주도의 한국 회계기준원을 설립하고 국제 회계기준을 기초로 하여 K-GAAP을 작성, 적용하여 왔으나 여전히 IFRS와는 상이한 점이 많아 소위 말하는 KOREA Discount의 주요 원인으로 여겨져 왔다. 하지만 K-IFRS를 도입하면서 공정가치의 사용이 본격화되면 이러한 문제들을 해소시킬 수 있다고 기대되고 있다. IFRS의 전면적인 도입에 따른 중요한 변화 중의 하나가 공정가치 평가 인프라 구축이라 할 수 있다. 왜냐하면 IFRS가 공정가치를 강조하는 이유는 공정가치가 투자자 의사결정에 가장 목적적합하다고 보기 때문이다.

1) 공정가치의 개념

공정가치란 합리적인 판단력과 거래의사가 있는 독립된 당사자 사이의 거래에서 자산이 교환되거나 부채가 결제될 수 있는 금액을 의미하는 것으로 IFRS에서는 공정가치란 측정일 시점에서 “시장참여자”간의 “정상거래”에서 자산의 매도로 수취하거나 부채의 이전으로 지급해야 할 금액이라 정의하고 있다.

이 정의에서 보면, 기업의 특정상황을 고려하지 않고 시장참여자의 관점에서 접근한다는 것을 알 수 있다. 즉, 공정가치는 별도의 측정기준이 아니라 기존의 측정기준을 교환의 개념을 적용하여 정의한 포괄적 측정기준인 것이다.

공정가치(fair value)는 역사적 원가(historical cost)에 비해서 신뢰성은 다소 낮을 수 있으나, 목적 적합한 회계정보를 제공할 수 있다는 관점에서 지지되는 측정개념 중의 하나이다. 이러한 공정가치로 측정된 회계정보의 신뢰성을 높일 수 있는 방안으로 회계법인, 감정평가법인과 같이 법률에 의해 정해진 외부평가기관이 공정가치를 측정으로 하는 것이 필요하다. 다만 공정가치 측정 필요성이 증가할 것이기 때문에 외부평가기관의 선택이나 적격성에 대한 제도적인 정비 또한 요구된다. K-IFRS에서는 자산과 부채, 그리고 수익의 인식에 있어서 광범위하게 공정가치를 의무적으로 적용하거나 선택적으로 사용할 수 있도록 규정하고 있다.

2) 공정가치 평가방법

① 현행원가Current Cost), 순실현가능가치((Net) Realisable Value), 기업체에 대한 사용가치(Value in Use to the Entity) 등이 있다.

② 현행비용에는 재생산비용(Reproduction Cost)과 대체비용(Replacement Cost)이 있으며, 대체비용은 NRV(순실현가능가치)와 같을 수 있다. 순실현가치와 사용가치는 회수가능액(Recoverable Amount)으로서 가치보다 클 수 있다.

③ 대체비용과 회수가능액은 박탈가치와 같을 수 있다.

④ Deprival value(박탈가치) : 박탈가치는 소유자산의 경우 시장이 존재하는 경우와 그렇지 않은 경우로 나누어 생각할 수 있다. 첫째,

시장이 존재하는 경우에서는 소유자나 점유자가 시장에 진입하여 대체자산을 구입하기 위해 필요한 비용을 박탈가치라 말하며 순현재 대체비용이라고도 한다. 반면 시장이 존재하지 않는 경우에는 자산의 소유자에 대한 효용가치와 자산의 퇴출 또는 처분가치 중에서 더 큰 가치에 해당하는 현재의 자산가치를 말한다.

3) 공정가치 평가가 적용되는 항목

(1) 의무적용 항목

① 금융상품: 인식과 측정(기준서 제1039호)

가장 광범위하게 공정가치 평가를 요구하는 기준서가 제1039호입니다. 동 기준서에서는 모든 금융자산과 금융부채를 최초 인식할 때 공정가치로 측정하도록 규정하고 있습니다. 또한 대여금 및 수취채권과 만기보유금융자산을 제외하고는 후속 측정시에도 공정가치로 평가하여야 한다.

② 충당부채(기준서 제 1037호)

충당부채는 지출의 시기 또는 금액이 불확실한 부채를 말하며 충당부채는 과거사건의 결과로 현재의무(법적의무 또는 의제의무)가 존재하며 경제적 효익이 내재된 자원이 유출될 가능성이 높고 그 소요되는 금액을 신뢰성있게 추정할 수 있는 부채로 대차대조표에 부채로 표시해야 한다. 그 종류에는 제품에 결함이 있을 경우 그것을 보증하는 수선, 교환해주는데 쓰이는 제품보증충당부채 판매촉진을 위한 환불 및 경품비용에 쓰이는 반품충당부채, 경품충당부채 등이 있다.

③ 사업결합(기준서 제1103호)

모든 사업결합에 있어서 식별이 가능한 피취득자로부터 취득하는 자산과 인수하는 부채 및 이전대가는 취득일의 공정가치로 측정한다

④ 종업원급여(기준서 제1019호)

확정급여부채는 확정급여채무에서 사외적립자산의 보고기간말 현재 공정가치를 차감한 금액으로 재무상태표에 표시한다.

사외적립자산의 공정가치는 시장가격으로 측정하되, 시장가격을 이용할 수 없는 경우에는 사외적립자산의 공정가치를 추정하여 결정한

다. 예를 들어, 사외적립자산의 만기(사외적립자산의 만기가 없다면 관련 채무가 결제되기까지의 예상기간)나 예상처분일과 사외적립자산에 관련된 위험을 모두 반영하는 할인율로 기대미래현금흐름을 할인함으로써 공정가치를 추정할 수 있다.

⑤ 주식기준보상(기준서 제1102호)

부여한 지분상품의 공정가치에 기초하여 거래를 측정하는 경우에는 이용할 수 있는 시장가격을 기초로 하되 지분상품의 부여조건을 고려하여 측정기준일 현재 공정가치를 측정한다.

⑥ 농림어업(기준서 제1041호)

생물자산은 공정가치를 신뢰성 있게 측정할 수 있다면 최초 인식시점과 매 보고기간말에 공정가치에서 추정 매각부대원가를 차감한 금액(이하 '순공정가치'라 한다)으로 측정하여야 한다. 그러나 생물자산에서 수확된 수확물은 수확시점에서만 순공정가치로 측정한다.

현재의 위치와 상태에서 생물자산이나 수확물의 활성시장이 존재하는 경우에는 그 시장에서 공시되는 가격이 그 자산의 공정가치를 산정하는 적절한 기준이 된다. 다른 활성시장에도 접근할 수 있는 경우에는 가장 관련 있는 공시가격을 사용한다. 예를 들어, 두 곳의 활성시장에 접근할 수 있는 경우에는 이용할 것으로 예상되는 시장의 가격을 자산의 공정가치로 사용한다.

(2) 선택적용 항목

① 금융상품: 표시(기준서 제1032호)

복합금융상품의 최초 장부금액을 부채요소와 자본요소로 배분하는 경우 자본요소에는 복합금융상품 전체의 공정가치에서 부채요소에 대하여 별도로 결정한 금액을 차감한 잔액을 배분한다. 또한 보통주로 전환할 수 있는 사채의 발행자는 유사한 사채의 공정가치를 측정하여 부채요소의 장부금액을 우선 결정한다.

금융상품 공정가치의 최선의 추정치는 활성시장에서 공시되는 가격이다. 금융상품에 대한 활성시장이 없다면, 공정가치는 평가기법을 사용하여 결정한다. 평가기법은 합리적인 판단력과 거래의사가 있는 독립된 당사자 사이의 최근 거래를 사용하는 방법, 실질적으로 동일한 다른 금융상품의 현행 공정가치를 이용할 수 있다면 이를 참조하는 방법, 현금흐름할인방법과 옵션가격결정모형을 포함한다.

② 유형자산(기준서 제1016호)

유형자산은 기본적으로 원가(cost)로 측정하지만, 비화폐성자산의 교환거래시 상업적 실질이 결여된 경우 또는 취득자산과 제공자산의 공정가치를 신뢰성 있게 측정할 수 없는 경우를 제외하고는 공정가치로 측정합니다. 또한 유형자산에 대해서 재평가모형을 선택 적용할 수 있는데, 이 경우 유형자산의 공정가치에 기초하여 재평가에 대한 회계처리를 한다.

재평가모형 적용시 일반적으로 토지와 건물의 공정가치는 시장에 근거한 증거를 기초로 수행된 평가에 의해 결정된다. 이 경우 평가는 보통 전문적 자격이 있는 평가인에 의해 이루어집니다. 일반적으로 설비장치와 기계장치의 공정가치는 감정에 의한 시장가치이다.

③ 무형자산(기준서 제1038호)

무형자산에 대해서 활성시장이 존재할 경우 재평가모형을 적용할 수 있으며, 재평가액은 공정가치를 말한다.

활성시장의 시장가격은 무형자산의 공정가치에 대한 가장 신뢰할 수 있는 추정치를 제공한다. 적절한 시장가격은 일반적으로 현행 매입호가입니다. 만일 현행 매입호가를 이용할 수 없다면, 가장 최근의 유사한 거래일부터 자산의 공정가치를 추정하는 날까지 경제상황에 유의적인 변화가 없다는 것을 전제로 가장 최근에 발생한 유사한 거래에서 형성된 가격을 근거로 하여 공정가치를 추정할 수 있다.

그러나 무형자산에 대한 활성시장이 존재하지 않는 경우, 그 무형자산의 공정가치는 취득일에 최선의 정보에 근거하여 합리적인 판단력과 거래의사가 있는 독립된 당사자 사이의 거래에서 그 자산에 대하여 지급하였을 금액이다. 이 금액을 결정하기 위하여 유사한 자산의 최근 거래의 결과를 고려한다.

④ 투자부동산(기준서 제1040호)

투자부동산은 원가모형과 공정가치모형 중 한 가지를 선택할 수 있다. 다만, 투자부동산에 대해서 공정가치모형을 적용할 경우에는 상각을 하지 않고 공정가치 변동을 당기손익으로 인식한다는 점이 유무형자산의 재평가모형과 차이점이다.

다른 무엇보다 투자부동산의 공정가치는 현재 체결된 리스계약의 임대수익 및 합리적이고 지지할만한 가정 등을 반영한다. 여기에서 가정은 합리적인 판단력과 거래의사가 있는 독립된 당사자가 현재의 상황에 기초하여 추정할 수 있는 향후 리스에서 발생할 임대수익에 대한 가정을 말한다. 또한, 그 공정가치는 유사한 기초 하에 투자부동산과 관련하여 발생할 것으로 예상되는 모든 현금유출(임차 관련 지급과 기타 유출 포함)을 반영한다.

같은 위치나 상태에 있으면서 리스 및 기타 계약조건이 유사한 부동산의 활성시장의 현재가격은 공정가치의 가장 좋은 증거가 된다. 이 경우 부동산의 특성, 위치, 상태 등의 차이와 투자부동산과 관련된 리스 및 기타 계약의 계약조건 차이를 고려한다.

⑤ 수익(기준서 제1018호)

수익은 받았거나 받을 대가의 공정가치로 측정합니다. 만약 대금지불약정이 실질적으로 자금대여거래에 해당하는 경우, 그 대가의 공정가치는 미래 총수취액을 내재이자율로 할인하여 결정한다.

⑥ 정부보조금(기준서 제1020호)

정부보조금은 토지나 그 밖의 자원과 같은 비화폐성자산을 기업이 사용하도록 이전하는 형식을 취할 수 있다. 이러한 상황에서는 일반적으로 비화폐성자산의 공정가치를 평가하여 보조금과 자산 모두를 그 공정가치로 회계처리 한다. 경우에 따라서 대체적인 방법으로 자산과 보조금을 명목금액으로 기록하기도 한다.

⑦ 환율변동효과(기준서 제1021호)

취득원가로 측정하는 비화폐성 외화항목에 대해서는 보고기간 말에 환율변동손익을 인식하지 않지만, 공정가치로 측정하는 비화폐성 외화항목은 공정가치가 결정된 날의 환율로 환산하여 환율변동손익을 인식한다. 또한 해외사업장의 취득으로 생기는 영업권과 자산·부채의 장부금액에 대한 공정가치 조정액은 해외사업장의 자산·부채로 본다. 따라서 이러한 영업권과 자산·부채의 장부금액에 대한 공정가치 조정액은 해외사업장의 기능통화로 표시하고 마감환율로 환산한다.

⑧ 자산손상(기준서 제1036호)

자산에 대해서 회수가능액으로 손상차손을 인식하는데, 이 때 회수가능액이란 자산 또는 현금창출단위의 순공정가치와 사용가치 중 큰 금액을 말한다.

4) 공정가치 측정방법

(1) 가치평가기법

공정가치 측정에 있어 가치평가기법을 사용하는 목적은 측정일에 시장참여자간의 정상거래가 일어날 경우의 가격을 결정하기 위함이다. 여기에는 시장접근법, 수익접근법 또는 원가접근법 등이 있는데, 이는 다음과 같은 특성을 지닌다.

- 시장접근법, 수익접근법 또는 원가접근법과 일관성이 있어야 함.
- 원가접근법은 자산의 사용가치를 측정할 때 적절한 평가 수단임.
- 시장참여자가 고려하는 위험(model risk, input risk 등)을 반영하여 조정함.
- 관련 관측가능한 투입변수의 사용을 최대화하고, 관측가능하지 않은 투입변수의 사용을 최소화함.

① 시장접근법

동일하거나 유사한 자산 또는 부채(사업자체를 포함)에 대한 시장거래에서 발생하는 관찰가능한 가격과 기타 관련 정보를 이용하여 공정가치를 측정하게 된다. 흔히 비교 가능한 것들의 집합으로부터 도출된 시장 배수(multiples)를 사용하거나 매트릭스 가격(matrix pricing)을 사용하는 것이 시장접근 방법에 포함된다.

② 이익 접근법(income approach)

이익 접근방법은 미래 금액(예를 들어, 현금흐름 또는 이익)을 단일의 현재 금액(할인된)으로 전환하는 가치 평가 기법을 사용한다. 현재가치 기법, 블랙-숄즈-머튼 공식과 이항분포 모형과 같은 옵션-가격결정 모형, 그리고 일부 무형자산의 공정가치를 측정하는데 사용된다.

③ 원가 접근법(cost approach)

원가 접근방법은 해당 자산의 사용능력을 유지하면서 교체하는데 필요한 현재의 금액(흔히 현행대체원가로 불린다)에 기초하는 방법이다.

(2) 공정가치 서열체계(fair value hierachy)

K-IFRS는 모든 공정가치 측정에 적용되는 일관된 측정체계를 가지고 있지 않기 때문에 복잡성을 줄이고 비교가능성을 증가시키기 위하여 단일의 측정체계를 소개하고 있다. 공정가치를 측정하는 데 있어 유의적인 최하위의 투입변수에 따라 공정가치 측정치의 수준을 결정하게 된다.

활성시장 : 지속적으로 가격 정보를 제공하기 위해 매우 빈번하고 규모있게 거래가 발생하는 시장을 말함.

LEVEL 1 : 측정일에 보고실체가 접근가능한 동일 자산 혹은 부채에 대한 활성시장의 공시가격(=공정가치에 대한 가장 신뢰성있는 증거를 제시한다고 봄.)

LEVEL 2 : 시장에서 직접 관측가능하지는 않지만 관측가능한 시장자료에 근거하거나 뒷받침되는 시장과 연계된 투입변수를 이용하여 추정함

LEVEL 3 : 관측가능한 시장자료에 근거를 두지 않는 자산 부채에 대한 투입변수를 이용하여 추정함

5) 공정가치 대체 방법

재평가모형은 유형자산 인식후 재평가일의 공정가치를 기초로 장부금액을 산정하는 방법이며, *장부금액=재평가일 공정가치-감가상각누계액-손상차손누계액이 된다. 이 경우 자산은 영업상 유사한 성격과 용도에 따라 분류를 하여 분류된 유형별로 위의 방법을 적용하게 된다. 이때, 재평가모형을 적용 할 경우 '공정가치'개념을 적용하는데 공정가치는 크게 시장가치 즉, 당사자 간의 거래에서 자산이 교환되거나 부

채가 상환될 수 있는 금액, 공인받은 평가자들의 감정평가에 의한 시장 증거를 근거로 결정 한다.

반면, 특수성으로 공정가치에 대한 시장 증거가 없고, 거래되지 않는 경우에는

① 손익접근법 : 시장가격이 있는 상이한 자산을 이용해 차이점을 반영해 공정가치 산출 또는 현금흐름할인법(DCF), 현재가치할인 등을 이용해 산출한다.

② 상각후대체원가법(written-down replacement cost) : 결산기준일 현재의 재취득원가에서 진부화 정도에 따른 물리적 감가 등을 반영한 상각액을 차감한 금액을 사용해서 공정가치를 측정 하도록 하고 있다.

6) 공정가치와 시장가치의 비교

① 시장가치는 평가시점현재 특정당사자(specific party)가 기꺼이 거래한다고 가정하는 경우에만 실현가능한 그와 같은 시너지가치(synergistic value)는 고려하지 않는다.

② 시장가치는 가격이 양쪽 당사자에게 공정(fair)한 것이기를 요구하지 않는다. 이것은 단지 시장참여자가 일반적으로 결정가능한 가격일 뿐이다.

③ 공정가치는 시장가치보다 더 넓은 개념이다. 많은 평가목적상 시너지가치 및 거래가 특정 실체(entity)에 공정했는지 여부를 고려하지 않는 것은 매우 부적절한 것일 수 있다.

7) 기타 : 재평가 방법

① 토지와 건물의 공정가액은 시장에 근거한 기초로 수행된 감정평가에 의해 결정된다.

설비장치와 기계장치의 공정가치는 사정에 의해 이루어진다.

② 해당 유형자산의 특수성 때문에 거의 거래되지 않는다면 이익접근법이나 상각 후 대체원가법을 사용해서 공정가치를 측정한다.

③ 유형자산을 재평가 할 경우 자의적으로 재평가모형을 적용할 것을 방지하기 위해 해당자산이 포함되는 유형자산 분류 (토지 또

는 토지 및 건물 등) 전체를 재평가한다.

8) 감정평가 법인의 소재지

IFRS 도입에 의하여 유형자산 등을 공정가치로 평가할 경우 '공인받은 감정평가인'에 의하여 평가하도록 되어있는 것으로 알고 있다. 국내기업의 해외법인의 경우, 해외법인 소재 부동산을 공정가치로 평가할 경우 평가를 그 법인이 소재한 국가에서 평가를 받아야 하는 것인지, 아니면 국내의 감정평가법인에서 해외법인의 자산을 평가할 수 있는 것인지 분명하지 않다.

국제회계기준에서는 유형자산의 최초 인식 후 각 분류별(예 토지, 기계장치 등)로 원가모형이나 재평가모형 중 하나를 회계정책으로 선택하여 동일하게 적용하도록 규정하고 있다.

재평가모형 적용과 관련된 국제회계기준 내용은 "일반적으로 토지와 건물의 공정가치는 공인된 감정평가인의 감정에 의하고 시장에 근거한 증거로 결정된다. 일반적으로 설비장치와 기계장치의 공정가치는 감정에 의한 시장가치이다. 해당 유형자산의 특수성 때문에 공정가치에 대해 시장에 근거한 증거가 없고, 해당 자산이 계속 사업의 일부로서 거래되는 경우를 제외하고는 거의 거래되지 않는다면, 이익접근법이나 상각후대체원가법을 사용해서 공정가치를 측정할 필요가 있을 것이다."(K-IFRS 제1016호, 문단 32,33)

또한, 재평가모형을 적용한 경우 독립적인 평가자가 평가에 참여하였는지 여부, 해당 자산의 공정가치 추정에 사용한 방법과 중요한 가정 등을 주석으로 공시하도록 하고 있다.

따라서, 감정평가법인의 소재지에 대해서는 IFRS에서 명시적으로 언급하고 있지 않고 있다.

K-IFRS의 특성: 유/무형자산 및 투자부동산

1) K-IFRS 최초 적용시 간주취득원가

최초 적용시에는 모든 자산과 부채에 K-IFRS를 소급적용하는 것이 원칙이다. 그러나 소급적용에 따른 기업의 부담을 완화하기 위해서 최초 적용시 유형자산, 투자부동산 및 무형자산의 장부가액은 과거 재평가금액, 최초 취득원가, 전환일의 공정가치 중에서 선택하여 적용토록 하고 있다.

2) 최초 인식 이후의 평가

유형자산, 투자부동산 및 무형자산에 대하여 원가모형과 재평가모형 중에서 선택하여 적용할 수 있다. 재평가모형을 선택한 경우에는 매 보고기간 말마다 재평가를 실시해야 하는 것은 아니다. 재평가된 자산의 공정가치와 장부금액이 중요하게 차이가 나지 않으면 3-5년마다 재평가할 수 있다. 그런데 투자부동산의 경우에는 원가모형을 적용하더라도 공정가치를 주석으로 공시해야 한다.

3) 재평가모형의 회계처리

자산의 장부금액이 재평가로 인하여 증가된 경우에 그 증가액은 기타포괄이익으로 인식하고 재평가잉여금의 과목으로 자본에 가산한다. 자산의 장부가액이 재평가로 인하여 감소한 경우에는 그 감소금액은 당기손실로 인식한다.

4) 유/무형자산의 내용연수, 잔존가치 및 상각방법의 변경시 회계처리

유/무형자산의 내용연수, 잔존가치 및 상각방법은 실제소비행태를 반영하여 매 회계연도말에 변경여부를 검토해야 한다. 변경 시에는 회계추정의 변경으로 간주하여 전진법으로 회계처리한다.

5) 손상의 회계처리

자산의 손상검사는 손상징후가 발생했을 때 수행하며 손상징후는 시장가치하락이나 기술, 경재, 법률적 환경 변화등의 외부요인과 진부화등의 내부요인이 있다. 그러나 일부 회원권과 같은 비한정의 내용연수를 갖는 무형자산의 경우에는 손상징후에 관계없이 매년 손상검사를 해야 한다.

자산의 회수가능액이 장부금액보다 적은 경우에는 그 감소금액이 손상차손이 되며 즉시 당기손실로 처리한다. 여기서 회수가능액이란 사용가치와 순공정가치 중에서 큰 금액을 의미한다.

한편 개별자산의 손상평가가 어려운 경우 즉, 자산이 다른 자산과 연관되어야만 현금흐름을 창출할 수 있는 경우에는 현금창출단위별로 손상검사를 수행한다. K-IFRS에서 현금창출단위별는 다른자산 또는 자산집단으로부터의 현금유입과는 거의 독립적으로 구별되는 현금유입을 창출하는 식별가능한 최소자산집단이라고 정의하고 있다. 예컨대, 유통업종에서는 점포, 운송업에서는 경로 등.

구 분	K-IFRS 1016 및 1036	이전 GAAP
유형/무형자산의 내용연수, 잔존가치 및 상각방법, 손익	내용연수 및 상각방법은 경제실질과 소비행태를 반영하여 매 회계연도말에 재검토	없음
	변경시에는 회계추정으로 보아 전진법 적용	
	손상차손과 보험금수익의 상계금지(총액표시)	
불용자산과 운휴자산의 손상차손 인식	매 회기에 불용자산과 운휴자산 집계해서 손상차손 인식여부 검토	
	자산손상의 징후가 있는 부분은 당해자산의 회수가능액으로 추정	
	회수가능액이 장부금액에 미달하는 부분은 손상차손으로 인식하고 장부가액에서도 감액	

구 분	K-IFRS 1016 및 1036	이전 GAAP
투자부동산의 처리	임대수익이나 시세차익 목적의 보유하면 투자부동산으로 인식	유형자산
인식후의 측정	공정가치나 원가모형 중 하나로 일관되게 적용	

제5절 당좌자산의 평가

1. 의의

당좌자산은 판매과정을 거치지 않고 직접적으로 현금화되는 자산을 말한다. 이러한 당좌자산은 물가의 변동이 있다하더라도 그 금액이 고정되어 있기 때문에 구매력 변동에 따른 영향을 받을 수 밖에 없다.

2. 분류와 종류

1) 현금 및 현금등가물

현재의 의무를 수행하기 위해 지급가능한 상태에 있는 자산으로 타인발행수표, 자기앞수표, 가계수표, 우편환, 기한이 도래한 공사체이자표, 송금수표, 송금환어음 등을 말한다. 반면, 선일자수표, 수입인지, 자기발행수표, 차용증서 등은 현재의 의무를 즉시 수행하는데 사용하기 위해서는 일정한 기간이나 절차가 요구되므로 현금 및 현금등가물로 보기 어렵다. 우리나라 기업회계기준에서는 당좌예금과 보통예금을 현금 및 현금등가물의 범위에 포함시키고 있다.

2) 단기금융상품

단기금융상품은 단기적 기금운용을 목적으로 소유하는 금융상품 중에서 기한이 1년 내에 도래하는 정기 예금, 정기적금, 사용이 제한되어 있는 예금 및 정형화된 상품을 말한다. 여기서 말하는 정형화된 상품이란 양도성예금, 기업어음, 어음관리구좌, 환매조건부채권, 표지어음 등을 말한다.

2) 매출채권

외상매출금(구두계약관계)과 받을 어음(어음상의 채권)으로 구분한다.

3) 기타당좌자산

현금 및 현금등가물과 단기금융상품을 제외한 당좌자산을 말하며 이에는 단기대여금, 미수금, 미수수익, 선급금 및 선급비용 등이 있다.

3. 평가(측정)

현금 등의 경우에는 현금과부족의 인식, 은행계정조정에 의한 장부잔액과 은행장고의 일치시키는 것, 외상매출금의 경우에는 매출에누리 및 매출할인, 거래할인 계상, 매출환입계상, 대손상각비 인식 등이 당좌자산의 평가에 해당된다.

제6절 재고자산의 평가

1. 의의와 종류

재고자산(inventories)은 기업의 정상적인 영업활동과정에서 판매를 목적으로 보유하거나 판매할 제품을 생산하기 위해 사용되거나 소비될 자산으로 상품, 제품, 반제품, 재공품, 원재료, 저장품 등이 있다.

2. 평가(측정)

재고자산의 금액은 재고자산의 수량x 단가로 산정된다. 따라서 평가의 평가는 수량측면과 단가측면에서 접근할 수 있다.

1) 수량결정방법

재고자산의 수량결정방법에는 계속기록법과 실제재고조사법이 있다.

① 계속기록법(perpetual method)은 재고자산의 입출고 수량을 계속적으로 기록함으로서 기말재고수량을 결정하는 방법이다. 계속기록법에서는 당기의 출고수량을 기록에 의해 먼저 인식하기 때문에 원가접근법(cost approach)이라고도 한다. 계속기록법에서 기말재

고량은 장부상에서 (기초재고량 + 당기입고량)에서 당가출고량을 차감하여 남은 수량이다.

(기초재고량 + 당기입고량) - 당기출고량 = 기말재고량

이러한 계속기록법을 사용할 경우에는 재고감모수량이 발생된다면 그 수량 전체가 기말재고수량에 포함되어 나타나기 때문에 재무상태표상에 정확한 기말재고량이 반영되지 못한다. 다시 말해 재무상태표의 기말재고수량이 과대평가되는 문제가 발생한다.

② 재고조사법(physical inventory method, period method)은 기중의 기록과는 관계없이 기말시점에서 실제로 잔존하고 있는 재고수량을 확인하여 기말재고량을 결정하고 (기초재고량 + 당기입고량)에서 기말재고량을 차감한 나머지가 모두 당기출고량이라 간주하는 방법이다. 이렇게 재무상태표에 계상할 재고수량을 우선시하기 때문에 자산접근법(assets approach)이라고도 한다.

(기초재고량 + 당기입고량) - 기말재고량 = 당기출고량

재고조사법을 사용할 경우에는 재고감모수량이 발생된다면 그 수량 전체가 당기출고량에 포함되어 나타나기 때문에 손익계산서의 비용에 포함되어 당기 비용이 과대평가되는 문제가 발생한다. 따라서 재고조사법만 사용하면 재고감모수량이 비용에 포함되어 결국 비용이 과대 계상되고 이익이 과소 계상되는 결과를 초래할 수 있다.

③ 혼합법은 위에서 설명한 계속기록법의 문제점과 실제재고조사법의 문제점을 동시에 해결하기 위해 두 가지 방법을 동시에 사용하는 것을 말한다. 이렇게 혼합법을 적용하면 재고감모손이 기말재고가액이나 당기매출원가에 포함되지 않고 별도로 찾아낼 수 있는 장점이 있다. 일반적으로 발견된 재고감모손은 매 회계기간에 불가피하게 일정하게 정상적이고 반복적으로 나타나는 부분에 대해서는 당기의 비용으로 인식하고 비정상적이고 비반복적인 부분에 대해서는 영업외 비용으로 처리한다.

2) 원가배분방법(원가흐름의 가정)

원가배분이란 일정한 공식이나 절차에 따라 일정금액 또는 가치를 2가지 이상의 경제적 현상에 인위적으로 할당하는 것으로 원가흐름의 가정이라고도 한다.

① 개별법(specific identification method)

매입품목별로 매입시에 가격표를 부착하여 기말에 남아 있는 재고자산을 표시가격에 의해 기말재고가액으로 산출하는 방법. 주로 고가품목을 취급하는 산업이나 업종에 적용한다.

② 선입선출법(first-in first-out method)

선입선출법은 먼저 매입한 품목이 먼저 출고된다고 가정하기 때문에 물가상승 시에는 손익계산서상의 매출원가가 과거의 낮은 매입원가로 계산되어 후입선출법과 비교하면 상대적으로 이익이 높게 산정된다. 따라서 기간이익이 상대적으로 높게 산정됨으로 경영성과가 높게 평가되는 대신 법인세 등의 부담이 상대적으로 커진다. 그리고 재무상태표의 기말재고자산의 가액은 후입선출법에 비해 상대적으로 높게 표시된다. 그러나 물가하락 기에는 그 반대현상이 일어난다.

③ 후입선출법(last-in first-out method)

선입선출법과 반대로 최근에 매입한 품목이 먼저 출고된다고 가정하므로 그 효과도 선입선출법과 반대로 해석하면 될 것이다. KIFRS 에서는 후입선출법을 사용할 수 없다.

④ 평균법(average cost method)

평균법에는 총평균법, 이동평균법 등이 있다. 총평균법(weighted average method)은 가중평균법의 하나로 일정기간에 있어서 재고자산의 매입합계액을 매입량으로 나누어 평균단가를 구하고 이 평균단가를 적용하여 기말재고액과 매출원가를 계산하는 방법이다. 총평균법은 주로 장부를 계속적으로 기록할 수 없는 실제재고조사법에 적용된다. 그리고 이동평균법은 재고자산을 매입할 때마다 매입직전의 장부상 잔액란의 금액과 매입액을 합계하여 매입직전의 장부상 잔고수량과 매입량을 합한 수량으로 나누어 평균단가를 구하고 이것을 그 다음의 매출단가로 간주하는 방법이다. 따라서 이 방법은 계속기록법에만 사용할 수 있다.

⑤ 최종매입원가법(cost-of-last purchase method)

재고자산의 종류가 많은 업체에 적용하며 그룹별로 기말재고수량 × 최종매입단가로 측정하여 그 금액을 기말재고자산으로 한다.

⑥ 기준재고법(base stock method)

기업이 정상적인 경업활동을 위한 기준재고량(base stock) 또는 정상재고량(normal stock)을 불변가격으로 정하고 실제 기말재고수량과 비교하여 그 초과분 또는 부족분을 현행원가(current cost)로 평가하여 기준재고액에서 차감하는 방법이다. 즉, 기말재고액은 기준재고액-(기초재고감소수량 × 현행대체원가)이다.

제7절 유가증권의 평가

1. 의의

유가증권은 재산권을 타나내는 증권으로서 일시적 기금운용, 타회사의 지배통제, 계속적인 거래관계의 유지, 유휴자산의 증식 등을 위하여 투자하는 지분증권(equity securities)과 채무증권(debt securities)을 말한다. 지분증권은 증권발행회사의 순자산에 대한 소유지분을 나타내는 증권이며 주식이 대표적인 지분증권이다. 채무증권은 증권의 소유자가 발행지에게 약정에 의한 금전을 청구할 수 있는 권리를 표시하는 증권으로 국공채와 사채(社債)가 있다.

2. 종류

KIFRS(제1109호)에서는 금융자산(유가증권)을 회계처리 방법에 따라 분류하고 있다. 먼저 상각후원가측정금융자산과 공정가치측정금융자산으로 나누고 공정가치측정금융자산은 다시 당기손익인식금융자산과 기타포괄손익금융자산으로 나눈다.

구분	제1차분류	제2차분류	적용가능증권	
금융자산	상각후원가 측정금융자산			채무증권
	공정가치 측정금융자산	당기손익인식 금융자산	지분율 20%미만의 지분증권	채무증권 지분증권
		기타포괄손익 금융자산	지분율 20%미만의 지분증권	지분증권

제1차 분류에서 상각후원가측정금융자산에는 주로 국공채나 회사채 등의 채무증권이 해당되며 약정에 의해 원금과 이자 등의 현금을 수취할 계약상의 권리가 있기 때문이다. 만일 상각후원가측정금융자산의 요건을 충족하지 못하는 채무증권이나 지분증권은 공정가치측정금융자산에 속한다. 이러한 공정가치측정금융자산 중에서 단기보유 목적으로 지분비율 30% 미만의 지분증권을 소유한 경우에는 당기손익인식금융자산으로 인식한다. 단기보유 목적이 아닌 30% 미만의 지분증권을 소유한 경우에는 기타포괄손익금융자산으로 인식한다. 물론 지분비율이 30%이상이면 관계기업투자주식 또는 연결재무제표 작성대상이 되는 투자주식이 된다.

3. 평가

유가증권의 평가는 단기매매증권, 매도가능증권 및 만기보유증권으로 나누어 다음과 같이 평가한다.

① 단기매매증권

일반적으로 단기매매증권의 취득원가는 취득시점의 대가와 부대비용을 합산하여 결정하고 재무상태표에는 재무상태표일 현재의 공정가액으로 평가하며 보유중의 미실현손익은 단기매매증권평가손익과 같은 항목으로 기간손익에 계상하고 유가증권의 현재가치할인차금은 계상하지 않는다.

② 매도가능증권

단기매매증권에서 매도가능증권으로 분류를 변경하는 경우에는 분류

변경일 현재의 공정가액(최종시장가격)을 새로운 취득원가로 간주한다.

③ 만기보유증권

만기보유증권의 취득원가는 취득대가의 시장가격에 취득부대비용을 포함한 가액으로 한다. 만일 시장가격이 없는 경우에는 취득한 유가증권의 시장가격으로 취득원가를 결정하고 제공한 재가와 취득유가증권 모두 시장가격이 없는 경우에는 공정가액을 추정하여 취득원가로 간주한다.

그리고 만기보유증권을 상각 후 장부가액은 취득원가와 만기 액면가의 차이를 상환기간에 걸쳐 유효이자율법에 의하여 상각하여 취득원가와 이자수익에 가감하여 결정한다. 상각 후 장부가액은 채무증권의 취득원가에서 할인차금 또는 할증차금의 상각누적액을 가감한 금액이다.

제8절 유형자산의 평가

1. 의의와 종류

유형자산(tangible assets)이란 구체적 형태를 취하고 있는 고정자산(비유동자산)에 속하는 비용성 자산이다. 이러한 유형자산은 비교적 장기간의 정상적인 영업활동과정에서 생산, 판매 또는 서비스제공을 하는데 기여할 수 있는 잠재적 능력(service potential)을 가진 자산이다.

유형자산은 그 형태에 따라 토지, 건물, 구축물, 기계장치, 선박, 차량운반구, 공구와 기구, 비품, 건설 중인 자산 등으로 분류된다.

2. 평가(측정)

K-IFRS에서 유형자산의 최초인식은 현금구입가격(취득원가)과 소기의 사용목적에 사용가능하도록 만드는데 소요되는 부대비용을 포함하여 측정한다.

유형자산의 최초인식 이후에는 원가모형(역사적 원가)으로 측정하거나 공정가치(fair value)를 신뢰성 있게 측정할 수 있는 경우에는 재평가모형(재평가일 의 공정가치)으로 측정할 수 있다. 여기서 공정가치란 합리적인 판단력과 거래의사가 있는 독립된 당사자 사이의 거래에서 자산이 교환될 수 있는 금액을 말한다. 자산재평가로 발생하는 재평가이익은 재무상태표 자본의 부에 포괄손익누계액 항목에 재평가잉여금으로 보고하고, 재평가손실이 발생하면 포괄손익계산서의 당기손익항목으로 보고한다.

기말의 유형자산 평가는 일반적으로 감가상각이라는 말로 잘 알려져 있다. 이러한 유형자산의 감가상각은 손익계산서의 비용항목에 계상할 감가상각비와 재무상태표에 계상될 나머지 장부가액을 결정하는 과정이다. 따라서 동태론적 관점에서 기말 유형자산의 평가는 유형자산의 원가배분, 유형자산의 감가상각과 동일한 의미로 사용된다.

1) 감가상각의 본질

AICPA에 의하면 감가상각은 원가배분 과정이라고 본다. 즉, 자산은 미소멸원가의 뭉치(cost pool)이며 당기에 소멸되어 비용화된 부분과 그대로 잔존하는 미소멸원가를 구분하는 것을 말한다. 그리고 AAA에 의하면 감가상각은 용역잠재력의 감소를 인식하는 과정이라고 본다. 또 재무적 입장에서는 감가상각은 투하자산의 회수절차로 본다. 감가상각을 통해 자산에 투하된 기금이 회수되어 재투자를 위한 기금이 축적될 수 있다고 보는 것이다.

2) 감가의 원인

유형자산의 감가원인은 물리적 요인(physical factor)과 기능적 요인(functional factor)으로 나눌 수 있다.

물리적 요인의 감가는 시간의 경과 또는 자산의 사용에 의하여 발생하는 가치의 감소를 말한다. 즉 자산의 노후화와 사용에 의한 마멸이 대표적이다.

① 정상적인 손상, 마멸(ordinary wear and tear) : 사물과 시간의 경과에 따라 가치가 감소하는 것

② 비정상적인 파손, 파괴(unusual damage or destruction) : 우발적 사고, 천재지변에 의해 가치가 감소하는 것

기능적 요인의 감가는 부적응 또는 진부화에 의한 가치의 감소를 말한다.

③ 부적응(inadequacy) : 경영규모, 신설확장, product line의 변경등 회사정책변경 혹은 정부정책에 의해 가치가 감소하는 것

④ 진부화(obsolescence) : 새로운 발명, 기술혁신의 결과 나타나는 상대적인 경제적 또는 기능적 가치 감소

〈표 4-7〉 감가원인의 요인

물리적 요인	기능적 요인
① 시간의 경과 : 부패, 감소	① 부적응
② 사 용 : 손상, 마멸	② 진부화, 구식화
③ 비정상적손상 : 파손, 파괴	

3) 감가상각비의 결정요소

감가상각비를 계산하기 위해서는 취득원가. 추정내용연수, 추정잔존가치를 먼저 결정해야 한다.

① 취득원가 또는 기초가치(acquisition cost or basic value)

② 추정잔존가치(salvage scrap value)

③ 추정내용연수(estimated service life)

실무에서 감가상각비를 계산할 때 나타나는 어려움은 유형자산의 내용연수와 잔존가치의 추정이다. 결국 감가상각비의 적정성은 내용연수와 잔존가치의 추정에 달려있다고 해도 과언이 아니다.

4) 감가상각의 계산방법

유형자산의 감가상각은 당해자산의 특성과 영업활동에의 투입방법 및 회계정책에 따라 어떤 계산방법이 합리적으로 원가를 배분할 수 있느냐에 달려있다.

① 정액법(straight line method)

매기 균등액을 상각하는 방법으로 감가가 시간의 경과에 따라 발생된다고 가정하는 것이다. 이를 직선법이라 하기도 하며 감가상각비는 (취득원가-잔존가치)/추정내용연수로 계산된다.

② 정률법

자산의 미상각잔액에 일정한 상각률을 곱하여 각 기간의 상각비를 계산하는 방법이다. 이 방법은 기능적 원인에 의해 유형자산의 가치감소가 발생된다고 간주하고 있다. 감가상각비는 미상각잔액×정률로 계산된다.

$$정률 = 1 - \sqrt[n]{잔존가치/취득원가}$$

n=내용연수

③ 생산량비례법

유형자산의 가치감소가 총생산량 중에서 당기생산량에 따라 감소한다고 보는 방법이다. 이는 주로 광산이나 유전 등의 감모성자산에 적합하다. 작업시간비례법도 생산량비례법과 동일한 논리이다.

$$실제생산량 \times \frac{취득원가-잔존가치}{추정생산량}$$

④ 년수합계법(sum of the years digits method)

상각 초년도에 상각을 많이 하고 내용연수가 경과될수록 상각비가 산술급수적으로 낮아지도록 하는 인위적인 가속상각법이다. 이를 급수법이라고도 한다. 이 상각방법은 최신유행에 민감하고 유행이 지나면 가격이 뚝 떨어지는 자산들에 적용하는 것이 좋다.

$$감가율 = \frac{내용연수의\ 역순으로\ 표시된\ 수}{내용년수급수\ 합계}$$

$$내용년수급수의\ 합계 = \frac{내용연수*(1+내용연수)}{2}$$

⑤ 기타방법[7)]

(취득원가-감가상각누계액)×상각율

$$감가율 = \frac{1}{내용연수} \times 2$$

기타방법에는 이중체감법 등이 있다.
이 이중체감법에서는 잔존가치를 고려하지 않음

<표 4-8> 감가상각방법의 비교

분류기준	내용연수	산출량	이자요소고려	기타특수방법
계산방법	정액법 정율법 연수합계법	작업시간비례법 생산량비례법	상각기금법 년금법	폐기법 갱신법

5) 감가상각의 적용방법

감가상각 계산방법을 각종 자산에 적용할 때 각 개별자산에 각기 다른 방법을 적용할 수도 있고 종류에 따라 적용할 수도 있으며, 종합적으로 하나의 방법을 적용할 수도 있다.

① 개별 상각 방법
② 종류별 상각 방법
③ 종합 상각 방법

6) 감가상각의 기장방법

감가상각의 기장방법 단음 곁은 2가지 회계처리의 방법을 말한다.

① 직접법 : Dr 감가상각비 XXX Cr 유 형 자 산 XXX
② 간접법 : Dr 감가상각비 XXX Cr 감가상각충당금 XXX

7) 감가상각비의 배분모형

감가상각비는 제품원가나 관리비에 배부되어 최종적으로 당기의 손익계산에 있어서 비용이 된다. 기초의 유형자산 미상각액으로부터 당기의 상각비를 차감한 잔액은 기말의 재무상태표상에 미상각잔액으로 등재된다.

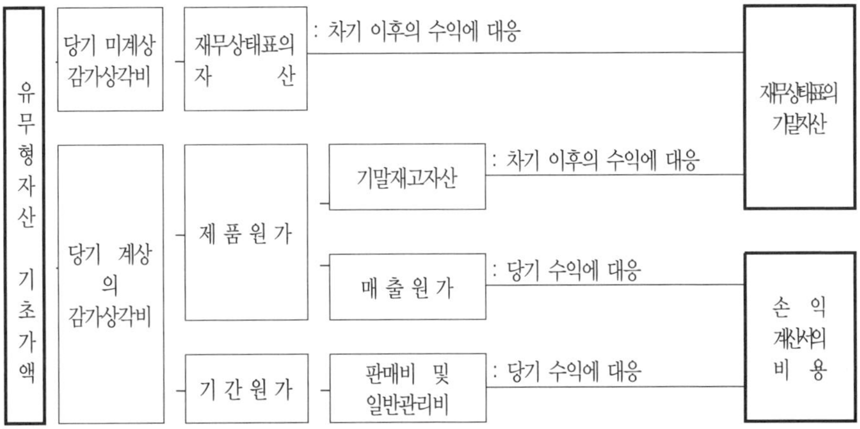

[그림 4-4] 유/무형자산의 평가(원가배분)

제9절 무형자산의 평가

1. 의의와 특징

무형자산은 재화의 생산이나 용역의 제공, 타인에 대한 임대 또는 관리에 사용할 목적으로 기업이 보유하고 있으며 물리적 형태가 없지만 식별가능하고 기업이 통제하고 있으며 미래경제적 효익이 있는 비화폐성자산이다.(기업회계기준서 제3호) 이러한 무형자산은 주로 법률상의 권리 및 특권이나 경제적 우위성을 나타내며 대체로 수익획득가능성이 불확실하고 장기적으로 물리적 존재가 없는 것이 특징이다.

2. 분류와 종류

무형자산은 식별가능성, 취득방식, 편익의 기대기간 및 분리가능성 등에 따라 분류할 수 있다.

① 구성요소의 식별가능성(idetifiability)에 따라 구분할 수 있다. 특허권, 저작권, 상표권, 전속이용권 등은 그 구성요소의 식별이 가능하지만 영업권은 그 구성요소의 식별이 불가능하다.

② 취득방식(manner of acquisition)에 따라 내부개발과 외부취득으로

나눌 수 있다. 일반적으로 영업권은 외부로부터 취득할 경우에만 인정하는 관습이 있다.

③ 편익의 기대기간(expected period of benefit)에 따라 구분할 수 있다. 특허권과 같이 법률적의 규정에 따라 그 편익 기간이 정해진 경우와 그렇지 않은 것으로 나눌 수 있다.

④ 분리가능성(separability)에 따라 분류할 수 있다. 분리가능성이란 기업이나 다른 자산과 분리될 수 있어 따로 매매 또는 이전이 가능한가의 여부를 말한다. 영업권의 경우에는 기업과 분리하여 매매하거나 이전할 수 없는 무형자산이지만 다른 무형자산 즉 특허권이나 저작권, 상표권 등은 이전이 가능하다.

〈표 4-9〉 무형자산의 종류(기업회계기준 제3호)

① 산업재산권(특허권, 실용신안권, 의장권, 상표권 및 상품명 포함) ② 라이센스와 프랜차이즈 ③ 저작권 ④ 컴퓨터소프트웨어 ⑤ 개발비(제조비법, 공식, 모델, 디자인 및 시제품 등의 개발) ⑥ 임치권리금 ⑦ 광업권, 어업권 등

3. 무형자산의 평가

무형자산의 평가는 미래의 수익획득 가능성이 불확실하기 때문에 일반적으로 원가주의에 의해 평가하는 것이 타당하다고 본다. 무형자산의 기말평가는 각 회계기간의 수익에 대응할 비용을 배분하는 과정으로 보아 무형자산의 상각(armotization)이라 하며 각 기간의 상각액을 당해자산에서 직접 차감하고 남은 잔액을 재무상태표가액으로 한다.

무형자산의 내용연수 결정에 있어서 고려해야 할 사항(APB Opinion No.17)은 다음과 같다.

① 법률이나 규제 및 계약 등에 의해 최대의 내용연수를 나타낼 수 있다.

② 연장이나 갱신의 제 규정에 의해 내용연수를 변경할 수 있다.

③ 진부화나 수요 및 경쟁 등 경제적 제요소의 효과에 의해 내용연수를 감소시킬 수 있다.

④ 내용연수는 해당자산의 개대 용역제공기간에 어느 정도 비례해야 한다.
⑤ 경쟁자 등의 행위는 현재의 경쟁상의 이점을 제한할 수 있다.
⑥ 무제한의 내용연수는 확실한 것이 아니며 그 효익도 합리적으로 추정할 수 없다.
⑦ 무형자산에는 다양한 특성을 가진 다수의 개별적 요소들을 내포하고 있다.

한편 무형자산의 잔존가치는 제로로 간주하는 것이 원칙이며 상각의 계산방법은 정액법, 정률법, 연수합계법, 생산량비례법 등을 적용할 수 있다. 다만 합리적인 상각방법을 정할 수 없는 경우에는 정액법을 사용하는 것이 일반적이다. 따라서 광업권의 경우에는 추정매장량과 채굴량을 합리적으로 추정할 수 있기 때문에 생산량비례법을 사용할 수 있는 것이다.

특히 무형자산의 진부화나 시장가치의 급격한 하락으로 무형자산의 회수가능액이 장부가액에 미달하게 된 경우에는 장부가액을 회수가능가액으로 조정하고 그 차액을 감액손실로 할 수 있다.

보론 : 원가-자산-비용-차손의 관계

일반적으로 원가의 발생(cost accrual)은 원재료, 노동, 기계장비서비스 등의 원가요소가 기업시스템 내부에 유입(inflow)되는 것을 의미한다. 그리고 원가란 기업시스템의 내부로 유입된 원가요소(원재료, 노동, 기계장비서비스 등)를 의미한다.

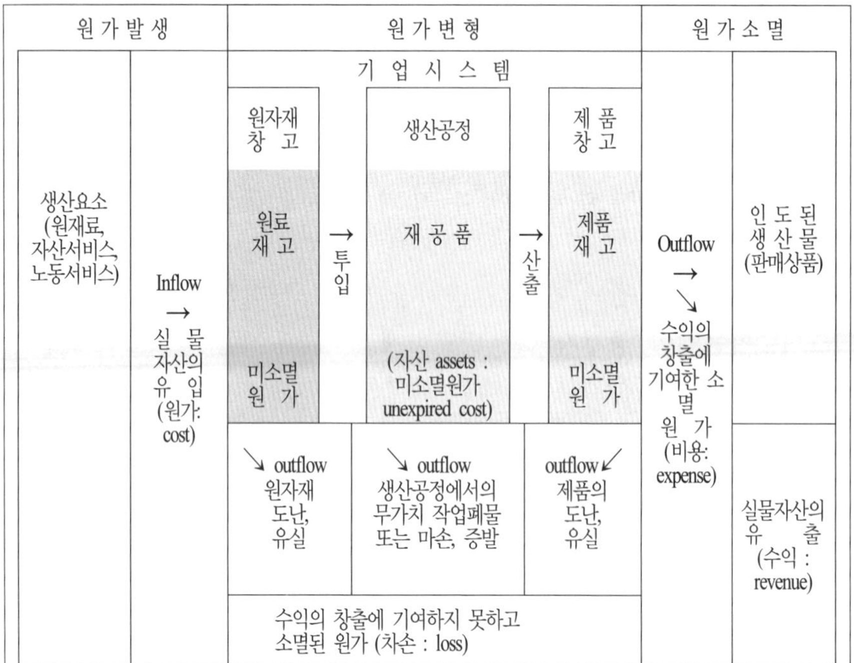

원가발생	재무자산의 유출	원가의 변형		실물자산의 유출	원가의 소멸
차 변	대 변	차 변	대 변	차 변	대 변
재료비 xxx 노무비 xxx 경 비 xxx	현 금 xxx	제 조 xxx	재료비 xxx 노무비 xxx 경 비 xxx	현 금 xxx	매 출 xxx
		제 품 xxx	제 조 xxx	매출원가 xxx	제 품 xxx

[그림 4-6] 원가·자산·수익·비용·차손의 관계

그렇지만 회계에서는 기업시스템의 내부로 유입된 원가요소를 화폐평가의 공준에 의해 그 대가로 지급된 재무적 자원(화폐금액)으로 나타낸다. 예컨대, (차) 재료비 xxx (대) 현금 xxx이 그것이다. 화폐금액으로 표시된 (차) 재료비 xxx은 기업시스템 내부에서 생산공정을 거치면서 (차)제조 xxx로 대체되고 다시 제조 xxx는 (차) 제품 xxx로 대체(변형)된다. 이런 과정을 거쳐 기업에 유입된 원재료 중에서 제품화되어 고객에게 인도된 생산물을 수익(revenues)이라 한다. 이를 수익의 outflow 개념이라고 한다.

그러나 실제로는 수익도 원가와 마찬가지로 화폐평가의 공준에 의해 그 대가로 유입되는 재무적 자산(수익의 inflow개념)에 의해 나타낸다. 예컨대 매출 xxx의 형식을 취한다. 그리고 수익 즉, 인도되는 생산물에 부착되어 소멸된 원가(expired cost)를 비용(expenses)라고 한다. 따라서 비용을 수익의 창출에 기여한 원가의 소멸(매출원가 xxx)이라 정의하는 것이다. 그리고 회계기말시점에 원자재 창고에 남아 있는 원재료(재료비 xxx)나 공정상에 남아있는 재공품(제조 xxx) 및 제품창고에 남아 있는 제품(제품 xxx)은 순차적으로 원가의 변형이 이루어져 왔지만 아직 기업내부에 남아있는 미소멸원가(unexpired cost)들이다. 이러한 미소멸원가들은 재고자산(invetory assets)이라 한다.

그리고 원재료 등의 원가요소가 창고에서부터 공정 및 제품화되어 고객에게 인도되기까지 기업시스템내부에 머무는 동안 분실, 증발, 유실 등으로 수익의 창출에 기여하지 못하고 소멸되는 원가를 엄밀한 의미에서 차손(losses)이라 한다.

제5부

부채평가 및 자본

제4부의 기간이익 측정에 또 하나의 변수는 부채의 평가이다. 부채는 기간이익에 영향을 미치기도 하지만 현존하는 자산의 기금조달원천 또는 자산에 대한 청구권을 표시하기 때문에 자본의 총액을 결정하는 요소이기도 하다. 따라서 자산과 별도로 부채평가를 다루고 자본은 자산에서 부채를 차감한 결과물이기 때문에 평가는 할 수 없다.

제 15 장 부 채

제 1 절 부채의 개념

일반적으로 부채는 타인에게 지급할 것을 약속한 채무이다. 즉, 부채는 구두 또는 서면계약에 의해 약정되거나 암묵적으로 결정된 금액(금액은 확실하거나 추정될 수도 있다.)을 장래의 자산(현금 또는 상품)으로 지급하거나 용역으로 제공할 것을 약속한 의무(obligations) 또는 채무이다.

> Liabilities are economic obligations recognized and measured in conformity with generally accepted accounting principles.[APB Statement No.4]
>
> 부채는 "일반적으로 인정된 회계원칙에 따라 인식되고 측정된 경제적 의무이다"

APB Statement No.4에서는 부채를 "일반적으로 인정된 회계원칙에 따라 인식되고 측정된 경제적 의무라고 규정하고 있다. 그러나 이 보고서에서는 위의 정의와 상관없이 정립되는 개념인 이연대변계정(deferred credits)을 부채에 포함시키고 있는데, 이는 자산의 정의에서 이연비용이 자산으로서 취급하는 것과 같은 논리이다, 그러나 이연자산이나 이연부채는 실체가 없는 사체가 되므로 문제점을 안고 있다. 이런 모순은 가공자산이 자산이 아닌 것과 같다.

또 이 보고서에서는 "경제적 의무"를 구체적으로 기업이 다른 기업에게 미래에 경제적 자원(자산)을 이전할 책임이 있거나 용역을 제공할 책임이 있는 것을 뜻한다고 하였다. 그래서 경제적 의무는 "① 화폐를 지급할 의무, ②재화 또는 용역을 제공할 의무"가 된다고 하였다. 또 이 의무는 구체적인 자산에 대한 청구권이라기보다는 기업에 대한 일반적 청구권(general claims)이 된다고 하였다.

1980년에 공표된 FASB의 SFAC No.3에서는 부채를 다음과 같이 정의[1]하고 있다. 이는 부채에 관한 최근의 공식적 견해라고 할 수 있다.

> Liabilities are probable future sacrifices of economic benefits arising from present obligations of a particular entity to transfer assets or provide services other entities in the future as a result of past transactions or events. [FASB의 SFAC No.3, 1980]
>
> "부채란 과거의 거래·사상의 결과로 미래에 다른 실체(기업 등)에 자산을 이전하거나 용역을 제공해야 하는 특정실체의 현재적 의무로부터 발생 가능이 있는 미래의 경제적 효익의 희생이다."

이 정의는 지금까지 부채의 정의에 관련하여 논의된 본질들을 망라한 것으로, 본질에 관련된 설명은 뒤에서 다루게 된다. 이 정의에서 "가능한(probable)"이라고 한 것은 증거나 논리에 비추어 합리적으로 기대되거나 믿을 수 있다는 것으로, 확실하거나 증명된다는 것을 뜻하는 것은 아니다.

SFAC No.3의 정의에서는 부채의 본질(특징)로 3가지를 들고 있는데 다음과 같다.

① 미래에 자산을 이전 또는 사용할 가능성이 있는 현재의 의무와 책임(present duty or responsibility)이라는 것.

② 특정기업의 미래의 희생(future sacrifice)이라는 것. 이러한 희생은 위의 의무와 책임을 수행하기 위한 것이다.

③ 기업의 과거거래 또는 사상(past transaction or event)의 결과로 나타나는 것이라는 것.

한편, AAA에 의하면 기업실체이론에 의거하여 기업자산에 대한 채권자의 지분 (A = P+K)으로 보고 있다. 이때 채권자지분은 주주지분과

---

1) "Elements of Financial Accounting Statements of Business Enterprises", *Statement of Financical Accounting Concepts* No.3 (Stamford, conn.: FASB, 1980), par. 28

같은 외부인의 청구권(interest)을 나타낸다. 이러한 표현은 채무자의 의무라는 말과 정반대되는 것으로 앞에서 설명한 경제적 의무와 본질적으로 다른 것이 없으며, 단지 어떤 입장에서 부채를 보는가에 따른 것이다. 그래서 이때에는 기업이 채무자의 입장에 있을 경우 기업의 외부인인 채권자가 기업자산에 대해 갖는 권리 또는 청구권(right or claims to assets)인 것이다. 회계에서 흔히 부채는 채권자지분 또는 타인자본이라는 말로 표현되고 있는데, 바로 이것을 가리키는 것이다.

그리고 Sprouse and Moonitz에 의하면 기업의 부채는 자산을 양도하거나 서비스를 이행해야할 의무(obligation)이며 그 의무는 과거 또는 현재의 거래에서 발생하고 미래에 갚아야할 의무이다. 의무란 용어는 확정된 만기일이나 합리적으로 결정될 수 있는 만기일을 가지고 있으면서 확정된 또는 합리적으로 측정될 수 있는 독립적 가치를 가지는 기업에 대한 ...청구권을 의미한다.[2)]

한편, 소유주이론에서는 소유주가 책임질 의무의 일종으로 보기 때문에 자산에서 차감시켜야 할 자산이란 의미로 소극적 자산(negative assets: A-P = k)이라 한다.

제2절 부채의 분류와 종류

부채는 발생원천, 지급조건의 확실성 여부, 상환기간의 장단, 회폐성 여부, 및 법적 근거 등에 따라 분류할 수 있다.

① 발생원천별에 따라 재무적 거래에 의해 생성되는 채무, 영업거래에 의해 생성되는 채무와 기간손익의 계산으로 생성되는 채무(재무상태표의 대변 항목)가 있다.
예컨대, 재무거래로 생성된 부채에는 차입금, 사채 등이 있고, 영업거래로 인해 생성된 부채에는 지급어음, 외상매입금, 미지급금 등이 있다. 그리고 기간손익의 계산으로 생성된 부채로는 미지급비용, 부채성 충당금 등이 그 예이다.

② 지급조건의 확실성여부에 따라 확정채무와 비확정채무인 추정채

2) Sprouse R. T. and M. Moonitz," A Tantative Set of Broad Accounting Principles for Business Enterprises," *Accounting Research Study* No.8(N.Y.: AICPA. 1962), P.37

무로 구분할 수 있다.

〈표 5-1〉 확정채무와 추정채무

확정채무	법률상	차입금, 사채, 외상매입, 미지급금
	경과계정상	선수수익, 미지급비용
(비확정채무): 추정채무	부채성충당금	납세충당금, 퇴직급여충당금
	우발채무	어음배서의무, 채무보증채무 등
	기타	상품권, 경품, 회수권, 입장권

③ 상환기간의 장단 (1년기준)에 따라 비유동(장기)부채와 유동(단기)부채로 나눈다. 일반적으로 재무상태표일로부터 1년내에 상환해야할 의무가 있는 부채는 유동부채라 하고 그 이후에 상환해야할 부채는 비유동부채라고 한다.

<표 5-2> 우리나라의 부채분류

유동부채	비유동부채
매입채무(외싱매입금, 지급어음), 단기차입급, 미지급금, 미지급비용, 선수금, 선수수익, 예수금, 미지급법인세, 미지급배당금, 유동성장기차입금, 단기부채성충당금(1년내에 사용될 수선충당금, 퇴직급여충당금, 품질보증충당금 등).	사채, 장기차입금, 장기성매입채무, 이연법인세부채, 장기부채성충당금(1년 이후에 사용될 수선충당금, 퇴직급여충당금, 품질보증충당금 등).

④ 화폐성 유무에 따라 화폐성 부채와 비화폐성 부채로 나눌 수 있다. 화폐성 부채는 발생시점에서부터 일정금액으로 확정되었거나 미래 일정 화폐금액으로 지급될 부채이며 차입금이나 사채가 그 예이다. 반면 비화폐성 부채는 미래의 일정시점에 일정 수량과 품질의 재화(Goods)나 용역(service)을 제공하기로 약정한 의무이다. 이러한 비화폐성 채무에는 외상매입금이나 상품권 등이 대표적인 항목이다.

⑤ 법적근거의 유무에 따라 법적 채무와 비법적채무로 나눌 수 있다. 법적채무는 확정채무와 조건부채무로 나눌 수 있다.

<표 5-3> 법적근거에 따른 부채의 분류

<table>
<tr><td rowspan="2">법적 채무</td><td>확정채무</td><td colspan="2">매입채무(외상매입금 및 지급어음), 차입금,
미지급이자, 선수수익, 미지급비용 등</td></tr>
<tr><td>조건부채무</td><td>퇴직급여충당금, 제품보증충당금 등</td><td rowspan="2">부채성
충당금</td></tr>
<tr><td rowspan="2">비법적 채무</td><td>회계적 채무</td><td>수선충당금 등</td></tr>
<tr><td>기 타</td><td colspan="2">(부채성충당금외의 각종 충당금)
가격변동준비금 등</td></tr>
</table>

확정채무는 매입채무(외상매입금 및 지급어음), 차입금, 미지급이자, 선수수익, 미지급비용 등과 같이 그 금액이 확정되어 있는 채무이다. 반면 조건부채무는 퇴직급여충당금이나 제품보증충당금과 같이 그 금액이나 지급시기가 확정되지 않은 채무이다. 그리고 비법적 채무는 주로 회계적으로 채무로 보지만 법률적으로는 채무가 아닌 것을 말한다. 수선충당금 등의 각종 충당금은 이러한 순회계적인 비법적 채무에 속한다.

제3절 부채의 인식

이상에서 살펴본 부채의 정의 중에서 APB의 견해를 따른다면 부채는 일반적으로 인정된 회계원칙에 따라 인식되고 측정된 경제적 의무라고 하여 부채를 명확히 정의하지 않고 전통적으로 재무상태표 상에 부채로 표시되어 온 것이 부채라는 논리이다. 그러므로 어떤 항목이 부채인가 아닌가를 구별해내기 위해 부채의 정의가 필요함에도 불구하고 재무상태표상에서 대차의 평균을 맞추기 위해 존재하는 대변의 이연항목(deferred credits)도 부채에 포함시키고 있는 것이다. 따라서 부채의 정의로는 합당한 것이 되지 못한다고 평가할 수 있다. 여기서는 적어도 회계상 부채로 인식하는데 최소한으로 다음 세 가지 요건을 갖추어야 한다고 본다.

① 부채(의무)존재성 : 과거 또는 현재의 거래나 사건으로 그 의무가 현재 발생되어 존재하고 있어야 한다. 이런 맥락에서 우발채무의 경우에 미래 경제 사건이므로 부채의 존재성을 확인할 수 없기

때문에 계정상에는 부채로 인식되지 못한다.

② 지분성 및 법률성 : 타인에게 수행해 주어야 하는 현재적 지분적 또는 법률적 성격을 갖추어야 한다.

③ 측정가능성 : 금액이 확정될 수 있거나 적어도 합리적 추정이 가능해야 부채로 인정할 수 있다.

④ 무조건적 상계권 : 무조건적 상계권이 있으면 부채가 아니다. 여기서 무조건적 상계권(unconditional right of offset)이란 기업이 지급할 의무와 제공받을 권리를 아무런 의무나 조건이 없이 해약할 수 있는 권리를 말한다. 따라서 장기임대차계약, 장기공사계약 등과 같이 무조건적 상계권이 존재하더라도 계약에 의해 계약당사자가 일방적으로 파기할 수 없는 경우에는 부채가 된다.

제4절 부채 평가의 목적과 방법

부채를 평가하는 목적은 두 가지로 볼 수 있다. 첫째, 동태론적 관점에서 보면 손익계산서상에서 수익비용의 대응에 의한 기간이익을 산정하는 단계에서 비용(expenses)이나 차손(loss)을 인식하는데 있다. 둘째, 정태론적 입장에서 보면 재무상태표 상에 정보이용자를 위한 예측정보(비 양적인 것 포함)를 제공하는데 있다.

이러한 부채는 일반적으로 교환거래에 의해 발생되기 때문에 교환시점을 금액으로 평가하는 것이 원칙이다. 따라서 계약에 의해 확정된 부채는 원칙적으로 측정을 할 필요가 없다. 그러나 이론적으로 보면 모든 부채는 확정된 지급일이 있는 이상 화폐의 시간적 가치(이자율)가 고려하여 평가해야 한다. 화폐의 시간적 가치는 위험이 존재하지 않는 단순한 이자율이 아니고 부채를 계약조건에 따라 청산하는데 수반되는 위험하의 이자율이다. 이러한 이자율은 특정기업이 처한 위험과 현금창출능력을 평가하는데 도움이 된다. 이러한 이자율에는 2가지 종류가 있다.

① 역사적이자율(historical interest rate) : 부채를 조달할 당시의 약정이자율

② 현행이자율(current interest rate) : 과거에 조달하여 현존하는 부채를 현재 시점에서 상환하가나 다시 조달한다고 가정할 때 지급해야할 현재시장이자율

부채를 조달할 당시에는 역사적 이자율과 현행이자율은 동일하다. 그러나 시간의 경과에 따라 역사적 이자율과 현행이자율은 차이를 보일 수 있다.

따라서 정태론적 입장 즉, 재무상태표 상에 정보이용자를 위한 예측정보를 제공하기 위해서는 자산이나 부채를 현행가치로 평가할 필요가 있다. 이러한 부채측정의 사고는 APB Statement No.4에 잘 나타나 있다.

> 부채는 교환거래에서 성립된 금액으로 측정하며, 이 측정금액은 장래에 지급해야할 금액을 일정율로 할인한 것이다. 개념상으로 부채는 장래 현금지급액을 부채의 발생시점에서 현가로 할인하여 측정하게 된다. 대부분의 단기부채는 단순히 미래에 지급될 금액으로 측정하나 부채가 비교적 먼 장래에 지급될 것이라면 일정율로 할인된 현재가치를 부채금액으로 한다. [APB Statement No.4, 1970, parr. 182.]

따라서 부채의 평가는 다음 2가지 방법으로 하면 될 것이다.

1. 유동부채의 평가

유동부채는 기업 경영상에서 일시적으로 부족한 운전기금을 조달하는 목적으로 발생되는 채무이며 기업의 지급능력을 평가하는 중요한 요소이다. 이러한 유동부채의 평가는 상환기한이 재무상태표 일로부터 1년 이내로 그 시장이자율과 표시이자율이 큰 차이가 없어서 장부가액과 현재가치 간에 차이가 크지 않으므로 부채의 현가개념을 적용할 필요가 없다. 따라서 일정 금액으로 측정 가능한 단기의 유동부채는 그 금액, 만기일, 이자율이 확정되어 있는 경우에 평가를 할 필요 없이 확정된 금액으로 재무상태표 대변에 기재한다.

2. 비유동부채의 평가

비유동부채는 자본금과 원천을 달리할 뿐 기업의 장기자본을 구성한다는 점에서는 차이가 없다. 단지 자본과 다른 점은 경영에 참가할 권한이 없고 약정된 기일에 원금과 이자를 지급한다는 차이점을 가지고 있다. 이러한 장기부채의 경우에는 일반적으로 그 상환기간이 장기간이며 금액도 크기 때문에 만기의 지급금액과 현재가치와는 차이가 크다. 따라서 장기부채의 경우에는 계약상의 이자비용지급액이나 만기상환액 또는 분할상환액 등이 모두 현재가치로 할인되어 표시되는 것이 타당하다. 따라서 일정 금액으로 측정이 불가능한 장기부채는 유효이자율법 등에 의해 평가하고 관련사항을 주석으로 표시하는 것이 바람직하다. 한편 유효이자율법 등에 의한 현가계산에는 ① 만기일의 지급금액, ② 할인율, ③ 할인기간의 3가지에 대한 정보가 필요하다. 이러한 현가계산은 근본적으로 화폐가치를 시간개념(이자율)에 의해 인식하고자 한데서 나온 것이다.

제 16 장

자 본

제1절 자본의 본질

자본은 일반적으로 주주지분, 또는 소유주 지분이라고 일컬어진다. 예컨대 기업실체이론에서는 재무상태표 등식을 '자산 = 지분'으로 표시하거나 '자산 = 채권자지분 + 주주지분'으로 표현한다. 여기서 주주지분(stock-holders' equities)이란 기업의 자산을 형성하고 있는 기금의 출처 중에서 주주의 몫을 의미한다.

> 소유주지분은 기업에 대한 소유주의 이해(利害)에 관련된 것(interest of owners)으로, 기업의 자산이 부채를 초과한 초과분이다.……(그래서) 소유주지분은 자산과 부채의 차이 또는 경제적 자원과 경제적 의무의 차이인 잔여지분(residual interest)을 가리킨다. [APB Statement No.4]

그리고, 소유주이론에서는 재무상태표 등식이 '자산 - 부채 = 소유주지분(자본)'이기 때문에 기업자산과 부채를 측정하여 자산총액에서 부채총액을 차감한 잔여지분(residual interest)이란 개념이다.

> "지분이란 실체(기업)의 자산으로부터 부채를 차감하여 남은 잔여지분이다. 기업에 있어서 지분이란 소유권의 이해관계이다."
> (Equity is the residual interest in the assets of an entity that remains after deducting its liabilities. In a business enterprise, the equity is the ownership interest) [FASB의 SFAC No.3]

미국 재무회계기준위원회의 SFAC No.3은 소유주지분의 특징으로 다음 4가지를 들고 있다.

① 기업의 소유주지분은 소유권(ownership rights)으로부터 나타난다. 소유권은 기업과 소유주 간의 관계이고 기업과 종업원, 채권자, 공급업자 등과의 관계로 생기는 것은 아니다.

② 소유주지분은 기업의 소유주에 대한 분배의 원천(source of distributions)이 되는 것으로, 분배는 현금배당 등 자산의 분배를 뜻한다. 소유주의 분배에 대한 기대는 주가에 영향을 미쳐, 간접적으로 소유주에게 보상이 되고 위험도 될 수 있다.

③ 기업에는 여러 종류의 소유주지분이 있을 수 있다. 예를 들면 보통주와 우선주가 있다. 이들 종류는 기업의 자산분배에 대한 권리, 청산시의 우선분배권 등이 다름으로써 위험이 다를 수도 있다.

④ 소유주지분은 처음에는 소유주의 투자로 생성되나, 그 후에는 추가투자로 증대되거나 소유주에 대한 분배로 감소한다. 특히 소유주지분은 기업의 영업활동에 의하여 증감하기도 한다.

이러한 소유주지분은 다음과 같이 여러 가지 본질을 갖고 있다고 생각된다.

첫째, 소유주지분은 기업자산에 대한 지분(equities)의 일부를 구성하는 것으로 소유주의 이해(利害: interest)에 관련된 것이다. 채권자지분과 소유주지분은 다 같이 지분에 속하지만 전자는 채권·채무의 관계에서 성립되는 타인자본이고, 후자는 투자자가 출자함으로써 생성되는 자본금·자본잉여금·이익잉여금이라는 점에서 자기자본이 된다.

둘째, 소유주지분은 잔여지분(residual interest)을 가리키는 것으로, 자산과 부채를 차감한 결과로 나타난다. 이것은 소유주지분이 자산과 부채의 비교에 의해 결정되며, 그 차이(초과분)인 잔여지분을 가리킨다는 것이다.

셋째, 소유주지분은 지분이론(equity theories)에 의해 설명될 수 있으며, 특히 소유주이론(proprietary theory)에 입각하여 정의되는 수가 많다. 소유주지분이 주주지분으로서 소유주이론을 나타낸다는 것은 소유주지분이 근본적으로 주주가 투자한 자본과 이 자본의 운용으로 생긴 잉여금으로 구성된다는 점에서도 알 수 있다. 기업실체이론에서 소유주지분은 채권자지분과 동일한 위치에 서며(동질적 자산이며), 잔여자산에 대한 청구권인 잔여지분으로 인식된다. 소유주이론에서 소유주지분은 소유주에게 귀속할 순자산이 된다. 한편 기금이론에서 소유주지분은 자산의 운용에 대한 법적·재무적 구속 또는 제한을 뜻한다. 그러나 소유주지분은 지분이론 중에서도 소유주이론 중심으로 정의되는 경향이다.

넷째, 소유주지분은 기업가치(value of the firm)와 밀접한 관련이 있지만 동일한 것은 아니며, 자산·부채의 측정으로 나타난 결과인 장부상의 금액이다. 재무제표상의 소유주지분은 기업의 현행시장가치(current market value)를 표시하거나 소유주에 대한 기업의 주관적 가치(subjective value)를 표시하는 것은 아니다. 이것은 소유주지분이 소유주의 지분을 직접 측정하여 얻은 측정치가 아니고 자산과 부채를 각각 측정하여 그 차이를 인식하는 잔여적 성격(residual nature)의 계정이므로 독립적인 어떤 가치를 부여하기 어려운 것이다. 더군다나 기업가치란 비록 자산·부채가 정확히 측정되었다고 하더라도 그 차이인 잔여지분을 가리킨다고 말할 수 없는데, 이것은 기업이 갖고 있는 여러 가지 잠재력을 화폐가치로 전부 평가할 수는 없기 때문이다. 따라서 기업가치는 특정의 자산이나 부채를 측정하여 평가될 수는 없는 것으로 소유주지분이 기업가치를 판단하는 절대적인 지표가 될 수 없다.

자본에 대해서는 자산·부채와는 달리 측정 또는 평가라는 용어를 사용하지 않는다. 앞서 언급한 바와 같이 자본은 자산·부채의 측정결과 자동적으로 산출되는 잔여지분이므로 자본 자체를 독립적으로 측정할 수 없기 때문이다.

제2절 자본의 분류

자본을 분류하는 목적은 기업의 경영능률, 수탁관리책임에 대한 보고와 아울러 정보이용자의 이해관계에 관련된 정보를 제공하는데 있다.

1. 발생원천에 따른 분류

소유주지분은 발생원천(sources of stockholders' equity)의 관점에서 볼 때 자산의 제공에 의한 조달(financing-assets contributed)과 기업의 경영활동(operations)에 의한 조달로 나누어진다. 전자에는 투자자본(invested capital)인 자본금과 자본잉여금이 있고, 후자는 이익잉여금을 가리킨다. 자본금은 납입자본(paid-in capital)이란 말로도 표현된다.

이와 같은 소유주지분의 발생원천에 따른 분류는 다음의 2가지 결점이 있다.

첫째, 자본전입 또는 주식배당(stock dividend)등으로 이익잉여금이 자본금 또는 자본잉여금으로 전입되는 경우에 발생원천에 의한 분류는 그 의의가 상실된다.

둘째, 자기주식거래, 자본수정 등이 있는 경우에 발생원천에 의한 분류의 의의는 상실된다.

〈표 5-4〉 회계기준상의 분류

<table>
<tr><td rowspan="5">자본</td><td>자본금</td><td colspan="2"></td></tr>
<tr><td rowspan="2">자본잉여금</td><td colspan="2">주식발행초과금
감차차익</td></tr>
<tr><td>기타자본잉여금</td><td>자기주식처분이익, 국고보조금, 공사부담금, 자산수증이익, 채무면제이익, 기타</td></tr>
<tr><td rowspan="2">이익잉여금</td><td>기처분이익잉여금</td><td>· 이익준비금
· 기타법정적립금(기업합리화적립금, 재무구조개선적립금)
· 임의적립금(배당평균적립금, 사업확장적립금)</td></tr>
<tr><td>미처분이익잉여금</td><td>· 이월이익이여금
· 당기순이익</td></tr>
</table>

2. 법적 개념에 따른 분류

법적 개념에 따라 법정자본금과 잉여금으로 나눌 수 있다. 이렇게 법적 개념(legal concepts)에 따라 자본을 분류하는 것은 재무상태표에 법정

자본금(legal capital)을 어떻게 공시하는가의 문제에 관련된다. 재무상태표의 자본은 채권자보호의 관점에서 일정금액을 정하여 그 금액에 해당하는 기업자산을 확보하기 위함이다. 왜냐하면 현대의 회사는 주로 주주의 유한책임을 전제로 한 주식회사의 형태를 취하고 있고, 주주라 하더라도 주식의 인수분에 한하여 책임을 질 뿐 채권자에 대한 책임이 없음으로 기업자산만이 채권자의 담보가 될 수 있기 때문이다. 이렇게 주식회사가 주주의 유한책임에 의하고 있다고 하는 사실에 입각하여 채권자보호의 관점에서 자본금의 3원칙을 다음과 같이 규정하고 있다.

〈표 5-5〉 자본금의 3원칙

자본확정	정관에는 회사가 발행할 주식총수, 설립시 발행할 주식의 총수를 기재하고 그 부분은 회사가 발행할 주식의 총수의 4분의 1이상어어야 하며 이 부분에 대해 설립시에 있어서 그 주식전부를 인수확정하여야 한다.
자본유지	자본금 그 자체는 단순히 추상적인 액수에 불과하므로 이것이 실질적으로 회사채권자의 담보가 되기 위해서는 현실적인 재산으로 항상 구체적인 것이어야 한다.
자본불변	일단 확정된 자본액은 임의로 이를 감소할 수 없다는 원칙으로 자본증가에는 주주총회의 결의나 회사채권자의 보호 등 일정하고도 엄격한 절차를 요한다.

그래서 자본은 법정자본과 잉여금(자본잉여금, 이익잉여금)으로 분류되고 있다. 법정자본금은 외부인으로부터 투하되어 형성된 자본으로 기본적으로 유지되어야 할 부분이며 잉여금은 기업활동으로 인해 자본의 증가분으로 처분가능한 부분이다. 그리고 자본금은 채권자보호를 위해 회사가 최소한 보유하여야 할 금액 또는 담보액이 되며, 잉여금(자본잉여금과 이익잉여금)은 법정자본 또는 법적요구액을 초과한 부분이 되는 것이다.

3. 이익처분의 제한에 따른 분류

소유주지분을 이익처분에 대한 제한(restrictions on the disposition of income)에 따라 분류하는 것은 이익처분의 순위 또는 제한에 따라 분류하여야 한다는 것이다. 그래서 주로 배당금의 분배, 결손보전에 관련된 문제가 소유주지분의 분류기준이 된다.

이익처분에 대한 제한은 자본금과 자본잉여금의 수준 아래로 순자산이 내려가서는 안 된다는 것이다. 이것은 자본잉여금이 법적으로 분배될 수 있을지라도 성립할 수 있는 가정이 된다. 이러한 제한은 회계에서 투자자본(자본금+자본잉여금)과 이익(잉여금)을 구별하기 위하여 스스로 부과한 자율적 제약이라고 볼 수 있다. 그래서 미국의 경우 배당금이 자본잉여금에서 지급될 경우, 청산배당금(liquidating dividend)으로서 공시하도록 규정하고 있다.

일반적으로 이익의 처분은 이익잉여금의 범위내에서 이루어져야하고 자본금과 자본잉여금은 처분의 대상이 아니다. 다만, 결손보전의 경우에만 자본잉여금이 사용될 수 있을 뿐이다.

우리나라 상법은 에서 이익의 배당을 다음과 같이 규정하고 있다.

> 회사는 재무상태표상의 순재산액으로부터 다음의 ①과 ②를 공제한 액을 한도로 하여 이익배당을 할 수 있다.[제462조]
> ① 자본의 액
> ② 그 결산기까지 적립된 자본준비금과 이익준비금의 합계액

또 상법에서는 법정준비금의 사용을 다음과 같이 규정하고 있다.

> ① 법정준비금은 자본의 결손전보에 충당하는 경우 외에는 이를 처분하지 못한다.[제460조]
> ② 이익준비금으로 자본의 결손전보에 충당하고서도 부족한 경우가 아니면 자본준비금으로 이에 충당하지 못한다.

따라서 상법상 위의 두 규정에 따라 결손을 보전하는 데에는 먼저 이익준비금으로 충당하고, 그래도 부족하면 자본준비금으로 충당한다는 말이다. 그러나 상법에서도 자본의 결손보전이 아닌 일반적 경우에 있어서 이익의 처분에 대해서는 별도의 규정이 없다.

4. 청산분배의 제한에 따른 분류

청산 또는 잔여재산의 분배에 있어서 채권자는 항상 주주보다 우선권(priority)을 갖고 있다. 이와 마찬가지로 우선주주도 보통주주보다 청산에 있어서 우선권을 갖는 수가 많다. 이 경우 우선주주의 청산우선권(liquidation preference)은 우선주식의 액면가액 또는 그 우선주식 발행시의 주식의 발행초과금(premium)도 포함한 금액이 될 수 있다. 또 누적적 우선주일 경우 보통 지체(遲滯)배당금미지급액도 이 금액에 포함된다. 이러한 청산우선권의 범위는 계약상 정해지는 수가 많은데, 우리나라의 상법에서도 허용되고 있다. 즉, 상법 제344조에서는 "회사는 이익이나 이자의 배당 또는 잔여재산의 분배에 관하여 내용이 다른 수종의 주식을 발행할 수 있다."라고 하여, 우선주의 잔여재산분배 또는 지체배당금미지급액이 인정되고 있다.

위에서 본 바와 같이 청산우선권이란 법정자본 또는 발생원천에 따른 분류의 자본과는 전혀 다를 수도 있다. 그러나 여기서 이것이 어느 정도로 공시되는 것이 중요한 것인지를 판단할 필요가 있다. 만일 기업이 계속기업으로서 계속 존재할 것이라고 판단되면, 그리고 비록 기업에 수년간 차손이 계속 발생하더라도 기업의 순자산이 청산우선권의 금액보다 크게 많다면 별로 문제가 안 될 것이다. 그러나 청산우선권의 총액이 순자산보다 크거나 기업의 청산이 예기되고 있을 경우, 청산우선권에 관한 정보는 반드시 공시되어야 할 것이다. 비록 청산우선권이 완전 공시되어야할 필요가 있다고 하더라도 소유주지분의 분류에서 청산우선권을 하나의 계정과목으로 공시한다거나 청산우선순위에 따라 재배열하여야 한다는 것을 의미하는 것은 아니다. APB Opinion No.10에 의하면 이 경우 보통 주기 또는 주석으로 공시하는 것이 적절하다고 규정하고 있다.

그러나 기업의 청산이 확실해져 청산절차가 집행될 것이라고 예상될 경우 발생원천에 의한 원초자본의 분류는 무의미하고 최종의 처분이 중요하다고 볼 수 있다. 이 경우 회계목적은 변화되므로 소유주지분의 분류목적도 변화된다. 그래서 잔여지분이론은 소유주지분의 분류에 적용되는 중심적 이론이 되는 것이며 소유주지분은 청산우선순위 등 적절한 방법에 의해서도 공시될 수 있는 것이다.

제3절 잉여금 및 결손금의 처리

이익잉여금의 처분은 처분전이익잉여금에서 임의적립금 등의 이입액을 가산한 합계액 이익잉여금처분액을 차감하고 나머지를 차기이월이익잉여금으로 표시하도록 규정(기업회계기준 제77조)하고 있다.

1. 처분전이익잉여금의 산정

처분전이익잉여금은 전기이월이익잉여금 또는 전기이월결손금에서 회계변경의 부적효과, 전기오류수정손익, 중간배당액, 당기순송익을 가감하여 산출하게 된다. 여기서 회계변경의 누적효과는 회계처리기준의 변경으로 인한 누적효과를 의미하며 전기손익수정손익은 전전기 이전에 발생한 오류사항을 비교목적으로 작성하는 전기재무제표에 반영하는 경우에 한한다. 그리고 임의적립금 등을 이입하여 당기의 이익잉여금처분에 충당하는 경우에는 그 금액을 처분전이익잉여금에 가산하는 형식으로 기재한다.

2. 처분

위와 같이 산정된 처분전이익잉여금은 이익준비금, 기타법정적립금(기업합리화적립금, 재무구조개선적립급 등), 배당, 임의적립금(사업확장적립금, 감채적립금, 배당평균적립금, 결손보전적립급 등)으로 처분하다.

① 이익준비금 이입 : 상법의 규정에 의거해 회사는 그 자본의 2분의 1에 달할 때까지 매결산기의 금전에 의한 이익배당액 및 중간배당액의 10분의1이상의 금액으로 이익준비금으로 적립해야 한다고 규정하고 있다. 그리고 이익준비금은 자본의 결손전보와 자본전입 이외에는 처분하지 못하게 되어 있다.

② 기타법정적립금 이입 : 이는 기업합리화적립금, 재무구조개선적립급 등의 법령에 따라 의무적으로 적립해야할 이익처분액이다.

③ 배당 : 주식의 종류별 주당배당금액, 액면배당률을 주기하고 배당수익률, 배당성향 및 배당액의 산전내역을 주석으로 기재토록 되

어 있다.

④ 임의적립급 이입 : 회사가 임의로 적립할 수 있는 적립금으로 사업확장적립금, 감채적립금, 배당평균적립금, 결손보전적립급 등이 있다.

만일 당기 순손실이 누적되어 결손금을 처리해야 할 경우에는 이익잉여금을 먼저 사용한 다음에 부족하면 자본잉여금을 사용하도록 하고 있다. 그 처리순서는 임의적립금 → 기타 법정적립금 → 이익준비금 → 자본잉여금으로 하는 것이 합리적이다.

3. 차기이월잉여금

차기이월잉여금은 처분이익잉여금과 임의적립금 이입액의 합계에서 이익잉여금처분액을 차감하여 산정한다.

제4절 자본조정

기업회계기준에 의한 재무상태표의 자본은 자본금, 자본잉여급, 이익잉여금 및 자본조정으로 되어 있다. 이러한 자본조정 항목은 순자산의 증감에 관련되지만 그 증감이 발생하더라도 손익계정에 직접적으로 영향을 미치는 것이 아니하는 자본거래에서 파생된 결과이다. 따라서 자본조정항목은 당기순손익에 변동을 가져오지 않는다. 이러한 자본조정 항목에는 주식할인발행차금, 배당건설이자, 자기주식 및 투자유가증권 손익 등이 있다.

1. 주식할인발행차금

일반적으로 주식발행가액이 액면에 미달하는 경우에 그 미달하는 금액을 주식할인발행차금이라 한다. 주식할인발행차금은 미래의 용역잠재력을 보유한 것으로 볼 수 없기 때문에 자산으로 계상할 수 없고 그 효과도 특정 회계연도에 한정된 것이 아니므로 이익잉여금처분으로 상각하게 된다. 따라서 기업회계기준에서는 주식발행연도 또는 증자연도로

부터 3년 이내에 매기 균등 상각하고 동 상각액을 이익잉여금 처분으로 하도록 규정하고 있다. 다만 처분이익잉여금이 부족한 경우에는 차기이후에 이월하여 상각할 수 있다.

2. 배당건설이자

철도산업, 유전개발산업 등과 같이 회사 설립 후 개업시까지 상당히 긴 세월을 요하는 산업에 있어서 설립과 개업시기 사이에는 이익이 발생되지 않기 때문에 배당을 할 수 없다. 따라서 원칙적으로는 이익이 없으면 배당을 할 수 없지만 동 산업의 특성상 예외적으로 설립과 개업시기 사이에 지급되는 배당금을 지급해야 투자유치가 가능하다. 이렇게 설립과 개업시기 사이에 지급되는 배당금을 배당건설이자라고 한다. 이러한 배당건설이자는 이익의 선급으로 볼 수 있기 때문에 자본조정의 별도 계정과목으로 처리하고 이익잉여금을 처분하여 상각토록 하고 있다. 이 경우에도 처분이익잉여금이 부족한 경우에는 차기이후에 이월하여 상각할 수 있다.

3. 자기주식

자기주식은 회사가 이미 발행한 주식을 취득하여 소유한 주식을 말한다. 원칙적으로는 상법에 의해 자기주식의 소유는 금지되어 있다. 그러나 주식소각, 합병 또는 영업양수, 단주처리 등에 한하여 일부 허용하고 있다. 기업회계기준에 의하면 자기주식을 취득한 경우에는 자기주식이라는 과목으로 취득원가로 계상한 뒤 자본조정으로 처리토록하고 있다. 그리고 자기주식을 처분하는 경우에는 취득원가와 처분가액를 비교하여 처분가액이 더 큰 경우에는 그 차액을 자기주식처분이익으로 하여 자본잉여금에 가산하고 처분가액이 취득원가보다 적은 경우에는 그 차액을 자본잉여금 중의 자기주식처분이익의 범위에서 상계처리하고 나머지는 이익잉여금을 처분하여 상각한다. 이 경우에도 처분이익잉여금이 부족한 경우에는 차기이후에 이월하여 상각할 수 있다.

4. 투자유가증권평가손익

투자유가증권의 평가손익은 장부가액과 공정가액의 차이를 말한다. 이러한 투자유가증권평가손익은 재무상태표일 현재의 미실현이익의 성격을 갖고 있다. 투자유가증권평가의 대상은 시장성유가증권, 만기보유 이외의 투자채권, 비분법 평가손익의 발생원천이 자본조정 증감으로 나타나는 지분법적용대산의 투자주식이다.

투자유가증권평가손익은 미실현손익이므로 손익계산서에 반영되지 않고 그 증감의 중요성을 감안하여 재무상태표에 나타내는 것이다. 투자유가증권평가손익은 차기 이후에 발생하는 투자유가증권평가손실 또는 이익과 상계하여 표시하고 그 처분시에는 투자유가증권평가손익에 가감토록 하고 있다.

5. 해외사업환산대 또는 해외사업환산차

이는 본점과 독립적으로 영업이나 재무활동이 이루어지는 해외지점, 해외영업소 의 경우에 자산 및 부채에서 발생하는 환산손익을 말하며 해외지점 또는 영업소 폐쇄, 청산, 매각되기 전까지는 미실현손익이다. 따라서 이러한 환산손익은 손이계산서에 계상하지 않고 재무상태표상에 해외사업환산대 또는 해외사업환산차의 과목으로 하여 자본조정으로 처리한다. 해외사업환산대 또는 해외사업환산차의 경우에도 차기 이후에 발생하는 해외사업환산대 또는 해외사업환산차와 상계하여 표시하고 지점 또는 영업소 폐쇄 등의 경우에는 폐쇄연도의 특별손익으로 처리한다.

제6부

보 론

보론 1

재무보고를 위한 개념체계 (2011.7.22)

개요

국제회계기준 '재무보고를 위한 개념체계'와의 관계

서문

'재무보고를 위한 개념체계'

개 요

제·개정 경과

한국회계기준원 회계기준위원회는 국제회계기준위원회가 제정한 국제회계기준을 채택하여 기업회계기준의 일부로 구성하기로 한 정책에 따라 이 기준서를 다음과 같이 제정하였다.

제·개정일자	한국채택국제회계기준	관련되는 국제회계기준
2011. 7. 22. 제정	재무보고를 위한 개념체계	The Conceptual Framework for Financial Reporting

이 개념체계의 주요 특징

1. 개념체계의 목적과 위상

이 개념체계는 외부 이용자를 위한 재무보고의 기초가 되는 개념을 정립한다. 이 개념체계는 한국채택국제회계기준이 아니므로 특정한 측정과 공시 문제에 관한 기준을 정하지 아니하며, 이 개념체계는 어떠한 특정 한국채택국제회계기준에 우선하지 아니한다.

2. 일반목적재무보고의 목적

일반목적재무보고의 목적은 현재 및 잠재적 투자자, 대여자 및 기타 채권자가 기업에 자원을 제공하는 것에 대한 의사결정을 할 때 유용한 보고기업 재무정보를 제공하는 것이다.
일반목적재무보고서는 보고기업의 재무상태에 관한 정보, 즉 기업의 경제적 자원과 보고기업에 대한 청구권에 관한 정보를 제공하고, 경제적 자원과 청구권을 변동시키는 거래와 그 밖의 사건의 영향에 대한 정보도 제공한다.

3. 유용한 재무정보의 질적 특성

유용한 재무정보의 근본적 질적 특성은 목적적합성과 충실한 표현이다.

(1) 목적적합성. 목적적합한 재무정보는 정보이용자의 의사결정에 차이가 나도록 할 수 있다. 재무정보에 예측가치, 확인가치 또는 이 둘 모두가 있다면 의사결정에 차이가 나도록 할 수 있다.

(2) 충실한 표현. 재무정보가 유용하기 위해서는 나타내고자 하는 현상을 충실하게 표현하여야 한다. 완벽하게 충실한 표현을 하기 위해서 서술은 완전하고, 중립적이며, 오류가 없어야 할 것이다.

비교가능성, 검증가능성, 적시성 및 이해가능성은 목적적합하고 충실하게 표현된 정보의 유용성을 보강시키는 질적 특성이다.

(1) 비교가능성. 정보이용자가 항목 간의 유사점과 차이점을 식별하고 이해할 수 있게 하는 질적 특성이다.

(2) 검증가능성. 합리적인 판단력이 있고 독립적인 서로 다른 관찰자가 어떤 서술이 충실한 표현이라는 데 대체로 의견이 일치할 수 있다는 것을 의미한다.

(3) 적시성. 의사결정에 영향을 미칠 수 있도록 의사결정자가 정보를 제때에 이용가능하게 하는 것을 의미한다.

(4) 이해가능성. 정보를 명확하고 간결하게 분류하고, 특징지으며, 표시하면 이해가능하게 된다.

4. 재무제표를 구성하는 요소의 정의, 인식 및 측정

(1) 요소의 정의. 재무상태의 측정과 직접 관련된 요소는 자산, 부채 및 자본이며, 성과의 측정과 직접 관련된 요소는 수익과 비용이다.

(가) 자산은 과거 사건의 결과로 기업이 통제하고 있고 미래경제적효익이 유입될 것으로 기대되는 자원이다. 자산이 갖는 미

래경제적효익이란 직접으로 또는 간접으로 특정 기업의 미래 현금 및 현금성자산의 유입에 기여하게 될 잠재력을 말한다.

㈏ 부채는 과거 사건에 의하여 발생하였으며 경제적효익을 갖는 자원이 기업으로부터 유출됨으로써 이행될 것으로 기대되는 현재의무이다. 현재의무와 미래의 약속은 구별되어야 한다. 미래에 특정 자산을 취득하겠다는 경영자의 의사결정 그 자체만으로는 현재의무가 발생하지 아니한다.

㈐ 자본은 기업의 자산에서 모든 부채를 차감한 후의 잔여지분이다. 자본총액은 그 기업이 발행한 주식의 시가총액 또는 순자산을 나누어서 처분하거나 기업 전체로 처분할 때 받을 수 있는 대가와 일치하지 않는 것이 일반적이다.

㈑ 수익은 자산의 유입이나 증가 또는 부채의 감소에 따라 자본의 증가를 초래하는 특정 회계기간 동안에 발생한 경제적효익의 증가로서, 지분참여자에 의한 출연과 관련된 것은 제외한다.

㈒ 비용은 자산의 유출이나 소멸 또는 부채의 증가에 따라 자본의 감소를 초래하는 특정 회계기간 동안에 발생한 경제적효익의 감소로서, 지분참여자에 대한 분배와 관련된 것은 제외한다.

⑵ 요소의 인식. 재무제표 요소의 정의에 부합하는 항목이 다음 기준을 모두 충족한다면 재무제표에 인식되어야 한다.

㈎ 그 항목과 관련된 미래경제적효익이 기업에 유입되거나 기업으로부터 유출될 가능성이 높다.

㈏ 그 항목의 원가 또는 가치를 신뢰성 있게 측정할 수 있다.

⑶ 요소의 측정. 측정은 재무상태표와 포괄손익계산서에 인식되고 평가되어야 할 재무제표 요소의 화폐금액을 결정하는 과정이다. 측정기준의 예는 다음과 같다.

㈎ 역사적 원가

㈏ 현행원가

㈐ 실현가능(이행)가치

㈑ 현재가치

5. 자본 및 자본유지의 개념

⑴ 자본은 재무적 개념에서 기업의 순자산이나 지분과 동의어로 사용된다. 자본은 실물적 개념에서는 예를 들어, 1일 생산수량과 같은 기업의 생산능력으로 간주된다.

⑵ ⑴에 따라 자본유지개념은 다음과 같이 도출된다.

㈎ 재무자본유지. 기말 순자산의 재무적 측정금액(화폐금액)이 기초 순자산의 재무적 측정금액(화폐금액)을 초과하는 경우에만 발생

㈏ 실물자본유지. 기말 실물생산능력이나 조업능력(또는 그러한 생산능력을 갖추기 위해 필요한 자원이나 기금)이 기초 실물생산능력을 초과하는 경우에만 발생

국제회계기준 '재무보고를 위한 개념체계'와의 관계

한국채택국제회계기준의 '재무보고를 위한 개념체계'와 국제회계기준의 '재무보고를 위한 개념체계'(The Conceptual Framework for Financial Reporting 2010)

'재무보고를 위한 개념체계'는 국제회계기준위원회가 제정한 '재무보고를 위한 개념체계'(The Conceptual Framework for Financial Reporting 2010)에 대응한다.

한국의 법률체계와 일관성을 유지하기 위하여 형식적인 부분이 제한적으로 수정되었다. 목적과 위상과 관련된 문단 1(3)이 삭제되었다. 동 개념체계의 문단을 삭제한 경우는 관련된 개념체계 문단번호 옆에 '[한국회계기준원 회계기준위원회가 삭제함]'이라고 표시하였다.

국제회계기준위원회가 제정한 '재무보고를 위한 개념체계'(The Conceptual Framework for Financial Reporting 2010) 준수

형식과 관련하여 수정된 위의 문단들을 제외하고는 '재무보고를 위한 개념체계'가 국제회계기준의 '재무보고를 위한 개념체계'의 내용에 근거하여 제정되었기 때문에 한국채택국제회계기준의 '재무보고를 위한 개념체계'를 준수하면 동시에 국제회계기준의 '재무보고를 위한 개념체계'를 준수하는 것이 된다.

서 문

국제회계기준위원회(The International Accounting Standards Board: IASB)는 현재 개념체계를 갱신하는 절차를 진행 중이다. 이 개념체계 과제는 단계별로 수행되고 있다.

하나의 장이 완성되면 1989년에 발표된 '재무제표의 작성과 표시를 위한 개념체계'의 관련 문단은 대체될 것이다. 개념체계 과제가 완료되면, IASB는 '재무보고를 위한 개념체계'로 불리는 완전하고 포괄적인 단일 문서를 갖게 될 것이다.

'개념체계'의 이번 판은 개념체계 과제의 첫 단계 결과물로 IASB가 발표한 처음 두 개의 장—제1장 '일반목적재무보고의 목적' 및 제3장 '유용한 재무정보의 질적 특성'을 포함한다. 제2장은 보고기업 개념을 다루게 될 것이다. IASB는 이 주제에 대해 의견수렴기간이 2010년 7월 16일로 종료되는 공개초안을 2010년 3월에 발표하였다. 제4장은 '개념체계'(1989)의 잔존 문단을 포함한다. 마지막의 문단 비교표는 '개념체계'(1989)의 내용이 '개념체계' (2010)와 어떻게 대응하는지 보여준다.

서론은 '개념체계'(1989)에서 승계되었다. 이 서론은 IASB가 '개념체계'의 목적을 검토할 때 갱신될 것이다. 그때까지 '개념체계'의 목적과 위상은 종전과 같다.

서 론

전 세계의 많은 기업들은 외부 정보이용자를 위하여 재무제표를 작성하고 표시한다. 비록 그러한 재무제표가 국가마다 비슷해 보일 수 있을지라도, 사회적, 경제적, 법률적 환경의 다양성에 의해, 그리고 각국이 자국의 규정을 정할 때 각기 다른 재무제표 이용자의 요구를 염두에 둠에 따라 발생한 차이가 있다.

이러한 다른 환경 때문에 재무제표 요소(예 자산, 부채, 자본, 수익 및 비용)의 다양한 정의가 사용되었다. 또한 재무제표 내 항목 인식에 대한 서로 다른 기준의 사용과 서로 다른 측정 기준에 대한 선호를 초래하게 되었으며, 재무제표의 범위와 재무제표에 포함되는 공시도 영향을 받게 되었다.

IASB는 재무제표의 작성과 표시에 관련된 법규, 회계기준 및 절차의 조화를 추구함으로써 이러한 차이를 좁히기 위해 노력하고 있다. IASB는 경제적 의사결정에 유용한 정보를 제공한다는 목적으로 작성되는 재무제표에 초점을 두면 그 이상의 조화를 가장 잘 추구할 수 있다고 믿는다.

IASB는 이 목적을 위해 작성되는 재무제표는 대부분의 정보이용자의 공통적인 수요를 충족시킨다고 믿는다. 그 이유는 거의 모든 정보이용자가 다음의 예와 같은 경제적 의사결정을 하기 때문이다.

(1) 지분투자에 대한 매수, 보유 또는 매도 시기를 결정한다.

(2) 경영진의 수탁책임이나 회계책임을 평가한다.

(3) 기업이 종업원에게 급여를 지급하고 그 밖의 복리후생을 제공하는 능력을 평가한다.
(4) 기업에 대여한 금액에 대한 안전성을 평가한다.
(5) 조세 정책을 결정한다.
(6) 분배가능한 이익과 배당을 결정한다.
(7) 국민소득통계를 집계하고 이용한다.
(8) 기업 활동에 대해 감독한다.

그러나 IASB는 정부가 특히 그들의 목적을 위해 다른 요구사항이나 추가적인 요구사항을 규정할 수 있다는 점을 알고 있다. 그렇지만 이 요구사항이 기타 정보이용자의 수요도 함께 충족시켜주지 못한다면 그 기타 정보이용자의 효익을 위해 공표되는 재무제표에 영향을 주어서는 안 된다.

재무제표는 회수가능한 역사적 원가와 명목 재무자본유지개념에 근거한 회계모형에 따라 가장 일반적으로 작성된다. 비록 현재는 이를 변경해야 한다는 데 의견이 일치하는 것은 아니지만, 다른 모형과 개념이 경제적 의사결정에 유용한 정보를 제공한다는 목적을 충족하기 위하여 더 적절할 수도 있다. 이 '개념체계'는 다양한 회계모형과 자본 및 자본유지 개념에 적용할 수 있도록 제정되었다.

목적과 위상

이 '개념체계'는 외부이용자를 위한 재무제표의 작성과 표시에 있어 기초가 되는 개념을 정립한다. '개념체계'의 목적은 다음과 같다.

(1) 한국회계기준위원회(이하 '회계기준위원회'라 한다)가 향후 새로운 한국채택국제회계기준을 제정하고 기존의 한국채택국제회계기준의 개정을 검토할 때에 도움을 준다.
(2) 한국채택국제회계기준에서 허용하고 있는 대체적인 회계처리방법의 수를 축소하기 위한 근거를 제공하여 회계기준위원회

가 재무제표의 표시와 관련되는 법규, 회계기준 및 절차의 조화를 촉진시킬 수 있도록 도움을 준다.

(3) [한국회계기준원 회계기준위원회가 삭제함]

(4) 재무제표의 작성자가 한국채택국제회계기준을 적용하고 한국채택국제회계기준이 미비한 주제에 대한 회계처리를 하는 데 도움을 준다.

(5) 재무제표가 한국채택국제회계기준을 따르고 있는지에 대해 감사인이 의견을 형성하는 데 도움을 준다.

(6) 한국채택국제회계기준에 따라 작성된 재무제표에 포함된 정보를 재무제표의 이용자가 해석하는 데 도움을 준다.

(7) 회계기준위원회의 업무활동에 관심 있는 이해관계자에게 한국채택국제회계기준을 제정하는 데 사용한 접근방법에 대한 정보를 제공한다.

이 '개념체계'는 한국채택국제회계기준이 아니므로 특정한 측정과 공시 문제에 관한 기준을 정하지 아니한다. 따라서 이 '개념체계'는 어떤 경우에도 특정 한국채택국제회계기준에 우선하지 아니한다.

회계기준위원회는 몇 가지의 경우로 한정되기는 하지만 이 '개념체계'와 한국채택국제회계기준이 상충될 수 있다는 것을 알고 있다. 그러한 경우에는 한국채택국제회계기준이 '개념체계'보다 우선한다. 그러나 회계기준위원회가 향후 한국채택국제회계기준을 제정하고 기존의 한국채택국제회계기준을 검토할 때 '개념체계'가 지침이 될 것이므로 양자 간에 상충되는 사항들은 점차 감소할 것이다.

이 '개념체계'는 회계기준위원회가 관련 업무를 통해 축적한 경험을 기초로 수시로 개정될 것이다.

적용범위

이 개념체계는 다음의 사항을 다룬다.

(1) 재무보고의 목적

(2) 유용한 재무정보의 질적 특성

(3) 재무제표를 구성하는 요소의 정의, 인식 및 측정

(4) 자본 및 자본유지의 개념

내 용

제1장: 일반목적재무보고의 목적

제1장: 일반목적재무보고의 목적

서론

OB1 일반목적재무보고의 목적은 '개념체계'의 기초를 형성한다. '개념체계'의 다른 측면들—보고기업 개념, 유용한 재무정보의 질적 특성과 제약요인, 재무제표의 요소, 인식, 측정, 표시와 공시—은 그 목적으로부터 논리적으로 전개된다.

일반목적재무보고의 목적, 유용성 및 한계

OB2 일반목적재무보고[1]의 목적은 현재 및 잠재적 투자자, 대여자 및 기타 채권자가 기업에 자원을 제공하는 것에 대한 의사결정을 할 때 유용한 보고기업 재무정보를 제공하는 것이다. 그 의사결정은 지분상품 및 채무상품을 매수, 매도 또는 보유하는 것과 대여 및 기타 형태의 신용을 제공 또는 결제하는 것을 포함한다.

OB3 지분상품 및 채무상품을 매수, 매도 또는 보유하는 것에 대한 현재 및 잠재적 투자자의 의사결정은 그 금융상품 투자에서 그들이 기대하는 수익, 예를 들어, 배당, 원금 및 이자의 지급 또는 시장가격의 상승에 의존한다. 마찬가지로 대여 및 기타 형태의 신용을 제공 또는 결제하는 것에 대한 현재 및 잠재적 대여자 및 기타 채권자의 의사결정은 그들이 기대하는 원금 및 이자의 지급이나 그 밖의 수익에 의존한다. 투자자, 대여자 및 기타 채권자의 수익에 대한 기대는 기업에 유입될 미래 순현금유입의 금액, 시기 및 불확실성 (전망)에 대한 그들의 평가에 달려 있다. 따라서 현재 및 잠재적 투자자, 대여자 및 기타 채권자는 기업에 유입될 미래 순

---

1) 특정하여 달리 언급하지 않는 한, 이 '개념체계' 전반에 걸쳐 재무보고서 및 재무보고는 각각 일반목적재무보고서 및 일반목적재무보고를 말한다.

현금유입에 대한 전망을 평가하는 데 도움을 주는 정보를 필요로 한다.

OB4 현재 및 잠재적 투자자, 대여자 및 기타 채권자는 미래 순현금유입에 대한 기업의 전망을 평가하기 위하여 기업의 자원, 기업에 대한 청구권, 그리고 기업의 경영진 및 이사회[2)]가 기업의 자원을 사용하는 그들의 책임을 얼마나 효율적이고 효과적으로 이행해 왔는지에 대한 정보를 필요로 한다. 그러한 책임의 예로는 가격 변동이나 기술적 변화와 같은 경제적 요인의 불리한 영향으로부터 기업의 자원을 보호하는 것과 해당 법, 규정 및 계약 조항을 기업이 반드시 준수하도록 하는 것이 있다. 경영진의 책임 이행에 대한 정보는 경영진의 행동에 대해 의결권을 가지거나 다른 방법으로 영향력을 행사하는 현재 투자자, 대여자 및 기타 채권자의 의사결정에도 유용하다.

OB5 많은 현재 및 잠재적 투자자, 대여자 및 기타 채권자는 그들에게 직접 정보를 제공하도록 보고기업에 요구할 수 없고, 그들이 필요로 하는 재무정보의 많은 부분을 일반목적재무보고서에 의존해야만 한다. 따라서 그들은 일반목적재무보고서가 대상으로 하는 주요 이용자이다.

OB6 그러나 일반목적재무보고서는 현재 및 잠재적 투자자, 대여자 및 기타 채권자가 필요로 하는 모든 정보를 제공하지는 않으며 제공할 수도 없다. 그 정보이용자들은, 예를 들어, 일반 경제적 상황 및 기대, 정치적 사건과 정치 풍토, 산업 및 기업 전망과 같은 다른 원천에서 입수한 관련 정보를 고려할 필요가 있다.

OB7 일반목적재무보고서는 보고기업의 가치를 보여주기 위해 고안된 것이 아니다. 그러나 그것은 현재 및 잠재적 투자자, 대여자 및 기

---

2) 특정하여 달리 언급하지 않는 한, 이 '개념체계' 전반에 걸쳐 경영진이라는 용어는 기업의 경영진 및 이사회를 말한다.

타 채권자가 보고기업의 가치를 추정하는 데 도움이 되는 정보를 제공한다.

OB8 각 주요 이용자들의 정보 수요 및 욕구는 다르고 상충되기도 한다. 회계기준위원회는 재무보고기준을 제정할 때 주요 이용자 최대 다수의 수요를 충족하는 정보를 제공하기 위해 노력할 것이다. 그러나 공통된 정보 수요에 초점을 맞춘다고 해서 보고기업으로 하여금 주요 이용자의 특정한 일부에게 가장 유용한 추가적인 정보를 포함하지 못하게 하는 것은 아니다.

OB9 보고기업의 경영진도 해당 기업에 대한 재무정보에 관심이 있다. 그러나 경영진은 그들이 필요로 하는 재무정보를 내부에서 구할 수 있기 때문에 일반목적재무보고서에 의존할 필요가 없다.

OB10 기타 당사자들, 예를 들어 감독당국 그리고 (투자자, 대여자 및 기타 채권자가 아닌) 일반대중도 일반목적재무보고서가 유용하다고 여길 수 있다. 그렇더라도 일반목적재무보고서는 이러한 기타 집단을 주요 대상으로 한 것이 아니다.

OB11 재무보고서는 정확한 서술보다는 상당 부분 추정, 판단 및 모형에 근거한다. '개념체계'는 그 추정, 판단 및 모형의 기초가 되는 개념을 정한다. 그 개념은 회계기준위원회와 재무보고서의 작성자가 노력을 기울이는 목표이다. 대부분의 목표가 그러한 것처럼 이상적 재무보고에 대한 '개념체계'의 비전은 적어도 단기간 내에 완전히 달성될 가능성은 낮다. 왜냐하면 거래와 그 밖의 사건을 분석하는 새로운 방식을 이해하고, 수용하며, 실행하는 데 시간이 걸릴 것이기 때문이다. 그렇지만 재무보고가 그 유용성을 개선하기 위해 발전해야 한다면 지향할 목표를 수립하는 것은 필수적이다.

보고기업의 경제적 자원, 청구권 그리고 자원 및 청구권의 변동에 관한 정보

OB12 일반목적재무보고서는 보고기업의 재무상태에 관한 정보, 즉 기업의 경제적 자원과 보고기업에 대한 청구권에 관한 정보를 제공한다. 재무보고서는 보고기업의 경제적 자원과 청구권을 변동시키는 거래와 그 밖의 사건의 영향에 대한 정보도 제공한다. 이 두 유형의 정보는 기업에 대한 자원 제공 관련 의사결정에 유용한 투입요소를 제공한다.

경제적 자원과 청구권

OB13 보고기업의 경제적 자원과 청구권의 성격 및 금액에 대한 정보는 정보이용자가 보고기업의 재무적 강점과 약점을 식별하는 데 도움을 줄 수 있다. 그 정보는 정보이용자가 보고기업의 유동성과 지급능력, 추가적인 자금 조달의 필요성 및 그 자금 조달이 얼마나 성공적일지를 평가하는 데 도움을 줄 수 있다. 현재 청구권의 우선순위와 지급 요구사항에 대한 정보는 정보이용자가 보고기업에 청구권이 있는 자들 간에 미래 현금흐름이 어떻게 분배될 것인지를 예상하는 데 도움이 된다.

OB14 다른 유형의 경제적 자원은 미래 현금흐름에 대한 보고기업의 전망에 관한 정보이용자의 평가에 다르게 영향을 미친다. 어떤 미래 현금흐름은 수취채권과 같은 현재의 경제적 자원에서 직접적으로 발생한다. 다른 현금흐름은 재화 또는 용역을 생산하고 고객에게 판매하기 위해 몇 가지 자원을 결합하여 사용하는 데에서 발생한다. 비록 그 현금흐름을 개별적인 경제적 자원 (또는 청구권)과 관련지을 수는 없을지라도 재무보고서의 이용자는 보고기업의 영업에 이용가능한 자원의 성격과 금액을 알 필요가 있다.

경제적 자원 및 청구권의 변동

OB15 보고기업의 경제적 자원과 청구권의 변동은 그 기업의 재무성과(문단 OB17~OB20 참조), 그리고 채무상품 또는 지분상품의 발행과 같은 그 밖의 사건 또는 거래(문단 OB21 참조)에서 발생한다. 보고기업의 미래 현금흐름에 대한 전망을 올바르게 평가하기 위하여 정보이용자는 이 두 변동을 구별할 수 있는 능력이 필요하다.

OB16 보고기업의 재무성과에 대한 정보는 그 기업의 경제적 자원에서 해당 기업이 창출한 수익을 정보이용자가 이해하는 데 도움을 준다. 기업이 창출한 수익에 대한 정보는 경영진이 보고기업의 자원을 효율적이고 효과적으로 사용해야 하는 책임을 얼마나 잘 이행하였는지를 보여준다. 특히 미래 현금흐름의 불확실성을 평가하는 데 있어서는 그 수익의 변동성 및 구성요소에 대한 정보도 역시 중요하다. 보고기업의 과거 재무성과와 그 경영진이 책임을 어떻게 이행했는지에 대한 정보는 기업의 경제적 자원에서 발생하는 미래 수익을 예측하는 데 일반적으로 도움이 된다.

발생기준 회계가 반영된 재무성과

OB17 발생기준 회계는 거래와 그 밖의 사건 및 상황이 보고기업의 경제적 자원과 청구권에 미치는 영향을, 비록 그 결과로 발생하는 현금의 수취와 지급이 다른 기간에 이루어지더라도, 그 영향이 발생한 기간에 보여준다. 이것이 중요한 이유는, 보고기업의 경제적 자원과 청구권 그리고 기간 중 그 변동에 관한 정보는 그 기간 동안의 현금 수취와 지급만의 정보보다 기업의 과거 및 미래 성과를 평가하는 데 더 나은 근거를 제공하기 때문이다.

OB18 투자자와 채권자에게서 직접 추가적인 자원을 획득(문단 OB21 참조)한 것이 아닌 경제적 자원과 청구권의 변동이 반영된, 한 기간의 보고기업의 재무성과에 대한 정보는 기업의 과거 및 미래 순현금유입 창출 능력을 평가하는 데 유용하다. 그 정보는 보고기업이 이용가능한 경제적 자원을 증가시켜온 정도, 그리고 그 결과로 투자자와 채권자에게서 직접 추가적인 자원을 획득하지 않고 영업을 통하여 순현금유입을 창출할 수 있는 능력을 증가시켜온 정도를 보여준다.

OB19 어느 한 기간의 보고기업의 재무성과에 대한 정보는 시장가격 또는 이자율의 변동과 같은 사건이 기업의 경제적 자원과 청구권을 증가시키거나 감소시켜 기업의 순현금유입 창출 능력에 영향을 미친 정도도 보여줄 수 있다.

과거 현금흐름이 반영된 재무성과

OB20 어느 한 기간의 보고기업의 현금흐름에 대한 정보도 정보이용자가 기업의 미래 순현금유입 창출 능력을 평가하는 데에 도움이 된다. 이는, 채무의 차입과 상환, 현금 배당 등 투자자에 대한 현금 분배 그리고 기업의 유동성이나 지급능력에 영향을 미치는 그 밖의 요인에 대한 정보를 포함하여, 보고기업이 어떻게 현금을 획득하고 사용하는지 보여준다. 현금흐름에 대한 정보는 정보이용자가 보고기업의 영업을 이해하고, 재무활동과 투자활동을 평가하며, 유동성이나 지급능력을 평가하고, 재무성과에 대한 그 밖의 정보를 해석하는 데 도움이 된다.

재무성과에 기인하지 않은 경제적 자원 및 청구권의 변동

OB21 보고기업의 경제적 자원과 청구권은 추가적인 소유지분 발행과 같이 재무성과 외의 사유로도 변동될 수 있다. 이러한 유형의 변동에 관한 정보는 보고기업의 경제적 자원과 청구권이 변동된 이유와 그 변동이 미래 재무성과에 주는 의미를 정보이용자가 완전히 이해하는 데 필요하다.

내 용

제3장: 유용한 재무정보의 질적 특성

제3장: 유용한 재무정보의 질적 특성

서론

QC1 이 장에서 논의되는 유용한 재무정보의 질적 특성은 재무보고서에 포함된 정보(재무정보)에 근거하여 보고기업에 대한 의사결정을 할 때 현재 및 잠재적 투자자, 대여자 및 기타 채권자에게 가장 유용할 정보의 유형을 식별하는 것이다.

QC2 재무보고서는 보고기업의 경제적 자원, 보고기업에 대한 청구권 그리고 그 자원 및 청구권에 변동을 일으키는 거래와 그 밖의 사건 및 상황의 영향에 대한 정보를 제공한다. (이 정보는 '개념체계' 안에서 '경제적 현상에 대한 정보'라 한다.) 일부 재무보고서는 보고기업에 대한 경영진의 기대 및 전략과 기타 유형의 미래전망 정보에 대한 설명 자료도 포함하고 있다.

QC3 유용한 재무정보의 질적 특성[3)]은 재무제표에서 제공되는 재무정보에도 적용되며, 그 밖의 방법으로 제공되는 재무정보에도 적용된다. 보고기업의 유용한 재무정보 제공 능력에 대한 포괄적 제약요인인 원가도 이와 마찬가지로 적용된다. 그러나 질적 특성과 원가 제약요인 적용시의 고려 사항은 정보의 유형별로 달라질 수 있다. 예를 들어, 미래전망 정보에 이를 적용하는 것은 현재의 경제적 자원 및 청구권에 관한 정보와 그 자원 및 청구권의 변동에 적용하는 것과 다를 수 있다.

3) 이 '개념체계'의 전반에 걸쳐 질적 특성과 제약요인이라는 용어는 유용한 재무정보의 질적 특성과 유용한 재무정보에 대한 제약요인을 말한다.

유용한 재무정보의 질적 특성

QC4 재무정보가 유용하기 위해서는 목적적합해야 하고 나타내고자 하는 바를 충실하게 표현해야 한다. 재무정보가 비교가능하고, 검증가능하며, 적시성 있고, 이해가능한 경우 그 재무정보의 유용성은 보강된다.

근본적 질적 특성

QC5 근본적 질적 특성은 목적적합성과 충실한 표현이다.

목적적합성

QC6 목적적합한 재무정보는 정보이용자의 의사결정에 차이가 나도록 할 수 있다. 정보는 일부 정보이용자가 이를 이용하지 않기로 선택하거나 다른 원천을 통하여 이미 이를 알고 있다고 할지라도 의사결정에 차이가 나도록 할 수 있다.

QC7 재무정보에 예측가치, 확인가치 또는 이 둘 모두가 있다면 그 재무정보는 의사결정에 차이가 나도록 할 수 있다.

QC8 정보이용자들이 미래 결과를 예측하기 위해 사용하는 절차의 투입요소로 재무정보가 사용될 수 있다면, 그 재무정보는 예측가치를 갖는다. 재무정보가 예측가치를 갖기 위해서 그 자체가 예측치 또는 예상치일 필요는 없다. 예측가치를 갖는 재무정보는 정보이용자 자신이 예측하는 데 사용된다.

QC9 재무정보가 과거 평가에 대해 피드백을 제공한다면 (과거 평가를 확인하거나 변경시킨다면) 확인가치를 갖는다.

QC10 재무정보의 예측가치와 확인가치는 상호 연관되어 있다. 예측가치를 갖는 정보는 확인가치도 갖는 경우가 많다. 예를 들어, 미래 연도 수익의 예측 근거로 사용할 수 있는 당해 연도 수익 정보를 과거 연도에 행한 당해 연도 수익 예측치와 비교할 수 있다. 그 비교 결과는 정보이용자가 그 과거 예측에 사용한 절차를 수정하고 개선하는 데 도움을 줄 수 있다.

중요성

QC11 정보가 누락되거나 잘못 기재된 경우 특정 보고기업의 재무정보에 근거한 정보이용자의 의사결정에 영향을 줄 수 있다면 그 정보는 중요한 것이다. 즉, 중요성은 개별 기업 재무보고서 관점에서 해당 정보와 관련된 항목의 성격이나 규모 또는 이 둘 모두에 근거하여 해당 기업에 특유한 측면의 목적적합성을 의미한다. 따라서 회계기준위원회는 중요성에 대한 획일적인 계량 임계치를 정하거나 특정한 상황에서 무엇이 중요한 것인지를 미리 결정할 수 없다.

충실한 표현

QC12 재무보고서는 경제적 현상을 글과 숫자로 나타내는 것이다. 재무정보가 유용하기 위해서는 목적적합한 현상을 표현하는 것뿐만 아니라 나타내고자 하는 현상을 충실하게 표현해야 한다. 완벽하게 충실한 표현을 하기 위해서는 서술에 세 가지의 특성이 있어야 할 것이다. 서술은 완전하고, 중립적이며, 오류가 없어야 할 것이다. 물론 완벽함은 달성하기 어렵다. 회계기준위원회의 목적은 가능한 정도까지 그 특성을 극대화하는 것이다.

QC13 완전한 서술은 필요한 기술과 설명을 포함하여 정보이용자가 서술되는 현상을 이해하는 데 필요한 모든 정보를 포함하는 것이다. 예를 들어, 자산 집합의 완전한 서술은 적어도 집합 내 자산의 특성에 대한 기술과 집합 내 모든 자산의 수량적 서술, 그러한 수량적 서술이 표현하고 있는 기술 내용(예 최초 원가, 조정 원가 또는 공정가치)을 포함한다. 일부 항목의 경우 완전한 서술은 항목의 질 및 성격, 그 항목의 질 및 성격에 영향을 줄 수 있는 요인과 상황, 그리고 수량적 서술을 결정하는 데 사용된 절차에 대한 유의적인 사실의 설명을 수반할 수도 있다.

QC14 중립적 서술은 재무정보의 선택이나 표시에 편의가 없는 것이다. 중립적 서술은, 정보이용자가 재무정보를 유리하게 또는 불리하게 받아들일 가능성을 높이기 위해 편파적이 되거나, 편중되거나, 강조되거나, 경시되거나 그 밖의 방식으로 조작되지 않는다. 중립적 정보는 목적이 없거나 행동에 대한 영향력이 없는 정보를 의미하지 않는다. 오히려 목적적합한 재무정보는 정의상 정보이용자의 의사결정에 차이가 나도록 할 수 있는 정보이다.

QC15 충실한 표현은 모든 면에서 정확한 것을 의미하지는 않는다. 오류가 없다는 것은 현상의 기술에 오류나 누락이 없고, 보고 정보를 생산하는 데 사용되는 절차의 선택과 적용 시 절차 상 오류가 없음을 의미한다. 이 맥락에서 오류가 없다는 것은 모든 면에서 완벽하게 정확하다는 것을 의미하지는 않는다. 예를 들어, 관측가능하지 않은 가격이나 가치의 추정치는 정확한지 또는 부정확한지 결정할 수 없다. 그러나 추정치로서 금액을 명확하고 정확하게 기술하고, 추정 절차의 성격과 한계를 설명하며, 그 추정치를 도출하기 위한 적절한 절차를 선택하고 적용하는 데 오류가 없다면 그 추정치의 표현은 충실하다고 할 수 있다.

QC16 충실한 표현 그 자체가 반드시 유용한 정보를 만들어 내는 것은 아니다. 예를 들어, 보고기업은 정부보조금으로 유형자산을 받을 수 있다. 기업이 아무런 대가 없이 자산을 취득했다고 보고한다면 그 원가를 충실히 표현한 것은 분명하지만 그 정보는 아마도 매우 유용하지는 않을 것이다. 좀 더 미묘한 사례는 자산의 장부금액이 자산 가치의 손상을 반영하여 조정되어야 하는 금액의 추정치인 경우이다. 보고기업이 적절한 절차를 올바르게 적용하였고, 추정치를 올바로 기술했으며, 추정치에 유의적으로 영향을 미칠 수 있는 불확실성을 기술하였다면, 그 추정치는 충실한 표현이 될 수 있다. 그러나 그러한 추정치에 불확실성의 수준이 충분히 크다면, 그 추정치가 별로 유용하지는 못할 것이다. 즉, 충실히 표현된 자산이라도 목적적합성이 의문스럽다는 것이다. 더 충실한 다른 표현을 할 수 없다면, 그 추정치가 최선의 이용가능한 정보를 제공하는 것일 수는 있다.

근본적 질적 특성의 적용

QC17 정보가 유용하기 위해서는 목적적합하고 충실하게 표현되어야 한다. 목적적합하지 않은 현상에 대한 충실한 표현과 목적적합한 현상에 대한 충실하지 못한 표현 모두 정보이용자가 좋은 결정을 내리는 데 도움이 되지 않는다.

QC18 근본적 질적 특성을 적용하기 위한 가장 효율적이고 효과적인 절차는 일반적으로 다음과 같다(보강적 특성과 원가 제약요인의 영향을 받지만 이 사례에서는 고려하지 않음). 첫째, 보고기업의 재무정보 이용자에게 유용할 수 있는 경제적 현상을 식별한다. 둘째, 이용가능하고 충실히 표현될 수 있다면 가장 목적적합하게 될, 그 현상에 대한 정보의 유형을 식별한다. 셋째, 그 정보가 이용가능하고 충실하게 표현될 수 있는지 결정한다. 만약 그러하다면, 근본적 질적 특성의 충족 절차는 그 시점에 끝난다. 만약 그러하지 않다면, 차선의 목적적합한 유형의 정보에 대해 그 절차를 반복한다.

보강적 질적 특성

QC19 비교가능성, 검증가능성, 적시성 및 이해가능성은 목적적합하고 충실하게 표현된 정보의 유용성을 보강시키는 질적 특성이다. 보강적 질적 특성은 만일 어떤 두 가지 방법이 현상을 동일하게 목적적합하고 충실하게 표현하는 것이라면 이 두 가지 방법 가운데 어느 방법을 현상의 서술에 사용해야 할지를 결정하는 데에도 도움을 줄 수 있다.

비교가능성

QC20 정보이용자의 의사결정은, 예를 들어, 투자자산을 매도할지 또는 보유할지, 어느 보고기업에 투자할지를 선택하는 것과 같이 대안들 중에서 선택을 하는 것이다. 따라서 보고기업에 대한 정보는 다른 기업에 대한 유사한 정보 및 해당 기업에 대한 다른 기간이나 다른 일자의 유사한 정보와 비교할 수 있다면 더욱 유용하다.

QC21 비교가능성은 정보이용자가 항목 간의 유사점과 차이점을 식별하고 이해할 수 있게 하는 질적 특성이다. 다른 질적 특성과 달리 비교가능성은 단 하나의 항목에 관련된 것이 아니다. 비교하려면 최소한 두 항목이 필요하다.

QC22 일관성은 비교가능성과 관련은 되어 있지만 동일하지는 않다. 일관성은 한 보고기업 내에서 기간 간 또는 같은 기간 동안에 기업 간, 동일한 항목에 대해 동일한 방법을 적용하는 것을 말한다. 비교가능성은 목표이고 일관성은 그 목표를 달성하는 데 도움을 준다.

QC23 비교가능성은 통일성이 아니다. 정보가 비교가능하기 위해서는 비슷한 것은 비슷하게 보여야 하고 다른 것은 다르게 보여야 한다. 재무정보의 비교가능성은 비슷한 것을 달리 보이게 하여 보강되지 않는 것처럼, 비슷하지 않은 것을 비슷하게 보이게 한다고 해서 보강되지 않는다.

QC24 근본적 질적 특성을 충족하면 어느 정도의 비교가능성은 달성될 수 있을 것이다. 목적적합한 경제적 현상에 대한 충실한 표현은 다른 보고기업의 유사한 목적적합한 경제적 현상에 대한 충실한 표현과 어느 정도의 비교가능성을 자연히 가져야 한다.

QC25 단 하나의 경제적 현상을 충실하게 표현하는 데 여러 방법이 있을 수 있으나 동일한 경제적 현상에 대해 대체적인 회계처리방법을 허용하면 비교가능성이 감소한다.

검증가능성

QC26 검증가능성은 정보가 나타내고자 하는 경제적 현상을 충실히 표현하는지를 정보이용자가 확인하는 데 도움을 준다. 검증가능성은 합리적인 판단력이 있고 독립적인 서로 다른 관찰자가 어떤 서술이 충실한 표현이라는 데, 비록 반드시 완전히 일치하지는 못하더라도, 의견이 일치할 수 있다는 것을 의미한다. 계량화된 정보가 검증가능하기 위해서 단일 점추정치이어야 할 필요는 없다. 가능한 금액의 범위 및 관련된 확률도 검증될 수 있다.

QC27 검증은 직접적 또는 간접적으로 이루어질 수 있다. 직접 검증은, 예를 들어, 현금을 세는 것과 같이, 직접적인 관찰을 통하여 금액이나 그 밖의 표현을 검증하는 것을 의미한다. 간접 검증은 모형, 공식 또는 그 밖의 기법에의 투입요소를 확인하고 같은 방법을 사용하여 그 결과를 재계산하는 것을 의미한다. 예를 들어, 투입요소(수량과 원가)를 확인하고 같은 원가흐름가정을 사용(예 선입선출법 사용)하여 기말 재고자산을 재계산하여 재고자산의 장부금액을 검증하는 것이다.

QC28 어느 미래 기간 전까지는 어떤 설명과 미래전망 재무정보를 검증하는 것이 전혀 가능하지 않을 수 있다. 정보이용자가 그 정보의 이용 여부를 결정하는 데 도움을 주기 위해서는 일반적으로 기초가 된 가정, 정보의 작성 방법과 정보를 뒷받침하는 그 밖의 요인 및 상황을 공시하는 것이 필요하다.

적시성

QC29 적시성은 의사결정에 영향을 미칠 수 있도록 의사결정자가 정보를 제때에 이용가능하게 하는 것을 의미한다. 일반적으로 정보는 오래될수록 유용성이 낮아진다. 그러나 일부 정보는 보고기간 말 후에도 오랫동안 적시성이 있을 수 있다. 예를 들어, 일부 정보이용자는 추세를 식별하고 평가할 필요가 있을 수 있기 때문이다.

이해가능성

QC30 정보를 명확하고 간결하게 분류하고, 특징지으며, 표시하면 이해가능하게 된다.

QC31 일부 현상은 본질적으로 복잡하여 이해하기 쉽게 할 수 없다. 그 현상에 대한 정보를 재무보고서에서 제외하면 그 재무보고서의 정보를 더 이해하기 쉽게 할 수 있다. 그러나 그 보고서는 불완전하여 잠재적으로 오도할 수 있다.

QC32 재무보고서는 사업활동과 경제활동에 대해 합리적인 지식이 있고, 부지런히 정보를 검토하고 분석하는 정보이용자를 위해 작성된다. 때로는 박식하고 부지런한 정보이용자도 복잡한 경제적 현상에 대한 정보를 이해하기 위해 자문가의 도움을 받는 것이 필요할 수 있다.

보강적 질적 특성의 적용

QC33 보강적 질적 특성은 가능한 한 극대화되어야 한다. 그러나 보강적 질적 특성은, 정보가 목적적합하지 않거나 충실하게 표현되지 않으면, 개별적으로든 집단적으로든 그 정보를 유용하게 할 수 없다.

QC34 보강적 질적 특성을 적용하는 것은 어떤 규정된 순서를 따르지 않는 반복적인 과정이다. 때로는 하나의 보강적 질적 특성이 다른 질적 특성의 극대화를 위해 감소되어야 할 수도 있다. 예를 들어, 새로운 재무보고기준의 전진 적용으로 인한 비교가능성의 일시적 감소는 장기적으로 목적적합성이나 충실한 표현을 향상시키기 위해 감수할 수도 있다. 적절한 공시는 비교가능성의 미비를 부분적으로 보완할 수 있다.

유용한 재무보고에 대한 원가 제약

QC35 원가는 재무보고로 제공될 수 있는 정보에 대한 포괄적 제약요인이다. 재무정보의 보고에는 원가가 소요되고, 해당 정보 보고의 효익이 그 원가를 정당화한다는 것이 중요하다. 고려해야 할 몇 가지 유형의 원가와 효익이 있다.

QC36 재무정보의 제공자는 재무정보의 수집, 처리, 검증 및 전파에 대부분의 노력을 기울인다. 그러나 정보이용자는 궁극적으로 수익 감소의 형태로 그 원가를 부담한다. 재무정보의 이용자에게도 제공된 정보를 분석하고 해석하는 데 원가가 발생한다. 필요한 정보가 제공되지 않으면, 그 정보를 다른 곳에서 얻거나 그것을 추정하기 위한 추가적인 원가가 정보이용자에게 발생한다.

QC37 목적적합하고 나타내고자 하는 바가 충실하게 표현된 재무정보를 보고하는 것은 정보이용자가 더 확신을 가지고 의사결정하는 데 도움이 된다. 이것은 자본시장이 더 효율적으로 기능하도록 하고, 경제 전반적으로 자본비용을 감소시킨다. 개별 투자자, 대여자 및 기타 채권자도 더 많은 정보에 근거한 의사결정을 함으로써 효익을 얻는다. 그러나 정보이용자 각자가 목적적합하다고 보는 모든 정보를 일반목적재무보고서에서 제공하는 것은 가능하지 않다.

QC38 원가 제약요인을 적용함에 있어서, 회계기준위원회는 특정 정보를 보고하는 효익이 그 정보를 제공하고 사용하는 데 발생한 원가를 정당화할 수 있을 것인지 평가한다. 제안된 재무보고기준을 제정하는 과정에 원가 제약요인을 적용할 때, 회계기준위원회는 그 기준의 예상되는 효익과 원가의 성격 및 양에 대하여 재무정보의 제공자, 정보이용자, 외부감사인, 학계 등에서 정보를 구한다. 대부분의 상황에서 평가는 양적 그리고 질적 정보의 조합에 근거한다.

QC39 본질적인 주관성 때문에, 재무정보의 특정 항목 보고의 원가 및 효익에 대한 평가는 개인마다 달라진다. 따라서 회계기준위원회는 단지 개별 보고기업과 관련된 것이 아닌, 재무보고 전반적으로 원가와 효익을 고려하려고 노력하고 있다. 그렇다고 원가와 효익의 평가가 동일한 보고 요구사항을 모든 기업에 대해 언제나 정당화한다는 것을 의미하는 것은 아니다. 기업 규모의 차이, 자본 조달 방법(공모 또는 사모)의 차이, 정보이용자 요구의 차이, 그 밖의 다른 요인 때문에 달리하는 것이 적절할 수 있다.

내 용

제4장: 재무제표의 작성과 표시를 위한 개념체계 (잔존 문단)

제4장: 재무제표의 작성과 표시를 위한 개념체계 (잔존 문단)

잔존 문단은 IASB가 재무제표의 요소 및 그 측정기준을 검토하면 갱신될 것이다.

기본가정

계속기업

4.1 재무제표는 일반적으로 기업이 계속기업이며 예상가능한 기간 동안 영업을 계속할 것이라는 가정 하에 작성된다. 따라서 기업은 그 경영활동을 청산하거나 중요하게 축소할 의도나 필요성을 갖고 있지 않다는 가정을 적용하며, 만약 이러한 의도나 필요성이 있다면 재무제표는 계속기업을 가정한 기준과는 다른 기준을 적용하여 작성하는 것이 타당할 수 있으며 이때 적용한 기준은 별도로 공시하여야 한다.

재무제표의 요소

4.2 재무제표는 거래나 그 밖의 사건의 재무적 영향을 경제적 특성에 따라 대분류하여 나타낸다. 이러한 대분류를 재무제표의 요소로 정의한다. 재무상태표에서 재무상태의 측정과 직접 관련된 요소는 자산, 부채 및 자본이다. 그리고 포괄손익계산서에서 성과의 측정과 직접 관련된 요소는 수익과 비용이다. 재무상태변동표는 일반적으로 재무상태표 요소의 변동과 포괄손익계산서 요소를 반영하므로 이 개념체계에서는 재무상태변동표의 고유한 요소에 대해 별도로 식별하지 아니한다.

4.3 재무제표의 요소가 재무상태표와 포괄손익계산서에 표시될 때 소

분류의 과정을 거친다. 예를 들어, 자산과 부채는 기업이 영위하는 사업에서의 해당 항목의 성격이나 기능에 따라 이용자의 경제적 의사결정 목적에 가장 유용하도록 당해 정보를 나타내는 방법으로 분류할 수 있다.

재무상태

4.4 재무상태의 측정에 직접 관련되는 요소는 자산, 부채 및 자본이다. 이러한 요소의 정의는 다음과 같다.

(1) 자산은 과거 사건의 결과로 기업이 통제하고 있고 미래경제적 효익이 기업에 유입될 것으로 기대되는 자원이다.

(2) 부채는 과거 사건에 의하여 발생하였으며 경제적효익을 갖는 자원이 기업으로부터 유출됨으로써 이행될 것으로 기대되는 현재의무이다.

(3) 자본은 기업의 자산에서 모든 부채를 차감한 후의 잔여지분이다.

4.5 위에서 기술한 자산과 부채의 정의는 그 본질적 특성을 식별하기 위한 것이지, 재무상태표에 인식하기 위해 충족될 필요가 있는 기준을 정하는 것은 아니다. 따라서 이러한 정의는 문단 4.37~4.53에서 설명하는 인식기준을 충족하지 못하여 재무상태표에 자산 또는 부채로 인식되지 못한 항목을 포괄한다. 특히 자산 또는 부채를 인식하기 전에 문단 4.38에 규정된 발생가능성 기준을 충족하려면 미래경제적효익이 기업에 유입되거나 기업에서 유출될 것이라는 기대가 충분히 확실해야 한다.

4.6 특정 항목이 자산, 부채 또는 자본의 정의를 충족하는지를 판단할 때에 단순한 법률적 형식이 아닌 거래의 실질과 경제적 현실을 고려하여야 한다. 예를 들어, 금융리스 거래의 실질과 경제적 현실은 리스이용자가 리스자산의 공정가치 상당액과 관련 금융비용을 지급하는 의무를 부담하는 대가로서 내용연수의 대부분 기간 동안 리스자산의 사용에 따른 경제적효익을 향유하는 것이다. 따라서 금융리스는 자산과 부채의 정의를 충족하는 항목을 발생시키며 리

스이용자의 재무상태표에 관련 자산과 부채로 인식된다.

4.7 현행 한국채택국제회계기준에 따라 작성되는 재무상태표에는 자산 또는 부채의 정의를 충족하지 못하면서 자본으로 표시되지 않는 항목이 있을 수 있다. 그러나 문단 4.4에 제시된 정의는 현행 한국채택국제회계기준의 개정을 검토하거나 향후 새로운 기준을 제정할 때 기초가 될 것이다.

자산

4.8 자산이 갖는 미래경제적효익이란 직접으로 또는 간접으로 미래 현금 및 현금성자산의 기업에의 유입에 기여하게 될 잠재력을 말한다. 이 잠재력은 기업의 영업활동의 일부인 생산과 관련될 수 있다. 또한, 현금이나 현금성자산으로의 전환 능력의 형태이거나 대체적인 제조과정의 도입으로 생산원가가 절감되는 경우와 같이 현금유출을 감소시키는 능력일 수도 있다.

4.9 기업은 일반적으로 고객의 요구를 충족시킬 수 있는 재화나 용역의 생산에 자산을 이용한다. 고객은 재화나 용역의 제공에 따른 요구충족의 대가를 지불할 것이므로 이로 인해 기업의 현금흐름이 창출된다. 현금은 그 밖의 자원에 대한 구매력을 가지므로 그 자체로 기업에 효익을 제공한다.

4.10 자산이 갖는 미래경제적효익은 다양한 형태로 기업에 유입될 수 있다. 예를 들어, 다음과 같다.

(1) 자산은 기업이 판매하는 재화나 용역의 생산에 개별적으로 또는 그 밖의 자산과 복합적으로 사용된다.
(2) 자산은 다른 자산과 교환된다.
(3) 자산은 부채를 상환하는 데 사용된다.
(4) 자산은 기업의 소유주에게 배분된다.

4.11 유형자산을 포함한 많은 종류의 자산은 물리적 형태를 가지고 있

다. 그러나 자산의 존재를 판단하기 위해서 물리적 형태가 필수적인 것은 아니다. 예를 들어, 특허권과 저작권도 미래에 그로부터 경제적 효익이 창출되어 기업에 귀속되고 기업이 통제한다면 자산이다.

4.12 수취채권과 부동산을 포함한 많은 종류의 자산은 소유권 등 법률적 권리와 관련되어 있다. 그러나 소유권이 자산의 존재를 판단함에 있어 필수적인 것은 아니다. 예를 들어, 기업이 리스계약에 따라 점유하고 있는 부동산에서 기대되는 경제적효익을 통제할 수 있다면 그 부동산은 기업의 자산이다. 일반적으로는 경제적효익에 대한 통제력은 법률적 권리의 결과이지만 경우에 따라서는 법률적 통제가 없어도 자산의 정의를 충족시킬 수 있다. 예를 들어, 기업이 개발활동에서 습득한 핵심지식은 이를 독점적으로 보유함으로써 그로부터 유입될 것으로 기대되는 효익을 통제한다면 자산의 정의를 충족할 수 있다.

4.13 기업의 자산은 과거의 거래나 그 밖의 사건에서 창출된다. 기업은 일반적으로 구매나 생산을 통하여 자산을 획득하지만 다른 거래나 사건도 자산을 창출할 수 있다. 그러한 예로는 지역의 경제성장을 장려하기 위한 정부의 프로그램에 따라 증여받은 자산이나 매장된 광물의 발견 등이 포함된다. 미래에 발생할 것으로 예상되는 거래나 사건 자체만으로는 자산이 창출되지 아니한다. 예를 들어, 재고자산을 구입하고자 하는 의도 그 자체는 자산의 정의를 충족하지 못한다.

4.14 일반적으로 지출의 발생과 자산의 취득은 밀접하게 관련되어 있으나 양자가 반드시 일치하는 것은 아니다. 따라서 기업이 지출을 한 경우 이는 미래경제적효익을 추구했다는 증거가 될 수는 있지만 자산의 정의를 충족시키는 어떤 항목을 취득했다는 확정적인 증거는 될 수 없다. 마찬가지로 관련된 지출이 없더라도 특정 항목이 자산의 정의를 충족할 경우 재무상태표의 인식대상이 되는

것을 배제하지는 못한다. 예를 들어, 증여받은 재화는 자산의 정의를 충족할 수 있다.

부채

4.15 부채의 본질적 특성은 기업이 현재의무를 갖고 있다는 것이다. 의무란 특정 방법으로 실행하거나 수행할 책무 또는 책임을 말한다. 의무는 구속력 있는 계약이나 법규에 따라 법률적 강제력이 있을 수 있다. 제공받은 재화와 용역에 대한 미지급채무가 일반적인 예이다. 의무는 정상적인 거래실무, 관행 또는 원활한 거래관계를 유지하거나 공평한 거래를 하려는 의도에서 발생할 수도 있다. 만일 어떤 기업이 보증기간이 명백히 경과한 후에 발생하는 제품하자에 대해서도 수리해 주기로 방침을 정한 경우에 이미 판매된 제품과 관련하여 지출될 것으로 예상되는 금액은 부채이다.

4.16 현재의무와 미래의 약속은 구별되어야 한다. 미래에 특정 자산을 취득하겠다는 경영진의 의사결정 그 자체만으로는 현재의무가 발생하지 아니한다. 의무는 일반적으로 그 자산이 인도되는 때 또는 기업이 자산획득을 위한 취소불능약정을 체결하는 때 발생한다. 후자의 경우에 속하는 취소불능약정은 예를 들어, 의무불이행의 결과에 따른 상당한 위약금 때문에 거래상대방에 대한 자원의 유출을 회피할 여지가 거의 없는 약정을 말한다.

4.17 기업이 거래상대방의 요구에 따라 현재의무를 이행하기 위해서는 일반적으로 미래경제적 효익을 갖는 자원을 희생하게 된다. 현재의무는 다양한 방법으로 이행될 수 있는 데 그 예는 다음과 같다.

⑴ 현금 지급

⑵ 다른 자산의 이전

⑶ 용역의 제공

⑷ 다른 의무로 대체

⑸ 부채의 자본 전환

의무는 채권자의 권리포기나 권리상실 등 다른 방법에 의해서 소멸되기도 한다.

4.18 부채는 과거의 거래나 그 밖의 사건에서 발생한다. 예를 들어, 재화를 구입하거나 용역을 제공받는 경우 매입채무가 발생하며(선급 또는 인도와 동시에 지급이 이루어지지 아니한 경우), 은행대출을 받은 경우에는 상환의무가 발생한다. 또한 기업이 고객의 연간 매입액에 따라 미래에 지급할 환불액을 부채로 인식할 경우 고객에 대한 과거의 매출이 부채를 발생시키는 거래가 된다.

4.19 일부 부채는 상당한 정도의 추정을 해야만 측정이 가능할 수 있다. 이러한 부채는 충당부채라고도 한다. 일부 국가에서는 이러한 충당부채를 부채에서 제외하는데, 이는 부채를 추정의 필요 없이 확정할 수 있는 금액만 포함되도록 협의의 개념으로 정의하기 때문이다. 문단 4.4의 부채 정의는 광의의 접근법에 따른 것이다. 따라서 어떤 충당부채가 현재의무를 수반하며 부채의 나머지 정의를 충족한다면 금액을 추정해야 하더라도 부채이다. 그러한 예로는 제품보증에 따른 충당부채와 연금지급의무에 대한 충당부채가 있다.

자본

4.20 자본은 문단 4.4에서 잔여지분으로 정의되었지만 재무상태표에는 소분류하여 표시할 수 있다. 예를 들어, 주식회사의 경우 소유주가 출연한 자본, 이익잉여금, 이익잉여금 처분에 의한 적립금, 자본유지조정을 나타내는 적립금 등으로 구분하여 표시할 수 있다. 이러한 분류는 자본의 배당이나 그 밖의 활용에 대한 기업능력의 법률적 또는 기타의 제한을 표시함으로써 재무제표이용자의 의사결정 목적에 적합할 수 있다. 또한 이러한 분류는 배당금 수령이나 자본의 환급과 관련하여 기업의 각 지분보유자들이 상이한 권리를 갖는다는 사실을 반영할 수도 있다.

4.21 때로는 손실의 영향으로부터 기업과 그 채권자를 보호하기 위한 추가 조치로서 정관이나 법규에서 적립금의 설정을 요구하는 경우가 있다. 또는 특정 적립금으로 전입되는 금액에 대해 세법상 면세 또는 감세혜택이 부여되는 경우에 해당 적립금이 설정될 수도 있다. 법률, 정관 그리고 세무 목적에 따라 설정되는 적립금의 존재와 규모에 대한 정보는 이용자의 의사결정 목적에 적합한 정보이다. 이와 같은 적립금으로 전입되는 금액은 비용이 아니라 이익잉여금의 처분에 해당한다.

4.22 재무상태표에 표시되는 자본의 금액은 자산과 부채 금액의 측정에 따라 결정된다. 일반적으로 자본총액은 그 기업이 발행한 주식의 시가총액, 또는 순자산을 나누어서 처분하거나 계속기업을 전제로 기업전체를 처분할 때 받을 수 있는 총액과 우연한 경우에만 일치한다.

4.23 상업, 산업, 사업 활동이 때로는 개인사업, 파트너십, 신탁, 다양한 정부사업 등의 실체 형태로 수행된다. 이와 같은 실체에 적용되는 법률 및 감독 체계는 통상 일반 주식회사에 적용하는 체계와는 다르다. 예를 들어, 자본에 포함된 금액을 소유주나 그 밖의 수익자에게 분배하는 데 제한이 거의 없을 수 있다. 그럼에도 불구하고 자본의 정의와 자본을 다루는 이 개념체계의 다른 관점들은 이들 실체에 적합하다.

성과

4.24 이익은 흔히 성과의 측정치로 사용되거나 투자수익률이나 주당이익과 같은 측정치의 기초로 사용된다. 이익의 측정과 직접 관련된 요소는 수익과 비용이다. 수익과 비용의 인식과 측정, 그리고 그에 따른 이익은 부분적으로는 기업의 재무제표 작성에 적용된 자본 및 자본유지개념에 의존한다. 그러한 개념은 문단 4.57~4.65에서 논의한다.

4.25 수익과 비용은 다음과 같이 정의한다.

(1) 수익은 자산의 유입이나 증가 또는 부채의 감소에 따라 자본의 증가를 초래하는 특정 회계기간 동안에 발생한 경제적효익의 증가로서, 지분참여자에 의한 출연과 관련된 것은 제외한다.

(2) 비용은 자산의 유출이나 소멸 또는 부채의 증가에 따라 자본의 감소를 초래하는 특정 회계기간 동안에 발생한 경제적효익의 감소로서, 지분참여자에 대한 분배와 관련된 것은 제외한다.

4.26 위에서 기술한 수익과 비용의 정의는 그 본질적 특성을 식별하기 위한 것이지, 포괄손익계산서에 인식하기 위해 충족될 필요가 있는 기준을 정하는 것은 아니다. 수익과 비용의 인식기준은 문단 4.37～4.53에서 설명한다.

4.27 경제적 의사결정에 목적적합한 정보를 제공하기 위하여 포괄손익계산서에 수익과 비용을 다양한 방법으로 표시할 수 있다. 예를 들어, 기업의 정상영업활동의 일환으로 발생하는 수익과 비용 항목 및 그렇지 않은 수익과 비용 항목을 구분하여 표시하는 것이 보통이다. 이와 같은 구분은 수익과 비용 항목의 원천이 기업의 미래 현금 및 현금성자산의 창출능력을 평가하는 데 목적적합한 정보라는 점에 근거한 것이다. 예를 들어, 장기투자자산의 처분과 같은 부수적인 활동은 일상적으로 반복될 가능성이 낮을 것이다. 수익과 비용 항목을 이와 같이 원천별로 구분할 때에는 기업과 그 경영활동의 성격을 고려할 필요가 있다. 어떤 기업에는 정상영업활동에서 발생하는 항목이 다른 기업에는 정상영업활동 이외에서 발생하는 항목일 수 있다.

4.28 수익과 비용 항목을 구분하거나 다양하게 결합하면 기업의 성과를 여러 가지 측정치로 표시할 수 있다. 결과적으로 이 같은 측정치는 포괄하는 범위가 서로 다르다. 예를 들어, 포괄손익계산서는 매출총이익, 세전정상영업손익, 세후정상영업손익과 당기순손익으로 구분 표시될 수 있다.

수익

4.29 광의의 수익의 정의에는 수익과 차익이 모두 포함된다. 수익은 기업의 정상영업활동의 일환으로 발생하며 매출액, 수수료수익, 이자수익, 배당수익, 로열티수익 및 임대료수익 등 다양한 명칭으로 구분된다.

4.30 차익은 광의의 수익의 정의를 충족하는 그 밖의 항목으로 기업의 정상영업활동의 일환이나 그 이외의 활동에서 발생할 수 있다. 차익도 경제적효익의 증가를 나타내므로 본질적으로 수익과 차이가 없다. 따라서 이 개념체계에서는 차익을 별개의 요소로 보지 아니한다.

4.31 예를 들어, 차익은 비유동자산의 처분에서 발생한다. 또한 광의의 수익의 정의는 시장성있는 유가증권의 재평가나 장기성 자산의 장부금액 증가로 인한 미실현이익을 포함한다. 차익을 포괄손익계산서에 표시하는 경우 일반적으로 구분 표시하는 데 의사결정자가 이를 알면 경제적 의사결정에 도움이 되기 때문이다. 차익은 흔히 관련 비용을 차감한 금액으로 보고된다.

4.32 수익의 발생에 따라 다양한 자산이 수취되거나 증가될 수 있는데, 제공하는 재화나 용역의 대가로 받은 현금, 수취채권 및 재화나 용역이 그 예이다. 수익은 또한 부채의 상환에 따라 발생할 수도 있는데 예를 들어, 기업이 차입금의 상환의무를 이행하기 위해 대여자에게 재화나 용역을 제공하는 경우가 이에 해당한다.

비용

4.33 광의의 비용의 정의에는 기업의 정상영업활동의 일환으로 발생하는 비용뿐만 아니라 차손도 포함된다. 기업의 정상영업활동의 일환으로 발생하는 비용은 예를 들어, 매출원가, 급여 및 감가상각비 등이다. 비용은 일반적으로 현금 및 현금성자산, 재고자산 또는 유형자산과 같은 자산의 유출이나 소모의 형태로 나타난다.

4.34 차손은 비용의 정의를 충족하는 그 밖의 항목으로 기업의 정상영업활동의 일환이나 그 이외의 활동에서 발생할 수 있다. 차손도 경제적효익의 감소를 나타내므로 본질적으로 다른 비용과 차이가 없다. 따라서 이 개념체계에서는 차손을 별개의 요소로 보지 아니한다.

4.35 예를 들어, 차손은 화재나 홍수와 같은 자연재해 또는 비유동자산의 처분에서 발생한다. 또한 비용의 정의는 미실현손실도 포함하는데, 예를 들어 기업의 외화차입금에 관련된 환율상승의 영향으로 발생하는 미실현손실이다. 차손을 포괄손익계산서에 표시하는 경우 일반적으로 구분 표시하는데 의사결정자가 이를 알면 경제적 의사결정에 도움이 되기 때문이다. 차손은 흔히 관련 수익을 차감한 금액으로 보고된다.

자본유지조정

4.36 자산과 부채에 대한 재평가 또는 재작성은 자본의 증가나 감소를 초래한다. 이와 같은 자본의 증가 또는 감소는 수익과 비용의 정의에는 부합하지만, 이 항목들은 특정 자본유지개념에 따라 포괄손익계산서에는 포함하지 아니한다. 그 대신 자본유지조정 또는 재평가적립금으로 자본에 포함한다. 자본유지의 개념에 대해서는 이 개념체계의 문단 4.57~4.65에서 논의한다.

재무제표 요소의 인식

4.37 인식은 재무제표 요소의 정의에 부합하고 문단 4.38에서 설명하는 인식기준을 충족하는 항목을 재무상태표나 포괄손익계산서에 반영하는 과정을 말한다. 이 과정은 해당 항목을 서술하는 계정명칭과 화폐금액으로 기술하고 그 금액을 재무상태표 또는 포괄손익계산서 총계에 산입하는 것을 포함한다. 인식기준을 충족하는 항목은 재무상태표나 포괄손익계산서에 인식되어야 한다. 관련된 회계정책의 공시, 주석 또는 설명 자료만으로는 그러한 항목의 인식누락

을 정당화할 수 없다.

4.38 재무제표 요소의 정의에 부합하는 항목이 다음 기준을 모두 충족한다면 재무제표에 인식되어야 한다.

(1) 그 항목과 관련된 미래경제적효익이 기업에 유입되거나 기업으로부터 유출될 가능성이 높다.

(2) 그 항목의 원가 또는 가치를 신뢰성 있게 측정할 수 있다.

4.39 어떤 항목이 이러한 기준을 충족하여 재무제표에 인식해야 하는지를 평가할 때 제3장 '유용한 재무정보의 질적 특성'에서 논의된 중요성을 고려할 필요가 있다. 재무제표의 요소 간 상호연관성은 특정 요소의 정의 및 인식기준을 충족하는 항목 예를 들어, 자산을 인식하는 경우 수익이나 부채 같은 다른 요소가 자동적으로 인식되어야 하는 것을 의미한다.

미래경제적효익의 발생가능성

4.40 인식기준에는 특정 항목과 관련된 미래경제적효익이 기업에 유입되거나 기업에서 유출될 불확실성의 정도를 의미하는 발생가능성의 개념이 사용된다. 이 개념은 영업활동이 수행되는 기업환경의 특성을 반영하는 불확실성을 고려하고자 하는 것이다. 미래경제적효익의 유입과 유출에 대한 불확실성 정도의 평가는 재무제표를 작성할 때 이용가능한 증거에 기초하여야 한다. 예를 들어, 기업이 보유하는 특정 매출채권과 관련하여 대손가능성에 대한 증거가 없고 회수가능성이 높다면 해당 매출채권을 자산으로 인식하는 것이 정당화 된다. 그러나 다수의 매출거래처가 존재한다면 어느 정도 대손이 발생할 가능성이 높은 것이 일반적이므로 예상되는 경제적효익의 감소를 나타내는 비용을 인식하여야 한다.

측정의 신뢰성

4.41 어떤 항목의 인식을 위한 두 번째 기준은 신뢰성 있는 측정이 가능한 원가 또는 가치를 갖고 있어야 한다는 것이다. 많은 경우에

원가 또는 가치가 추정되어야 하는데 이 경우 재무제표를 작성할 때 합리적인 추정을 사용해야 하며 합리적 추정이 신뢰성을 훼손하지는 않는다. 그러나 합리적인 추정을 할 수 없는 경우 해당 항목은 재무상태표나 포괄손익계산서에 인식될 수 없다. 예를 들어, 소송으로부터 예상되는 배상금이 자산과 수익의 정의에 부합하고 인식을 위한 발생가능성 기준을 충족한다 하더라도 그 금액을 신뢰성 있게 측정할 수 없는 경우에는 이를 자산이나 수익으로 인식할 수 없다. 그러나 이와 같은 배상금의 존재는 주석, 설명 자료 또는 부속명세서에 공시될 수 있다.

4.42 특정 시점에서는 문단 4.38의 인식기준을 충족하지 못하는 항목이더라도 그 후에 후속 상황이나 사건의 결과에 따라 인식기준을 충족할 수도 있다.

4.43 어떤 항목이 재무제표 요소에 부합하는 본질적 성격을 가지고 있으나 인식기준을 충족하지 못하는 경우에도 해당 항목은 주석, 설명 자료 또는 부속명세서에 공시될 수 있다. 이러한 공시는 재무제표의 이용자가 기업의 재무상태, 성과 및 재무상태변동을 평가할 때 해당 항목에 대한 정보가 목적적합하다고 판단되는 경우에 적절하다.

자산의 인식

4.44 자산은 미래경제적효익이 기업에 유입될 가능성이 높고 해당 항목의 원가 또는 가치를 신뢰성 있게 측정할 수 있을 때 재무상태표에 인식한다.

4.45 지출이 발생하였으나 당해 회계기간 후에는 관련된 경제적효익이 기업에 유입될 가능성이 높지 않다고 판단되는 경우에는 재무상태표에 자산으로 인식하지 아니한다. 대신에 그러한 거래는 포괄손익계산서에 비용으로 인식한다. 이와 같은 회계처리는 경영진이 그 지출과 관련하여 미래경제적효익을 창출하려는 의도가 없었거

나 의사결정이 잘못되었다는 것을 의미하지는 않는다. 이는 단지 당해 회계기간 후 관련된 경제적효익이 기업에 유입될 가능성의 정도가 자산의 인식을 정당화하기에는 불충분하다는 것을 의미할 뿐이다.

부채의 인식

4.46 부채는 현재 의무의 이행에 따라 경제적효익을 갖는 자원의 유출 가능성이 높고 결제될 금액에 대해 신뢰성 있게 측정할 수 있을 때 재무상태표에 인식한다. 실무에서는 주문 후 아직 인도되지 않은 재고자산에 대한 부채와 같이 동일한 비율로 미이행된 계약상의 의무는 일반적으로 재무제표에 부채로 인식하지 아니한다. 그러나 그러한 의무도 때로는 부채의 정의에 부합할 수 있으며 특정한 상황에서 인식기준이 충족된다면 재무제표에 인식될 수 있다. 이와 같은 상황에서는 부채의 인식과 동시에 관련 자산이나 비용도 인식된다.

수익의 인식

4.47 수익은 자산의 증가나 부채의 감소와 관련하여 미래경제적효익이 증가하고 이를 신뢰성 있게 측정할 수 있을 때 포괄손익계산서에 인식한다. 이는 실제로 수익의 인식이 자산의 증가나 부채의 감소에 대한 인식과 동시에 이루어짐을 의미한다. 예를 들어, 재화나 용역의 매출에 따라 자산의 순증가가 인식되며 미지급채무의 면제에 따라 부채의 감소가 인식된다.

4.48 실무에서 일반적으로 사용하는 수익인식의 절차, 예를 들어, 수익이 가득되어야 한다는 요건은 이 개념체계에서 제시하는 인식기준을 적용한 것이다. 그러한 절차는 일반적으로 신뢰성 있는 측정이 가능하고 충분히 확실한 항목들만을 한정하여 수익을 인식하기 위한 것이다.

비용의 인식

4.49 비용은 자산의 감소나 부채의 증가와 관련하여 미래경제적효익이 감소하고 이를 신뢰성 있게 측정할 수 있을 때 포괄손익계산서에 인식한다. 이는 실제로 비용의 인식이 부채의 증가나 자산의 감소에 대한 인식과 동시에 이루어짐을 의미한다. 예를 들어, 종업원급여의 발생에 따라 부채의 증가가 인식되며 설비의 감가상각에 따라 자산의 감소가 인식된다.

4.50 비용은 발생된 원가와 특정 수익항목의 가득 간에 존재하는 직접적인 관련성을 기준으로 포괄손익계산서에 인식한다. 수익에 원가를 대응시키는 과정에는 동일한 거래나 그 밖의 사건에 따라 직접 그리고 공통으로 발생하는 수익과 비용을 동시에 또는 통합하여 인식하는 것이 포함된다. 재화의 판매에 따라 수익이 발생됨과 동시에 매출원가를 구성하는 다양한 비용요소가 인식되는 것이 그 예이다. 그러나 이 개념체계 하에서 대응개념을 적용한다 하더라도 자산이나 부채의 정의를 충족하지 못하는 항목을 재무상태표에 인식하는 것은 허용되지 아니한다.

4.51 경제적효익이 여러 회계기간에 걸쳐 발생할 것으로 기대되고 수익과의 관련성이 단지 포괄적으로 또는 간접적으로만 결정될 수 있는 경우 비용은 체계적이고 합리적인 배분절차를 기준으로 포괄손익계산서에 인식된다. 이러한 비용 인식 절차는 유형자산, 영업권, 특허권과 상표권 같은 자산의 사용과 관련된 비용을 인식하기 위하여 자주 필요하다. 이러한 경우에 관련된 비용은 감가상각비 또는 상각비로 표시된다. 이 배분절차는 해당 항목과 관련된 경제적효익이 소비되거나 소멸되는 회계기간에 비용을 인식하는 것을 목적으로 한다.

4.52 미래경제적효익이 기대되지 않는 지출이거나, 미래경제적효익이 기대되더라도 재무상태표에 자산으로 인식되기 위한 조건을 원래 충족하지 못하거나 더 이상 충족하지 못하는 부분은 즉시 포괄손

익계산서에 비용으로 인식되어야 한다.

4.53 제품보증에 따라 부채가 발생하는 경우와 같이 자산의 인식을 수반하지 않는 부채가 발생하는 경우에는 포괄손익계산서에 비용을 동시에 인식한다.

재무제표 요소의 측정

4.54 측정은 재무상태표와 포괄손익계산서에 인식되고 평가되어야 할 재무제표 요소의 화폐금액을 결정하는 과정이다. 측정은 특정 측정기준의 선택과정을 포함한다.

4.55 재무제표를 작성하기 위해서는 다수의 측정기준이 다양한 방법으로 결합되어 사용된다. 그러한 측정기준의 예는 다음과 같다.

(1) 역사적 원가. 자산은 취득의 대가로 취득 당시에 지급한 현금 또는 현금성자산이나 그 밖의 대가의 공정가치로 기록한다. 부채는 부담하는 의무의 대가로 수취한 금액으로 기록한다. 어떤 경우(예 법인세)에는 정상적인 영업과정에서 그 부채를 이행하기 위해 지급할 것으로 기대되는 현금이나 현금성자산의 금액으로 기록할 수도 있다.

(2) 현행원가. 자산은 동일하거나 또는 동등한 자산을 현재시점에서 취득할 경우에 그 대가로 지불하여야 할 현금이나 현금성자산의 금액으로 평가한다. 부채는 현재시점에서 그 의무를 이행하는 데 필요한 현금이나 현금성자산의 할인하지 아니한 금액으로 평가한다.

(3) 실현가능(이행)가치. 자산은 정상적으로 처분하는 경우 수취할 것으로 예상되는 현금이나 현금성자산의 금액으로 평가한다. 부채는 이행가치로 평가하는 데 이는 정상적인 영업과정에서 부채를 상환하기 위해 지급될 것으로 예상되는 현금이나 현금성자산의 할인하지 아니한 금액으로 평가한다.

(4) 현재가치. 자산은 정상적인 영업과정에서 그 자산이 창출할 것

으로 기대되는 미래 순현금유입액의 현재할인가치로 평가한다. 부채는 정상적인 영업과정에서 그 부채를 상환할 때 필요할 것으로 예상되는 미래 순현금유출액의 현재할인가치로 평가한다.

4.56 재무제표를 작성할 때 기업이 가장 보편적으로 채택하고 있는 측정기준은 역사적 원가이다. 역사적 원가는 일반적으로 다른 측정기준과 함께 사용된다. 예를 들어, 재고자산은 통상 역사적 원가와 순실현가능가치를 비교하여 저가로 평가되고, 시장성 있는 유가증권은 시가로 평가되기도 하며 연금부채는 현재가치로 평가된다. 일부 기업은 비화폐성자산에 대한 가격변동효과를 반영하지 못하는 역사적 원가 모형에 대한 대응책으로 현행원가기준을 사용하기도 한다.

자본 및 자본유지의 개념

자본의 개념

4.57 대부분의 기업은 자본의 재무적 개념에 기초하여 재무제표를 작성한다. 자본을 투자된 화폐액 또는 투자된 구매력으로 보는 재무적 개념 하에서 자본은 기업의 순자산이나 지분과 동의어로 사용된다. 자본을 조업능력으로 보는 자본의 실물적 개념 하에서는 자본은 예를 들어, 1일 생산수량과 같은 기업의 생산능력으로 간주된다.

4.58 기업은 재무제표이용자의 정보요구에 기초하여 적절한 자본개념을 선택하여야 한다. 따라서 재무제표의 이용자가 주로 명목상의 투하자본이나 투하자본의 구매력 유지에 관심이 있다면 재무적 개념의 자본을 채택하여야 한다. 그러나 이용자의 주된 관심이 기업의 조업능력 유지에 있다면 실물적 개념의 자본을 사용하여야 한다. 비록 자본개념을 실무적으로 적용하는 데는 측정의 어려움이 있을 수 있지만 선택된 자본개념에 따라 이익의 결정 목표가 무엇인지 알 수 있게 된다.

자본유지개념과 이익의 결정

4.59 문단 4.57의 자본개념에 따라 다음과 같은 자본유지개념이 도출된다.

(1) 재무자본유지. 재무자본유지 개념 하에서 이익은 해당 기간 동안 소유주에게 배분하거나 소유주가 출연한 부분을 제외하고 기말 순자산의 재무적 측정금액(화폐금액)이 기초 순자산의 재무적 측정금액(화폐금액)을 초과하는 경우에만 발생한다. 재무자본유지는 명목화폐단위 또는 불변구매력단위를 이용하여 측정할 수 있다.

(2) 실물자본유지. 실물자본유지개념 하에서 이익은 해당 기간 동안 소유주에게 배분하거나 소유주가 출연한 부분을 제외하고 기업의 기말 실물생산능력이나 조업능력(또는 그러한 생산능력을 갖추기 위해 필요한 자원이나 기금)이 기초 실물생산능력을 초과하는 경우에만 발생한다.

4.60 자본유지개념은 기업이 유지하려고 하는 자본을 어떻게 정의하는지와 관련된다. 자본유지개념은 이익이 측정되는 준거기준을 제공함으로써 자본개념과 이익개념 사이의 연결고리를 제공한다. 자본유지개념은 기업의 자본에 대한 투자수익과 투자회수를 구분하기 위한 필수요건이다. 자본유지를 위해 필요한 금액을 초과하는 자산의 유입액만이 이익으로 간주될 수 있고 결과적으로 자본의 투자수익이 된다. 따라서 이익은 수익에서 비용(필요한 경우 자본유지조정액을 포함)을 차감한 후의 잔여액이다. 만일 비용이 수익을 초과한다면 그 초과액은 손실이다.

4.61 실물자본유지개념을 사용하기 위해서는 현행원가기준에 따라 측정해야 한다. 그러나 재무자본유지개념은 특정한 측정기준의 적용을 요구하지 아니한다. 재무자본유지개념 하에서 측정기준의 선택은 기업이 유지하려는 재무자본의 유형과 관련이 있다.

4.62 재무자본유지개념과 실물자본유지개념의 주된 차이는 기업의 자산과 부채에 대한 가격변동 영향의 처리방법에 있다. 일반적으로 기

초에 가지고 있던 자본만큼을 기말에도 가지고 있다면 이 기업의 자본은 유지된 것이며, 기초 자본을 유지하기 위해 필요한 부분을 초과하는 금액이 이익이다.

4.63 자본을 명목화폐단위로 정의한 재무자본유지개념 하에서 이익은 해당 기간 중 명목화폐자본의 증가액을 의미한다. 따라서 기간 중 보유한 자산가격의 증가 부분, 즉 보유이익은 개념적으로 이익에 속한다. 그러나 보유이익은 자산이 교환거래에 따라 처분되기 전에는 이익으로 인식되지 않을 것이다. 만일 재무자본유지개념이 불변구매력 단위로 정의된다면 이익은 해당 기간 중 투자된 구매력의 증가를 의미하게 된다. 따라서 일반물가수준에 따른 가격상승을 초과하는 자산가격의 증가 부분만이 이익으로 간주되며, 그 이외의 가격증가 부분은 자본의 일부인 자본유지조정으로 처리된다.

4.64 자본을 실물생산능력으로 정의한 실물자본유지개념 하에서 이익은 해당 기간 중 실물생산능력의 증가를 의미한다. 기업의 자산과 부채에 영향을 미치는 모든 가격변동은 해당 기업의 실물생산능력에 대한 측정치의 변동으로 간주되어 이익이 아니라 자본의 일부인 자본유지조정으로 처리된다.

4.65 측정기준과 자본유지개념의 선택에 따라 재무제표의 작성에 있어 사용되는 회계모형이 결정된다. 각각의 회계모형은 상이한 목적적합성과 신뢰성을 나타내며, 경영진은 다른 경우와 마찬가지로 목적적합성과 신뢰성 간에 균형을 추구하여야 한다. 이 개념체계는 다양한 회계모형에 적용가능하며 선택된 모형 하에서 재무제표의 작성과 표시에 대한 지침을 제공한다. 현재 한국회계기준위원회는 초인플레이션 하에 있는 통화로 보고해야 하는 기업의 경우와 같은 예외적 상황을 제외하고는, 특정한 모형의 사용을 규정하려는 의도를 가지고 있지는 않다. 그러나 이러한 의도는 사회의 발전에 따라 재고될 것이다.

내 용

제1장에 대한 결론도출근거: 일반목적재무보고의 목적

제1장에 대한 결론도출근거: 일반목적재무보고의 목적

이 결론도출근거는 제1장에 첨부되지만 제1장의 일부를 구성하는 것은 아니다.

서론

BC1.1 IASB가 제1장 '일반목적재무보고의 목적'에 대한 결론을 도출하는 과정에서 고려한 사항을 이 결론도출근거에서 요약한다. 이 결론도출근거는 일부 대안을 수용하고 거부한 이유를 포함한다. IASB 위원들은 개인에 따라 일부 사항을 다른 사항들보다 더 비중 있게 고려하였다.

BC1.2 IASB는 제1장을 FASB와 함께 제정하였다. 따라서 이 결론도출근거는 FASB의 문헌도 일부 참조하고 있다.

배경

BC1.3 IASB는 다른 회계기준제정기구의 개념체계뿐만 아니라 그 자신의 개념체계도 함께 검토하면서 재무보고의 목적을 제정하는 절차를 시작하였다. 2006년 7월 IASB는 이 주제에 대해 외부검토의견을 받기 위한 토론서를 발표하였다. FASB에서도 같은 문서를 발표하였다. IASB와 FASB는 179건의 의견을 받았다. 이 주제에 대한 논제들을 재심의하는 과정에서 IASB는 받은 모든 검토의견과 그 밖의 의견수집 활동에서 얻은 정보를 고려하였다. 2008년 5월에 IASB와 FASB는 공개초안을 함께 발표하였다. IASB와 FASB는 142건의 검토의견을 받았다. IASB는 이 주제에 대한 모든 논제를 재검토하였다. 이 문서는 그러한 재검토의 결과물이다.

일반목적재무보고

BC1.4 IASB의 책임과 일관되게, 개념체계는 단지 재무제표만이 아닌 재무보고의 목적을 정한다. 재무제표는 재무보고의 핵심적인 부분이며 IASB가 다루는 대부분의 논제들은 재무제표와 관련된다. 비록 FASB의 개념보고서 제1호(Concepts Statement No. 1) '기업에 의한 재무보고의 목적'의 적용범위는 재무보고에 대한 것이지만 FASB의 다른 개념보고서는 재무제표에 초점을 맞추고 있다. IASB의 전신인 IASC가 1989년에 발표한 IASB의 '재무제표의 작성과 표시에 대한 개념체계'(이하 '개념체계 (1989)'라 한다)의 적용범위에서는 재무제표만을 다루었다. 따라서 두 위원회 모두에게 이 개념체계의 적용범위는 더 넓다.

BC1.5 일부 관계자는 기술의 발전이 일반목적재무보고를 쓸모없게 만들 수 있다는 말을 하였다. 예를 들어 XBRL(eXtensible Business Reporting Language)의 사용과 같은 새로운 기술은, 미래에 보고기업이 서로 다른 이용자들의 개별적 정보 수요를 충족시키기 위하여 서로 다른 재무보고서를 만들기 위해 필요한 정보를 작성하거나 이용할 수 있게 하는 것이 실무적으로 가능하도록 할 수 있다.

BC1.6 서로 다른 정보이용자에게 서로 다른 보고서를 제공하기 위하여 또는 정보이용자가 그 자신의 필요에 맞는 보고서를 만드는 데 필요한 모든 정보를 이용할 수 있게 하기 위해서는 비용이 많이 들 것이다. 많은 정보이용자들은 현재 그들의 회계에 대한 이해 수준보다 더 높은 수준의 이해가 필요할 것이기 때문에 재무정보의 이용자에게 그 자신의 보고서를 만들라고 요구하는 것은 역시 합리적이지 않을 수 있다. 따라서 IASB는 당분간 일반목적재무보고는 다양한 이용자의 정보 수요를 충족할 수 있는 가장 효율적이고 효과적인 방법이라고 결론지었다.

BC1.7 IASB는 토론서에서 일반목적 외부 재무보고라는 용어를 사용하였다. 외부라는 용어는 경영진과 같은 내부 정보이용자를 IASB가 정한 일반목적재무보고의 수혜자로 의도하지 않았다는 의미를 전달하기 위해서였다. 재심의하는 동안 IASB는 이 용어가 불필요하다고 결론지었다. 따라서 제1장에서는 일반목적재무보고를 사용한다.

보고기업의 재무보고

BC1.8 공개초안에 대한 일부 의견제출자들은 보고기업은 그 기업의 지분투자자들 또는 그 지분투자자들의 일부와 분리되어 있지 않다고 말했다. 이 견해는 대부분의 사업이 개인기업, 그리고 사업을 하는 동안 발생된 부채에 대해 무한책임이 있는 소유주들이 경영하는 파트너십이었던 시절에 근원을 두고 있다. 세월이 흐르면서 사업과 그 소유주의 분리가 확대되어 왔다. 오늘날 대부분의 사업은 소유주로부터 분리되는 법적 실질을 가지고 있다. 이는 조직의 법적 형식, 법적으로 유한책임이 있는 수많은 투자자 그리고 소유주와는 구분된 전문 경영인에 기인한다. 따라서 IASB는 재무보고서가 그것의 주요 이용자와 보고기업에 대한 그들의 이해관계가 아닌 기업(그리고 기업의 경제적 자원과 청구권)에 대한 회계를 통해 그러한 분리를 반영하여야 한다고 결론지었다.

주요 이용자

BC1.9 문단 OB2의 재무보고의 목적에서는 현재 및 잠재적 투자자, 대여자 및 기타 채권자를 언급하고 있다. 문단 OB5의 주요 이용자에 대한 기술은 그들에게 직접 정보를 제공하도록 보고기업에게 요구할 수 없는 현재 및 잠재적 투자자, 대여자 및 기타 채권자를 언급하고 있다. 문단 OB10에서는 '감독당국 그리고 (투자자, 대여자 및 기타 채권자가 아닌) 일반대중'은 일반목적재무보고서의 정보가 유용하다고 여길 수 있다고 기술하면서도, 그들은 일반목적재무보고서가 주요 대상으로 한 집단은 아니라는 점을 명확히 기술하고 있다.

BC1.10 개념체계 (1989)의 문단 9에서 정보이용자는 현재 및 잠재적 투자자, 종업원, 대여자, 공급자 및 그 밖의 거래 채권자 (그리고 이후 투자자의 수요에 대한 논의에서 자문가를 추가하였다)를 포함하고 있었고 이 모두가 문단 OB2의 문구에 포함되도록 하였다. 개념체계 (1989)의 문단 9에서는 고객, 정부와 그 유관기관 및 일반대중과 같은 다른 잠재적 이용자의 목록도 포함하였다. 이는 문단 OB10에 제시된, 주요 이용자는 아니지만 재무보고서에 관심이 있을 수 있는 자들의 목록과 비슷하다.

BC1.11 개념체계 (1989)의 문단 10에서는 '투자위험을 감수하고 기업에 자본을 제공하는 투자자의 정보수요를 충족시키기 위해 제공되는 재무제표 정보는 또한 그 밖의 이용자의 정보수요도 상당부분 충족시킬 것이다.'라고 기술하고 있다. 이는 초점을 투자자로만 국한하는 것으로 이해될 수 있을 것이다. 그러나 문단 12에서는 재무제표의 목적은 '광범위한 정보이용자의 경제적 의사결정에 유용한' 정보를 제공하는 것이라고 명시적으로 기술하고 있다. 따라서 개념체계 (1989)는 광범위한 정보이용자의 수요를 대표하는 것으로 투자자의 수요에 초점을 맞추고 있으나 주요 이용자 집단을 명시적으로 식별하지 않았다.

BC1.12 FASB의 개념보고서 제1호에서는 '합리적인 투자, 신용제공 및 유사한 의사결정을 하는, 현재 및 잠재적 투자자, 대여자 및 기타 정보이용자'를 언급하고 있다(문단 34). 또 '주요 투자자 집단은 지분증권 보유자와 채무증권 보유자'이고 '주요 채권자 집단은 외상거래를 하는 재화 및 용역의 공급자, 청구권이 있는 고객 및 종업원, 대여기관, 개인 대여자와 채무증권 보유자'라고 기술하고 있다(문단 35). 위험 자본의 제공자를 강조하는 개념체계 (1989)의 강조점과 한 가지 차이는 개념보고서 제1호가 '안전한 투자를 원하는 자와 높은 수익률을 얻기 위해 위험을 기꺼이 감수하는 자 모두'를 언급하고 있다는 점이다(문단 35). 그러나 개념체계 (1989)와 같이 개념보고서 제1호에서는 투자자와 채권자라는 용어는 '증권 분석가와 자문가, 중개인, 변호사, 감독기구 그리고 투자자와 채권자의 이해를 조언하거나, 대변하거나, 투자자 및 채권자가 어떻게 처리하는지에 관심이 있는 자도 포함할 수 있다'고 기술하고 있다(문단 35).

BC1.13 문단 OB3, OB5 및 OB10은 다음의 두 가지 이유로 인해 개념체계(1989) 및 개념보고서 제1호와 다르다. 즉, 개념체계와 개념보고서 제1호의 차이점을 제거하고 정보이용자의 자원 제공 의사결정에 초점을 맞춤으로써 (그러나 자문가를 제외하는 것은 아님) 더 구체적이다. 이유는 문단 BC1.15~BC1.24에서 논의되고 있다.

주요 이용자 집단이 있어야 하는가?

BC1.14 토론서와 공개초안에서는 재무보고서의 주요 이용자 집단을 식별하는 것을 제안하였다. 공개초안에 대한 일부 의견제출자는 기업에 자원을 제공한 적이 없고 제공을 고려하지도 않는 그 밖의 정보이용자가 다양한 이유로 재무보고서를 이용한다고 말했다. IASB는 그들의 정보 수요에 공감하나 주요 이용자 집단이 정의되지 않고는 개념체계가 지나치게 추상적이거나 모호할 위험에 처할 수 있다고 결론지었다.

왜 현재 및 잠재적 투자자, 대여자 및 기타 채권자를 주요 이용자로 보아야 하는가?

BC1.15 토론서와 공개초안에 대한 일부 의견제출자들은 주요 이용자 집단을 현재 주주 또는 지배기업의 다수주주로 제한해야 한다고 제안하였다. 다른 이들은 주요 이용자는 현재 주주 및 채권자이어야 하며 재무보고서는 그들의 수요에 초점을 맞추어야 한다고 말했다.

BC1.16 IASB가 주요 이용자 집단은 보고기업의 현재 및 잠재적 투자자, 대여자 및 기타 채권자이어야 한다고 결론지은 이유는 다음과 같다.

(1) 현재 및 잠재적 투자자, 대여자 및 기타 채권자는 재무보고서의 정보에 대해 가장 중요하고 즉각적인 수요가 있으나 다수가 그 정보를 그들에게 직접 제공하도록 기업에 요구할 수 없다.

(2) IASB와 FASB의 책임은 그들이 현재의 투자자뿐만 아니라 잠재적 투자자와 현재 및 잠재적 대여자 및 기타 채권자를 포함한 자본시장 참여자의 수요에 초점을 맞출 것을 요구한다.

(3) 특정된 주요 이용자의 수요를 충족하는 정보는 주주의 측면에서 정의된 기업지배모형이 있는 국가와 모든 유형의 이해관계

자 측면에서 정의된 기업지배모형이 있는 국가 모두에서 정보이용자의 수요를 충족할 것이다.

BC1.17 일부 의견제출자들은 특정된 주요 이용자 집단은 너무 광범위하여 재무보고서에 지나치게 많은 정보를 포함하는 결과를 초래할 수 있다는 의견을 표명하였다. 그러나 지나치게 많다는 것은 주관적인 판단의 문제이다. 재무보고의 목적을 충족하는 재무보고기준을 제정하는 데 있어서 IASB는 지나치게 많은 정보의 제공을 피하기 위한 규율을 제공하기 위해 유용한 정보의 질적 특성과 원가 제약요인에 의존할 것이다.

정보이용자의 서열이 있어야 하는가?

BC1.18 주요 이용자 집단 구성을 지지한 공개초안에 대한 일부 의견제출자들은 투자자, 대여자 및 기타 채권자들은 정보 수요가 다르기 때문에 IASB가 주요 이용자의 서열을 정할 것을 권하였다. 그러나 IASB는 정보이용자 개인들의 정보 수요 및 욕구는 보고기업에 대해 같은 유형의 이해관계에 있는 기타 정보이용자와 다르고, 상충될 수도 있다는 것을 알게 되었다. 일반목적재무보고는 정보이용자에게 공통적인 정보를 제공하는 것을 목적으로 하며 정보에 대한 모든 요구에 맞출 수는 없다. IASB는 원가-효익 관점에서 정보이용자 최대 다수의 수요를 충족하고자 하는 정보를 추구할 것이다.

주요 이용자 집단에 포함되지 않은 기타 정보이용자의 정보 수요

경영진의 정보 수요

BC1.19 일부 관계자는 일반목적재무보고와 경영진의 수요 사이의 상호작용에 대해 질문하였다. IASB는 주요 이용자를 대상으로 한 정보의 일부는 경영진의 수요의 전부는 아니나 일부를 충족할 수 있을 것이라고 하였다. 그러나 경영진은 추가적인 재무정보에 접근할 수 있으므로 일반목적재무보고서는 명시적으로 경영진을 대상으로 할 필요는 없다.

감독당국의 정보 수요

BC1.20 일부 관계자는 자본시장에서의 금융 안정성 유지(한 나라나 지역의 경제 또는 금융제도의 안정성)가 재무보고의 목적이 되어야 한다고 말했다. 그들은 재무보고는 금융 안정성 유지에 책임이 있는 감독당국 및 재정정책 의사결정자의 수요에 초점을 맞추어야 한다고 말하였다.

BC1.21 다른 관계자는 금융 안정성 유지 목적을 정하는 것에 반대하였다. 그들은 재무제표는 가능한 한 편의가 없도록 보고기업의 경제적 현실을 표시해야 하며, 그러한 표시가 반드시 금융 안정성 유지 목적과 모순된 것은 아니라고 말했다. 경제적 현실을 표시함으로써 재무제표는 더 충분한 정보에 근거한 의사결정을 유도할 수 있고 따라서 주요 목적은 아니더라도 금융 안정성에 기여할 수 있다.[4)]

BC1.22 그러나 금융 안정성 목적을 지지하는 이들은 다른 결과를 염두에 두었다. 그들은 IASB가 보고기업으로 하여금 감독당국 및 재정정책 의사결정자가 사용할 정보를 제공하도록 요구하는 것을 권장하지는 않았다. 그 대신 그들은 IASB가 세계 경제와 금융제도의 안정성을 위해 새로운 재무보고기준의 결과를 고려하고, 때로는 투자자, 대여자 및 기타 채권자의 정보 수요보다는 그 목적에 더 큰 비중을 둘 것을 권하였다.

BC1.23 IASB는 투자자, 대여자 및 기타 채권자의 관심사가 감독당국의 관

4) 그 의견을 표명한 집단은 Financial Crisis Advisory Group(FCAG)이다. FCAG는 국제 금융시장과 관련하여 광범위한 경험이 있는 고위 지도자 약 20명으로 구성되어 있으며 재무보고 정보의 투명성에 관심이 있다. FCAG는 2009년에 결성되어 IASB와 FASB에 금융위기 및 전 세계적 규제 환경의 잠재적 변화가 기준 제정에 주는 의미에 대해 조언하고 있다.

심사와 공통되는 경우가 많다는 것을 인정하였다. 그러나 금융 안정성 유지를 포함하기 위하여 재무보고의 목적을 확장하는 것은 때로는 IASB가 해결할 준비가 잘 되어있지 않은 목적 간의 상충을 일으킬 수 있을 것이다. 예를 들어, 어떤 이들은 금융 안정성을 유지하기 위한 최선의 방법은 기업이 자산 또는 부채 가치의 일부 변동을 보고하지 않도록 하거나, 보고를 지연시키는 것이라는 견해를 가질 수 있다. 그러한 요구사항은 거의 확실히 투자자, 대여자 및 기타 채권자에게 그들이 필요로 하는 정보를 제공하지 않는 결과를 초래할 것이다. 상충을 피하는 유일한 방법은 투자자, 대여자 및 기타 채권자에게 정보를 제공한다는 현재의 목적을 삭제하거나 덜 강조하는 것이 될 것이다. IASB는 그 목적을 삭제하는 것은 자본시장 참여자의 정보 수요에 부응한다는 기본적인 임무와 불일치하게 될 것이라고 결론지었다. IASB는 목적적합하고 충실하게 표현된 재무정보를 제공하는 것은 정보이용자의 정보에 대한 신뢰를 향상시켜서 금융 안정성을 증진하는 데 기여할 것이라는 점을 주목하였다.

의사결정에의 유용성

BC1.24 IASB와 FASB의 이전 개념체계는 모두 재무보고의 근본적인 목적으로 경제적 의사결정에 유용한 정보 제공에 초점을 맞추었다. 그 개념체계에서 경제적 의사결정에 유용한 재무정보는 경영진이 그 수탁책임을 어떻게 이행하였는지를 평가하는 데에도 유용하다고 기술하였다.

BC1.25 제1장의 근거가 된 토론서에서 재무보고의 목적은 자원 배분 결정에 초점을 맞추어야 한다고 기술하고 있다. 비록 토론서에 대한 대부분의 의견제출자는 의사결정에 유용한 정보의 제공이 적절한 목적이라는 것에 동의하였으나 그들은 투자자, 대여자 및 기타 채권자가 재무정보의 도움을 받아 자원 배분 결정뿐만 아니라 다른 의사결정도 한다고 말했다. 예를 들어, 이사를 유임할 것인지, 교체할 것인지, 그리고 경영진 구성원에게 그들의 용역에 대해 어떻게 보수를 지급할 것인지에 대해 의결권을 행사하는 주주는 그들의 의사결정에 근거가 되는 정보가 필요하다. 주주의 의사결정 과정은 기업의 경영진이 비슷한 상황에서 경쟁 기업의 경영진에 비해 어떻게 성과를 올리는지 평가하는 것을 포함할 수 있다.

BC1.26 IASB는 이 의견제출자들에게 동의하였고 대부분의 경우 자원 배분 결정을 위해 만들어진 정보는 경영진의 성과를 평가하는 데에도 유용할 것이라는 점에 주목하였다. 따라서 IASB는 제1장의 근거가 된 공개초안에서 재무보고의 목적은 현재 및 잠재적 투자자, 대여자 및 기타 채권자에게 자본 제공자의 자격으로 의사결정을 하는 데 유용한 보고기업에 대한 재무정보를 제공하는 것이라고 제안하였다. 또 공개초안에서는 재무제표의 역할은 기업의 자원에 대한 수탁책임과 관련된 의사결정을 지원할 수 있는 것임을 기술하였다.

BC1.27 공개초안에서는 재무보고의 목적과 의사결정에의 유용성에 대해 별도의 부분으로 나누어 논의하였다. 의사결정에의 유용성은 재무보고의 목적이기 때문에 IASB는 그 두 부분을 제1장에서 결합하였다. 결국 두 부분은 같은 사항을 다루었고 필요 이상으로 더 상세한 내용을 제공한 것이었다. 두 부분을 결합하여 현금흐름 전망 평가에서의 유용성과 경영진의 수탁책임의 질에 대한 평가에서의 유용성을 별도의 하위부분으로 구분하지 않게 되었다. IASB는 미래현금흐름 전망 평가나 경영진의 수탁책임의 질 평가가 다른 것보다 더 중요하다는 것을 암시할 의도는 아니었다. 두 가지 모두 기업에 자원을 제공하는 것에 대한 의사결정에 중요하고, 수탁책임에 대한 정보도 경영진의 행동에 의결권을 행사할 수 있거나 다른 방법으로 영향을 미칠 수 있는 자원 제공자에게 중요하다.

BC1.28 다른 언어로 번역하는 데 어려움이 있을 수 있기 때문에 IASB는 수탁책임이라는 용어를 제1장에서 사용하지 않기로 결정하였다.

그 대신 IASB는 수탁책임이 무엇을 요약하는지 기술하였다. 따라서 재무보고의 목적에서는 정보이용자가 경영진이 제공받은 자원을 효율적이고 효과적으로 사용하였는지에 대한 의사결정뿐만 아니라 자원 배분 의사결정을 한다는 것을 인정한다.

기업 유형별 재무보고의 목적

BC1.29 IASB는 일반목적재무보고의 목적이 기업의 유형별로 달라야 하는지도 고려하였다. 가능한 유형은 다음과 같다.

(1) 소규모 기업 대 대규모 기업
(2) 채무상품이나 지분상품이 상장된(공개되어 거래되는) 기업 대 그러한 금융상품이 없는 기업
(3) 소유권이 폐쇄적으로 보유된 기업 대 소유권이 널리 분산된 기업

BC1.30 재무보고의 외부 정보이용자는 그들이 투자하는 기업의 유형과 관계없이 비슷한 목적을 갖고 있다. 따라서 IASB는 일반목적재무보고서의 목적은 모든 기업에 같다고 결론지었다. 그러나 원가 제약요인과 기업들 간의 활동 차이 때문에 때로는 IASB가 다른 유형의 기업의 보고에 차이를 허용하거나 요구하도록 할 수 있을 것이다.

보고기업의 자원, 보고기업에 대한 청구권 그리고 자원 및 청구권의 변동에 관한 정보

재무성과에 대한 정보의 중요성

BC1.31 포괄손익과 그 구성요소로 표현되는 보고기업의 재무성과가 가장 중요한 정보라는 것이 많은 관계자의 오래된 주장이다.[5)] 개념보고서 제1호(문단 43)에서는 다음과 같이 기술되어 있다:

5) 개념보고서 제1호는 이익과 그 구성요소를 언급하고 있다. 그러나 FASB 개념보고서 제6호(Concepts Statement No. 6) '재무제표의 요소'에서는 이익이라는 용어를 포괄손익이라는 용어로 대체하였다. 이익이라는 용어는 포괄손익의 구성요소로 남아 있다.

재무보고의 주요 초점은 포괄손익과 그 구성요소의 측정으로 제공되는 기업의 성과에 대한 정보이다. 투자자, 채권자 및 기업의 순현금유입에 대한 전망을 평가하는 데 관심이 있는 자들은 그 정보에 특히 관심이 있다.

이와 대조적으로 개념체계 (1989)는 보고기업의 재무상태와 재무성과에 대한 정보를 동등한 수준으로 중요하게 여긴다.

BC1.32 의사결정에 유용하기 위하여 재무보고서는 보고기업의 경제적 자원과 청구권 그리고 어느 한 기간의 경제적 자원 및 청구권의 변동에 관한 정보를 제공해야 한다. 보고기업은 경제적 자원과 청구권을 식별하고 측정하지 않으면 그 재무성과(포괄손익, 당기손익 또는 그 밖의 유사한 용어로 표현됨)에 대한 상당히 완전한 정보를 제공하지 못한다. 따라서 IASB는 어느 한 유형의 정보를 재무보고의 주요 초점으로 지정하는 것은 적절하지 않을 수 있다고 결론지었다.

BC1.33 기업의 재무상태를 논의하는 과정에서 공개초안은 경제적 자원과 이에 대한 청구권을 언급하고 있다. 제1장에서는 보고기업의 경제적 자원과 보고기업에 대한 청구권이라는 문구를 사용하고 있다(문단 OB12 참조). 이와 같이 달라진 이유는 기업에 대한 청구권은 많은 경우에 특정 자원에 대한 청구권이 아니기 때문이다. 게다가 많은 청구권은 미래 순현금유입에 기인하는 자원을 사용하여 충족될 수 있을 것이다. 이와 같이 모든 청구권은 기업에 대한 청구권인 반면, 모든 청구권이 기업의 현재 자원에 대한 청구권은 아니다.

재무상태와 지급능력

BC1.34 일부 관계자는 재무상태표의 주된 목적은 보고기업의 지급능력 평가에 도움이 되는 정보를 제공하는 것이어야 한다고 주장해 왔다. 문제는 재무보고서에 제공되는 정보가 지급능력 평가에 도움이 되어야 하는지 또는 아닌지가 아니라, 분명히 그래야 한다는 것이다. 지급능력의 평가는 투자자, 대여자 및 기타 채권자의 관심사이며 일반목적재무보고의 목적은 그들이 의사결정하는 데 유용한 정보를 제공하는 것이다.

BC1.35 그러나 재무상태표가 투자자와 기타 정보이용자에게는 피해를 줄 수 있더라도 대여자, 기타 채권자 및 감독당국의 정보 수요를 지향하는 것이어야 한다는 제안도 있었다. 그렇게 하면 주요 이용자 집단의 공통된 정보 수요에 부응한다는 목적과는 일관되지 않을 수 있다. 따라서 IASB는 재무상태표(또는 그 밖의 특정 재무제표)가 정보이용자 중 특정한 일부의 수요를 지향한다는 개념을 거부하였다.

내 용

제3장에 대한 결론도출근거: 유용한 재무정보의 질적 특성

제3장에 대한 결론도출근거: 유용한 재무정보의 질적 특성

이 결론도출근거는 제3장에 첨부되지만 제3장의 일부를 구성하는 것은 아니다.

서론

BC3.1 IASB가 제3장 '유용한 재무정보의 질적 특성'에 대한 결론을 도출하는 과정에서 고려한 사항을 이 결론도출근거에서 요약한다. 이 결론도출근거는 일부 대안을 수용하고 거부한 이유를 포함한다. IASB 위원들은 개인에 따라 일부 사항을 다른 사항들보다 더 비중있게 고려하였다.

BC3.2 IASB는 제3장을 미국 FASB와 함께 제정하였다. 따라서 이 결론도출근거에서는 FASB의 문헌도 일부 참조하고 있다.

배경

BC3.3 IASB는 다른 회계기준제정기구의 개념체계뿐만 아니라 그 자신의 개념체계도 함께 검토하면서 유용한 재무정보의 질적 특성을 제정하는 절차를 시작하였다. 2006년 7월 IASB는 이 주제에 대해 외부 검토의견을 받기 위한 토론서를 발표하였다. FASB에서도 같은 문서를 발표하였다. IASB와 FASB는 179건의 의견을 받았다. 이 주제에 대한 논제들을 재심의하는 과정에서 IASB는 받은 모든 검토의견과 그 밖의 의견수집 활동에서 얻은 정보를 고려하였다. 2008년 5월에 IASB와 FASB는 공개초안을 함께 발표하였다. IASB와 FASB는 142건의 검토의견을 받았다. IASB는 이 주제에 대한 모든 논제를 재검토하였다. 이 문서는 그러한 재검토의 결과물이다.

재무보고의 목적과 유용한 재무정보의 질적 특성

BC3.4 인식, 제거, 측정, 분류, 표시와 공시를 포함한 재무보고의 모든 측면에 대해 대안들이 존재한다. IASB는 재무보고기준을 제정할 때 재무보고의 목적을 가장 잘 달성할 수 있는 대안을 선택할 것이다. 재무정보 제공자도 재무보고의 목적을 달성하기 위하여 적용 가능한 기준이 없거나, 특정 기준을 적용하기 위해 판단이나 선택을 해야 하는 경우에 이러한 대안들 중에서 선택해야 할 것이다.

BC3.5 제1장에서는 일반목적재무보고의 목적이 현재 및 잠재적 투자자, 대여자 및 기타 채권자가 기업에 자원을 제공하는 것에 대한 의사결정을 할 때 유용한 보고기업 재무정보를 제공하는 것임을 명시한다. 이 '개념체계'에서 초점을 맞추는 의사결정자는 현재 및 잠재적 투자자, 대여자 및 기타 채권자이다.

BC3.6 그 목적 자체는 많은 판단의 여지를 남기고 그 판단을 하는 방법에 대한 지침은 거의 제공하지 않는다. 제3장에서는 그 목적을 적용하는 데 필요한 판단의 첫 단계를 기술한다. 그 장에서는 재무보고의 목적을 충족하기 위해 재무정보가 갖추어야 할 질적 특성을 식별하고 기술한다. 그리고 원가, 즉 재무보고의 포괄적 제약요인에 대하여도 논의한다.

BC3.7 후속 장에서는 인식, 측정 및 재무보고의 다른 측면에 대한 선택을 하는 데 도움이 되도록 질적 특성을 사용할 것이다.

근본적 질적 특성 및 보강적 질적 특성

BC3.8 제3장에서는 가장 중요한 근본적 질적 특성과 중요성은 다소 낮으나 여전히 매우 바람직한 보강적 질적 특성을 구별한다. 토론서에서는 그 질적 특성을 명시적으로 구별하지 않았다. IASB는 토론서에 대한 의견제출자들이 질적 특성의 상호관련성에 대해 혼란이 있었다는 점을 고려하여 이후 이를 구별하였다.

BC3.9 공개초안에 대한 일부 의견제출자는 모든 질적 특성을 동등하게 보아야 하며 근본적 질적 특성과 보강적 질적 특성 간의 구별은 자의적이라고 주장하였다. 가장 중요한 질적 특성은 상황에 따라 다르므로 질적 특성을 구별하는 것은 적절하지 않다고 주장한 의견제출자도 있었다.

BC3.10 IASB는 구별이 자의적이라는 의견에 동의하지 않는다. 목적적합성과 충실한 표현이라는 두 근본적 질적 특성이 없는 재무정보는 유용하지 않으며, 더 비교가능하거나, 검증가능하거나, 적시성이 있거나, 이해가능하더라도 유용하게 할 수 없다. 그러나 목적적합하고 충실하게 표현된 재무정보는 보강적 질적 특성이 없더라도 여전히 유용할 수 있다.

근본적 질적 특성

목적적합성

BC3.11 재무정보는 의사결정에 차이가 나도록 할 수 있는 경우에만 의사결정에 유용하다는 것은 자명하다. 목적적합성은 '개념체계'에서 그러한 능력을 기술할 때 사용되는 용어이다. 이는 유용한 재무정보의 근본적 질적 특성이다.

BC3.12 '개념체계'에서 목적적합성의 정의는 FASB 개념보고서 제2호(Concepts Statement No. 2) '회계정보의 질적 특성'에서의 목적적합성 정의와 일치한다. '개념체계'(1989)의 목적적합성 정의에 따르면 정보는 정보이용자의 의사결정에 실제로 차이가 나도록 하는 경우에만 목적적합하다. 그러나 정보이용자는 여러 원천의 다양한 정보를 고려하고, 사후에라도 의사결정이 특정 경제적 현상에 대한 정보에서 영향을 받는 정도를 결정하는 것은 불가능하지는 않으나 어렵다.

BC3.13 이와는 반대로 정보가 정보이용자의 의사결정에 차이가 나도록 할 수 있는지('개념체계'에서 정의된 목적적합성)는 결정할 수 있다. 공개초안 및 그 밖의 정당한 절차에 따른 문서를 발표하는 주요 목적 가운데 하나는 제안된 재무보고기준이 요구하는 정보가 정보이용자의 의사결정에 차이가 나도록 할 수 있는지에 대하여 정보이용자의 의견을 구하기 위해서다. 또 IASB는 제안된 기준, 향후 안건의 결정, 최근에 시행된 기준을 적용하여 보고된 정보의 영향 및 그 밖의 사항을 논의하기 위하여 정보이용자와 만나 목적적합성을 평가한다.

예측가치와 확인가치

BC3.14 투자자, 대여자 및 기타 채권자가 하는 많은 의사결정은 지분 투자나, 대여 혹은 다른 신용상품에서 발생하는 수익의 금액과 그 시기에 대한 묵시적 또는 명시적인 예측에 근거한다. 따라서 정보는 정보이용자가 새로운 예측을 하거나, 기존 예측을 확인 또는 수정하거나, 확인과 수정 모두를 하는 데 도움이 되는 경우에만 그 의사결정 중 하나의 의사결정을 하는 데 차이가 나도록 할 수 있다(예측가치 또는 확인가치의 정의임).

BC3.15 '개념체계'(1989)에서는 예측가치와 확인가치를 목적적합성의 구성요소로 식별하였고, 개념보고서 제2호에서는 예측가치와 피드백가치로 언급하였다. IASB는 확인가치와 피드백가치가 서로 같은 의미를 가지도록 한 것이라고 결론지었다. IASB와 FASB는 두 위원회의 개념체계를 서로 다르게 만들고자 했다는 인상을 주지 않기 위하여 같은 용어(확인가치)를 사용할 것이라는 데 합의하였다.

예측가치와 관련 통계 용어간의 차이

BC3.16 '개념체계'에서 사용되는 예측가치는 통계에서 사용되는 예측가능성(predictability) 및 지속성(persistence)과 같지 않다. 정보는 과거 또는 현재 사건의 궁극적 결과에 대한 예측에 사용될 수 있는 경우에 예측가치를 가진다. 이와 반대로, 통계학자는 연속선상에 있는 다음 숫자의 예상이 가능하다는 것으로 정확성을 말하기 위해 예측가능성을 사용하고, 연속되는 숫자가 과거에 변해왔던 것처럼 지속적으로 변하려는 경향을 말하기 위해 지속성을 사용한다.

중요성

BC3.17 개념보고서 제2호와 '개념체계'(1989)에서는 중요성에 대하여 논의하였고, 이를 서로 비슷하게 정의하였다. 개념보고서 제2호에서는 중요성을 질적 특성, 특히 목적적합성 및 충실한 표현과 함께하는 경우에만 고려할 수 있는 재무보고의 제약요인으로 기술하였다. 반면에, ''개념체계'(1989)에서는 중요성을 목적적합성의 한 측면으로 논의하였으나 다른 질적 특성과 관련된 역할이 있다고 표명하지 않았다.

BC3.18 토론서와 공개초안에서는 중요성이 모든 질적 특성과 관련되므로 재무보고의 포괄적 제약요인이라고 제안하였다. 그러나 공개초안에 대한 일부 의견제출자는 중요성이 포괄적이라 하더라도, 정보를 보고하는 보고기업의 능력에 대한 제약요인은 아니라는 것에 동의하였다. 오히려 중요하지 않은 정보는 정보이용자의 의사결정에 영향을 미치지 않기 때문에 중요성은 목적적합성의 한 측면이다. 더욱이 회계기준제정기구는 중요성이 기업 특유의 고려사항이므로 기준을 제정할 때 이를 고려하지 않는다. IASB는 이러한 견해에 동의하였고 중요성을 개별기업 수준에서 적용하는 목적적합성의 한 측면이라고 결론지었다.

충실한 표현

BC3.19 제3장의 충실한 표현에 대한 논의는 두 가지 중요한 측면에서 이전 개념체계의 충실한 표현과는 다르다. 첫째, 제3장에서는 신뢰성이라는 용어 대신에 충실한 표현이라는 용어를 사용한다. 둘째, 개념보고서 제2호 또는 '개념체계'(1989)에서 신뢰성의 측면이었던 형식보다 실질의 우선, 신중성(보수주의) 및 검증가능성은 충실한 표현의 측면으로 보지 않는다. 형식보다 실질의 우선 및 신중성은 문단 BC3.26~BC3.29에서 설명하는 이유로 삭제하였다. 이제 검증가능성은 이 근본적 질적 특성의 일부라기보다는 하나의 보강적 질적 특성으로 기술된다.(문단 BC3.34~BC3.36 참조)

신뢰성 용어의 대체

BC3.20 개념보고서 제2호와 '개념체계'(1989)에서는 이제 충실한 표현이라고 부르는 용어를 기술하기 위해 신뢰성이라는 용어를 사용하였다.

BC3.21 개념보고서 제2호에서는 표현의 충실성, 검증가능성 및 중립성을 신뢰성의 측면으로 열거하고 완전성을 표현의 충실성의 일부로 논의하였다.

BC3.22 '개념체계'(1989)에서는 다음과 같이 설명하였다.

정보는 그 정보에 중요한 오류나 편의가 없고, 그 정보가 나타내고자 하거나 나타낼 것이 합리적으로 기대되는 대상을 충실하게 표현하고 있다고 정보이용자가 믿을 수 있을 때 신뢰성을 가진다.

'개념체계'(1989)에서도 형식보다 실질의 우선, 중립성, 신중성 및 완전성을 충실한 표현의 측면으로 논의하였다.

BC3.23 유감스럽게도 두 개념체계 모두 신뢰성의 의미를 명확히 전달하지 못했다. 수많은 제안된 기준에 대한 의견제출자들의 검토의견에서 신뢰성이란 용어에 대해 공통된 이해가 부족하다는 점이 발견되었다. 일부 의견제출자는 검증가능성이나 중요한 오류의 부재에 초점을 맞춤으로써 충실한 표현을 사실상 배제하였다. 충실한 표현에 더 중점을 둔 의견제출자도 있었는데, 이는 아마도 중립성과 결합된 것일 것이다. 어떤 이들은 신뢰성이 주로 정확성을 의미한다고 생각하는 것으로 보인다.

BC3.24 IASB는 이러한 맥락에서 신뢰성이 의도한 의미가 무엇이었는지 잘 설명하지 못하였기 때문에 그 의도한 의미를 더 명확히 전달할 수 있는 다른 용어를 찾았다. 그 결과는 충실한 표현이라는 용어, 즉 경제적 현상에 대한 재무보고서상 충실한 서술이다. 그 용어는 이전 개념체계에서 신뢰성의 측면으로 포함되었던 주요 특성을 포함한다.

BC3.25 토론서와 공개초안에 대한 많은 의견제출자는 신뢰성을 충실한 표현으로 대체하려는 IASB의 예비적 결정에 반대하였다. IASB가 용어를 대체하기보다는 신뢰성의 의미를 더 잘 설명했어야 한다는 의견제출자도 있었다. 그러나 그 의견을 제출한 많은 이들은 신뢰성에 IASB가 의도한 것과는 다른 의미를 부여하였다. 특히 많은 의견제출자들의 신뢰성에 대한 기술은 IASB의 신뢰성의 개념보다는 검증가능성의 개념과 더욱 유사하였다. 이러한 의견 때문에 IASB는 신뢰성이라는 용어를 충실한 표현으로 대체하는 기존 결정을 재차 확인하게 되었다.

형식보다 실질의 우선

BC3.26 형식보다 실질의 우선은 중복될 수 있으므로 충실한 표현의 별개 구성요소로 보지 않는다. 충실한 표현은 재무정보가 단지 법적 형식만을 표현하는 것이 아닌 경제적 현상의 실질을 표현하는 것을 의미한다. 근원이 되는 경제적 현상의 경제적 실질과 다른 법적 형식을 표현하는 것은 충실한 표현이 될 수 없다.

신중성(보수주의) 및 중립성

BC3.27 제3장에서는 신중성이나 보수주의를 충실한 표현의 한 측면으로 포함하지 않았는데, 이를 포함하는 것은 중립성과 모순될 수 있기 때문이다. 토론서와 공개초안에 대한 일부 의견제출자는 그 견해에 동의하지 않았다. 이들은 보수주의나 신중성 또는 이 둘 모두가 개념체계에 포함되어야 한다고 하였다. 이들 견해에 따르면 특히 편의로 인해 일부 정보이용자에게 더욱 목적적합한 정보가 생산되는 경우 편의를 항상 바람직하지 않은 것으로 상정해서는 아니 된다고 하였다.

BC3.28 고의로 자산, 부채, 이익 및 자본을 보수적으로 추정하여 반영하는 것은 과도하게 낙관적으로 여겨지는 일부 경영진 추정 효과를 상쇄하기 위해 때로는 바람직한 것으로 여겨져 왔다. 그러나 기존의 개념체계에서 고의적인 왜곡 표시의 금지도 같이 언급했더라도, 신중해야 한다는 경고는 편의로 이어질 가능성이 높다. 어느 한 기간에 자산을 과소평가하거나 부채를 과대평가하는 것은 흔히 이후 기간에 재무성과의 과대평가로 이어지는, 신중하거나 중립적이라고 할 수 없는 결과를 초래한다.

BC3.29 공개초안에 대한 일부 의견제출자는 중립성은 달성하기 어렵다고 주장하였다. 이들의 견해에 따르면 목적적합한 정보는 반드시 목적을 가지며 목적을 가진 정보는 중립적이지 않다. 즉, 재무보고는 의사결정에 영향을 미치기 위한 도구이기 때문에 중립적일 수 없다. 보고되는 재무정보는 분명히 그 정보이용자의 행동에 영향을 미칠 것으로 예상되나, 보고된 정보에 근거하여 많은 정보이용자가 서로 유사한 행동을 한다는 단순한 사실만으로 중립성이 부족하다고 말할 수는 없다. IASB는 정보이용자의 특정 행동을 장려하거나 예측하지 않는다. 만일 재무정보가 정보이용자로 하여금 미리 결정된 행동을 하거나 회피하도록 부추기는 방식으로 편향되어 있다면, 그 정보는 중립적이지 않다.

충실한 표현은 실증적으로 측정될 수 있는가?

BC3.30 실증회계 연구학자들은 기업의 지분상품 또는 채무상품의 시장가격 변동과의 상관관계를 통해 목적적합하고 충실하게 표현된 재무정보를 지지하는 상당한 증거를 축적하여 왔다. 그러나 그러한 연구는 목적적합성과는 별도로 충실한 표현을 실증적으로 측정하기 위한 기법을 제공하지는 못하였다.

BC3.31 두 위원회의 이전 개념체계 모두에서는 재무 측정치가 충실하게 표현된 정도에 대한 통계 정보를 제공하는 것이 바람직한 것인지에 대해 논의하였다. 통계 정보를 제공하는 것이 전례가 없는 것은 아니다. 때로는 그 밖의 통계 정보가 재무보고서에 반영되기도 한다. 예를 들면, 일부 기업은 파생금융상품 및 이와 유사한 포지션의 위험기준 가치(value at risk)를 공시한다. IASB는 일부 상황에서는 재무보고를 위해 통계의 개념을 사용하는 것이 계속 중요할 것이라고 예상한다. 유감스럽게도 IASB는 재무보고서에서 표현의 충실성을 계량화할 수 있는 어떠한 방법도 아직 알아내지 못하였다.

보강적 질적 특성

비교가능성

BC3.32 비교가능성은 '개념체계'(1989)와 개념보고서 제2호 모두에서 중요한 개념이지만, 비교가능성의 중요성에 대해서는 서로 일치하지 않았다. '개념체계'(1989)에서는 비교가능성을 목적적합성 및 충실한 표현과 마찬가지로 중요하다고 기술하였다.[6] 개념보고서 제2호에서는 비교가능성을 둘 이상 정보간 관계의 특성으로서, 중요하지만 목적적합성 및 충실한 표현에 부차적인 것이라고 기술하였다.

6) 신뢰성이라는 용어는 충실한 표현 대신에 사용하였으나, 의미는 서로 유사하도록 의도하였다.

BC3.33 목적적합하고 충실하게 표현된 정보는 다른 기업이 보고한 유사한 정보 및 같은 기업이 다른 기간에 보고한 유사한 정보와 쉽게 비교될 수 있을 때 가장 유용하다. 재무보고기준이 필요한 가장 중요한 이유 가운데 하나는 보고되는 정보의 비교가능성을 제고하기 위함이다. 그러나 보고된 재무정보가 쉽게 비교가능하지 않더라도 목적적합하고 충실하게 표현된 정보라면 여전히 유용하다. 비교가능한 정보라도 목적적합하지 않으면 유용하지 않으며, 충실하게 표현되지 않은 경우 오해를 일으킬 수 있다. 따라서 비교가능성은 근본적 질적 특성 대신 보강적 질적 특성으로 본다.

검증가능성

BC3.34 검증가능한 정보는 확신을 가지고 사용할 수 있다. 검증가능성의 부족으로 정보가 반드시 유용하지 않게 되는 것은 아니나, 나타내고자 하는 바를 정보가 충실하게 표현하지 않을 위험이 더 높기 때문에 정보이용자는 더욱 신중할 가능성이 높다.

BC3.35 '개념체계'(1989)에서는 검증가능성을 신뢰성의 한 측면으로 명시적으로 포함하지 않았으나, 개념보고서 제2호에서는 검증가능성을 신뢰성의 한 측면으로 포함하였다. 그러나 '개념체계' (1989)의 신뢰성 정의는 정보이용자가 정보에 대한 확신을 필요로 한다는 것을 암시하는 문구, '정보이용자가 믿을 수 있어야 한다'를 포함하였으므로 이 두 개념체계가 외관상 보이는 만큼 서로 다른 것은 아니다.

BC3.36 토론서에서는 보고된 재무정보에 중요한 오류와 편의가 없고 그 재무정보가 나타내고자 하는 바를 표현하고 있다고 정보이용자가 믿을 수 있는 확신을 주기 위해서는 그 재무정보가 검증가능해야 한다고 명시하였다. 따라서 검증가능성은 충실한 표현의 한 측면으로 보았다. 일부 의견제출자는 검증가능성을 충실한 표현의 한 측면으로 포함하면 쉽게 검증가능하지 않는 정보가 제외될 수 있다고 지적하였다. 이들은 목적적합한 재무정보를 제공하는 데 매우 중요한 다수의 미래전망치(예 예상현금흐름, 내용연수 및 잔존가치)는 직접 검증할 수 없다고 보았다. 그러나 그 추정치에 대한 정보를 제외하는 것은 재무보고서의 유용성을 떨어뜨릴 수 있다. IASB는 이 견해에 동의하였고 검증가능성을 매우 바람직하나 반드시 요구되는 것은 아닌 보강적 질적 특성으로 재배치하였다.

적시성

BC3.37 '개념체계'(1989)에서는 적시성을 정보의 목적적합성을 훼손할 수 있는 제약요인으로 논의하였다. 개념보고서 제2호에서는 적시성을 목적적합성의 한 측면으로 설명하였다. 그러나 이 두 개념체계에서 논의한 적시성의 실질은 사실상 같다.

BC3.38 토론서에서는 적시성을 목적적합성의 한 측면으로 기술하였다. 그러나 일부 의견제출자는 예측가치와 확인가치가 목적적합성의 일부라는 것과 같은 의미에서 적시성이 목적적합성의 일부가 아니라고 지적하였다. IASB는 적시성이 목적적합성의 다른 구성요소와는 다르다고 생각하게 되었다.

BC3.39 적시성은 매우 바람직하지만, 목적적합성과 충실한 표현만큼 중요하지는 않다. 적시성 있는 정보는 목적적합하고 충실하게 표현되었을 때만 유용하다. 이와는 반대로 목적적합하고 충실하게 표현된 정보는 바람직할 만큼 적시에 보고되지 않았더라도 여전히 유용할 수 있다(특히 확인 목적상).

이해가능성

BC3.40 '개념체계'(1989)와 개념보고서 제2호 모두 정보이용자가 정보를 이해할 수 있도록 하여 그 정보가 의사결정에 유용하도록 하는 질적 특성인 이해가능성을 포함하였다. 두 개념체계 모두 재무정보가 이해가능하기 위해서는 정보이용자가 합리적인 수준의 재무 지식을 갖추고 있으며 그 정보를 분석하기 위하여 합리적인 노력을 기울일 의지가 있어야 한다고 비슷하게 기술하였다.

BC3.41 이해가능성 및 재무보고서를 이해해야 할 정보이용자의 책임에 대한 이 논의에도 불구하고 오해는 여전히 남아 있다. 예를 들면, 새로운 회계처리방법으로 인해 정보이용자의 의사결정에 유용한 정보를 보고하게 되더라도 일부 정보이용자가 그 회계처리방법을 이해하지 못할 수 있다면 새로운 회계처리방법을 시행해서는 안 된다는 견해를 표명한 이들도 있었다. 그들은 목적적합성보다 이해가능성이 더욱 중요하다는 뜻을 나타낸다.

BC3.42 이해가능성에 대한 고려가 근본적인 것이라면 매우 복잡한 사항에 대한 정보는 그 정보가 목적적합하고 충실하게 표현되더라도 보고하지 않는 것이 적절할 수 있다. 이해가능성을 보강적 질적 특성으로 분류한 것은 이해하기 어려운 정보가 가능한 한 명확히 표시되고 설명되어야 한다는 점을 나타내고자 한 것이다.

BC3.43 그 밖에 흔히 오해되는 부분을 명확히 하기 위해, '개념체계'에서는 정보이용자는 보고된 재무정보를 분석하기 위한 합리적인 노력을 기울일 의지만을 가져야 하는 것이 아니라 그 정보를 분석하기 위하여 사실상 합리적인 노력을 기울일 책임이 있다고 설명한다(이전 개념체계에 서술된 내용임). 또한 정보이용자는 특히 복잡한 경제적 현상을 이해하기 위해 자문가에게 도움을 구할 필요가 있을 수 있다고 명시하고 있다.

포함되지 않은 질적 특성

BC3.44 투명성(transparency), 고품질(high quality), 내부적 일관성(internal consistency), 진실하고 공정한 견해(true and fair view) 또는 공정한 표시(fair presentation) 및 신뢰가능성(credibility)은 재무정보의 바람직한 질적 특성으로 제안되어 왔다. 그러나 투명성, 고품질, 내부적 일관성, 진실하고 공정한 견해 또는 공정한 표시는 비교가능성, 검증가능성, 적시성 및 이해가능성으로 인해 보강된 목적적합성과 표현의 충실성이란 질적 특성을 가지는 정보를 기술하는 다른 단어이다. 신뢰가능성은 이와 유사하지만 보고기업 경영진에 대한 신뢰도 의미한다.

BC3.45 때로는 이해관계자가 기준제정의 의사결정을 위해 그 밖의 기준을 제안하였고, IASB는 그 제안된 기준의 일부를 특정 의사결정에 대한 근거의 일부로 인용하기도 하였다. 단순성(simplicity), 운영가능성(operationality), 실무적 적용가능성(practicability) 또는 실용성(practicality)과 수용가능성(acceptability)이 그 기준에 해당된다.

BC3.46 위와 같은 기준은 질적 특성이 아니다. 대신에 유용한 재무정보 제공의 효익 및 원가에 대해 전반적으로 가늠해보는 것의 일환이 된다. 예를 들어, 더 단순한 회계처리방법은 더 복잡한 방법보다 적용 원가가 낮을 것이다. 어떤 상황에서는 더 단순한 회계처리방법이 더 복잡한 회계처리방법에 따라 산출된 정보보다 다소 덜 정확하지만 사실상 같은 정보를 산출할 수 있다. 그 경우, 회계기준제정기구는 충실한 표현의 감소와 시행 원가의 절감을 원가 대비 효익을 가늠하는 데 고려할 것이다.

유용한 재무보고에 대한 원가 제약

BC3.47 원가는 재무정보 제공자 및 이용자뿐만 아니라 회계기준제정기구가 가능한 새로운 재무보고 요구사항의 효익을 고려할 때 염두에 두어야 할 포괄적 제약요인이다. 원가는 정보의 질적 특성이 아니다. 원가는 정보를 제공하는 데 사용되는 과정적 특성이다.

BC3.48 IASB는 제안된 기준에 따라 기업이 제공해야 하는 정보의 수집 및 처리 원가에 대한 정보를 입수할 수 있는 보다 더 구조화된 방법을 개발하기 위한 시도를 해 왔으며 계속 하고 있다. 주로 사용되는 방법은 특정 제안에 대하여 때로는 공식적으로(현장조사 및 설문조사 등) 이해관계자에게 실행가능한 범위에서 계량화된 원가 및 효익 정보를 제출하도록 요구하는 것이다. 이러한 요구로 인해 도움이 되는 정보를 얻고 관련 효익을 상당히 감소시키지 않으면서 원가 절감이 되도록, 제안된 요구사항을 직접 변경하게 된다.

보론 2

기업회계기준서 제1001호(재무제표 표시) (의결 2011.11.18)

내 용

개요
국제회계기준과의 관계

기업회계기준서 제1001호 '재무제표 표시'는 문단 1~140으로 구성되어 있다. 모든 문단에는 동등한 권위가 부여되어 있다. 이 기준서는 이 기준서의 목적, 결론도출근거, '기업회계기준 전문' 및 '재무보고를 위한 개념체계'를 배경으로 이해하여야 한다. 회계정책의 선택 및 적용에 대하여 명시적으로 규정하지 않은 경우에는 기업회계기준서 제1008호 '회계정책, 회계추정의 변경 및 오류'에 따른다.

개 요

제·개정 경과

한국회계기준원 회계기준위원회는 국제회계기준위원회가 제정한 국제회계기준을 채택하여 기업회계기준의 일부로 구성하기로 한 정책에 따라 이 기준서를 다음과 같이 제·개정하였다.

제·개정일자	한국채택국제회계기준	관련되는 국제회계기준
2010.11.19. 개정	영업손익 관련 사항의 주석공시	-
2010. 8.27. 개정	한국채택국제회계기준 연차개선	Improvements to IFRSs
2009. 6.26. 개정	한국채택국제회계기준 연차개선	Improvements to IFRSs
2009. 2.13. 개정	이익잉여금처분계산서(또는 결손금처리계산서)의 주석공시	-
2008.11.28. 개정	한국채택국제회계기준 연차개선	Improvements to IFRSs
2007.11.23. 제정	재무제표 표시	IAS 1 Presentation of Financial Statements

이 기준서는 타 기준서의 제·개정에 따라 다음과 같이 개정되었다.

개정일자	타기준서	관련되는 국제회계기준
2011.11.18.	기업회계기준서 제1113호 공정가치측정	IFRS 13 Fair Value Measurement
2011.11.11.	기업회계기준서 제1019호 종업원급여	IAS 19 Employment Benefits

이 기준서는 전기재무제표 및 다른 기업의 재무제표와 비교할 수 있도록 일반목적 재무제표의 표시에 관한 기준을 정하고 있다.

이 기준서의 주요 특징

1. 적용범위

이 기준서는 한국채택국제회계기준에 따라 작성하고 표시하는 일반목적 재무제표에 적용한다.

2. 용어의 정의

일반목적 재무제표: 특정 필요에 따른 특수보고서의 작성을 기업에 요구할 수 있는 위치에 있지 아니한 재무제표이용자의 정보요구를 충족시키기 위해 작성되는 재무제표

실무적으로 적용할 수 없는: 기업이 모든 합리적인 노력을 했어도 요구사항을 적용할 수 없는 경우에 그 요구사항은 실무적으로 적용할 수 없다.

한국채택국제회계기준: 한국회계기준원 회계기준위원회가 국제회계기준을 근거로 제정한 회계기준으로 다음과 같이 구성된다.

(1) 기업회계기준서

(2) 기업회계기준해석서

중요한: 어떠한 항목의 누락이나 왜곡표시가 개별적으로 또는 집합적으로 재무제표에 기초한 재무제표이용자의 경제적 의사결정에 영향을 미치는 경우 그 항목의 누락이나 왜곡표시는 중요하다. 중요성은 관련 상황을 고려하여 누락이나 왜곡표시의 크기와 성격에 따라 결정된다. 그 항목의 크기나 성격 또는 두 요소의 결합이 결정요소가 될 수 있다.

주석: 재무상태표, 포괄손익계산서, 별개의 손익계산서(표시하는 경우), 자본변동표 및 현금흐름표에 표시하는 정보에 추가하여 제공된 정보. 주석은 상기 재무제표에 표시된 항목을 구체적으로 설명하거나 세분화하고, 상기 재무제표 인식요건을 충족하지 못하는 항목에 대한 정보를 제공한다.

기타포괄손익: 다른 한국채택국제회계기준서에서 요구하거나 허용하여 당기손익으로 인식하지 않은 수익과 비용항목(재분류조정 포함)을 포함한다.

소유주: 자본으로 분류되는 금융상품의 보유자

당기순손익: 수익에서 비용을 차감한 금액(기타포괄손익의 구성요소 제외)

재분류조정: 당기나 과거 기간에 기타포괄손익으로 인식되었으나 당기손익으로 재분류된 금액

총포괄손익: 거래나 그 밖의 사건으로 인한 기간 중 자본의 변동(소유주로서의 자격을 행사하는 소유주와의 거래로 인한 자본의 변동 제외)

3. 전체 재무제표

⑴ 전체 재무제표는 다음을 모두 포함하여야 한다.

㈎ 기말 재무상태표

㈏ 기간 포괄손익계산서

㈐ 기간 자본변동표

㈑ 기간 현금흐름표

㈒ 주석(유의적인 회계정책의 요약 및 그 밖의 설명으로 구성)

㈓ 회계정책을 소급하여 적용하거나, 재무제표의 항목을 소급하여 재작성 또는 재분류하는 경우 가장 이른 비교기간의 기초 재무상태표

⑵ 이 기준서에서 사용하는 재무제표의 명칭이 아닌 다른 명칭을 사용할 수 있다.

⑶ 각각의 재무제표는 전체 재무제표에서 동등한 비중으로 표시한다.

4. 공정한 표시와 한국채택국제회계기준의 준수

⑴ 재무제표는 기업의 재무상태, 재무성과 및 현금흐름을 공정하게 표시해야 한다. 공정한 표시를 위해서는 '개념체계'에서 정한 자산,

부채, 수익 및 비용에 대한 정의와 인식요건에 따라 거래, 그 밖의 사건과 상황의 효과를 충실하게 표현해야 한다. 한국채택국제회계기준에 따라 작성된 재무제표(필요에 따라 추가공시한 경우 포함)는 공정하게 표시된 재무제표로 본다.

(2) 한국채택국제회계기준을 준수하여 재무제표를 작성하는 기업은 그러한 준수 사실을 주석에 명시적이고 제한없이 기재한다. 재무제표가 한국채택국제회계기준의 요구사항을 모두 충족한 경우가 아니라면 한국채택국제회계기준을 준수하여 작성되었다고 기재하여서는 아니 된다.

(3) 한국채택국제회계기준을 준수하여 작성된 재무제표는 국제회계기준을 준수하여 작성된 재무제표임을 주석으로 공시할 수 있다.

5. 계속기업

경영진은 재무제표를 작성할 때 계속기업으로서의 존속가능성을 평가해야 한다. 경영진이 기업을 청산하거나 경영활동을 중단할 의도를 가지고 있지 않거나, 청산 또는 경영활동의 중단 외에 다른 현실적 대안이 없는 경우가 아니면 계속기업을 전제로 재무제표를 작성한다. 계속기업으로서의 존속능력에 유의적인 의문이 제기될 수 있는 사건이나 상황과 관련된 중요한 불확실성을 알게 된 경우, 경영진은 그러한 불확실성을 공시하여야 한다. 재무제표가 계속기업의 기준하에 작성되지 않는 경우에는 그 사실과 함께 재무제표가 작성된 기준 및 그 기업을 계속기업으로 보지 않는 이유를 공시하여야 한다.

6. 발생기준 회계

기업은 현금흐름 정보를 제외하고는 발생기준 회계를 사용하여 재무제표를 작성한다.

7. 중요성과 통합표시

유사한 항목은 중요성 분류에 따라 재무제표에 구분하여 표시한다. 상이한 성격이나 기능을 가진 항목은 구분하여 표시한다. 다만 중요하지 않은 항목은 성격이나 기능이 유사한 항목과 통합하여 표시할 수 있다.

8. 상계

한국채택국제회계기준에서 요구하거나 허용하지 않는 한 자산과 부채 그리고 수익과 비용은 상계하지 아니한다.

9. 보고빈도

전체 재무제표(비교정보를 포함)는 적어도 1년마다 작성한다. 보고기간종료일을 변경하여 재무제표의 보고기간이 1년을 초과하거나 미달하는 경우 재무제표 해당 기간뿐만 아니라 다음 사항을 추가로 공시한다.

(1) 보고기간이 1년을 초과하거나 미달하게 된 이유

(2) 재무제표에 표시된 금액이 완전하게 비교가능하지는 않다는 사실

10. 비교정보

한국채택국제회계기준이 달리 허용하거나 요구하는 경우를 제외하고는 당기 재무제표에 보고되는 모든 금액에 대해 전기 비교정보를 공시한다. 당기 재무제표를 이해하는 데 목적적합하다면 서술형 정보의 경우에도 비교정보를 포함한다.

11. 표시의 계속성

재무제표 항목의 표시와 분류는 다음의 경우를 제외하고는 매기 동일하여야 한다.

(1) 사업내용의 유의적인 변화나 재무제표를 검토한 결과 다른 표시나 분류방법이 더 적절한 것이 명백한 경우. 이 경우 기업회계기준서 제1008호에서 정하는 회계정책의 선택 및 적용요건을 고려한다.

(2) 한국채택국제회계기준에서 표시방법의 변경을 요구하는 경우

12. 재무제표의 식별

(1) 재무제표는 동일한 문서에 포함되어 함께 공표되는 그 밖의 정보와 명확하게 구분되고 식별되어야 한다.

(2) 각 재무제표와 주석은 명확하게 식별되어야 한다. 또한 다음 정보가

분명하게 드러나야 하며, 정보의 이해를 위해서 필요할 때에는 반복 표시하여야 한다.

(가) 보고기업의 명칭 또는 그 밖의 식별 수단과 전기 보고기간말 이후 그러한 정보의 변경내용
(나) 재무제표가 개별 기업에 대한 것인지 연결실체에 대한 것인지의 여부
(다) 재무제표나 주석의 작성대상이 되는 보고기간종료일 또는 보고기간
(라) 기업회계기준서 제1021호에 정의된 표시통화
(마) 재무제표의 금액 표시를 위하여 사용한 금액 단위

13. 재무상태표에 표시되는 정보

재무상태표에는 적어도 다음에 해당하는 금액을 나타내는 항목을 표시한다.

(1) 유형자산
(2) 투자부동산
(3) 무형자산
(4) 금융자산(단, (5), (8) 및 (9)를 제외)
(5) 지분법에 따라 회계처리하는 투자자산
(6) 생물자산
(7) 재고자산
(8) 매출채권 및 기타 채권
(9) 현금및현금성자산
(10) 기업회계기준서 제1105호 '매각예정비유동자산과 중단영업'에 따라 매각예정으로 분류된 자산과 매각예정으로 분류된 처분자산집단에 포함된 자산의 총계
(11) 매입채무 및 기타 채무
(12) 충당부채
(13) 금융부채(단, (11)과 (12) 제외)
(14) 기업회계기준서 제1012호 '법인세'에서 정의된 당기 법인세와 관련한 부채와 자산

⒂ 기업회계기준서 제1012호에서 정의된 이연법인세부채 및 이연법인세자산
⒃ 기업회계기준서 제1105호에 따라 매각예정으로 분류된 처분자산집단에 포함된 부채
⒄ 자본에 표시된 비지배지분
⒅ 지배기업의 소유주에게 귀속되는 납입자본과 적립금

14. 유동과 비유동의 구분

유동성 순서에 따른 표시방법이 신뢰성 있고 더욱 목적적합한 정보를 제공하는 경우를 제외하고는 문단 66～76에 따라 유동자산과 비유동자산, 유동부채와 비유동부채로 재무상태표에 구분하여 표시한다. 유동성 순서에 따른 표시방법을 적용할 경우 모든 자산과 부채는 유동성의 순서에 따라 표시한다.

15. 수익과 비용 항목의 표시

해당 기간에 인식한 모든 수익과 비용 항목은 다음 중 한 가지 방법으로 표시한다.

⑴ 단일 포괄손익계산서
⑵ 두 개의 보고서: 당기순손익의 구성요소를 표시하는 보고서(별개의 손익계산서)와 당기순손익에서 시작하여 기타포괄손익의 구성요소를 표시하는 보고서(포괄손익계산서)

16. 포괄손익계산서에 표시되는 정보

포괄손익계산서에는 적어도 당해 기간의 다음 금액을 표시하는 항목을 포함한다.

⑴ 수익
⑵ 금융원가
⑶ 지분법 적용대상인 관계기업과 조인트벤처의 당기순손익에 대한 지분
⑷ 법인세비용

(5) 다음의 ㈎와 ㈏를 합한 금액
 ㈎ 세후 중단영업손익
 ㈏ 중단영업에 포함된 자산이나 처분자산집단을 순공정가치로 측정하거나 처분함에 따른 세후 손익
(6) 당기순손익
(7) 성격별로 분류되는 기타포괄손익의 각 구성요소((8)의 금액은 제외)
(8) 지분법 적용대상인 관계기업과 조인트벤처의 기타포괄손익에 대한 지분
(9) 총포괄손익

17. 당기순손익

한 기간에 인식되는 모든 수익과 비용 항목은 한국채택국제회계기준이 달리 정하지 않는 한 당기손익으로 인식한다.

18. 기타포괄손익

(1) 기타포괄손익의 구성요소(재분류조정 포함)와 관련한 법인세비용 금액은 포괄손익계산서나 주석에 공시한다.
(2) 기타포괄손익의 구성요소와 관련된 재분류조정을 공시한다.

19. 자본변동표

자본변동표에 다음 항목을 표시한다.
(1) 지배기업의 소유주와 비지배지분에게 각각 귀속되는 금액으로 구분하여 표시한 해당 기간의 총포괄손익
(2) 자본의 각 구성요소별로, 기업회계기준서 제1008호에 따라 인식된 소급적용이나 소급재작성의 영향
(3) 자본의 각 구성요소별로 다음의 각 항목에 따른 변동액을 구분하여 표시한, 기초시점과 기말시점의 장부금액 조정내역
 ㈎ 당기순손익
 ㈏ 기타포괄손익
 ㈐ 소유주로서의 자격을 행사하는 소유주와의 거래(소유주에 의한

출자와 소유주에 대한 배분, 그리고 지배력을 상실하지 않는 종속기업에 대한 소유지분의 변동을 구분하여 표시)

20. 현금흐름표

현금흐름정보는 기업의 현금및현금성자산 창출능력과 기업의 현금흐름 사용 필요성에 대한 평가의 기초를 재무제표이용자에게 제공한다. 기업회계기준서 제1007호는 현금흐름 정보의 표시와 공시에 대해 규정하고 있다.

21. 주석

주석은 다음의 정보를 제공한다.

(1) 재무제표 작성 근거와 구체적인 회계정책에 대한 정보

(2) 한국채택국제회계기준에서 요구하는 정보이지만 재무제표 어느 곳에도 표시되지 않는 정보

(3) 재무제표 어느 곳에도 표시되지 않지만 재무제표를 이해하는 데 목적적합한 정보

국제회계기준과의 관계

기업회계기준서 제1001호와 국제회계기준 제1호(IAS 1)

기업회계기준서 제1001호는 국제회계기준위원회가 제정한 국제회계기준 제1호(IAS 1) '재무제표 표시(Presentation of Financial Statements)'에 대응하는 기준이다.

한국의 법률체계와 일관성을 유지하기 위하여 형식적인 부분이 제한적으로 수정되었다. 즉, 한국채택국제회계기준의 의무적용대상기업과 적용시기를 명시하기 위하여 문단 한2.1, 한139.1, 한139.2가 추가되었으며, 한국의 법률체계와 일관성을 유지하기 위하여 한138.1이 추가되었다. 한국채택국제회계기준을 준수하여 작성된 재무제표는 국제회계기준을 준수하여 작성된 재무제표임을 공시할 수 있도록 문단 한16.1이 추가되었다. 적용시기 이후 최초채택기업으로서 이 기준서를 적용하게 됨에 따라 시행일과 경과규정, 기준서 등의 대체와 관련된 문단 139, 139B, 139C, 140이 삭제되었다. 이러한 수정을 명시적으로 표시하기 위하여 동 국제회계기준에 추가한 문단은 관련된 국제회계기준 문단번호에 '한'이라는 접두어를 붙여 구분 표시하였다. 그리고 동 국제회계기준의 문단을 삭제한 경우는 관련된 국제회계기준 문단번호 옆에 '[한국회계기준원 회계기준위원회가 삭제함]'이라고 표시하였다.

국제회계기준 제1호(IAS 1)의 준수

형식과 관련하여 수정된 위의 문단들을 제외하고는 기업회계기준서 제1001호가 IAS 1의 내용에 근거하여 제정되었기 때문에 기업회계기준서 제1001호를 준수하면 동시에 IAS 1을 준수하는 것이 된다.

기업회계기준서 제1001호
재무제표 표시

목적

1 이 기준서는 과거기간의 재무제표나 다른 기업의 재무제표와 비교 가능하도록 일반목적 재무제표의 표시에 관한 기준을 정한다. 이 기준서는 재무제표의 표시에 관한 전반적인 요구사항, 재무제표의 구조에 대한 지침과 재무제표의 내용에 대한 최소한의 요구사항을 규정한다.

적용

한2.1 이 기준서는 '주식회사의 외부감사에 관한 법률'에서 정하는 한국채택국제회계기준 의무적용대상 주식회사의 회계처리에 적용한다. 또한 이 기준서는 재무제표의 작성과 표시를 위해 한국채택국제회계기준의 적용을 선택하거나 다른 법령 등에서 적용을 요구하는 기업의 회계처리에도 적용한다.

적용범위

2 이 기준서는 한국채택국제회계기준에 따라 작성하고 표시하는 일반목적 재무제표에 적용한다.

3 구체적인 거래나 그 밖의 사건에 대한 인식, 측정 및 공시에 대한 요구사항은 다른 한국채택국제회계기준서에서 정한다.

4 이 기준서는 기업회계기준서 제1034호 '중간재무보고'에 따라 작성되는 요약중간재무제표의 구조와 내용에는 적용하지 아니한다.

다만, 문단 15~35는 요약중간재무제표에도 적용한다. 이 기준서는 기업회계기준서 제1027호 '연결재무제표와 별도재무제표'에서 정의하는 연결재무제표나 별도재무제표를 보고하는 기업을 포함하여 모든 기업에 동일하게 적용한다.

5 이 기준서는 공기업을 포함한 영리기업에 적합한 용어를 사용한다. 민간부문 또는 공공부문의 비영리활동을 영위하는 조직이 이 기준서를 적용하고자 하는 경우에는 재무제표의 특정 항목의 명칭과 재무제표 명칭의 수정이 필요할 수 있다.

6 아울러 기업회계기준서 제1032호 '금융상품: 표시'에서 정의하는 자본이 없는 기업(예 일부 뮤추얼펀드)과 납입자본이 자본의 정의를 충족하지 못하는 기업(예 일부 조합)은 조합원이나 지분보유자의 지분을 재무제표에 적절히 수정하여 표시하는 것이 필요할 수 있다.

용어의 정의

7 이 기준서에서 사용하는 용어의 정의는 다음과 같다.

일반목적 재무제표(이하 '재무제표'라 한다): 특정 필요에 따른 특수보고서의 작성을 기업에 요구할 수 있는 위치에 있지 아니한 재무제표이용자의 정보요구를 충족시키기 위해 작성되는 재무제표

실무적으로 적용할 수 없는: 기업이 모든 합리적인 노력을 했어도 요구사항을 적용할 수 없는 경우에 그 요구사항은 실무적으로 적용할 수 없다.

한국채택국제회계기준: 한국회계기준원 회계기준위원회가 국제회계기준을 근거로 제정한 회계기준으로 다음과 같이 구성된다.
(1) 기업회계기준서
(2) 기업회계기준해석서

중요한: 어떠한 항목의 누락이나 왜곡표시가 개별적으로 또는 집합적으로 재무제표에 기초한 재무제표이용자의 경제적 의사결정에 영향을 미치는 경우 그 항목의 누락이나 왜곡표시는 중요하다. 중요성은 관련 상황을 고려하여 누락이나 왜곡표시의 크기와 성격에 따라 결정된다. 그 항목의 크기나 성격 또는 두 요소의 결합이 결정요소가 될 수 있다.

누락이나 왜곡표시가 재무제표이용자의 경제적 의사결정에 미치는 영향이 중요한지 여부를 평가할 때에는 재무제표이용자의 특성을 고려해야 한다. 재무제표의 작성과 표시를 위한 개념체계(이하 '개념체계'라 한다)의 문단 25에서는 '이용자는 경영 및 경제활동과 회계에 대한 합리적인 지식을 가지고 있으며 관련 정보를 분석하기 위하여 합리적인 노력을 기울일 의지가 있는 것으로 가정한다'라고 규정하고 있다. 따라서 위와 같은 재무제표이용자가 경제적 의사결정을 할 때 받을 영향을 합리적으로 예상하여 중요성 평가에 고려하여야 한다.

주석: 재무상태표, 포괄손익계산서, 별개의 손익계산서(표시하는 경우), 자본변동표 및 현금흐름표에 표시하는 정보에 추가하여 제공된 정보. 주석은 상기 재무제표에 표시된 항목을 구체적으로 설명하거나 세분화하며, 상기 재무제표 인식요건을 충족하지 못하는 항목에 대한 정보를 제공한다.

기타포괄손익: 다른 한국채택국제회계기준서에서 요구하거나 허용하여 당기손익으로 인식하지 않은 수익과 비용항목(재분류조정 포함)을 포함한다.

기타포괄손익은 다음의 항목을 포함한다.

(1) 재평가잉여금의 변동(기업회계기준서 제1016호 '유형자산'과 기업회계기준서 제1038호 '무형자산' 참조)
(2) 확정급여제도의 재측정요소(기업회계기준서 제1019호 '종업원

급여' 참조)

(3) 해외사업장의 재무제표 환산으로 인한 손익(기업회계기준서 제1021호 '환율변동효과' 참조)

(4) 매도가능금융자산의 재측정 손익(기업회계기준서 제1039호 '금융상품: 인식과 측정' 참조)

(5) 현금흐름위험회피의 위험회피수단의 평가손익 중 효과적인 부분(기업회계기준서 제1039호 참조)

소유주: 자본으로 분류되는 금융상품의 보유자

당기순손익: 수익에서 비용을 차감한 금액(기타포괄손익의 구성요소 제외)

재분류조정: 당기나 과거 기간에 기타포괄손익으로 인식되었으나 당기손익으로 재분류된 금액

총포괄손익: 거래나 그 밖의 사건으로 인한 기간 중 자본의 변동(소유주로서의 자격을 행사하는 소유주와의 거래로 인한 자본의 변동 제외)

총포괄손익은 '당기순손익'과 '기타포괄손익'의 모든 구성요소를 포함한다.

8 이 기준서에서는 '기타포괄손익', '당기순손익', '총포괄손익'이라는 용어를 사용하고 있지만 의미가 명확하다면 그러한 합계를 표현하기 위하여 다른 용어를 사용할 수 있다. 예를 들어, 당기순손익을 표현하기 위하여 '순이익'이라는 용어를 사용할 수 있다.

8A 다음의 용어는 기업회계기준서 제1032호 '금융상품: 표시'에 기술하고 있으며 이 기준서에서는 기업회계기준서 제1032호에서 정하고 있는 의미로 사용된다.

(1) 지분상품으로 분류되는 풋가능 금융상품(기업회계기준서 제1032호 문단 16A와 16B에 기술됨)
(2) 발행자가 청산되는 경우에만 거래상대방에게 지분비율에 따라 발행자 순자산을 인도해야 하는 의무를 발행자에게 부과한 금융상품으로서 지분상품으로 분류되는 금융상품(기업회계기준서 제1032호 문단 16C와 16D에 기술됨)

재무제표

재무제표의 목적

9 재무제표는 기업의 재무상태와 재무성과를 체계적으로 표현한 것이다. 재무제표의 목적은 광범위한 정보이용자의 경제적 의사결정에 유용한 기업의 재무상태, 재무성과와 재무상태변동에 관한 정보를 제공하는 것이다. 또한 재무제표는 위탁받은 자원에 대한 경영진의 수탁책임 결과도 보여준다. 이러한 목적을 충족하기 위하여 재무제표는 다음과 같은 기업 정보를 제공한다.
(1) 자산
(2) 부채
(3) 자본
(4) 차익과 차손을 포함한 광의의 수익과 비용
(5) 소유주로서의 자격을 행사하는 소유주에 의한 출자와 소유주에 대한 배분
(6) 현금흐름

이러한 정보는 주석에서 제공되는 정보와 함께 재무제표이용자가 기업의 미래현금흐름, 특히 그 시기와 확실성을 예측하는 데 도움을 준다.

전체 재무제표

10 전체 재무제표는 다음을 모두 포함하여야 한다.
(1) 기말 재무상태표

⑵ 기간 포괄손익계산서
⑶ 기간 자본변동표
⑷ 기간 현금흐름표
⑸ 주석(유의적인 회계정책의 요약 및 그 밖의 설명으로 구성)
⑹ 회계정책을 소급하여 적용하거나, 재무제표의 항목을 소급하여 재작성 또는 재분류하는 경우 가장 이른 비교기간의 기초 재무상태표

이 기준서에서 사용하는 재무제표의 명칭이 아닌 다른 명칭을 사용할 수 있다.

11 각각의 재무제표는 전체 재무제표에서 동등한 비중으로 표시한다.

12 문단 81에서 허용하듯이 당기순손익의 구성요소를 단일 포괄손익계산서의 일부로 표시하거나 별개의 손익계산서에 표시할 수 있다. 손익계산서를 표시하는 경우 그 손익계산서는 전체 재무제표의 일부이며 포괄손익계산서의 바로 앞에 표시한다.

13 많은 기업은 재무제표 이외에도 그 기업의 경영성과와 재무성과의 주요특성 및 기업이 직면한 주요 불확실성을 설명하는 경영진의 재무검토보고서를 제공한다. 이러한 보고서는 다음 항목에 대한 검토를 포함할 수 있다.

⑴ 재무성과의 주요 결정 요인과 영향. 이에는 기업이 처한 영업환경의 변화, 그 변화와 영향에 대한 기업의 대응계획 및 재무성과를 유지하고 향상시키기 위한 기업의 투자정책 및 배당정책을 포함한다.
⑵ 기업의 자금 조달원천과 자본 대 부채의 목표비율
⑶ 한국채택국제회계기준에 따라 재무상태표에 인식되지 아니한 기업의 자원

14 또한 많은 기업은 특히 환경 요인이 유의적인 산업에 속해 있는 경우나 종업원이 주요 재무제표이용자인 경우에 재무제표 이외에도 환경보고서나 부가가치보고서와 같은 보고서를 제공한다. 재무

제표 이외의 보고서는 한국채택국제회계기준의 적용범위에 해당하지 않는다.

일반사항

공정한 표시와 한국채택국제회계기준의 준수

15 재무제표는 기업의 재무상태, 재무성과 및 현금흐름을 공정하게 표시해야 한다. 공정한 표시를 위해서는 '개념체계'에서 정한 자산, 부채, 수익 및 비용에 대한 정의와 인식요건에 따라 거래, 그 밖의 사건과 상황의 효과를 충실하게 표현해야 한다. 한국채택국제회계기준에 따라 작성된 재무제표(필요에 따라 추가공시한 경우 포함)는 공정하게 표시된 재무제표로 본다.

16 한국채택국제회계기준을 준수하여 재무제표를 작성하는 기업은 그러한 준수 사실을 주석에 명시적이고 제한없이 기재한다. 재무제표가 한국채택국제회계기준의 요구사항을 모두 충족한 경우가 아니라면 한국채택국제회계기준을 준수하여 작성되었다고 기재하여서는 아니 된다.

한16.1 한국채택국제회계기준을 준수하여 작성된 재무제표는 국제회계기준을 준수하여 작성된 재무제표임을 주석으로 공시할 수 있다.

17 거의 모든 상황에서 공정한 표시는 관련 한국채택국제회계기준을 준수함으로써 달성된다. 또한 공정한 표시를 위해 다음과 같은 사항이 준수되어야 한다.

(1) 기업회계기준서 제1008호 '회계정책, 회계추정의 변경 및 오류'를 준수하여 회계정책을 선택하고 적용한다. 기업회계기준서 제1008호는 구체적으로 적용할 한국채택국제회계기준이 없는 경우 경영진이 고려할 관련 기준의 우선순위를 규정하고 있다.

(2) 회계정책을 포함하여 목적적합하고, 신뢰할 수 있고, 비교가능하며 이해가능한 정보를 표시한다.

(3) 한국채택국제회계기준의 구체적인 요구사항을 준수하더라도 특정거래, 그 밖의 사건 및 상황이 기업의 재무상태와 재무성과에 미치는 영향을 재무제표이용자가 이해하기에 충분하지 않은 경우 추가공시를 제공한다.

18 부적절한 회계정책은 이에 대하여 공시나 주석 또는 보충 자료를 통해 설명하더라도 정당화될 수 없다.

19 극히 드문 상황으로서 한국채택국제회계기준의 요구사항을 준수하는 것이 오히려 '개념체계'에서 정하고 있는 재무제표의 목적과 상충되어 재무제표이용자의 오해를 유발할 수 있다고 경영진이 결론을 내리는 경우에는, 관련 감독체계가 이러한 요구사항으로부터의 일탈을 의무화하거나 금지하지 않는다면, 문단 20에서 정하는 방법으로 요구사항을 달리 적용한다.

20 기업이 문단 19에 따라 한국채택국제회계기준의 요구사항을 달리 적용하는 경우, 다음 모든 항목을 공시한다.

(1) 재무제표가 기업의 재무상태, 재무성과 및 현금흐름을 공정하게 표시하고 있다고 경영진이 결론을 내렸다는 사실

(2) 공정한 표시를 위해 특정 요구사항을 달리 적용하는 것을 제외하고는 한국채택국제회계기준을 준수했다는 사실

(3) 기업이 달리 적용하는 해당 한국채택국제회계기준의 제목, 그 한국채택국제회계기준에서 요구하는 회계처리의 방법과 이에 대한 일탈의 내용, 그러한 회계처리가 해당 상황에서 재무제표이용자의 오해를 유발할 수 있어 '개념체계'에서 정한 재무제표의 목적과 상충되는 이유, 그리고 실제로 적용한 회계처리방법

(4) 표시된 각 회계기간에 대해, 한국채택국제회계기준 요구사항으로부터의 일탈이 이를 준수하였다면 보고되었을 재무제표의 각 항목에 미치는 재무적 영향

21 과거기간에 한국채택국제회계기준의 요구사항을 달리 적용한 결과

그러한 일탈이 당기 재무제표의 인식 금액에 영향을 미친 경우, 문단 20(3)과 (4)의 항목을 공시한다.

22 예를 들어, 과거기간에 자산이나 부채의 측정에 대해 한국채택국제회계기준의 요구사항을 달리 적용하여 그러한 일탈이 당기 재무제표에 인식된 자산과 부채의 변동금액 측정에 영향을 미치는 경우에는 문단 21을 적용한다.

23 극히 드문 상황으로서 한국채택국제회계기준의 요구사항을 준수하는 것이 재무제표이용자의 오해를 유발할 수 있어 '개념체계'에서 정한 재무제표의 목적[참조: 개념체계 문단 12]과 상충될 수 있다고 경영진이 결론을 내렸지만, 관련 감독체계가 요구사항으로부터의 일탈을 금지하는 경우에는, 기업은 다음 사항을 공시하여 오해를 유발할 수 있는 가능성을 최대한으로 줄여야 한다.

(1) 의문의 여지가 있는 한국채택국제회계기준의 제목, 요구사항의 성격, 요구사항을 준수하는 것이 해당 상황에서 재무제표이용자의 오해를 유발하여 '개념체계'에서 정한 재무제표의 목적과 상충된다고 경영진이 결론을 내린 이유

(2) 표시된 각 회계기간에 대해, 공정한 표시를 위해 필요하다고 경영진이 결론을 내린 재무제표의 각 항목에 대한 조정내용

24 문단 19~23과 관련하여, 제공된 정보가 표시하려고 의도하거나 표시할 것이라고 합리적으로 기대되는 거래, 그 밖의 사건 및 상황을 충실히 표현하지 못하여, 결과적으로 재무제표이용자의 경제적 의사결정에 영향을 미칠 가능성이 높은 경우, 그러한 정보는 재무제표의 목적과 상충될 것이다. 한국채택국제회계기준의 특정 요구사항을 준수하면, 재무제표이용자의 오해를 유발할 수 있어 '개념체계'에서 정한 재무제표의 목적[참조: 개념체계 문단 12]과 상충되는지를 평가할 때에는 경영진은 다음 사항을 모두 고려한다.

(1) 특정상황에서 재무제표의 목적이 달성되지 못하는 이유

(2) 당해 기업의 상황이 요구사항을 준수하고 있는 다른 기업의 상

황과 다를 경우 그 내용. 비슷한 상황에 있는 다른 기업이 요구사항을 준수하고 있다면, 당해 기업이 요구사항을 준수하는 것이 '개념체계'에서 정하고 있는 재무제표의 목적과 상충될 정도로 재무제표이용자의 오해를 유발하는 것이 아닐 수도 있다는 반증가능한 가정이 된다.

계속기업

25 경영진은 재무제표를 작성할 때 계속기업으로서의 존속가능성을 평가해야 한다. 경영진이 기업을 청산하거나 경영활동을 중단할 의도를 가지고 있지 않거나, 청산 또는 경영활동의 중단 외에 다른 현실적 대안이 없는 경우가 아니면 계속기업을 전제로 재무제표를 작성한다. 계속기업으로서의 존속능력에 유의적인 의문이 제기될 수 있는 사건이나 상황과 관련된 중요한 불확실성을 알게 된 경우, 경영진은 그러한 불확실성을 공시하여야 한다. 재무제표가 계속기업의 기준하에 작성되지 않는 경우에는 그 사실과 함께 재무제표가 작성된 기준 및 그 기업을 계속기업으로 보지 않는 이유를 공시하여야 한다.

26 계속기업의 가정이 적절한지의 여부를 평가할 때 경영진은 적어도 보고기간말로부터 향후 12개월 기간에 대하여 이용가능한 모든 정보를 고려한다. 각 상황의 사실내용에 따라 고려의 정도를 결정한다. 기업이 상당 기간 계속 사업이익을 보고하였고, 보고기간말 현재 경영에 필요한 재무자원을 확보하고 있는 경우에는 자세한 분석이 없이도 계속기업을 전제로 한 회계처리가 적절하다는 결론을 내릴 수 있다. 그렇지 않은 경우 경영진은 계속기업의 전제가 적절하다고 판단하기 전에, 현재와 미래의 기대 수익성, 부채상환계획 및 대체적 자본조달의 잠재적 원천과 관련된 다양한 요소를 고려할 필요가 있다.

발생기준 회계

27 기업은 현금흐름 정보를 제외하고는 발생기준 회계를 사용하여 재무제표를 작성한다.

28 발생기준 회계를 사용하는 경우, 각 항목이 '개념체계'의 정의와 인식요건을 충족할 때 자산, 부채, 자본, 광의의 수익 및 비용(재무제표의 요소)으로 인식한다.

중요성과 통합표시

29 유사한 항목은 중요성 분류에 따라 재무제표에 구분하여 표시한다. 상이한 성격이나 기능을 가진 항목은 구분하여 표시한다. 다만 중요하지 않은 항목은 성격이나 기능이 유사한 항목과 통합하여 표시할 수 있다.

30 수많은 거래와 그 밖의 사건은 성격이나 기능에 따라 범주별로 통합되어 재무제표에 표시된다. 통합 및 분류의 마지막 단계는 재무제표에 각 개별 항목으로 나타내기 위하여 관련 자료를 요약하고 분류하여 표시하는 것이다. 개별적으로 중요하지 않은 항목은 상기 재무제표나 주석의 다른 항목과 통합한다. 상기 재무제표에는 중요하지 않아 구분하여 표시하지 않은 항목이라도 주석에서는 구분 표시해야 할 만큼 충분히 중요할 수 있다.

31 중요하지 않은 정보일 경우 한국채택국제회계기준에서 요구하는 특정 공시를 제공할 필요는 없다.

상계

32 한국채택국제회계기준에서 요구하거나 허용하지 않는 한 자산과 부채 그리고 수익과 비용은 상계하지 아니한다.

33 자산과 부채, 그리고 수익과 비용은 구분하여 표시한다. 상계표시로 거래나 그 밖의 사건의 실질이 반영되는 경우를 제외하고는, 포괄손익계산서, 재무상태표, 별개의 손익계산서(표시하는 경우)에서의 상계표시는 발생한 거래, 그 밖의 사건과 상황을 이해하고 기업의 미래현금흐름을 분석할 수 있는 재무제표이용자의 능력을 저해한다. 재고자산에 대한 재고자산평가충당금과 매출채권에 대한 대손충당금과 같은 평가충당금을 차감하여 관련 자산을 순액으로 측정하는 것은 상계표시에 해당하지 아니한다.

34 기업회계기준서 제1018호 '수익'에서는 수익을 정의하고 있으며, 기업이 제공하는 매매할인이나 수량할증을 고려하여 받거나 받을 대가의 공정가치로 수익을 측정한다고 규정하고 있다. 기업은 정상적인 영업활동 과정에서 수익을 창출하지는 않지만 주요 수익창출 활동에 부수적인 그 밖의 거래를 할 수 있다. 동일 거래에서 발생하는 수익과 관련비용의 상계표시가 거래나 그 밖의 사건의 실질을 반영한다면 그러한 거래의 결과는 상계하여 표시한다. 예를 들면 다음과 같다.

⑴ 투자자산 및 영업용자산을 포함한 비유동자산의 처분손익은 처분대금에서 그 자산의 장부금액과 관련처분비용을 차감하여 표시한다.

⑵ 기업회계기준서 제1037호 '충당부채, 우발부채 및 우발자산'에 따라 인식한 충당부채와 관련된 지출을 제3자와의 계약관계(예 공급자의 보증약정)에 따라 보전 받는 경우, 당해 지출과 보전 받는 금액은 상계하여 표시할 수 있다.

35 또한 예를 들어, 외환손익 또는 단기매매 금융상품에서 발생하는 손익과 같이 유사한 거래의 집합에서 발생하는 차익과 차손은 순액으로 표시한다. 그러나 그러한 차익과 차손이 중요한 경우에는 구분하여 표시한다.

보고빈도

36 전체 재무제표(비교정보를 포함)는 적어도 1년마다 작성한다. 보고기간종료일을 변경하여 재무제표의 보고기간이 1년을 초과하거나 미달하는 경우 재무제표 해당 기간뿐만 아니라 다음 사항을 추가로 공시한다.

(1) 보고기간이 1년을 초과하거나 미달하게 된 이유
(2) 재무제표에 표시된 금액이 완전하게 비교가능하지는 않다는 사실

37 일반적으로 재무제표는 일관성 있게 1년 단위로 작성한다. 그러나 실무적인 이유로 어떤 기업은 예를 들어 52주의 보고기간을 선호한다. 이 기준서는 이러한 보고관행을 금지하지 않는다.

비교정보

38 한국채택국제회계기준이 달리 허용하거나 요구하는 경우를 제외하고는 당기 재무제표에 보고되는 모든 금액에 대해 전기 비교정보를 공시한다. 당기 재무제표를 이해하는 데 목적적합하다면 서술형 정보의 경우에도 비교정보를 포함한다.

39 비교정보를 공시하는 기업은 적어도 두 개의 재무상태표와 두 개씩의 그 밖의 재무제표 및 관련 주석을 표시해야 한다. 회계정책을 소급하여 적용하거나 재무제표의 항목을 소급하여 재작성 또는 재분류하는 경우에는 적어도 세 개의 재무상태표, 두 개씩의 그 밖의 재무제표 및 관련 주석을 표시해야 한다. 재무상태표는 다음 시점을 기준으로 표시한다.

(1) 당기말
(2) 전기말(당기초와 동일)
(3) 가장 이른 비교기간의 기초

40 어떤 경우에는 전기 재무제표에 공시된 서술형 정보가 당기에도

계속 관련될 수 있다. 예를 들어, 법률 분쟁의 결과가 직전기 보고기간말 현재 불확실하였고 당기에도 아직 해결되지 않은 경우에는 그 상세한 내용을 당기에 공시한다. 재무제표이용자에게 직전기 보고기간말 현재 불확실성이 존재하였다는 사실과 당기에 그러한 불확실성을 해소하기 위하여 취한 절차에 대한 정보는 유용하다.

41 재무제표 항목의 표시나 분류를 변경하는 경우 실무적으로 적용할 수 없는 것이 아니라면 비교금액도 재분류해야 한다. 비교금액을 재분류할 때 다음 사항을 공시한다.

(1) 재분류의 성격
(2) 재분류된 개별 항목이나 항목군의 금액
(3) 재분류의 이유

42 비교금액을 실무적으로 재분류할 수 없는 경우 다음 사항을 공시한다.

(1) 해당 금액을 재분류하지 아니한 이유
(2) 해당 금액을 재분류한다면 이루어 질 수정의 성격

43 정보의 기간별 비교가능성이 제고되면 특히 예측을 위한 재무정보 추세분석이 가능하여 재무제표이용자의 경제적 의사결정에 도움을 준다. 그러나 당기와의 비교가능성을 제고하기 위해 특정 과거기간 비교정보를 실무적으로 재분류 할 수 없는 경우가 있다. 예를 들어, 재분류가 가능한 방법으로 과거기간의 정보를 수집하지 못했거나, 실무적으로 정보를 재생시킬 수 없는 경우이다.

44 기업회계기준서 제1008호는 회계정책 변경이나 오류의 수정에 필요한 비교정보의 수정을 규정하고 있다.

표시의 계속성

45 재무제표 항목의 표시와 분류는 다음의 경우를 제외하고는 매기 동일하여야 한다.

(1) 사업내용의 유의적인 변화나 재무제표를 검토한 결과 다른 표시나 분류방법이 더 적절한 것이 명백한 경우. 이 경우 기업회계기준서 제1008호에서 정하는 회계정책의 선택 및 적용요건을 고려한다.

(2) 한국채택국제회계기준에서 표시방법의 변경을 요구하는 경우

46 예를 들어, 유의적인 인수나 매각, 또는 재무제표의 표시에 대해 검토한 결과 재무제표를 다른 방법으로 표시할 필요가 있을 수 있다. 기업은 변경된 표시방법이 재무제표이용자에게 신뢰성 있고 더욱 목적적합한 정보를 제공하며, 변경된 구조가 지속적으로 유지될 가능성이 높아 비교가능성을 저해하지 않을 것으로 판단할 때에만 재무제표의 표시방법을 변경한다. 표시방법을 변경할 때에는 문단 41과 42에 따라 비교정보(문단 38~41 참조)를 재분류한다.

구조와 내용

개요

47 이 기준서는 재무상태표, 포괄손익계산서, 별개의 손익계산서(표시하는 경우) 또는 자본변동표에 표시되는 특정한 공시사항을 규정하고 있고, 그리고 상기 재무제표나 또는 주석에 그 밖의 개별 항목의 공시사항을 규정하고 있다. 기업회계기준서 제1007호 '현금흐름표'는 현금흐름 정보의 표시에 대한 요구사항을 규정하고 있다.

48 이 기준서에서는 '공시'라는 용어를 넓은 의미에서 종종 사용하고 있는데, 이러한 공시는 재무제표에 표시되는 항목을 포괄한다. 또한 다른 한국채택국제회계기준서에서도 공시사항을 규정하고 있다. 이 기준서나 다른 한국채택국제회계기준서에서 달리 규정하지 않는다면, 그러한 공시사항은 각 재무제표에 표시할 수 있다.

재무제표의 식별

49 재무제표는 동일한 문서에 포함되어 함께 공표되는 그 밖의 정보와 명확하게 구분되고 식별되어야 한다.

50 한국채택국제회계기준은 오직 재무제표에만 적용하며 연차보고서, 감독기구 제출서류 또는 다른 문서에 표시되는 그 밖의 정보에 반드시 적용하여야 하는 것은 아니다. 따라서 한국채택국제회계기준을 준수하여 작성된 정보와 한국채택국제회계기준에서 요구하지 않지만 유용한 그 밖의 정보를 재무제표이용자가 구분할 수 있는 것이 중요하다.

51 각 재무제표와 주석은 명확하게 식별되어야 한다. 또한 다음 정보가 분명하게 드러나야 하며, 정보의 이해를 위해서 필요할 때에는 반복 표시하여야 한다.

⑴ 보고기업의 명칭 또는 그 밖의 식별 수단과 전기 보고기간말 이후 그러한 정보의 변경내용

⑵ 재무제표가 개별 기업에 대한 것인지 연결실체에 대한 것인지의 여부

⑶ 재무제표나 주석의 작성대상이 되는 보고기간종료일 또는 보고기간

⑷ 기업회계기준서 제1021호에 정의된 표시통화

⑸ 재무제표의 금액 표시를 위하여 사용한 금액 단위

52 문단 51의 요구사항에 따라 페이지, 재무제표, 주석, 항목 등의 적절한 제목을 표시한다. 어떤 방법이 그러한 정보를 표시하는 가장 좋은 방법인지를 결정하는 데는 판단이 요구된다. 예를 들어, 재무제표가 전자문서로 제공될 때, 페이지가 분리되는 것이 항상 유용하지는 않다. 이러한 경우 재무제표에 포함되는 정보를 이해할 수 있도록 위 항목을 표시한다.

53 흔히 재무제표의 표시통화를 천 단위나 백만 단위로 표시할 때 더

욱 이해가능성이 제고될 수 있다. 이러한 표시는 금액 단위를 공시하고 중요한 정보가 누락되지 않는 경우에 허용될 수 있다.

재무상태표

재무상태표에 표시되는 정보

54 재무상태표에는 적어도 다음에 해당하는 금액을 나타내는 항목을 표시한다.

(1) 유형자산
(2) 투자부동산
(3) 무형자산
(4) 금융자산(단, (5), (8) 및 (9)는 제외)
(5) 지분법에 따라 회계처리하는 투자자산
(6) 생물자산
(7) 재고자산
(8) 매출채권 및 기타 채권
(9) 현금및현금성자산
(10) 기업회계기준서 제1105호 '매각예정비유동자산과 중단영업'에 따라 매각예정으로 분류된 자산과 매각예정으로 분류된 처분자산집단에 포함된 자산의 총계
(11) 매입채무 및 기타 채무
(12) 충당부채
(13) 금융부채(단, (11)과 (12)는 제외)
(14) 기업회계기준서 제1012호 '법인세'에서 정의된 당기 법인세와 관련한 부채와 자산
(15) 기업회계기준서 제1012호에서 정의된 이연법인세부채 및 이연법인세자산
(16) 기업회계기준서 제1105호에 따라 매각예정으로 분류된 처분자산집단에 포함된 부채
(17) 자본에 표시된 비지배지분
(18) 지배기업의 소유주에게 귀속되는 납입자본과 적립금

55 기업의 재무상태를 이해하는 데 목적적합한 경우 재무상태표에 항목, 제목 및 중간합계를 추가하여 표시한다.

56 기업이 재무상태표에 유동자산과 비유동자산, 그리고 유동부채와 비유동부채로 구분하여 표시하는 경우, 이연법인세자산(부채)은 유동자산(부채)으로 분류하지 아니한다.

57 이 기준서는 표시되어야 할 항목의 순서나 형식을 규정하지 아니한다. 문단 54는 단순히 재무상태표에 구분 표시하기 위해 성격이나 기능면에서 명확하게 상이한 항목명을 제시하고 있다. 또한,

⑴ 한 항목 또는 통합된 유사 항목의 크기, 성격 또는 기능상 기업의 재무상태를 이해하기 위해 구분표시가 필요한 경우 그러한 항목을 추가로 재무상태표에 포함한다.

⑵ 기업의 재무상태를 이해하는 데 목적적합한 정보를 제공하기 위해 기업과 거래의 성격에 따라 사용된 용어와 항목의 순서, 또는 유사 항목의 통합방법을 변경할 수 있다. 예를 들어, 금융회사는 금융회사의 영업목적에 적합한 정보를 제공하기 위해 상기 용어를 변경할 수 있다.

58 추가 항목으로 구분하여 표시할지 여부는 다음 요소를 고려하여 판단한다.

⑴ 자산의 성격 및 유동성

⑵ 기업 내에서의 자산 기능

⑶ 부채의 금액, 성격 및 시기

59 상이하게 분류된 자산에 대해 상이한 측정기준을 사용하는 것은 그 자산의 성격이나 기능이 상이하여 별도 항목으로 구분하여 표시해야 함을 의미한다. 예를 들어, 상이하게 분류된 유형자산에 대해서는 기업회계기준서 제1016호에 따라 원가 또는 재평가금액을 장부금액으로 할 수 있다.

유동과 비유동의 구분

60 유동성 순서에 따른 표시방법이 신뢰성 있고 더욱 목적적합한 정보를 제공하는 경우를 제외하고는 문단 66~76에 따라 유동자산과 비유동자산, 유동부채와 비유동부채로 재무상태표에 구분하여 표시한다. 유동성 순서에 따른 표시방법을 적용할 경우 모든 자산과 부채는 유동성의 순서에 따라 표시한다.

61 어느 표시방법을 채택하더라도 자산과 부채의 각 개별 항목이 다음의 기간에 회수되거나 결제될 것으로 기대되는 금액이 합산하여 표시되는 경우, 12개월 후에 회수되거나 결제될 것으로 기대되는 금액을 공시한다.

(1) 보고기간 후 12개월 이내와

(2) 보고기간 후 12개월 후

62 기업이 명확히 식별 가능한 영업주기 내에서 재화나 용역을 제공하는 경우, 재무상태표에 유동자산과 비유동자산 및 유동부채와 비유동부채를 구분하여 표시한다. 이는 운전자본으로서 계속 순환되는 순자산과 장기 영업활동에서 사용하는 순자산을 구분함으로써 유용한 정보를 제공하기 때문이다. 이는 또한 정상영업주기 내에 실현될 것으로 예상되는 자산과 동 기간 내에 결제 기일이 도래하는 부채를 구분하여 보여준다.

63 금융회사와 같은 일부 기업의 경우에는 오름차순이나 내림차순의 유동성 순서에 따른 표시방법으로 자산과 부채를 표시하는 것이 유동성/비유동성 구분법보다 신뢰성 있고 더욱 목적적합한 정보를 제공한다. 이러한 기업은 재화나 서비스를 명확히 식별 가능한 영업주기 내에 제공하지 않기 때문이다.

64 문단 60을 적용할 때, 신뢰성 있고 더욱 목적적합한 정보를 제공한다면 자산과 부채의 일부는 유동성/비유동성 구분법으로, 나머지는 유동성 순서에 따른 표시방법으로 표시하는 것이 허용된다.

이러한 혼합표시방법은 기업이 다양한 사업을 영위하는 경우에 필요할 수 있다.

65 자산과 부채의 실현 예정일에 대한 정보는 기업의 유동성과 부채상환능력을 평가하는 데 유용하다. 기업회계기준서 제1107호 '금융상품: 공시'는 금융자산과 금융부채의 만기에 대한 공시를 요구하고 있다. 금융자산은 매출채권 및 기타 채권을 포함하고, 금융부채는 매입채무 및 기타 채무를 포함한다. 자산과 부채가 유동 또는 비유동으로 구분되는지의 여부와 관계없이, 재고자산과 같은 비화폐성 자산의 회수 예정일과 충당부채와 같은 부채의 결제 예정일에 대한 정보도 역시 유용하다. 예를 들어, 기업은 보고기간 후 12개월 후에 회수될 것으로 기대되는 재고자산 금액을 공시한다.

유동자산

66 자산은 다음의 경우에 유동자산으로 분류한다.

(1) 기업의 정상영업주기 내에 실현될 것으로 예상하거나, 정상영업주기 내에 판매하거나 소비할 의도가 있다.

(2) 주로 단기매매 목적으로 보유하고 있다.

(3) 보고기간 후 12개월 이내에 실현될 것으로 예상한다.

(4) 현금이나 현금성자산(기업회계기준서 제1007호의 정의 참조)으로서, 교환이나 부채 상환 목적으로의 사용에 대한 제한 기간이 보고기간 후 12개월 이상이 아니다.

그 밖의 모든 자산은 비유동자산으로 분류한다.

67 이 기준서에서는 유형자산, 무형자산 및 장기의 성격을 가진 금융자산을 포함하여 '비유동'이라는 용어를 사용하고 있다. 만약 의미가 명확하다면 대체적인 용어를 사용하는 것을 금지하지는 않는다.

68 영업주기는 영업활동을 위한 자산의 취득시점부터 그 자산이 현금이나 현금성자산으로 실현되는 시점까지 소요되는 기간이다. 정상영업주기를 명확히 식별할 수 없는 경우에는 그 기간이 12개월인

것으로 가정한다. 유동자산은 보고기간 후 12개월 이내에 실현될 것으로 예상되지 않는 경우에도 재고자산 및 매출채권과 같이 정상영업주기의 일부로서 판매, 소비 또는 실현되는 자산을 포함한다. 또한 유동자산은 주로 단기매매목적으로 보유하고 있는 자산(예 기업회계기준서 제1039호에 따라 단기매매항목으로 분류되는 일부 금융자산 포함)과 비유동금융자산의 유동성 대체 부분을 포함한다.

유동부채

69 부채는 다음의 경우에 유동부채로 분류한다.

(1) 정상영업주기 내에 결제될 것으로 예상하고 있다.

(2) 주로 단기매매 목적으로 보유하고 있다.

(3) 보고기간 후 12개월 이내에 결제하기로 되어 있다.

(4) 보고기간 후 12개월 이상 부채의 결제를 연기할 수 있는 무조건의 권리를 가지고 있지 않다(문단 73 참조). 계약 상대방의 선택에 따라, 지분상품의 발행으로 결제할 수 있는 부채의 조건은 그 분류에 영향을 미치지 아니한다.

그 밖의 모든 부채는 비유동부채로 분류한다.

70 매입채무 그리고 종업원 및 그 밖의 영업원가에 대한 미지급비용과 같은 유동부채는 기업의 정상영업주기 내에 사용되는 운전자본의 일부이다. 이러한 항목은 보고기간 후 12개월 후에 결제일이 도래한다 하더라도 유동부채로 분류한다. 동일한 정상영업주기가 기업의 자산과 부채의 분류에 적용된다. 기업의 정상영업주기가 명확하게 식별되지 않는 경우 그 주기는 12개월인 것으로 가정한다.

71 기타 유동부채는 정상영업주기 이내에 결제되지는 않지만 보고기간 후 12개월 이내에 결제일이 도래하거나 주로 단기매매목적으로 보유한다. 이에 대한 예로는 기업회계기준서 제1039호에 따라 단기매매항목으로 분류된 일부 금융부채, 당좌차월, 비유동금융부채의 유동성 대체 부분, 미지급배당금, 법인세 및 기타 지급채무 등이

있다. 장기적으로 자금을 조달하며(즉, 기업의 정상영업주기내에 사용되는 운전자본의 일부가 아닌 경우) 보고기간 후 12개월 이내에 만기가 도래하지 아니하는 금융부채는 비유동부채이다. 이 경우 문단 74와 75의 규정을 충족하여야 한다.

72 다음 모두에 해당하는 경우라 하더라도 금융부채가 보고기간 후 12개월 이내에 결제일이 도래하면 이를 유동부채로 분류한다.

(1) 원래의 결제기간이 12개월을 초과하는 경우

(2) 보고기간 후 재무제표 발행승인일 전에 장기로 차환하는 약정 또는 지급기일을 장기로 재조정하는 약정이 체결된 경우

73 기업이 기존의 대출계약조건에 따라 보고기간 후 적어도 12개월 이상 부채를 차환하거나 연장할 것으로 기대하고 있고, 그런 재량권이 있다면, 보고기간 후 12개월 이내에 만기가 도래한다 하더라도 비유동부채로 분류한다. 그러나 기업에게 부채의 차환이나 연장에 대한 재량권이 없다면(예를 들어, 차환약정이 없는 경우), 차환가능성을 고려하지 않고 유동부채로 분류한다.

74 보고기간말 이전에 장기차입약정을 위반했을 때 대여자가 즉시 상환을 요구할 수 있는 채무는 보고기간 후 재무제표 발행승인일 전에 채권자가 약정위반을 이유로 상환을 요구하지 않기로 합의하더라도 유동부채로 분류한다. 그 이유는 기업이 보고기간말 현재 그 시점으로부터 적어도 12개월 이상 결제를 연기할 수 있는 무조건적 권리를 가지고 있지 않기 때문이다.

75 그러나 대여자가 보고기간말 이전에 보고기간 후 적어도 12개월 이상의 유예기간을 주는 데 합의하여 그 유예기간 내에 기업이 위반사항을 해소할 수 있고, 또 그 유예기간 동안에는 대여자가 즉시 상환을 요구할 수 없다면 그 부채는 비유동부채로 분류한다.

76 유동부채로 분류된 차입금의 경우 다음과 같은 사건이 보고기간말과 재무제표 발행승인일 사이에 발생하면 그러한 사건은 기업회계

기준서 제1010호 '보고기간후사건'에 따라 수정을 요하지 않는 사건으로 주석에 공시한다.

(1) 장기로 차환

(2) 장기차입약정 위반사항의 해소

(3) 보고기간 후 적어도 12개월 이상 장기차입약정 위반사항을 해소할 수 있는 유예기간을 대여자로부터 부여받음

재무상태표 또는 주석에 표시되는 정보

77 기업은 재무제표에 표시된 개별항목을 기업의 영업활동을 나타내기에 적절한 방법으로 세분류하고, 그 추가적인 분류 내용을 재무상태표 또는 주석에 공시한다.

78 세분류상의 세부내용은 한국채택국제회계기준의 요구사항, 당해 금액의 크기, 성격 및 기능에 따라 달라진다. 문단 58에서 정하는 요소도 세분류 기준을 결정할 때 이용한다. 공시의 범위는 각 항목별로 다르며, 예를 들면 다음과 같다.

(1) 유형자산 항목은 기업회계기준서 제1016호에 따른 분류로 세분화한다.

(2) 채권은 일반상거래 채권, 특수관계자 채권, 선급금과 기타 금액으로 세분화한다.

(3) 재고자산은 기업회계기준서 제1002호 '재고자산'에 따라 상품, 소모품, 원재료, 재공품 및 제품 등으로 세분화한다.

(4) 충당부채는 종업원급여 충당부채와 기타 항목 충당부채로 세분화한다.

(5) 납입자본과 적립금은 자본금, 주식발행초과금, 적립금 등과 같이 다양한 분류로 세분화한다.

79 재무상태표, 자본변동표 또는 주석에 다음 항목을 공시한다.

(1) 주식의 종류별로 다음의 사항

(가) 수권주식수

(나) 발행되어 납입 완료된 주식수와 발행되었으나 부분 납입된 주

식수
(다) 주당 액면가액 또는 무액면주식이라는 사실
(라) 유통주식수의 기초 수량으로부터 기말 수량으로의 조정내역
(마) 배당의 지급 및 자본의 환급에 대한 제한을 포함하여 각 종류별 주식에 부여된 권리, 우선권 및 제한사항
(바) 발행주식 중 당해 기업, 종속기업 또는 관계기업이 소유하고 있는 주식
(사) 옵션과 주식 매도 계약에 따라 발행 예정된 주식(조건과 금액 포함)

(2) 자본을 구성하는 각 적립금의 성격과 목적에 대한 설명

80 파트너십이나 신탁과 같이 자본금이 없는 경우는 문단 79(1)의 규정에 상응하는 정보를 공시한다. 따라서 지분의 각 범주별로 해당 기간 중 변동내용과 그 지분에 부여된 권리, 우선권과 제한사항을 공시한다.

80A 기업이 다음의 금융상품을 금융부채와 자본 간에 재분류하는 경우에는, 각 범주(금융부채나 자본)간에 재분류된 금액, 재분류의 시기와 이유를 공시한다.

(1) 지분상품으로 분류되는 풋가능 금융상품
(2) 발행자가 청산되는 경우에만 거래상대방에게 지분비율에 따라 발행자 순자산을 인도해야 하는 의무를 발행자에게 부과한 금융상품으로서 지분상품으로 분류되는 금융상품

포괄손익계산서

81 해당 기간에 인식한 모든 수익과 비용 항목은 다음 중 한 가지 방법으로 표시한다.

(1) 단일 포괄손익계산서
(2) 두 개의 보고서: 당기순손익의 구성요소를 표시하는 보고서(별개의 손익계산서)와 당기순손익에서 시작하여 기타포괄손익의 구성요소를 표시하는 보고서(포괄손익계산서)

포괄손익계산서에 표시되는 정보

82 포괄손익계산서에는 적어도 당해 기간의 다음 금액을 표시하는 항목을 포함한다.

(1) 수익

(2) 금융원가

(3) 지분법 적용대상인 관계기업과 조인트벤처의 당기순손익에 대한 지분

(4) 법인세비용

(5) 다음의 ㈎와 ㈏를 합한 금액

㈎ 세후 중단영업손익

㈏ 중단영업에 포함된 자산이나 처분자산집단을 순공정가치로 측정하거나 처분함에 따른 세후 손익

(6) 당기순손익

(7) 성격별로 분류되는 기타포괄손익의 각 구성요소((8)의 금액은 제외)

(8) 지분법 적용대상인 관계기업과 조인트벤처의 기타포괄손익에 대한 지분

(9) 총포괄손익

83 다음 항목은 당해 기간의 배분항목으로서 포괄손익계산서에 공시한다.

(1) 다음에 귀속되는 당기순손익

㈎ 비지배지분

㈏ 지배기업의 소유주

(2) 다음에 귀속되는 당기의 총포괄손익

㈎ 비지배지분

㈏ 지배기업의 소유주

84 별개의 손익계산서(문단 81참조)에 문단 82(1)~(6)의 항목과 문단 83(1)의 공시를 표시할 수 있다.

85 기업의 재무성과를 이해하는 데 목적적합한 경우에는 포괄손익계산서와 별개의 손익계산서(표시하는 경우)에 항목, 제목 및 중간합계를 추가하여 표시한다.

86 기업의 다양한 활동, 거래 및 그 밖의 사건의 영향은 빈도, 손익의 가능성 및 예측가능성의 측면에서 상이하기 때문에, 재무성과의 구성요소에 대한 공시는 재무제표이용자가 달성된 재무성과를 이해하고 미래 재무성과를 예측하는데 도움을 준다. 재무성과의 구성요소를 설명하는데 필요하다면 추가 항목을 포괄손익계산서와 별개의 손익계산서(표시하는 경우)에 포함하고 사용된 용어와 항목의 배열을 수정한다. 이 때 중요성, 수익과 비용 항목의 성격 및 기능 등의 요소를 고려한다. 예를 들어, 금융회사는 금융회사의 사업목적에 적합한 정보를 제공하기 위해 용어를 수정할 수 있다. 문단 32의 요건을 충족하지 않는다면 수익과 비용은 상계하지 아니한다.

87 수익과 비용의 어느 항목도 포괄손익계산서, 별개의 손익계산서(표시하는 경우) 또는 주석에 특별손익 항목으로 표시할 수 없다.

당기순손익

88 한 기간에 인식되는 모든 수익과 비용 항목은 한국채택국제회계기준이 달리 정하지 않는 한 당기손익으로 인식한다.

89 일부 한국채택국제회계기준서는 특정항목을 당기손익 이외의 항목으로 인식하는 상황을 규정하고 있다. 기업회계기준서 제1008호는 그러한 두 가지 상황으로서 오류의 수정과 회계정책의 변경 효과를 규정하고 있다. 다른 한국채택국제회계기준서에서는 '개념체계'의 수익 또는 비용에 대한 정의를 충족하는 기타포괄손익의 구성요소를 당기손익에서 제외할 것을 요구하거나 허용한다(문단 7 참조).

기타포괄손익

90 기타포괄손익의 구성요소(재분류조정 포함)와 관련한 법인세비용 금액은 포괄손익계산서나 주석에 공시한다.

91 기타포괄손익의 구성요소는 다음 중 한 가지 방법으로 표시할 수 있다.

(1) 관련 법인세 효과를 차감한 순액으로 표시

(2) 기타포괄손익의 구성요소와 관련된 법인세 효과 반영 전 금액으로 표시하고, 각 항목들에 관련된 법인세 효과는 단일 금액으로 합산하여 표시

92 기타포괄손익의 구성요소와 관련된 재분류조정을 공시한다.

93 다른 한국채택국제회계기준서는 과거기간에 기타포괄손익으로 인식한 금액을 당기손익으로 재분류할지 여부와 그 시기에 대하여 규정하고 있다. 그러한 재분류를 이 기준서에서는 재분류조정으로 규정하고 있다. 재분류조정은 그 조정액이 당기손익으로 재분류되는 기간의 기타포괄손익의 관련 구성요소에 포함된다. 예를 들어, 매도가능금융자산의 처분으로 실현된 이익은 당기손익에 포함된다. 이러한 금액은 당기나 과거기간에 미실현이익으로 기타포괄손익에 인식되었을 수도 있다. 이러한 미실현이익은 총포괄손익에 이중으로 포함되지 않도록 미실현이익이 실현되어 당기손익으로 재분류되는 기간의 기타포괄손익에서 차감되어야 한다.

94 재분류조정은 포괄손익계산서나 주석에 표시할 수 있다. 재분류조정을 주석에 표시하는 경우에는 관련 재분류조정을 반영한 후에 기타포괄손익의 구성요소를 표시한다.

95 예를 들어, 재분류조정은 해외사업장을 매각할 때(기업회계기준서 제1021호 참조), 매도가능금융자산을 제거할 때(기업회계기준서 제1039호 참조), 위험회피예상거래가 당기손익에 영향을 미칠 때(현금

흐름위험회피와 관련하여 기업회계기준서 제1039호 문단 100 참조) 발생한다.

96 재분류조정은 기업회계기준서 제1016호나 제1038호에 따라 인식한 재평가잉여금의 변동이나 기업회계기준서 제1019호에 따라 인식한 확정급여제도의 재측정요소에 의해서는 발생하지 않는다. 이러한 구성요소는 기타포괄손익으로 인식하고 후속 기간에 당기손익으로 재분류하지 않는다. 재평가잉여금의 변동은 자산이 사용되는 후속 기간 또는 자산이 제거될 때 이익잉여금으로 대체될 수 있다(기업회계기준서 제1016호와 제1038호 참조).

포괄손익계산서 또는 주석에 표시되는 정보

97 수익과 비용 항목이 중요한 경우, 그 성격과 금액을 별도로 공시한다.

98 수익과 비용 항목의 별도 공시가 필요할 수 있는 상황은 다음을 포함한다.

⑴ 재고자산을 순실현가능가치로 감액하거나 유형자산을 회수가능액으로 감액하는 경우의 그 금액과 그러한 감액의 환입

⑵ 기업 활동에 대한 구조조정과 구조조정 충당부채의 환입

⑶ 유형자산의 처분

⑷ 투자자산의 처분

⑸ 중단영업

⑹ 소송사건의 해결

⑺ 기타 충당부채의 환입

99 기업은 비용의 성격별 또는 기능별 분류방법 중에서 신뢰성 있고 더욱 목적적합한 정보를 제공할 수 있는 방법을 적용하여 당기손익으로 인식한 비용의 분석내용을 표시한다.

100 문단 99의 분석내용은 포괄손익계산서나 별개의 손익계산서(표시

하는 경우)에 표시할 것을 권장한다.

101 비용은 빈도, 손익의 발생가능성 및 예측가능성의 측면에서 서로 다를 수 있는 재무성과의 구성요소를 강조하기 위해 세분류로 표시한다. 분석내용은 두 가지 형태 중 하나로 제공된다.

102 분석의 첫 번째 형태는 성격별 분류이다. 당기손익에 포함된 비용은 그 성격(예 감가상각비, 원재료의 구입, 운송비, 종업원급여와 광고비)별로 통합하며, 기능별로 재배분하지 않는다. 비용을 기능별 분류로 배분할 필요가 없기 때문에 적용이 간단할 수 있다. 비용의 성격별 분류의 예는 다음과 같다.

수익		X
기타 수익		X
제품과 재공품의 변동	X	
원재료와 소모품의 사용액	X	
종업원급여비용	X	
감가상각비와 기타 상각비	X	
기타 비용	X	
총 비용		(X)
법인세비용차감전순이익		X

103 분석의 두 번째 형태는 기능별 분류법 또는 '매출원가'법으로서, 비용을 매출원가, 그리고 물류원가와 관리활동원가 등과 같이 기능별로 분류한다. 이 방법에서는 적어도 매출원가를 다른 비용과 분리하여 공시한다. 이 방법은 성격별 분류보다 재무제표이용자에게 더욱 목적적합한 정보를 제공할 수 있지만 비용을 기능별로 배분하는데 자의적인 배분과 상당한 정도의 판단이 개입될 수 있다. 비용의 기능별 분류의 예는 다음과 같다.

수익	X
매출원가	(X)
매출총이익	X
기타 수익	X
물류원가	(X)
관리비	(X)
기타 비용	(X)
법인세비용차감전순이익	X

104 비용을 기능별로 분류하는 기업은 감가상각비, 기타 상각비와 종업원급여비용을 포함하여 비용의 성격에 대한 추가 정보를 공시한다.

105 비용의 기능별 분류 또는 성격별 분류에 대한 선택은 역사적, 산업적 요인과 기업의 성격에 따라 다르다. 두 방법 모두 기업의 매출 또는 생산 수준에 따라 직접으로 또는 간접으로 연계하여 변동함을 시사한다. 각 방법이 상이한 유형의 기업별로 장점이 있기 때문에 이 기준서는 신뢰성 있고 보다 목적적합한 표시방법을 경영진이 선택하도록 하고 있다. 그러나 비용의 성격에 대한 정보가 미래현금흐름을 예측하는 데 유용하기 때문에, 비용을 기능별로 분류하는 경우에는 추가 공시가 필요하다. 문단 104에서의 '종업원급여'는 기업회계기준서 제1019호에서의 의미와 동일하다.

자본변동표

자본변동표에 표시되어야 하는 정보

106 문단 10에서 요구하는 바에 따라 자본변동표를 작성한다. 자본변동표에는 다음의 정보를 포함한다.

(1) 지배기업의 소유주와 비지배지분에게 각각 귀속되는 금액으로 구분하여 표시한 해당 기간의 총포괄손익

(2) 자본의 각 구성요소별로, 기업회계기준서 제1008호에 따라 인식된 소급적용이나 소급재작성의 영향

(3) [국제회계기준위원회에 의하여 삭제됨]

(4) 자본의 각 구성요소별로 다음의 각 항목에 따른 변동액을 구분하여 표시한, 기초시점과 기말시점의 장부금액 조정내역

(가) 당기순손익

(나) 기타포괄손익

(다) 소유주로서의 자격을 행사하는 소유주와의 거래(소유주에 의한 출자와 소유주에 대한 배분, 그리고 지배력을 상실하지 않는 종속기업에 대한 소유지분의 변동을 구분하여 표시)

자본변동표나 주석에 표시되어야 하는 정보

106A 자본의 각 구성요소에 대하여 자본변동표나 주석에 기타포괄손익의 항목별 분석 내용을 표시한다(문단 106(4)(나) 참조).

107 자본변동표나 주석에 당해 기간 동안에 소유주에 대한 배분으로 인식된 배당금액과 주당배당금을 표시한다.

108 문단 106에서 자본의 구성요소는 각 분류별 납입자본, 각 분류별 기타포괄손익의 누계액과 이익잉여금의 누계액 등을 포함한다.

109 보고기간시작일과 종료일 사이의 자본의 변동은 당해 기간의 순자산 증가 또는 감소를 반영한다. 소유주로서의 자격을 행사하는 소유주와의 거래(예 출자, 기업자신의 지분상품의 재취득 및 배당) 및 그러한 거래와 직접 관련이 있는 거래원가에서 발생하는 변동을 제외하고는, 한 기간 동안의 자본의 총 변동은 그 기간 동안 기업 활동에 의해 발생된 차익과 차손을 포함한 수익과 비용의 총금액을 나타낸다.

110 기업회계기준서 제1008호는 다른 한국채택국제회계기준서의 경과규정에서 달리 규정하는 경우를 제외하고, 실무적으로 적용할 수 있는 범위까지 회계정책의 변경효과에 대해 소급법의 적용을 요구하고 있다. 기업회계기준서 제1008호는 또한 오류수정에 대해서도

실무적으로 적용할 수 있는 범위까지 소급법을 적용하여 재작성할 것을 요구하고 있다. 한국채택국제회계기준이 자본의 다른 구성요소의 소급 수정을 요구하는 경우를 제외하고는 소급법을 적용한 수정과 재작성은 자본의 변동은 아니지만 이익잉여금 기초잔액의 수정을 초래한다. 문단 106⑵는 회계정책변경에 따른 각 자본항목의 수정사항 총액과 오류수정으로 인한 수정사항 총액을 각각 구분하여 자본변동표에 공시하도록 요구하고 있다. 이러한 수정사항은 과거의 각 기간과 당해 기간의 기초에 대하여 공시한다.

현금흐름표

111 현금흐름정보는 기업의 현금및현금성자산 창출능력과 기업의 현금흐름 사용 필요성에 대한 평가의 기초를 재무제표이용자에게 제공한다. 기업회계기준서 제1007호는 현금흐름 정보의 표시와 공시에 대한 요구사항을 규정하고 있다.

주석

구조

112 주석은 다음의 정보를 제공한다.

⑴ 재무제표 작성 근거와 문단 117~124에 따라 사용한 구체적인 회계정책에 대한 정보

⑵ 한국채택국제회계기준에서 요구하는 정보이지만 재무제표 어느 곳에도 표시되지 않는 정보

⑶ 재무제표 어느 곳에도 표시되지 않지만 재무제표를 이해하는데 목적적합한 정보

113 주석은 실무적으로 적용 가능한 한 체계적인 방법으로 표시한다. 재무상태표, 포괄손익계산서, 별개의 손익계산서(표시하는 경우), 자본변동표 및 현금흐름표에 표시된 개별 항목은 주석의 관련 정보와 상호 연결시켜 표시한다.

114 주석은 재무제표이용자가 재무제표를 이해하고 다른 기업의 재무제표와 비교하는 데 도움을 줄 수 있도록 일반적으로 다음 순서로 표시한다.

(1) 한국채택국제회계기준을 준수하였다는 사실(문단 16 참조)

(2) 적용한 유의적인 회계정책의 요약(문단 117 참조)

(3) 재무상태표, 포괄손익계산서, 별개의 손익계산서(표시하는 경우), 자본변동표 및 현금흐름표에 표시된 항목에 대한 보충정보. 재무제표의 배열 및 각 재무제표에 표시된 개별 항목의 순서에 따라 표시한다.

(4) 다음을 포함한 기타 공시

㈎ 우발부채(기업회계기준서 제1037호 참조)와 재무제표에서 인식하지 아니한 계약상 약정사항

㈏ 비재무적 공시항목, 예를 들어 기업의 재무위험관리목적과 정책(기업회계기준서 제1107호 참조)

115 경우에 따라 주석 내 개별 항목 배열순서의 변경이 필요하거나 바람직할 수 있다. 예를 들어, 금융상품의 공정가치 변동에 대한 정보는 포괄손익계산서나 별개의 손익계산서(표시하는 경우)와 관련되어 있고, 금융상품의 만기에 대한 정보는 재무상태표와 관련되어 있다 하더라도, 이 두 정보를 금융상품의 만기정보에 통합하여 표시할 수 있다. 그럼에도 불구하고 주석의 체계적인 구조는 실무적으로 적용가능한 한 유지하여야 한다.

116 재무제표의 작성 기준과 구체적 회계정책에 대한 정보를 제공하는 주석은 재무제표의 별도 부분으로 표시할 수 있다.

회계정책의 공시

117 유의적인 회계정책의 요약으로 다음 항목을 공시한다.

(1) 재무제표를 작성하는 데 사용한 측정기준

(2) 재무제표를 이해하는 데 목적적합한 기타의 회계정책

118 재무제표이용자에게 재무제표 작성의 기초가 된 측정기준(예 역사적 원가, 현행원가, 순실현가능가치, 공정가치 또는 회수가능액)에 관한 정보를 제공하는 것은 중요하다. 왜냐하면 재무제표의 작성기준은 재무제표이용자의 분석에 유의적인 영향을 미치기 때문이다. 재무제표에 하나 이상의 측정기준을 사용한 경우, 예를 들어 특정 자산 집단을 재평가하는 경우, 각 측정기준이 적용된 자산과 부채의 범주를 표시한다.

119 경영진은 특정 회계정책의 공시 여부를 결정할 때 공시가 거래, 그 밖의 사건 및 상황이 보고된 재무성과와 재무상태에 어떻게 반영되었는지를 재무제표이용자가 이해하는 데 도움이 되는지를 고려한다. 특정 회계정책이 한국채택국제회계기준에서 허용되는 여러 대안 중에서 선택된 경우에 그러한 회계정책의 공시는 특히 재무제표이용자에게 유용하다. 참여자가 공동지배기업 투자지분의 인식방법으로 비례연결을 사용하는지 또는 지분법을 사용하는지에 대한 공시를 한 예로 들 수 있다(기업회계기준서 제1031호 '조인트벤처 투자지분' 참조). 일부 한국채택국제회계기준서는 동 기준서가 허용하는 상이한 회계정책에 대한 경영진의 선택을 포함하여, 구체적으로 특정 회계정책의 공시를 요구한다. 예를 들어, 기업회계기준서 제1016호는 유형자산의 분류별로 사용된 측정기준의 공시를 요구한다.

120 재무제표이용자가 당해 기업의 유형에서 공시할 것이라고 기대하는 사업내용과 정책을 고려하여 공시한다. 예를 들어, 재무제표이용자는 법인세 납부대상 기업이 이연법인세 부채 및 자산을 포함한 법인세에 대한 회계정책을 공시할 것으로 기대한다. 기업이 유의적인 해외사업을 수행하거나 외화거래를 하는 경우에는 외환손익의 인식에 대한 회계정책의 공시를 기대할 것이다.

121 회계정책은 당기 및 과거기간의 금액이 중요하지 않은 경우에도 사업의 성격 때문에 유의적일 수 있다. 또 한국채택국제회계기준

에서는 구체적으로 요구하지 않더라도 기업회계기준서 제1008호에 따라 선택하여 적용하는 유의적인 회계정책은 공시하는 것이 적절하다.

122 회계정책을 적용하는 과정에서 추정에 관련된 공시와는 별도로(문단 125 참조), 재무제표에 인식되는 금액에 유의적인 영향을 미친 경영진이 내린 판단은 유의적인 회계정책의 요약 또는 기타 주석사항으로 공시한다.

123 경영진은 추정과는 별도로 기업의 회계정책을 적용하는 과정에서 재무제표에 인식되는 금액에 유의적인 영향을 미칠 수 있는 다양한 판단을 한다. 예를 들어, 경영진은 다음 사항의 결정을 위해 판단과정을 거친다.

(1) 금융자산이 만기보유 투자자산인지의 여부
(2) 금융자산과 리스자산의 소유권에 대한 대부분의 유의적인 위험과 효익이 실질적으로 다른 기업에 이전되었는지의 여부
(3) 특정 매출이 실질적으로 차입거래이며 수익을 창출하지 않는 거래인지의 여부
(4) 기업과 특수목적기업 간의 실질 관계를 고려했을 때 해당 기업이 특수목적기업을 지배하고 있는지의 여부

124 문단 122에 따라 작성되는 공시사항의 일부는 다른 한국채택국제회계기준서에서도 요구한다. 예를 들어, 기업회계기준서 제1027호는 의결권 또는 잠재적인 의결권의 과반수를 직접으로 또는 종속기업을 통하여 간접으로 소유하고 있음에도 불구하고 종속기업이 아닌 피투자자로 보는 경우 기업의 소유지분이 지배관계를 형성하지 않는 이유를 공시하도록 요구하고 있다. 기업회계기준서 제1040호 '투자부동산'은 부동산의 분류가 어려운 경우, 자가사용부동산이나 정상영업활동에서 판매하기 위한 부동산과 구별하기 위하여 사용한 분류기준을 공시하도록 요구하고 있다.

추정 불확실성의 원천

125 미래에 대한 가정과 보고기간말의 추정 불확실성에 대한 기타 주요 원천에 대한 정보를 공시한다. 이러한 가정과 추정 불확실성에 대한 기타 주요 원천은 다음 회계연도에 자산과 부채의 장부금액에 대한 중요한 조정을 유발할 수 있는 유의적인 위험을 내포하고 있다. 따라서 이로부터 영향을 받을 자산과 부채에 대하여 다음 사항 등을 주석으로 기재한다.

(1) 자산과 부채의 성격

(2) 보고기간말의 장부금액

126 일부 자산과 부채의 장부금액은 불확실한 미래 사건이 보고기간말의 자산과 부채에 미치는 영향을 추정하여 결정해야 한다. 예를 들어, 유형자산의 분류별 회수가능액, 재고자산에 대한 기술적 진부화의 영향, 진행 중인 소송사건의 미래 결과에 따라 변동되는 충당부채, 그리고 퇴직연금채무와 같은 장기 종업원급여부채를 측정할 때 최근에 관측된 시장가격이 존재하지 않는 경우에는 미래지향적인 추정에 의존하게 된다. 이러한 추정을 할 때 현금흐름 또는 할인율에 대한 위험조정, 급여의 미래변동 및 그 밖의 원가에 영향을 미치는 가격의 미래변동과 같은 항목에 대한 가정이 필요하다.

127 문단 125에 따라 공시한 가정과 추정 불확실성에 대한 기타 원천은 경영진에게 가장 어렵고 주관적이고 복잡한 판단을 요구하는 추정과 관련이 있다. 불확실성에 대한 미래 해소가능성에 영향을 주는 변수와 가정이 증가할수록 그러한 판단은 더욱 주관적이고 복잡해진다. 그에 따라 결과적으로 자산과 부채 장부금액의 중요한 조정 가능성은 일반적으로 증가하게 된다.

128 다음 회계연도에 장부금액이 중요하게 변동될 수 있는 유의적인 위험이 있는 자산과 부채라 할지라도 동일한 자산이나 부채에 대한 활성시장의 공시가격에 기초하여 보고기간말의 공정가치를 측

정한 경우에는 문단 125에서 요구하는 공시를 하지 아니한다. 그러한 공정가치가 다음 회계연도에 중요하게 변동될 수도 있지만 그러한 변동은 보고기간말의 가정 또는 추정 불확실성에 대한 기타 원천에서 발생한 것은 아니다.

129 문단 125의 공시사항은 미래와 추정 불확실성에 대한 기타 원천에 대해 경영진이 내린 판단을 재무제표이용자가 이해하는 데 도움을 줄 수 있도록 표시한다. 제공하는 정보의 성격과 범위는 가정 및 그 밖의 상황의 성격에 따라 다르다. 그러한 공시사항의 예는 다음과 같다.

(1) 가정 또는 기타 추정 불확실성의 성격
(2) 계산에 사용된 방법, 가정 및 추정에 따른 장부금액의 민감도와 그 이유
(3) 불확실성의 영향을 받는 자산 및 부채의 장부금액과 관련하여 다음 회계연도 내에 예상되는 불확실성의 해소방안과 합리적으로 발생가능한 결과의 범위
(4) 불확실성이 계속 미해소 상태인 경우, 해당 자산 및 부채에 대하여 과거에 사용한 가정과의 차이에 대한 설명

130 이 기준서는 문단 125의 공시사항으로 예산정보 또는 미래예측을 공시하도록 요구하지 않는다.

131 보고기간말의 가정 또는 추정 불확실성의 기타 원천에 대한 잠재적 영향의 정도를 실무적으로 공시할 수 없는 경우가 있다. 이 경우 현재 알려진 정보에 의하면 다음 회계연도 중에 가정과 다른 결과가 발생하여 그 영향을 받는 자산과 부채의 장부금액이 중요하게 수정될 수도 있다는 사실을 공시해야 한다. 어떠한 경우라도 기업은 가정에 의해 영향을 받는 개별 자산이나 부채(또는 자산이나 부채의 집단)의 성격과 장부금액을 공시해야 한다.

132 회계정책을 적용하는 과정에서 경영진이 내린 특정 판단에 대한 문단 122의 공시는 문단 125의 추정 불확실성의 원천에 대한 공시

와는 관련이 없다.

133 문단 125에서 요구하였을 가정 중 일부에 대한 공시를 다른 한국채택국제회계기준서에서 다루고 있다. 예를 들어, 기업회계기준서 제1037호는 특정 상황에서 유형별 충당부채에 영향을 미치는 미래 사건에 대한 주요 가정의 공시를 요구하고 있다. 기업회계기준서 제1113호 '공정가치측정'은 공정가치를 장부금액으로 하는 금융자산 및 금융부채의 공정가치를 추정측정할 때 사용한 유의적인 가정(가치평가기법과 투입변수 포함)에 대해 공시를 요구하고 있다.

자본

134 재무제표이용자가 자본관리를 위한 기업의 목적, 정책 및 절차를 평가할 수 있도록 관련 정보를 공시한다.

135 문단 134를 준수하기 위해 다음 항목을 공시한다.

(1) 자본관리를 위한 기업의 목적, 정책 및 절차에 대한 비계량적 정보(다음 사항을 포함한다)
   (가) 자본으로 관리하고 있는 항목에 대한 설명
   (나) 외부적으로 부과된 자본유지요건이 있는 경우, 그러한 요건의 내용과 그 요건이 자본관리에 어떻게 반영되고 있는지에 대한 내용
   (다) 자본관리의 목적을 어떻게 달성하고 있는지에 대한 내용

(2) 자본으로 관리하고 있는 항목에 대한 계량적 자료의 요약. 일부 기업은 특정 금융부채(예 일부의 후순위채무)를 자본의 일부로 간주한다. 또 다른 기업은 어떤 지분의 구성요소(예 현금흐름위험회피에서 발생하는 구성요소)를 자본의 개념에서 제외하기도 한다.

(3) 전기 이후 (1)과 (2)의 변경사항

(4) 외부적으로 부과된 자본유지요건을 회계기간동안 준수하였는지의 여부

(5) 외부적으로 부과된 자본유지요건을 준수하지 아니한 경우, 그

미준수의 결과

이러한 공시는 기업의 주요 경영진에게 내부적으로 제공된 정보에 기초한다.

136 기업은 다양한 방법으로 자본을 관리할 수 있으며 여러 가지 상이한 자본유지요건이 있을 수 있다. 예를 들어, 어떤 대기업 집단은 보험업과 은행업을 영위하는 기업을 포함할 수 있으며, 그러한 기업은 여러 국가에서 운영될 수도 있다. 자본유지요건과 자본이 어떻게 관리되는지에 대한 통합 공시가 유용한 정보를 제공하지 못하거나 기업의 자본 원천에 대한 재무제표이용자의 이해를 왜곡시키는 경우, 기업은 각각의 자본유지요건별로 분리하여 정보를 공시한다.

자본으로 분류되는 풋가능 금융상품

136A 지분상품으로 분류되는 풋가능 금융상품에 대하여 다음 사항을 공시한다(단, 다른 곳에서 공시되지 않은 사항).

(1) 자본으로 분류되는 금액에 대한 양적요약자료

(2) 금융상품 보유자가 재매입 또는 상환을 요구할 때, 그 의무를 관리하기 위한 목적, 정책 및 절차(전기 이후의 변경사항 포함)

(3) 이러한 종류의 금융상품의 상환이나 재매입시 기대되는 현금유출액

(4) 상환이나 재매입시 기대되는 현금유출액의 결정 방법에 관한 정보

기타 공시

137 주석에는 다음 사항을 공시한다.

(1) 재무제표 발행승인일 전에 제안 또는 선언되었으나 당해 기간 동안에 소유주에 대한 분배금으로 인식되지 아니한 배당금액과 주당배당금

(2) 미인식 누적우선주배당금

138 다음 항목이 재무제표와 함께 공표된 기타 정보에 공시되지 않았다면 주석으로 공시한다.

(1) 기업의 소재지와 법적 형태, 설립지 국가 및 등록된 본점사무소(또는 등록된 본점사무소와 상이하다면, 주요 사업 소재지)의 주소

(2) 기업의 영업과 주요 활동의 내용에 대한 설명

(3) 지배기업과 연결실체 최상위 지배기업의 명칭

(4) 존속기간이 정해진 기업의 경우 그 존속기간에 관한 정보

한138.1 상법 등 관련 법규에서 이익잉여금처분계산서(또는 결손금처리계산서)의 작성을 요구하는 경우에는 재무상태표의 이익잉여금(또는 결손금)에 대한 보충정보로서 이익잉여금처분계산서(또는 결손금처리계산서)를 주석으로 공시한다.

한138.2 영업손익과 관련된 다음의 내용을 주석으로 공시한다.

(1) 영업손익(포괄손익계산서에 영업손익이 표시되지 않은 경우)

(2) 영업손익 산출에 포함된 주요 항목과 그 금액

(3) 영업손익 산출에 포함된 항목이 과거회계기준을 적용한 경우와 달라졌다면 그 주요 항목과 금액. 다만, 한국채택국제회계기준을 최초로 채택한 회계연도 후에는 공시하지 아니 할 수 있다.

시행일과 경과규정

139 [한국회계기준원 회계기준위원회가 삭제함]

한139.1 이 기준서는 2011년 1월 1일 이후 최초로 개시하는 회계연도부터 적용한다. 다만, 2009년 1월 1일 이후 개시하는 회계연도부터 적용할 수 있다.

한139.2 이 기준서를 2009년 1월 1일 이후 개시하는 회계연도부터 적용하는 경우에는 문단 69(4) 및 106의 개정 내용과 문단 139D를 적용한다.

139A 기업회계기준서 제1027호(2008년 개정)는 이 기준서의 문단 106을 개정하였다. 이 개정 내용은 2009년 7월 1일 이후에 개시하는 회계연도부터 적용한다. 기업회계기준서 제1027호(2008년 개정)를 조기에 적용하는 경우에는 이 개정 내용도 동시에 적용한다. 이 개정 내용은 소급하여 적용한다.

139B [한국회계기준원 회계기준위원회가 삭제함]

139C [한국회계기준원 회계기준위원회가 삭제함]

139D 문단 69는 2009년 6월에 발표된 '한국채택국제회계기준 연차개선'에 따라 개정되었다. 이 개정 내용은 2010년 1월 1일 이후에 개시하는 회계연도부터 적용하되 조기적용을 허용한다. 조기적용을 하는 경우에는 그 사실을 공시하여야 한다.

한139D.1 문단 한138.2는 2011년 1월 1일 이후에 개시하는 회계연도부터 적용하되 조기적용을 허용한다.

139E [국제회계기준위원회에 의하여 삭제됨]

139F 2010년 10월에 공표된 한국채택국제회계기준 연차개선에 따라 문단 106과 107이 개정되고 문단 106A가 추가되었다. 동 개정내용은 2011년 1월 1일 이후 최초로 개시하는 회계연도부터 적용하되 조기적용을 허용한다.

139G[7)]

139I 2011년 12월에 발표된 기업회계기준서 제1113호에 따라 문단 128과 133이 개정되었다. 이러한 개정내용은 기업회계기준서 제1113호를 적용할 때 적용한다.

---

7) 2011년 12월 31일 현재 IFRS 9 'Financial Instruments'에 대응되는 (가칭) 기업회계기준서 제1109호 '금융상품'은 공표되지 않은 상태이므로 이 문단은 반영하지 아니함.

139K 기업회계기준서 제1019호(2011년 11월 개정)에 따라 문단 7과 문단 96의 '기타포괄손익'의 정의가 개정되었다. 기업회계기준서 제1019호를 적용할 때 이러한 개정 내용을 적용한다.

기준서 등의 대체

140 [한국회계기준원 삭제함]

내 용

기업회계기준서 제1001호 '재무제표 표시'의 결론도출근거

기업회계기준서 제1001호 '재무제표 표시'의 결론도출근거

이 결론도출근거는 기업회계기준서 제1001호에 첨부되지만, 이 기준서의 일부를 구성하는 것은 아니다.

기업회계기준서 제1001호는 IASB(또는 IASC)가 제·개정한 IAS 1에 대응하는 기준서이다. 한국회계기준원 회계기준위원회는 IAS 1에 근거하여 기업회계기준서 제1001호를 제·개정하면서 IAS 1에 관한 IASB(또는 IASC)의 결론도출근거와 소수의견을 고려하였다. 참조를 위해 첨부한 IASB(또는 IASC)의 결론도출근거와 소수의견에 언급되는 국제회계기준의 개별 기준서에 각각 대응되는 한국채택국제회계기준의 개별 기준서는 다음과 같으며, 이러한 대응관계와 IAS 1의 결론도출근거를 배경으로 기업회계기준서 제1001호를 이해하여야 한다.

국제회계기준		한국채택국제회계기준	
Framework	Conceptual Framework for Financial Reporting	개념체계	재무보고를 위한 개념체계
IFRS 1	First-time Adoption of International Financial Reporting Standards	제1101호	한국채택국제회계기준의 최초채택
IFRS 8	Operating Segments	제1108호	영업부문
IAS 7	Statement of Cash Flows	제1007호	현금흐름표
IAS 8	Accounting Policies, Changes in Accounting Estimates and Errors	제1008호	회계정책, 회계추정의 변경 및 오류
IAS 10	Events after the Reporting Period	제1010호	보고기간후사건
IAS 12	Income Taxes	제1012호	법인세
IAS 27	Consolidated and Separate Financial Statements	제1027호	연결재무제표와 별도재무제표
IAS 33	Earnings per Share	제1033호	주당이익
IAS 34	Interim Financial Reporting	제1034호	중간재무보고
IAS 39	Financial Instruments: Recognition and Measurement	제1039호	금융상품: 인식과 측정

IASB는 2007년에 재무제표 표시에 대한 과제의 일부로서 IAS 1을 전면 개정하였다. IASB의 의도는 이 과제의 일부로서 IAS 1의 모든 요구사항을 재고하는 것은 아니었다.

편의상, IASB는 이 결론도출근거에 IAS 1에 대한 2003년 전면 개정과 2005년 개정의 결론도출근거의 적절한 내용을 포함하였다. 이 기준서의 새로운 구조를 반영하기 위해 필요에 따라 문단번호를 재부여하고 문단을 재편성하였다.

도입

BC1 IASC는 1975년에 최초 IAS 1 '회계정책의 공시(Disclosure of Accounting Polices)'를 발표하였다. 최초 IAS 1은 1994년에 재구성되었으며, 1997년에 IAS 1 '재무제표 표시(Presentation of Financial Statements)'[8)] 로 대체되었다. IASB는 2003년에 개선과제의 일부로 IAS 1을 전면 개정하였고, 2005년에 IFRS 7을 발표함에 따라 IAS 1을 개정하였다. 2007년에 IASB는 재무제표 표시 과제의 일부로 IAS 1을 다시 전면 개정하였다. IASB가 IAS 1의 2003년 전면 개정, 2005년 개정 및 2007년 전면 개정하기 위해 결론을 도출하는 과정에서 고려한 사항을 이 결론도출근거에서 요약한다. 이 결론도출근거는 수용한 일부 접근법과 기각한 그 밖의 접근법에 대한 이유를 포함하였다. IASB 위원들은 개인에 따라 일부 사항을 다른 사항들보다 더 비중있게 고려하였다.

연차 개선과제—IAS 1의 전면 개정(2003년)

BC2 2001년 7월에 IASB의 최초 의제의 하나로서 IAS 1을 포함한 일부 기준서의 개선 과제를 수행할 것이라고 발표하였다. 이 과제는 증권감독기구, 전문 회계사 및 기타 이해관계자들이 기준서와 관련하여 제기한 질문과 비판을 고려하여 수행되었다. 이러한 '개선과제'의 목적은 대체적 회계처리, 중복되는 사항 및 기준서간에 상충되는 내용을 감소시키거나 제거하고, 정합화 문제를 다루며, 그 밖의 사항을 개선하는 데 있었다. IASB의 의도는 1997년에 IAS 1에서 정한 재무제표 표시에 대한 근본적인 접근방법을 재고하는 것은 아니었다.

BC3 2002년 5월에 IASB는 IAS 1의 전면 개정안을 포함한 IAS 연차개선(Improvements to International Accounting Standards)공개초안을 발표하였고 공개초안과 관련하여 160여개의 외부검토의견서를 받았

8) IASC는 결론도출근거를 발표하지 않았다.

다. 2003년에 IASB는 검토의견들을 고려하여 IAS 1의 전면 개정을 발표하였다. IAS 1의 전면 개정에서 IASB의 주요 목적은 다음과 같았다.

⑴ 기업이 거래나 그 밖의 사건의 효과를 어떻게 공정하게 표시하는지를 평가하고, IFRS의 요구사항을 준수한 결과가 재무제표 이용자의 오해를 유발하여 공정한 표시를 제공하지 못할 수 있는지를 평가하는 데 기초가 되는 개념체계를 제공한다.

⑵ 부채를 유동부채와 비유동부채로 구분하는 기준을 대차대조표일에 존재하는 상황에만 근거하도록 한다.

⑶ 수익과 비용 항목을 '특별손익 항목'으로 표시하는 것을 금지한다.

⑷ 회계정책을 적용하는 과정에서, 추정에 관련된 공시와는 별도로, 경영진이 내린 판단으로 재무제표에 인식되는 금액에 가장 유의적인 영향을 미친 판단에 대한 공시를 규정한다.

⑸ 다음 회계연도 중에 자산과 부채의 장부금액을 중요하게 조정하게 하는 유의적인 위험이 있는 대차대조표일 현재 추정 불확실성의 원천의 공시를 규정한다.

BC4 다음 단락은 IASB가 2003년의 '개선과제'의 일부로 IAS 1의 결론을 도출하는 과정에서 고려한 사항을 요약한다.

⑴ IFRS로부터의 일탈 (문단 BC23~BC30)

⑵ 요구사항의 면제 기준 (문단 BC34~BC36)

⑶ 보고기간후사건이 부채의 분류에 미치는 효과 (문단 BC39~BC48)

⑷ 영업활동의 성과 (문단 BC55와 BC56)

⑸ 소수주주지분 (문단 BC59)[9]

⑹ 특별손익 항목 (문단 BC60~BC64)

⑺ 회계정책을 적용하는 과정에서 경영진이 내린 판단의 공시 (문단 BC77과 BC78)

⑻ 추정 불확실성의 주요 원천의 공시 (문단 BC79~BC84)

---

9) 2008년 1월에 IASB는 IAS 27의 개정을 발표하였으며, '소수주주지분'을 '비지배지분'으로 개정하였다.

IAS 1의 개정 자본에 대한 공시(2005년)

BC5 2005년 8월에 IASB는 IAS 1의 개정 자본에 대한 공시(Capital Disclosures)를 발표하였다. 이 개정은 IAS 1의 공시요구사항에 다음을 추가하였다.

(1) 자본관리의 목적, 정책 및 절차

(2) 자본으로 간주하는 것에 대한 계량적 자료

(3) 자본유지요건을 준수하였는지와, 준수하지 아니한 경우 그 미준수의 결과

BC6 다음 단락은 IASB가 2005년 IAS 1 개정의 일부로 결론을 도출하는 과정에서 고려한 사항을 요약한다.

(1) 자본에 대한 공시 (문단 BC85~BC89)

(2) 자본관리의 목적, 정책 및 절차 (문단 BC90과 BC91)

(3) 외부적으로 부과된 자본유지요건 (문단 BC92~BC97)

(4) 내부적인 자본목표 (문단 BC98~BC100)

BC6A 2006년 7월에 IASB는 풋가능 금융상품과 발행자가 청산하는 경우에만 의무가 발생하는 금융상품의 분류와 관련하여 IAS 32와 IAS 1의 개정을 제안하는 공개초안을 발표하였다. 이후 IASB는 이 제안을 확정하였으며 현재 IAS 1의 일부를 구성하는 이 개정을 2008년 2월에 발표하였다.

재무제표 표시—공동과제

BC7 2001년 9월에 IASB는 재무성과 보고 과제(2006년 3월에 '재무제표 표시 과제'로 변경되었다)를 안건으로 추가하였다. 과제의 목적은 손익계산서에 표시된 정보의 유용성을 향상시키는 것이었다. IASB는 수익과 비용의 보고를 위한 가능한 새로운 모형을 개발하였고 사전조사를 수행하였다. 이와 유사하게 FASB는 2001년 10월에 재무성과 보고 과제를 안건으로 추가하였고, 모형을 개발하고 사전조사를 수행하였다. 관계자들은 두 모형에 대해 그리고 두 모형이

서로 다른 것에 우려를 제기하였다.

BC8 2004년 4월에 IASB와 FASB는 재무제표 표시에 대한 작업을 공동과제로 수행하기로 결정하였다. 그들은 이 과제에서 손익계산서뿐만 아니라 전체 재무제표를 구성하는 대차대조표, 자본변동표, 현금흐름표의 표시와 배열을 다루어야 함에 동의하였다. IASB는 이 과제를 두 단계로 나누어 접근하기로 결정하였다. 첫 번째 단계에서는 전체 재무제표를 구성하는 각 재무제표와 각 재무제표가 표시되어야 하는 기간을 다룬다. 두 번째 단계에서는 FASB와 공동으로 수행하며, 다음을 포함하여 재무제표에서 정보의 표시 및 배열과 관련된 보다 근본적인 문제를 다룬다.

(1) 각 재무제표에서 정보를 통합하는 일관된 원칙
(2) 각 재무제표에 보고되어야 하는 총계와 중간합계
(3) 기타포괄손익의 구성요소가 당기손익으로 재분류되어야 하는지와, 재분류된다면 재분류되어야 하는 거래와 사건의 특성 그리고 재분류의 시점
(4) 영업활동 현금흐름을 표시하는 직접법과 간접법 중 어떤 것이 보다 유용한 정보를 제공하는지의 여부

BC9 2006년 3월에 IASB는 첫 번째 단계 작업의 결과로 IAS 1에 대해 제안된 개정공개초안 전면 개정된 표시(A Revised Presentation)를 발표하였다. IASB는 130개 이상의 외부검토의견서를 받았다. 공개초안에서는 소유주와의 거래로 인한 자본 변동의 표시와 포괄손익의 표시에 영향을 주는 개정을 제안하였으나 그 밖의 IFRS에서 요구하는 특정 거래나 그 밖의 사건에 대한 인식과 측정 또는 공시의 개정은 제안하지 아니하였다. 또한 IAS 1이 SFAS 130 '포괄손익 보고(Reporting Comprehensive Income)'와 대부분 일치하도록 제안하였다. 공개초안에 대한 검토의견을 고려한 후에, IASB는 IAS 1 전면 개정을 발표하였다. FASB는 첫 번째 단계와 두 번째 단계의 회계논제를 함께 고려할 것을 결정함에 따라 첫 번째 단계에 대한 공개초안을 발표하지 아니하였다.

BC10 다음 단락은 IASB가 2007년 개정의 일부로서 결론을 도출하는 과정에서 고려한 사항을 요약한다.

(1) 일반목적 재무제표 (문단 BC11~BC13)
(2) 재무제표의 명칭 (문단 BC14~BC21)
(3) 동등한 비중 (문단 BC22)
(4) 가장 이른 비교기간의 기초 재무상태표 (문단 BC31~BC32)
(5) IAS 34 '중간재무보고' (문단 BC33)
(6) 소유주 및 비소유주와의 거래로 인한 자본 변동의 보고 (문단 BC 37~BC38)
(7) 포괄손익의 보고 (문단 BC49~BC54)
(8) 당기순손익 중간합계 (문단 BC57~BC58)
(9) 기타포괄손익 관련 세효과 (문단 BC65~BC68)
(10) 재분류조정 (문단 BC69~BC73)
(11) 소급적용이나 소급재작성의 영향 (문단 BC74)
(12) 배당의 표시 (문단 BC75)
(13) IAS 7 '현금흐름표' (문단 BC76)
(14) 주당 측정치의 표시 (문단 BC101~BC104)
(15) 시행일과 경과규정 (문단 BC105)
(16) SFAS 130과의 차이점 (문단 BC106)

정의

일반목적 재무제표(문단 7)

BC11 2006년 공개초안에서는 재무제표에 대해 보다 포괄적인 정의를 제공하기 위하여 '일반목적 재무제표'가 무엇을 포함하는 지에 대해 설명하는 문단의 변경을 제안하였다. 공개초안의 문단 7은 다음과 같이 언급하였다.

일반목적 재무제표는 감독기구 제출서류나 주주에 대한 보고서와 같은 그 밖의 공식적인 문서와 별도로 또는 함께 표시되는 보고서를 포함한다.[기울임꼴로 표시된 부분은 강조된 부분임]

BC12 의견제출자들은 제안된 변경에 대하여 우려를 표시하였다. 그들은 제안된 변경으로 일반목적 재무제표가 감독기구에 제출하는 일부 재무제표나 전체 재무제표를 포함할 수 있는 것으로 이해될 수 있고 연차보고서와 사업설명서가 아닌 보고서로 이해될 수 있다고 주장하였다. 그들은 이러한 변경이 과거에 IAS 1에서 요구하는 모든 공시를 포함하고 있지는 않는 보고서까지 IAS 1의 적용범위를 확대한다고 보았다. 의견제출자들은 그러한 변경은 특히 법률에 따라 공적인 문서로 재무제표를 제출해야하는 일부 기업(예 소규모비공개기업, 재무보고서의 외부이용자가 없는 공개기업의 종속기업)에 영향을 미친다고 지적하였다.

BC13 IASB는 일부 국가의 법률에서는 공개기업이든 비공개기업이든 감독기구에 보고하고 그러한 보고서에 IAS 1의 적용범위를 넘어서는 정보를 포함하도록 요구한다는 것을 인정하였다. IASB는 일반목적 재무제표의 정의를 확대할 의도는 아니었기 때문에 '일반목적 재무제표'의 정의를 유지하면서 '일반목적 재무제표'가 포함하는 것에 대해 설명하는 문단을 삭제하기로 결정하였다.

재무제표

전체 재무제표

재무제표의 명칭(문단 10)

BC14 2006년의 공개초안에서는 일부 재무제표 명칭에 대해 '대차대조표(balance sheet)'를 '재무상태표(statement of financial position)'로, '손익계산서(income statement)'를 '손익계산서(statement of profit or loss)'로, '현금흐름표(cash flow statement)'를 '현금흐름표(statement of cash flows)'로 변경할 것을 제안하였다. 또한 공개초안에서는 '인식손익표(statement of recognised income and expense)'와 소유주와의 거래로 인한 모든 자본 변동을 '자본변동표(statement of changes in equity)'에 포함하도록 제안하였다. IASB는 이러한 명칭을 강제로 변경하도록 제안하지는 않았다.

BC15 많은 의견제출자들은 현재의 명칭이 오랜 전통을 가지고 있고 잘 이해되고 있음을 지적하면서 명칭의 변경 제안에 반대하였다. 그러나 IASB는 제안된 새로운 명칭이 각 재무제표의 기능을 보다 잘 반영한다는 견해를 재확인하였으며, 기업이 재무보고서에서 다른 명칭을 선택할 수 있음을 지적하였다.

BC16 IASB는 '재무상태표'라는 명칭이 보고서의 기능을 보다 잘 반영할 뿐만 아니라 '재무상태'를 일부 참조하고 있는 Framework과 일관된다는 결론을 재확인하였다. Framework의 문단 12에서는 재무제표의 목적은 기업의 재무상태, 성과 및 재무상태의 변동에 대한 정보를 제공하는 것이라고 언급하고 있다. Framework의 문단 19에서는 재무상태에 대한 정보는 주로 대차대조표에서 제공된다고 언급하고 있다. IASB는 '대차대조표'라는 명칭이 단순히 차변과 대변이 동일하도록 요구하는 복식부기만을 반영한다고 보았다. 그 명칭은 보고서의 내용이나 목적을 알려주지 않는다. 또한 IASB는 '대차대조표'가 무엇을 표시하는 지를 설명하기 위해서 '재무상태'가 20년 이상 국제적으로 감사인의 의견에 사용되어 왔기 때문에 잘 알려져 있고 받아들여지고 있는 용어라고 보았다. IASB는 보고서의 명칭을 그 내용 및 제시된 감사인의 의견과 일치시키는 것이 재무제표이용자에게 도움을 줄 것이라고 결정하였다.

BC17 그 밖의 재무제표에 대하여, 의견제출자들은 대차대조표의 명칭을 '재무상태표'로 변경하는 것은 '현금흐름표'와 '인식손익표(statement of recognised income and expense)'가 기업의 재무상태를 반영하지 못한다는 것을 의미한다고 제시하였다. IASB는 '현금흐름표'와 '인식손익표'가 비록 기업의 재무상태 변동을 반영하는 것이기는 하지만 어느 것도 '재무상태변동표'로 불릴 수 없다고 보았다. 왜냐하면 '재무상태표변동표'는 '현금흐름표'와 '인식손익표'의 진정한 기능과 목적(즉 각각 현금흐름과 재무성과를 표시)을 나타내지 못할 것이기 때문이다. IASB는 '손익계산서(income statement)'와 '손익계산서(statement of profit or loss)'의 명칭이 의미면에서 유사하며 상호 교환적으로 사용될 수 있음을 인정하였고, '손익계산서(income statement)'의 명칭이 보다 일반적으로 사용되므로 이를 유지할 것을 결정하였다.

BC18 제안된 새로운 명칭인 '인식손익표'는 이전의 '손익계산서'보다 폭넓은 내용을 반영한다. '인식손익표'는 당기손익으로 인식한 수익과 비용 및 당기손익 이외의 항목으로 인식한 수익과 비용을 포괄한다.

BC19 많은 의견제출자들은 '인식손익표'의 명칭과 특히 '인식'이라는 용어의 사용에 반대하였다. IASB는 Framework의 문단 82에서 설명하고 있는 '인식'은 '재무제표 요소의 정의에 부합하고 문단 83에서 설명하는 인식기준을 충족하는 항목을 대차대조표나 손익계산서에 반영하는 과정'이기 때문에, '인식'이라는 용어가 그 밖의 주요 재무제표의 내용을 설명하기 위해서 사용될 수도 있음을 인정하였다. 대신에 많은 의견제출자들은 '포괄손익계산서'라는 용어를 제안하였다.

BC20 의견제출자들의 우려에 대응하고 SFAS 130과의 정합을 위하여 IASB는 '포괄손익계산서'를 보고서의 새로운 명칭으로 결정하였다. '포괄손익(comprehensive income)'이라는 용어는 Framework에서 정의되지 않지만 소유주로서의 자격을 행사하는 소유주와의 거래로부터 발생하는 것이 아닌 거래, 사건 및 상황으로부터 발생하는 회계기간 동안의 자본변동을 설명하기 위하여 IAS 1에서 사용된다. '포괄손익'이라는 용어는 당기손익을 포함하여 포괄손익의 모든 구성요소의 집합을 설명하기 위하여 사용되지만 '기타포괄손익(other comprehensive income)'이라는 용어는 IFRS에 따라 포괄손익에는 포함되지만 당기손익에는 제외되는 수익과 비용을 지칭한다.

BC21 이 기준서의 전면 개정을 완성하면서, IASB는 이 기준서에서 사용되는 재무제표의 명칭이 강제적이지 않음을 확인하였다. 재무제표의 명칭은 미래의 IFRS에 사용될 것이지만 기업이 재무제표에 그러한 명칭을 사용하도록 요구하는 것은 아니다. 공개초안에 대한 일부 의견제출자들은 강제적이지 않은 명칭은 혼란을 유발할 것이라는 우려를 표시하였다. 그러나 IASB는 명칭의 사용을 강제하지 않는 것이 기업에게 새로운 명칭에 보다 친숙해지면서 점차적으로 변경하기 위한 시간을 부여할 것이라고 생각하였다.

동등한 비중(문단 11과 12)

BC22 IASB는 기업의 재무성과는 단일의 재무제표나 단일의 재무제표내에서 단일의 측정치를 참조하여 평가되지는 않는다고 보았다. IASB는 기업의 재무성과는 재무제표의 모든 측면이 고려되고 전체적으로 이해되어진 후에 평가될 수 있다고 생각하였다. 따라서 IASB는 재무제표이용자가 기업의 재무성과를 포괄적으로 이해하는 데 도움을 주기 위하여 각각의 재무제표는 전체 재무제표에서 동등한 비중으로 표시되어야 한다고 결정하였다.

IFRS로부터의 일탈(문단 19~24)

BC23 IAS 1(1997년 발표)에서는 '극히 드문 상황으로서 IFRS의 요구사항을 준수하는 것이 오히려 재무제표이용자의 오해를 유발할 수 있다고 경영진이 결론을 내리는 경우에는' IFRS의 요구사항으로부터의 일탈을 허용하였다(문단 17, 현재 문단 19). 문단 18(현재 문단 20)에서는 IFRS의 요구사항을 일탈한 경우에는 요구사항으로부터의 일탈에 대한 사실과 상황 및 적용한 회계처리방법에 대하여 광범위한 공시를 요구하였다.

BC24 IASB는 재무제표가 기업의 재무상태, 재무성과 및 현금흐름을 공정하게 표시하려면 재무제표가 Framework에서 정한 자산, 부채, 수익 및 비용에 대한 정의와 인식요건에 따라 거래와 그 밖의 사건의 효과를 충실하게 표현해야 한다는 것을 이 기준서의 문단 15에서 명확히 하기로 결정하였다.

BC25 IASB는 IFRS의 요구사항으로부터 일탈해야 하는 경우를 IFRS의 요구사항을 준수하는 것이 Framework에서 정한 재무제표의 목적과 상충되어 재무제표이용자의 오해를 유발할 수 있다고 경영진이 결론을 내린 극히 드문 상황에 한정하기로 결정하였다. 이 기준에 대한 지침은 제공된 정보가 표시하려고 의도하거나 표시할 것이라고 합리적으로 기대되는 거래, 그 밖의 사건과 상황을 충실히 표현하지 못하여, 결과적으로 재무제표이용자의 경제적 의사결정에 영향을 미칠 가능성이 있는 경우, 그러한 정보는 재무제표의 목적과 상충될 수 있다고 언급하고 있다.

BC26 이러한 개정은 기업이 거래, 그 밖의 사건과 상황의 효과를 공정하게 표시하기 위한 방법에 대해 평가하고, IFRS의 요구사항을 준수한 결과가 공정한 표시를 제공하지 못하여 재무제표이용자의 오해를 유발할 지에 대해 평가하는 이론적 체계를 제공한다.

BC27 IASB는 IFRS로부터의 일탈에 대하여 IAS 1에서 언급하지 않을 것인지를 고려하였다. IASB는 이러한 내용을 언급하지 않는다면 IFRS로부터의 일탈이 필요한 상황에 대한 기준을 규정할 수 있는 위원회의 권한을 포기하는 것이 될 것이므로 언급하기로 결정하였다.

BC28 공정한 표시를 달성하기 위해 불가피하게 IFRS의 요구사항으로부터 일탈하는 것이 일부 국가에서는 감독체계와 상충될 수 있다. 전면 개정된 IAS 1은 상이한 감독체계가 존재한다는 것을 고려하고 있다. 기업의 상황이 IFRS로부터의 일탈에 관한 문단 BC25의 기준을 충족하는 경우에는 다음의 절차를 따라야 한다.

(1) 관련 감독체계가 요구사항으로부터의 일탈을 요구하거나 요구하지는 않더라도 허용하는 경우에는, 그러한 일탈을 행하고 이 기준서의 문단 20에서 정하는 사항을 공시해야 한다.

(2) 관련 감독체계가 요구사항으로부터의 일탈을 금지한다면 이 기준서의 문단 23에서 정한 공시를 통하여 오해를 유발할 수 있는 가능성을 최대한 줄여야 한다.

이러한 개정으로 기업은 재무제표가 공정하게 표시되었다는 것을 가능한 최대한 확보하는 원칙을 유지하면서 동시에 관련 감독체계가 회계기준으로부터의 일탈을 금지하는 경우에 IAS 1의 요구사항을 준수할 수 있게 된다.

BC29 IASB는 2002년의 공개초안에 대한 외부검토의견을 고려한 후에 과거기간에 일어난 IFRS로부터의 일탈이 당기 재무제표에 미치는 영향을 공시하도록 하는 요구사항을 IAS 1 문단 21에 추가하였다. 이러한 공시를 하지 않으면 재무제표이용자가 과거기간에 일어난 일탈로 인한 지속적인 영향을 알 수 없다.

BC30 IFRS의 요구사항으로부터 일탈하는 경우에 대한 엄격한 기준의 관점에서 보면, IAS 1은 만약 유사한 상황에 있는 다른 기업들이 요구사항을 준수하고 있다면 그러한 요구사항을 준수한 것이 Framework에서 정한 재무제표의 목적과 상충된다는 오해를 불러일으키지 않을 수 있다는 반증가능한 가정을 포함하고 있다.

비교정보

가장 이른 비교기간의 기초 재무상태표(문단 39)

BC31 2006년의 공개초안에서는 가장 이른 비교기간의 기초 재무상태표를 전체 재무제표의 일부로서 표시하도록 제안하였다. 이 보고서는 투자자와 채권자에게 당해 회계기간 동안의 기업의 재무성과에 대한 정보를 평가하는 기초를 제공한다. 그러나 많은 의견제출자들은 그러한 요구사항이 불필요하게 재무제표의 공시를 증가시키거나 실무적으로 적용할 수 없고, 과도하고 원가가 많이 소요되는 것에 대한 우려를 표시하였다.

BC32 가장 이른 비교기간의 기초 재무상태표를 추가함으로써 공개초안에서는 기업이 세 개의 재무상태표와 각각 두 개씩의 그 밖의 보고서를 표시할 것을 제안하였다. IASB는 과거기간의 재무제표가 재무분석을 위해 손쉽게 이용가능한 점을 고려하여, 재무제표가 IAS 8에서 정의된 바와 같이 소급적용이나 소급재작성으로 영향을 받거나 또는 재분류가 이루어진 경우를 제외하고, 두 개의 재무상태표만을 요구하기로 결정하였다. 그러한 예외적인 상황에서는 세 개의 재무상태표가 요구된다.

IAS 34 '중간재무보고'

BC33 IASB는 전체 재무제표에 가장 이른 비교기간의 기초 재무상태표를 포함하도록 요구하기로 한 결정을 IAS 34 문단 8(즉 중간재무보고서의 최소한의 구성요소)에 반영하지 않기로 결정하였다. IAS 34는 중간보고에 누적기준접근법을 적용하고 있고 비교정보의 경우 IAS 1의 요구사항을 그대로 따르지 않고 있다.

요구사항의 면제 기준(문단 41~44)

BC34 1997년에 발표된 IAS 1은 재무제표 항목의 표시나 분류를 변경할 때 실무적으로 적용할 수 없는 경우가 아니라면 비교금액을 재분류해야 한다고 규정하였다. 기업이 모든 합리적인 노력을 했어도 요구사항을 적용할 수 없는 경우에는 실무적으로 적용할 수 없는 것이다.

BC35 2002년의 공개초안에서는 특정 요구사항에 대하여 다른 면제 기준을 제안하였다. 즉 비교금액의 재분류에 대해 그리고 보고기간말의 주요 가정과 추정 불확실성의 기타 원천을 공시하도록 요구한 새로운 제안(문단 BC79~BC84에서 논의된다)에 대해, 공개초안에서는 그 요구사항의 적용으로 과도한 원가나 노력이 드는 경우를 면제 기준으로 제안하였다.

BC36 공개초안에 대한 외부검토의견을 고려하여 IASB는 과도한 원가나 노력에 대한 경영진의 평가에 기초한 면제 기준은 서로 다른 기업이 일관성 있게 적용하기에는 너무 주관적이라고 결정하였다. 더욱이 IASB는 원가와 효익의 균형을 유지하는 것은 회계기준을 정할 때 IASB가 해야 할 일이지 이러한 요구사항을 적용할 때 기업이 해야 할 일이 아니라고 결정하였다. 따라서 IASB는 적용 면제를 위하여 '실무적으로 적용할 수 없음(impracticability)'기준을 유지하기로 결정하였다. 이는 현재 IAS 1 문단 41~43과 131에서 정한 면제에 영향을 미친다. 실무적으로 적용할 수 없음은 특정요구사항의 적용에 따른 영향이 중요한 때 IFRS에서 그 적용면제를 허용하는 유일한 기준이다.[10)]

소유주 및 비소유주와의 거래로 인한 자본 변동의 보고

BC37 2006년의 공개초안에서는 자본을 소유주로서의 자격을 행사하는 소유주와의 거래로부터 발생하는 회계기간 동안의 기업의 자본 변동(즉 소유주와의 거래로 인한 모든 자본 변동)과 그 밖의 변동(즉 비소유주와의 거래로 인한 자본 변동)으로 분리할 것을 제안하였다. 소유주와의 거래로 인한 모든 자본 변동은 비소유주와의 거래로 인한 자본변동과는 별도로 자본변동표에 표시될 것이다.

BC38 대부분의 의견제출자들은 이 제안을 환영하였고 이러한 변경은 당기손익의 일부로 보고되지 않고 자본에 인식된 항목의 투명성을 증진시켜 재무보고를 개선하는 것으로 보았다. 그러나 일부 의견제출자들은 '소유주'와 '비소유주'의 용어가 개별국가회계기준에서 광범위하게 사용됨에도 불구하고, 공개초안, Framework 또는 어느 IFRS에서도 정의되어 있지 않음을 지적하였다. 그들은 또한 '소유주(owner)'와 '지분보유자(equity holder)'의 용어가 공개초안에서 상호 교환적으로 사용되었음을 주목하였다. IASB는 SFAS 130과 정합하기 위해 '소유주'의 용어를 채택하고 그 용어를 IAS 1에서 사용하기로 결정하였다. SFAS 130은 '포괄손익'의 정의에서 '소유주'라는 용어를 사용하고 있다.

10) 2006년에 IASB는 IFRS 8을 발표하였다. IFRS 8의 결론도출근거 문단 BC46과 BC47에서 설명하듯이, IFRS 8은 필요한 정보가 이용가능하지 않고 정보를 생산하는 원가가 과도할 경우에 일부 요구사항의 면제를 포함하고 있다.

재무상태표

유동자산과 유동부채(문단 68과 71)

BC38A IASB는 2007년 연차개선 과제의 일부로서 파생상품의 유동성/비유동성 분류와 관련된 지침이 일관되지 않는다는 사실을 확인하였다. 일부에서는 문단 71에 포함된 지침이 IAS 39 '금융상품: 인식과 측정'에 따라 단기매매항목으로 분류되는 금융부채는 항상 유동부채로 표시되어야 한다는 것을 의미하는 것으로 이해될 수 있었다.

BC38B IASB는 문단 69에서 정한 기준이 금융부채가 유동부채 또는 비유동부채로 표시되어야 하는지를 평가하는 데 사용될 것으로 기대한다. IAS 39 문단 9의 '단기매매' 범주는 측정목적을 위한 범주이며, 주된 보유 목적이 단기매매가 아닐 수도 있는 금융자산과 금융부채를 포함한다.

BC38C IASB는 만약 금융부채를 주로 단기매매목적으로 보유하고 있다면 그 만기에 상관없이 유동으로 표시해야 한다는 것을 재확인하였다. 그러나 금융보증계약이 아닌 파생상품 또는 지정된 위험회피수단이 아닌 파생상품과 같이, 단기매매목적으로 보유하는 것이 아닌 금융부채는 결제일에 기초하여 유동 또는 비유동으로 표시해야 한다. 예를 들어 만기가 12개월 이상이고 보고기간 후 12개월 이상 보유할 것으로 기대되는 파생상품은 비유동자산 또는 비유동부채로 표시해야 한다.

BC38D 따라서 IASB는 문단 71의 유동부채에 대한 예를 개정하여 확인된 비일관성을 제거하기로 결정하였다. 또한 IASB는 유사한 비일관성을 제거하기 위해 유동자산에 관한 문단 68을 개정하였다.

전환상품의 부채요소에 대한 분류(문단 69)

BC38E IASB는 2007년에 연차개선과제의 일환으로 전환상품의 부채요소를 유동 또는 비유동으로 분류하는 것을 고려하였다. IAS 1의 문단 69(4)에서는 보고기간 후 12개월 이상 부채의 결제를 연기할 수 있는 무조건의 권리를 가지고 있지 않은 경우에 그러한 부채는 유동부채로 분류하도록 규정하고 있다. Framework에 따르면 부채를 자본으로 전환하는 것은 결제의 한 형태이다.

BC38F 이러한 요구사항에 따르면, 만약 보유자가 전환옵션을 언제라도 행사할 수 있다면 그 부채요소는 유동으로 분류한다. 기업이 전환되지 않은 상품을 보고기간 후 12개월 이상 현금이나 그 밖의 자산으로 결제하지 않아도 되는 경우에도 부채요소는 유동으로 분류한다.

BC38G IAS 1과 Framework는 기업의 유동성과 지급능력 상태에 대한 정보가 재무제표이용자에게 유용하다고 언급하고 있다. '유동성'과 '지급능력'이라는 용어는 기업의 현금 가용성과 관련된다. 지분의 발행은 기업의 현금이나 그 밖의 자산의 유출을 초래하지 아니한다.

BC38H IASB는 결제에 기초한 것이 아니라 현금이나 그 밖의 자산을 이전해야 하는 요구사항에 기초하여 부채를 분류하는 것이 기업의 유동성과 지급능력 상태를 보다 잘 반영한다고 결론을 내렸다. 따라서 IASB는 IAS 1을 개정하기로 결정하였다.

BC38I IASB는 2007년에 발표된 'IFRS 연차개선' 공개초안에 대한 외부검토의견을 논의하였으며, 일부 의견제출자들이 공개초안의 제안이 원래 고려했던 전환상품의 부채요소에만 적용되는 것이 아니라 모든 부채에 적용될 것이라고 우려하는 데 주목하였다. 따라서 IASB는 2009년 4월에 발표된 'IFRS 연차개선'에서 그 공개초안의 개정안은 단지 계약 상대방의 선택에 따라 지분상품의 발행으로 결제할 수 있는 부채의 분류에만 적용된다는 것을 명확히 하기 위하여 그 제안된 표현을 수정하였다.

보고기간후사건이 부채의 분류에 미치는 효과(문단 69~76)

BC39 IAS 1(1997년에 발표) 문단 63에서는 다음과 같은 사항을 규정하고 있었다.

대차대조표일로부터 12개월 이내에 상환하여야 하는 경우에도 다음의 요건을 모두 충족한다면 장기이자부부채를 계속 비유동부채로 분류하여야 한다.
(1) 원래의 결제기간이 12개월을 초과한다.
(2) 기업이 그 의무를 장기로 차환하려는 의도가 있다.
(3) 재무제표 발행승인일 전에 완료된 차환약정이나 지급기일 재조정 약정으로 그러한 의도가 뒷받침된다.

BC40 문단 65에서는 다음과 같이 언급하고 있다.

일부 차입약정의 경우 차입자가 재무상태와 관련이 있는 특정 조건을 위반하면 대여자가 즉시 상환을 요구할 수 있는 조항(covenants)을 두고 있다. 이러한 상황에서 부채는 다음을 모두 충족하는 경우에만 비유동부채로 분류한다.
(1) 재무제표 발행승인일 전에 대여자가 약정위반을 이유로 상환을 요구하지 않기로 합의하였다.
(2) 대차대조표일로부터 12개월 이내에 추가적인 약정위반이 발생할 가능성이 높지 않다.

BC41 IASB는 이러한 요구사항을 고려하였으며, 보고기간 후에 발생하는 차환이나 대여자의 상환요구권 포기는 부채를 분류할 때 고려해서는 안 된다고 결론내렸다.

BC42 따라서 2002년의 공개초안에서는 다음과 같이 제안하였다.
(1) 문단 63을 개정하여, 대차대조표일로부터 12개월 이내에 상환하여야 하는 장기금융부채는, 대차대조표일과 재무제표 발행승인일 사이에 장기로 차환하는 약정 또는 지급기일을 장기로 재

조정하는 약정을 체결하였다는 이유로, 비유동부채로 분류해서는 안 된다는 것을 명시한다. 이러한 개정은 기업이 기존의 대출계약조건에 따라 대차대조표일로부터 적어도 12개월 동안 부채를 차환하거나 연장할 수 있는 재량권을 가지고 있을 때는 부채를 비유동부채로 분류하는 데 영향을 미치지 않는다.

(2) 문단 65를 개정하여, 차입약정을 위반했기 때문에 대여자가 즉시 상환을 요구할 수 있는 장기금융부채는 대차대조표일과 재무제표 발행승인일 사이에 대여자가 약정위반을 이유로 상환을 요구하지 않기로 합의하더라도 대차대조표일에 유동부채로 분류해야 한다는 것을 명시한다. 그러나 대여자가 대차대조표일 이전에 유예기간을 주는 데 합의하여 그 유예기간 내에 기업이 위반사항을 해소할 수 있고 또 그 유예기간 동안에는 대여자가 즉시 상환을 요구할 수 없다면, 차입약정을 위반하지 않았다면 대차대조표일로부터 적어도 12개월 이후에 만기가 도래하며 다음의 둘 중 하나를 충족하는 경우 그 부채는 비유동부채로 분류한다.

(가) 기업이 유예기간 내에 위반사항을 해소한다.

(나) 재무제표 발행승인일에 유예기간이 종료하지 않았고 위반사항이 해소될 가능성이 높다.

BC43 일부의 의견제출자는 이러한 제안에 동의하지 아니하였다. 그들은 부채를 엄격하게 만기일과 보고기간말에 상환을 요구할 수 있는지에 기초하는 것보다, 기업이 부채로 인해 유동자산을 사용할 것으로 기대되는지에 따라 유동과 비유동으로 분류할 것을 주장하였다. 그들은 이러한 분류가 기업자원흐름의 시기에 미치는 부채의 미래 영향에 대하여 보다 목적적합한 정보를 제공할 수 있다고 보았다.

BC44 그러나 IASB는 문단 63과 65를 변경하기 위한 다음의 주장이 보다 설득력이 있다고 결정하였다.

(1) 대차대조표일 후의 부채 차환은 대차대조표일의 기업의 유동성과 부채상환능력에 영향을 주지 않는데, 이러한 사항들은 대차

대조표일에 유효한 계약내용을 반영하여야 한다. 따라서 이것은 IAS 10에 따라 수정을 요하지 않는 사건으로 대차대조표의 표시에 영향을 주지 않아야 한다.

(2) 대차대조표일로부터 적어도 12개월 동안 연장될 것으로 기대되는 단기 의무를 '비유동부채'로 분류하는 것은 그 연장이 기업의 재량에 속하는 것인지에 달려있다는 기준을 채택하고도 다시 대차대조표일 후에 발생하는 차환에 근거한 예외를 인정하는 것은 논리적이지 못하다.

(3) 문단 65에서 정한 상황에서, 대여자가 즉시 상환을 요구할 수 있는 권리를 포기하지 않았거나 기업에게 차입약정의 위반사항을 해소할 수 있는 유예기간을 주지 않았으면, 대차대조표일의 기업의 재무상황은 차입약정의 조건에 근거하여 기업이 상환요구를 연기할 수 있는 절대적인 권리를 가지고 있지 않은 것이다. 포기증서나 유예기간의 부여는 차입약정의 조건을 변경시킨다. 따라서 기업이 대차대조표일 후에 대여자로부터 받은 포기증서나 적어도 12개월 이상의 유예기간을 부여받는 것은 그것이 발생할 때까지는 부채의 성격을 비유동부채로 변경시키지 않는다.

BC45 IAS 1은 현재 2002년에 제안된 개정을 포함하고 있으며 그 개정내용에서 한 가지를 수정하고 있다. 그 수정내용은 보고기간말에 대여자가 유예기간을 부여하고 그 유예기간 내에 기업이 위반사항을 해소할 수 있고 또 그 유예기간 동안에는 대여자가 즉시 상환을 요구할 수 없는 경우에 장기차입의 분류와 관련이 있다.

BC46 공개초안에서는 차입약정을 위반하지 않고 대차대조표일로부터 적어도 12개월 이후에 만기가 도래하고 다음의 둘 중 하나를 충족하는 경우 그러한 차입은 비유동부채로 분류할 것을 제안하였다.

(1) 기업이 유예기간 내에 위반사항을 해소한다.

(2) 재무제표 발행승인일에 유예기간이 종료하지 않았고 위반사항이 해소될 가능성이 높다.

BC47 공개초안에 대한 외부검토의견을 고려한 후에 IASB는 보고기간 후의 위반사항 해소나 해소가능성은 보고기간말 현재 존재하는 상황과 관련이 없다고 결정하였다. 개정된 IAS 1은 그러한 차입금이 비유동부채로 분류되기 위해서는 유예기간이 보고기간 후 적어도 12개월 이후에 끝나야 한다고 요구하고 있다(문단 75 참조). 따라서 문단 BC46의 조건 (1)과 (2)는 불필요한 내용이다.

BC48 IASB는 장기차입약정의 위반사항을 해소하는 유예기간이 보고기간말 전에 제공되면 차입금은 유예기간의 장단과 상관없이 비유동부채로 분류하여야 한다는 주장을 고려하였다. 이러한 주장은 보고기간말에 대여자가 원래의 만기일 전에 상환을 요구할 수 있는 무조건적인 법적권리를 가지고 있지 않다는 견해에 기초한다(즉 기업이 유예기간동안 위반사항을 해소하면 원래의 만기일에 차입금을 상환할 권리가 있는 것이다). 그러나 IASB는 기업이 보고기간 후 적어도 12개월 동안 결제를 연기할 수 있는 무조건적 권리를 가지고 있는 경우에만 차입금을 비유동부채로 분류한다고 결론내렸다. 이러한 기준은 대여자의 법적권리보다 기업의 법적권리에 초점을 맞추고 있다.

포괄손익계산서

포괄손익의 보고 (문단 81)

BC49 2006년의 공개초안에서는 비소유주와의 거래로 인한 모든 자본 변동은 단일의 보고서나 두 개의 보고서에 표시되어야 함을 제안하였다. 단일의 보고서에 표시하는 방법에서 수익과 비용의 모든 항목은 한 군데서 표시된다. 두 개의 보고서에 표시하는 방법에서 첫 번째 보고서('손익계산서')는 당기손익으로 인식된 수익과 비용을 표시하고 두 번째 보고서('포괄손익계산서')는 당기순손익으로 시작하여 추가적으로 IFRS가 당기손익 이외의 항목으로 인식하는 것을 요구하거나 허용하는 수익과 비용의 항목을 표시한다. 예를 들어, 그러한 항목은 해외사업장과 관련된 환산차이, 매도가능금융자산평가손익을 포함한다. 포괄손익계산서는 소유주로서의 자격을 행사하는 소유주와의 거래를 포함하지 않는다. 그러한 거래는 자본변동표에 표시된다.

BC50 공개초안의 의견제출자들은 IASB가 비소유주와의 거래로 인한 자본 변동을 단일의 보고서 또는 두 개의 보고서에 표시하는 것의 선택을 허용해야할 지에 대하여 다양한 견해를 보였다. 많은 의견제출자들은 두 개의 보고서 접근법을 유지하고 단일의 보고서 접근법을 선택사항으로 하는 IASB의 제안에 동의하였으며 일부는 IASB가 둘 중 하나를 강제해야 한다고 주장하였다. 그러나 대부분의 의견제출자들은 당기순손익과 총포괄손익을 구분할 수 있고 '손익계산서'가 주요 재무제표로 남게 된다고 생각하기 때문에 두 개의 보고서 접근법을 선호하였다. 의견제출자들은 IASB가 당기순손익 또는 기타포괄손익의 항목에 포함되는 기준을 정하는 원칙을 개발할 때까지 경과조치로서 두 개의 별개 보고서에 표시하는 방법을 지지하였다.

BC51 2006년의 공개초안에서 IASB는 비소유주와의 거래로 인한 모든 자본 변동을 단일의 보고서에 표시하는 방법을 선호한다고 표현하였다. IASB는 이러한 선호에 대한 몇가지 이유를 제시하였다. 비소유주와의 거래로 인한 모든 자본 변동항목은 Framework의 수익과 비용의 정의를 충족한다. Framework은 당기순손익을 정의하지 않을 뿐만 아니라 당기순손익에 포함되어야 하는 항목의 특성과 당기순손익에서 제외되어야 하는 항목의 특성을 구분하는 기준을 제시하지 않는다. 따라서 IASB는 두 개의 보고서에 수익과 비용을 구별하기 위해 사용되는 명백한 원칙이나 일반적인 특성이 없기 때문에 기업이 비소유주와의 거래로 인한 모든 자본 변동(즉 기간에 인식된 모든 수익과 비용)을 단일의 보고서에 표시하는 것이 개념적으로 올바르다고 결정하였다.

BC52 그러나 IASB와 이해관계자들 간의 토론에서 많은 사람들이 단일의 보고서의 개념에 대하여 강하게 반대하고 있다는 것이 명백하였다. 그들은 단일의 보고서의 마지막 항목에 불필요한 집중이 초래된다고 주장하였다. 또한 많은 사람들은 IASB가 표시와 배열의 그 밖의 측면을 언급하지 않고, 즉 어떠한 범주와 항목이 인식손익표에 표시되어야 하는지도 결정하지 않으면서 단일의 보고서에 수익과 비용을 표시하는 것이 재무보고의 개선이라고 결론내린 것은 성급하다고 주장하였다.

BC53 이러한 견해를 고려하여 비록 단일의 보고서를 선호하였지만 IASB는 기업이 기간에 인식된 모든 수익과 비용을 단일의 보고서나 두 개의 보고서에 선택하여 표시할 수 있도록 결정하였다. 기업이 자본변동표에 수익과 비용의 구성요소(즉 비소유주와의 거래로 인한 자본 변동)를 표시하는 것은 금지된다.

BC54 많은 의견제출자들은 IASB의 선호에 동의하지 아니하였고 이 단계에서 결정하는 것은 성급하다고 생각하였다. 그들은 단일의 보고서나 두 개의 보고서에 대한 결정은 추가적인 고려가 필요하다고 보았다. 그들은 IASB가 표시와 배열의 그 밖의 측면을 언급할 것, 즉 어떠한 범주와 항목이 '포괄손익계산서'에 표시되어야 하는지를 결정할 것을 주장하였다. IASB는 단일의 보고서 접근법을 선호하는 이유를 재확인하였고 과제의 다음 단계에서 표시와 배열의 그 밖의 측면을 다룰 것에 동의하였다.

영업활동의 성과

BC55 IAS 1은 영업활동의 성과를 손익계산서 본문의 항목으로 공시하도록 하는 1997년의 요구사항을 삭제하였다. IAS 1에서는 '영업활동(operating activities)'에 대해서 정의하지 않고 있으며 IASB는 정의하지 않은 항목에 대한 공시를 요구하지 않기로 하였다.

BC56 IASB는 영업활동을 정의하지 않고 있지만 기업이 영업활동의 성과나 유사한 항목을 공시하는 것을 선택할 수 있음을 인식한다.

이러한 경우에 IASB는 기업이 공시한 금액이 일반적으로 '영업'으로 간주되는 활동을 대표하는 것임을 명확히 하여야 한다고 본다. IASB는 만약 영업성격의 항목을 영업활동의 성과에서 배제한다면 비록 그것이 산업 실무관행이라 하더라도 재무제표이용자의 오해를 유발할 수 있으며 재무제표의 비교가능성을 훼손할 수 있다고 본다. 예를 들어 영업과 명백히 관련된 항목(예 재고자산감액, 구조조정 및 재배치비용)을 비정기적으로 또는 드물게 발생하거나 금액이 비경상적이라는 이유로 배제하는 것은 부적절할 수 있다. 마찬가지로 현금흐름을 수반하지 않는다는 이유로 감가상각비나 기타 상각비와 같은 항목을 배제하는 것은 적절하지 않을 것이다.

당기순손익 중간합계 (문단 82)

BC57 전면 개정된 바와 같이 IAS 1은 포괄손익계산서에 당기순손익 중간합계를 요구한다. 만약 기업이 두 개의 보고서를 사용하여 포괄손익을 표시하는 것을 선택한다면 두 번째 보고서는 첫 번째 보고서('손익계산서')의 마지막 항목인 당기순손익에서 시작해야 하고 그 바로 다음에 기타포괄손익의 구성요소를 표시해야 한다. IASB는 이러한 방식이 수익과 비용의 표시를 위한 동등한 비중(문단 BC22 참조)의 목적을 달성하는 최선의 방법이라고 결론내렸다. 단일의 보고서에 포괄손익을 표시하는 것을 선택한 기업은 중간합계로서 당기순손익을 그 보고서에 포함해야 한다.

BC58 IASB는 당기순손익에 포함되는 항목이 기타포괄손익에 포함되는 항목과 구별되는 어떤 독특한 특성을 지니지 않는다는 것을 인정하였다. 그러나 IASB와 그 전임자들은 일부 항목을 당기손익 이외의 항목으로 인식하도록 요구하였다. IASB는 과제의 다음 단계에서 수익과 비용의 항목이 포괄손익계산서에 어떻게 표시되어야 하는지를 심의할 것이다.

소수주주지분(문단 83)[11)]

BC59 IAS 1은 문단 83에 따라 손익계산서 본문에 '소수주주지분에 귀속되는 당기순손익'과 '지배기업의 소유주에게 귀속되는 당기순손익'을 각각 표시하도록 요구하고 있다. 이러한 금액은 수익과 비용 항목이 아니라 당기순손익의 배분으로 표시한다. 이와 유사한 요구사항을 이 기준서의 문단 106(1)에서 자본변동표에 추가하였다. 이러한 변경은 소수주주지분은 Framework의 부채의 정의를 충족하지 못하므로 연결대차대조표(현재 '연결재무상태표')의 자본에 표시할 것을 요구하고 있는 IAS 27과 일관된다.

특별손익 항목(문단 87)

BC60 IAS 8 '당기순손익, 중대한 오류 및 회계정책의 변경(Net Profit or Loss for the Period, Fundamental Errors and Changes in Accounting Policies)(1993년 발표)'은 특별손익 항목을 손익계산서 본문에서 정상적인 활동으로 인한 손익과 구분하여 공시할 것을 요구하였다. IAS 8(1993년 발표)에서는 '특별손익 항목'을 '기업의 정상적인 활동과 명백하게 구분되고 따라서 빈번하거나 정기적으로 발생할 것으로 기대되지 않는 사건이나 거래로부터 발생하는 수익이나 비용'으로 정의하였다.

BC61 2002년에 IASB는 IAS 8에서 특별손익 항목의 개념을 삭제하고 손익계산서와 주석에 수익과 비용 항목을 '특별손익 항목'으로 표시하는 것을 금지하기로 결정하였다. 따라서 IAS 1에 따라 어떠한 수익과 비용 항목도 기업의 정상적이 아닌 활동에서 발생한 것으로 표시하여서는 안 된다.

BC62 2002년의 공개초안에 대한 일부의 의견제출자들은 특별손익 항목이 다른 수익과 비용 항목과 명백히 구분되며, 그러한 표시가 재

11) 2008년 1월에 IASB는 IAS 27의 개정을 발표하였으며, 여기에서 '소수주주지분(minority interest)'을 '비지배지분(non-controlling interests)'으로 개정하였다.

무제표이용자에게 기업의 미래 재무성과를 예측할 때 최소한의 주의를 기울여야 하는 수익과 비용 항목을 분명히 해주기 때문에 특별손익 항목을 손익계산서에서 별도의 항목으로 표시해야 한다고 주장하였다.

BC63 IASB는 특별손익으로 취급되는 항목은 기업이 직면한 정상적인 사업위험에서 기인하는 것이며 손익계산서의 구분 항목으로 표시할만한 것이 아니라고 결정하였다. 거래나 그 밖의 사건의 발생빈도보다는 그 성격이나 기능에 따라 그러한 항목에 대한 손익계산서 표시를 결정하여야 한다. 현재 '특별손익'으로 분류되고 있는 항목은 단지 재무제표이용자가 기업의 미래 재무성과를 예측하는데 도움을 주기 위하여 정당하게 공시할 수 있는 수익과 비용 항목의 일부일 뿐이다.

BC64 특별손익 항목의 범주를 삭제하면 기업의 당기순손익에 영향을 미칠 수 있는 관련 외부사건의 효과를 반복적인 것과 그렇지 않은 것으로 자의적으로 분류할 필요가 없게 된다. 예를 들어 지진이 경제적 활동의 중요한 주기적 침체기에 발생한다면 그것이 당기순손익에 미치는 재무적 영향을 추정하기 위해 자의적인 분류를 사용할 수밖에 없을 것이다. 또한 IAS 1 문단 97에서는 중요한 수익과 비용 항목에 대해서는 그 성격과 금액을 공시하도록 요구하고 있다.

기타포괄손익—관련 세효과(문단 90과 문단 91)

BC65 2006년의 공개초안에서는 '기타인식손익(other recognised income and expense)'(현재의 '기타포괄손익(other comprehensive income)')의 구성요소를 관련 세효과 차감전으로 표시('총액표시')하거나 관련 세효과 차감후로 표시('순액표시')하는 것을 허용하도록 제안하였다. '총액표시'는 당기손익 항목이 일반적으로 법인세효과 차감전으로 표시되기 때문에 기타포괄손익 항목의 당기손익으로의 추적가능성을 용이하게 한다. '순액표시'는 재무상태표의 자본부문에서 기타포괄손익 항목의 식별을 용이하게 한다. 대부분의 의견제출자들은 두 가지 접근법을 허용하는 것을 지지하였다. IASB는 기타포괄손익의 구성요소가 관련 세효과 차감후 순액 또는 관련 세효과 차감전 총액으로 표시될 수 있다는 결론을 재확인하였다.

BC66 세전표시 또는 세후표시 여부와 상관없이, 공개초안에서는 SFAS 130과 동일하게 기타포괄손익의 개별 구성요소에 구분하여 배분된 법인세비용 금액 또는 법인세효익 금액을 공시하도록 요구하는 것을 제안하였다. 많은 의견제출자들은 특별히 기타포괄손익의 구성요소에 적용되는 세율과 당기순손익에 적용되는 세율이 다른 경우에 그러한 공시가 정보의 명료성과 투명성을 개선하는 데 도움이 되기 때문에 이러한 공시원칙에 동의하였다.

BC67 그러나 대부분의 의견제출자들은 기타포괄손익의 각 구성요소별로 세효과를 추적해야 하는 것에 우려를 표현하였다. 일부는 법인세 배분절차가 자의적(예를 들어, 이것은 주관적으로 결정된 세율의 적용과 관련될 수 있다)이라고 생각하였고, 일부는 이러한 정보가 기타포괄손익의 구성요소가 복합적이고 법인세배분이 매우 주관적인 일부 산업(예 보험 부문)에서는 손쉽게 이용하기가 쉽지 않다고 지적하였다. 그 밖의 의견제출자들은 당기순손익 항목별로는 요구되지 않는데도 법인세가 포괄손익의 구성요소에는 항목별로 배분되어야 하는 이유를 이해하지 못하겠다는 의견을 제시하였다.

BC68 IASB는 기타포괄손익의 각 구성요소에 배분된 법인세비용 또는 법인세효익의 공시를 유지하기로 결정하였다. 재무제표이용자는 종종 기타포괄손익의 구성요소에 적용되는 세율이 당기순손익에 적용되는 세율과 다르기 때문에 기타포괄손익의 구성요소와 관련된 법인세금액에 대하여 보다 많은 정보를 요구하였다. IASB는 또한 기업이 그러한 이용가능한 법인세정보를 가지고 있을 것으로 보았으며 따라서 이러한 공시요구사항은 재무제표작성자에게 추가적인 원가를 발생시키지 않을 것이라고 보았다.

재분류조정(문단 92~96)

BC69 2006년의 공개초안에서 IASB는 기업이 재분류조정을 구분하여 표시해야 한다고 제안하였다. 이러한 조정은 이전에 기타포괄손익으로 인식되었던 금액이 당기에 당기손익으로 재분류된 금액이다. IASB는 이러한 항목이 IFRS에 따라 당기손익으로 재분류될 때 총포괄손익에 이중으로 기록되는 것을 피하기 위해 조정이 필수적이라고 결정하였다. IASB는 서로 다른 기간에 수익과 비용으로(과거기간에는 기타포괄손익의 수익이나 비용 그리고 당기에는 당기손익의 수익이나 비용으로)포함되는 이러한 금액을 이용하는 재무제표이용자에게 정보를 제공하기 위하여 재분류조정의 별도 표시가 필수적이라고 보았다. 재무제표이용자가 그러한 정보가 없이는 당기손익에 미치는 재분류의 영향을 평가하고 매도가능금융상품, 현금흐름위험회피 및 해외사업장의 환산이나 처분과 관련된 전체적인 손익을 계산하는 것이 어려울 수 있다.

BC70 대부분의 의견제출자들은 IASB의 결정에 동의하였고 재분류조정의 공시는 서로 다른 두 기간에 당기손익으로 인식된 구성요소와 자본에 인식된 그 밖의 항목의 관련성을 이해하는 데 중요하다고 생각하였다. 그러나 일부 의견제출자들은 '재분류(reclassification)' 보다는 '재순환(recycling)'이 보다 일반적이기 때문에 이를 사용할 것을 제안하였다. IASB는 두 개의 용어가 의미면에서 유사하지만 SFAS 130에서 사용된 용어와 정합하기 위하여 '재분류조정(reclassification adjustment)'이라는 용어를 사용하기로 결정하였다.

BC71 공개초안에서는 재분류조정을 인식손익표(현재 '포괄손익계산서') 또는 주석에 표시할 수 있도록 허용하는 것을 제안하였다. 대부분의 의견제출자들은 이 접근법을 지지하였다.

BC72 일부 의견제출자들은 공개초안(현재 IAS 1 문단 7과 93)의 '재분류조정'의 정의에서 일부 일관되지 못한 점에 주목하였다. 의견제출자들은 IASB가 문단 7의 정의를 문단 93과 일관되게 정의하기 위해서 이전 기간에 인식된 것뿐만 아니라 당기에 인식된 손익을 포함할 수 있도록 확장해야 한다고 제안하였다. 이들은 이러한 것을 명확히 하지 않으면 중간기간에 발생하고 동일한 연차기간의 다른 중간기간에 환입되는 항목의 재분류에 대하여 중간보고와 연차보고 사이에 차이가 있을 수 있다는 의견을 제시하였다.

BC73 IASB는 재분류조정의 정의를 SFAS 130과 일치시키고 문단 7에 '당기'를 추가적으로 언급하기로 결정하였다.

자본변동표

소급적용이나 소급재작성의 영향(문단 106⑵)

BC74 2006년의 공개초안에 대한 일부 의견제출자들은 IASB가 IAS 8에서 정의한 소급적용이나 소급재작성의 효과를 비소유주와의 거래로 인한 자본변동으로 보아야 하는지를 명확히 할 것을 요구하였다. IASB는 IAS 1에서 이러한 효과는 자본변동표에 포함되는 것으로 규정하고 있음에 주목하였다. 그러나 IASB는 소급적용이나 소급재작성의 효과는 당해 회계기간의 자본변동이 아니라는 것을 명확히 하도록 결정하였고, 자본변동표에서 이전기간의 기말잔액과 기초잔액 간의 조정을 제시하기로 결정하였다.

기타포괄손익의 각 구성요소에 대한 조정(문단 106(4)㈏ 및 106A)

BC74A 문단 106(4)는 기업이 자본의 각 구성요소 변동의 조정내역을 제공할 것을 요구하고 있다. 2010년 5월에 공표된 IFRS 연차개선에서, IASB는 기업이 기타포괄손익의 각 구성요소에 대해 요구되는 조정내역을 자본변동표나 재무제표의 주석에 표시할 수 있다는 점을 명확히 하였다.

배당의 표시(문단 107)

BC75 IASB는 배당은 소유주로서의 자격을 행사하는 소유주에 대한 배분이고 자본변동표는 소유주와의 거래로 인한 모든 자본 변동을 표시하기 때문에 배당을 자본변동표 또는 주석에 표시하도록 요구하는 결론을 재확인하였다. IASB는 포괄손익계산서는 비소유주와의 거래로 인한 자본 변동을 표시하기 때문에, 기업은 배당을 포괄손익계산서에 표시해서는 안 된다고 결론내렸다.

현금흐름표

IAS 7 현금흐름표(Cash Flow Statements)(문단 111)

BC76 IASB는 간접법을 적용한 현금흐름표의 영업부문이 IAS 7에서 요구하는 당기순손익 대신에 총포괄손익에서 시작해야 하는지를 고려하였다. 기타포괄손익의 구성요소가 비현금항목인 경우 그러한 항목은 영업활동 현금흐름을 도출하기 위한 조정항목이며 현금흐름표에 정보내용은 추가되지 않고 항목만 추가된 것이다. IASB는 IAS 7의 개정은 필요하지 않다고 결론을 내렸지만 문단 BC14에 언급된 것처럼 이 재무제표의 명칭을 '현금흐름표(statement of cash flows)'로 바꾸기로 결정하였다.

주석

회계정책을 적용하는 과정에서 경영진이 내린 판단의 공시(문단 122~124)

BC77 전면 개정된 IAS 1은 회계정책을 적용하는 과정에서, 추정에 관련된 공시와는 별도로, 경영진이 내린 판단으로 재무제표에 인식되는 금액에 유의적인 영향을 미친 판단에 대한 공시를 요구하고 있다(문단 122 참조). 금융자산이 만기보유 투자자산인지를 결정하기 위한 경영진의 판단을 예로 들 수 있다. IASB는 이러한 판단 중 가장 중요한 판단을 공시하면 재무제표이용자가 어떻게 회계정책이 적용되는지를 보다 잘 이해할 수 있고 경영진이 이러한 판단을 내린 근거와 관련하여 기업 간 비교를 잘 할 수 있게 한다고 결정하였다.

BC78 2002년의 공개초안에 대한 외부검토의견에서 제안된 공시의 목적이 불명확하다고 지적되었다. 따라서 IASB는 추정과 관련한 판단(문단 125의 공시항목)을 명시적으로 제외하도록 개정하고, 공시될 판단의 유형에 대한 네 가지의 예시를 추가하였다.(문단 123과 124 참조)

추정 불확실성의 주요 원천의 공시(문단 125~133)

BC79 IAS 1은 미래에 대한 가정과 보고기간말의 추정 불확실성에 대한 기타 주요 원천에 대하여 공시하도록 요구하고 있다. 이러한 가정과 추정 불확실성에 대한 기타 주요 원천은 다음 회계연도에 자산과 부채의 장부금액에 중요한 조정을 유발할 수 있는 유의적인 위험을 내포하고 있다. 이러한 자산과 부채에 대하여 다음 사항 등을 공시할 것을 제안하고 있다.

(1) 자산과 부채의 성격

(2) 보고기간말의 장부금액(문단 125참조)

BC80 일부 자산과 부채의 장부금액은 불확실한 미래 사건이 보고기간말의 자산과 부채에 미치는 영향을 추정하여 결정해야 한다. 예를 들어 유형자산의 분류별 회수가능액, 재고자산에 대한 기술적 진부화의 영향, 진행 중인 소송사건의 미래 결과에 따라 변동되는 충당부채 그리고 퇴직연금채무와 같은 장기 종업원급여부채를 측정할 때, 최근에 관측된 시장가격이 존재하지 않는 경우에는 미래 지향적인 추정에 의존하게 된다. 이러한 추정을 할 때 현금흐름 또는 할인율에 대한 위험조정, 급여의 미래변동 및 그 밖의 원가에 영향을 미치는 가격의 미래변동과 같은 항목에 대한 가정이 필요하다. 기업이 보고기간말의 유의적인 추정 불확실성의 영향을 받는 자산과 부채의 장부금액을 아무리 성실하게 추정하더라도, 재무상태표에 보고된 점추정치는 이러한 자산과 부채의 측정과 관련된 추정 불확실성에 대한 정보와 이러한 불확실성이 기간의 당기순손익에 미치는 영향에 대한 정보를 제공할 수 없다.

BC81 Framework은 '재무제표이용자가 경제적 의사결정을 하기 위해서는 기업의 현금 및 현금성자산 창출의 능력과 그 시기 그리고 확실성에 대한 평가가 필요하다'고 언급하고 있다. IASB는 보고기간말의 가정과 추정 불확실성의 기타 주요 원천에 대한 정보의 공시가 재무제표에 보고된 정보의 목적적합성, 신뢰성 및 이해가능성을 증진시킨다고 결정하였다. 가정과 추정 불확실성의 기타 주요 원천은 경영진의 가장 어렵거나 주관적이고 복잡한 판단을 요구하는 추정과 관련이 있다. 따라서 전면 개정된 IAS 1 문단 125에 따른 공시는 비교적 소수의 자산이나 부채(또는 자산이나 부채의 집단)와 관련하여 제공될 것이다.

BC82 2002년의 공개초안에서는 몇 가지 '측정불확실성의 원천'에 대한 공시를 제안하였다. 이러한 공시의 목적이 불분명하다는 외부검토의견을 고려하여 위원회는 다음과 같이 결정하였다.

⑴ 공시대상을 '보고기간말 현재의 추정 불확실성의 원천'으로 개정한다.

⑵ 전면 개정된 이 기준서에서, 최근에 관측된 시장가격에 기초하여 공정가치로 측정한 자산과 부채에는 그러한 공시를 적용하지 않는다는 것을 명확히 한다(IAS 1 문단 128 참조).

BC83 자산과 부채를 최근에 관측된 시장가격에 기초하여 공정가치로 측정하면 그 장부금액의 미래변동은 보고기간말에 자산과 부채를 측정하기 위해 추정을 사용한 것에서 기인하지 않을 것이다. 자산이나 부채를 측정하기 위해 관측된 시장가격을 사용하면 보고기간말에 추정할 필요가 없게 된다. 시장가격은 미래의 시장가격이 달라지더라도 보고기간말의 공정가치를 적절하게 반영한다. 공정가치 측정의 목적은 미래가치를 예측하는 것이 아니라 측정일의 공정가치를 반영하는 것이다[12].

---

12) 2011년 5월에 발표된 IFRS 13은 공정가치를 정의하고 공정가치측정 요구사항을

BC84 IAS 1은 공시의 특정한 형식이나 세부항목을 규정하지 않는다. 기업마다 상황이 다르고, 보고기간말의 추정 불확실성의 성격도 다양하다. IAS 1은 다음 회계연도에 자산과 부채의 장부금액에 대한 중요한 조정을 유발할 수 있는 유의적인 위험을 내포하고 있는 항목으로 공시범위를 제한한다. 공시와 관련된 미래기간이 길어질수록, 공시에 적합한 항목의 범위는 넓어지고 특정 자산이나 부채에 대한 공시는 구체적이지 않게 된다. 다음 회계연도보다 더 긴 기간은 기타 공시를 포함하는 가장 목적적합한 정보를 불명확하게 할 수 있다.

자본에 대한 공시(문단 134와 문단 135)

BC85 2004년 7월에 IASB는 공개초안 제7호(ED 7) '금융상품: 공시(Financial Instruments: Disclosures)'를 발표하였다. 그 과제의 일부로서 IASB는 자본에 대한 공시를 요구해야 하는지를 고려하였다.

BC86 자본의 수준과 기업이 자본을 관리하는 방식은 재무제표이용자가 기업의 위험 및 예측되지 않은 불리한 사건을 견딜 수 있는 기업의 능력을 평가하는 데 고려하여야 할 중요한 요소이다. 또한 자본의 수준은 배당을 지급할 수 있는 기업의 능력에 영향을 줄 수 있다. 따라서 ED 7은 자본에 대한 공시를 제안하였다.

BC87 ED 7에서 IASB는 자본에 대한 공시의 요구를 외부의 자본유지요건(예를 들어 법률이나 기타의 규정에 의해 설정된 감독목적의 자본유지요건)이 있는 기업에 국한하지 않기로 결정하였다. IASB는 일부 기업이 내부의 자본유지요건을 정하고 있다는 사실과, 일부 산업에서 규범이 정착되어 왔다는 사실에 의해 증명되듯이 자본에 대한 정보는 모든 기업에 유용하다고 생각한다. IASB는 자본에 대한 공시가 감독기구에서 요구하는 공시를 대체하게 되는 것은 아니라고 보았다. 또한 IASB는 감독기구에 대한 공시의 기능은 다른

포함한다.

이용자에 대한 공시의 기능과 다를 수 있기 때문에 재무제표가 감독기구에 대한 공시(모든 재무제표이용자에게 이용가능하지 않을 수도 있다.)의 대용으로 간주되어서는 안 된다고 보았다. 따라서 IASB는 자본에 대한 정보는 일반목적 재무제표의 이용자에게 유용하므로 모든 기업에 요구하기로 결정하였다. 따라서 IASB는 감독대상기업과 감독대상이 아닌 기업에 대한 요구사항을 구분하지 아니하였다.

BC88 ED 7에 대한 일부의 의견제출자들은 금융상품에 관한 공시를 다루는 IFRS에서 자본에 대한 공시를 다루는 것이 적합한지에 대하여 의문을 제기하였다. IASB는 기업의 자본은 금융상품에만 관련된 것이 아니므로 자본에 대한 공시는 보다 일반적인 관련성이 있다고 보았다. 따라서 IASB는 자본에 대한 공시를 ED 7의 결과인 IFRS 7이 아니라 IAS 1에 포함시켰다.

BC89 또한 IASB는 IAS 1의 개정사항을 채택하는 기업의 결정은 IFRS 7을 채택하는 기업의 결정과 독립적으로 이루어져야 한다고 결정하였다. IASB는 기준의 개정을 개별적으로 공표하는 것이 기준의 채택에 관한 개별적인 결정을 용이하게 한다고 보았다.

자본관리의 목적, 정책 및 절차(문단 136)

BC90 IASB는 자본에 대한 공시가 자본관리의 목적, 정책 및 절차에 대한 논의와 관련하여 다루어져야 한다고 결정하였다. 왜냐하면 IASB는 그러한 논의를 통하여 기업의 자본전략에 대해 중요한 정보를 전달하고, 기타 공시와 관련된 배경을 제공할 수 있다고 생각하기 때문이다.

BC91 IASB는 기업이 IFRS에서 정의하는 지분에 대하여 다른 관점을 가질 수 있는지를 고려하였다. IASB는 이러한 공시목적의 자본이 IFRS에서 정의한 지분과 같은 경우가 많지만 일부의 구성요소가 추가되거나 제외될 수도 있다고 보았다. 또한 IASB는 만약 기업이 관리하는 자본에 대한 관점이 IFRS에서 정의하는 지분과 다르다면 이러한 공시가 기업이 관리하는 자본의 구성요소를 어떻게 보는지를 나타낼 수 있는 기회를 줄 수 있다고 보았다.

외부적으로 부과된 자본유지요건(문단 136)

BC92 IASB는 외부적으로 부과된 자본유지요건의 공시를 요구해야 하는지를 고려하였다. 그러한 자본유지요건은 다음의 어느 하나에 해당할 수 있다.

(1) 특정 산업의 모든 기업이 따라야 하는 산업전반의 자본유지요건
(2) 주무감독기구나 그 밖의 감독기구가 특정 기업에 부과한 기업특유의 자본유지요건

BC93 IASB는 산업과 국가에 따라서 산업전반의 자본유지요건이 있을 수도 있고 그렇지 않을 수도 있다는 점에 주목하였다. 따라서 IASB는 산업전반의 자본유지요건의 공시나 그러한 자본유지요건의 준수에 대한 공시를 의무화해서는 안 된다고 결론내렸다. 왜냐하면 그러한 공시가 서로 다른 기업 간이나 서로 다른 나라의 유사한 기업 간의 비교가능성을 저해할 수 있기 때문이다.

BC94 IASB는 기업특유의 자본유지요건의 존재와 수준에 대한 공시가 감독기구의 위험평가에 대한 정보를 제공하기 때문에 재무제표이용자에게 중요한 정보라고 결론내렸다. 이러한 공시를 통하여 투명성과 시장질서가 개선된다는 것이다.

BC95 그러나 외부적으로 부과된 기업특유의 자본유지요건을 공시하도록 하는 요구에 대하여 다음과 같은 반대주장이 있었다.

(1) 재무제표이용자가 부채상환능력에 대한 위험을 직접 평가하지 않고 주로 감독기구의 평가에 의존할 수 있다.
(2) 감독기구의 위험평가의 초점은 감독을 통하여 이익을 보호하고자 하는 사람들(예 예치자나 보험계약자)에게 있다. 이점은 주주의 관점과 다르다. 따라서 감독기구의 위험평가가 투자자의

독립적인 분석을 대신할 수 있거나 대신해야 한다고 제안하는 것은 오해를 유발할 수 있다.

(3) 감독기구가 부과한 기업특유의 자본유지요건의 공시는 그러한 요구사항을 부과하는 감독기구의 기능을 훼손할 수 있다. 예를 들어 그러한 정보가 예치자의 자금인출을 유발하여 감독기구가 그러한 요구사항을 부과하는 데 방해가 될 수 있다. 더 나아가서 기업과 감독기구의 협의사항이 공개될 수 있으며, 이것이 상황에 따라서는 적절하지 않을 수 있다.

(4) 감독기구마다 이용할 수 있는 수단(예 공식적인 요구사항과 도의적인 권고)이 다를 수 있기 때문에 특정기업의 자본유지요건을 공시하도록 요구하는 것이 기업 간에 비교가능한 정보를 제공할 수 있는 방법이 되지 못할 수도 있다.

(5) 자본유지요건(그리고 감독기구의 판단)의 공시는 감독기구가 도의적인 권고와 그 밖의 비공식적인 절차를 사용할 유인을 제공하여 감독기구의 평가를 기업에 명확히 전달하는 것을 방해할 수 있다.

(6) 공시에 관한 요구사항이 기업특유의 자본유지요건에 별도로 초점을 두어서는 안 되고 기업이 자본 원천의 적절성을 관리하고 결정하는 방법에 기업특유의 자본유지요건이 어떻게 영향을 미치는지에 초점을 두어야 한다.

(7) 감독기구가 부과한 기업특유의 자본유지요건에 대한 공시는 바젤은행감독위원회(the Basel Committee on Banking Supervision)가 작성한 바젤II체계(the Basel II Framework) 필라 3(Pillar 3)의 요구사항이 아니다.

BC96 위의 모든 주장을 고려하여 IASB는 외부적으로 부과된 자본유지요건에 대한 계량적인 공시를 요구하지 않기로 결정하였다. 그대신, 기업이 외부적으로 부과된 자본유지요건을 해당 기간 동안 준수하였는지와 준수하지 않았다면 그 미준수의 결과에 대해 공시하도록 요구하기로 결정하였다. 이렇게 하게 되면 감독기구와 기업 간의 기밀이 유지되며, 그러나 자본유지요건의 위반과 그러한 위반의 결과에 대해서 재무제표이용자가 주의를 기울일 수 있게 된다.

BC97 ED 7에 대한 일부의 의견제출자들은 외부적으로 부과된 자본유지요건의 위반을 공시하도록 하는 것에 동의하지 않았다. 그들은 외부적으로 부과된 자본유지요건과 후속적인 관련 감독조치의 위반을 공시하게 되면 기업에 부당한 손해를 끼칠 수 있다고 주장하였다. IASB는 이러한 주장이 외부적으로 부과된 자본유지요건의 위반에 대한 정보가 종종 본질적으로 중요한 경우가 많다는 것을 나타낸다고 생각하기 때문에 이러한 주장을 받아들이지 않았다. Framework은 '어떤 정보가 누락되거나 왜곡표시되어, 재무제표에 기초한 이용자의 경제적 의사결정에 영향을 미친다면 이는 중요한 정보이다'라고 언급하고 있다. 이와 유사하게 IASB는 감독기구의 자본유지요건에 대한 일시적인 미준수에 대하여도 예외를 허용하지 않기로 결정하였다. 기업이 일시적으로라도 자본유지요건의 위반수준에 거의 근접하고 있다는 정보는 재무제표이용자에게 유용하다.

내부적인 자본목표

BC98 IASB는 ED 7에서 자본유지요건의 위반에 대해 공시하도록 요구하는 것은 내부적으로 부과한 자본유지요건의 위반에도 동일하게 적용해야 한다고 제안하였다. 왜냐하면 그러한 정보도 재무제표이용자에게 유용하기 때문이다.

BC99 그러나 ED 7의 의견제출자들은 이 제안을 다음과 같은 이유로 비판하였다.

(1) 그러한 정보는 주관적이므로 기업 간에 비교가능하지 않다. 특히 기업들은 각기 다른 이유로 내부의 목표를 정할 것이므로 요구사항의 위반은 기업별로 다른 의미를 나타낸 수 있다. 이와는 달리 외부 요구사항의 위반은 유사한 요구사항을 준수해야 하는 모든 기업에 유사한 의미를 가진다.

(2) 자본목표는 내부적으로 정한 다른 재무적 목표보다 더 중요한

것은 아니며, 자본목표만을 공시하도록 요구하는 것은 재무제표이용자에게 불완전하고 오해를 유발할 수 있는 정보를 제공할 수 있다.

(3) 내부적인 목표는 기업이 변경할 수 있는 추정치에 불과하다. 이러한 기준과 비교된 기업의 재무성과를 공시하도록 요구하는 것은 적절하지 않다.

(4) 내부적으로 정한 자본목표는 경영진에 의하여 조작될 수 있다. 이에 대한 공시를 요구하면 경영진은 재무제표이용자에게 거의 유용하지 않은 정보를 제공하고 잠재적으로 자본관리의 효과성을 줄이면서 항상 달성될 수 있는 정도의 목표를 설정하려 할 수 있다.

BC100 결과적으로 IASB는 경영진이 정한 자본목표, 기업이 이러한 목표를 달성했는지 여부 및 달성실패의 결과에 대한 공시를 요구하지 않기로 결정하였다. 그러나 IASB는 기업에게 자본관리에 대한 정책과 절차가 있을 경우 이러한 정책과 절차에 대한 질적인 공시는 유용하다는 견해를 확인하였다. 또한 IASB는 이러한 공시가 해당기간 동안의 자본의 구성요소와 그것의 변화(문단 106~110에서 요구하는)에 대한 공시와 함께, 감독을 받지 않거나 외부적으로 부과된 자본유지요건이 없는 기업에 대해 충분한 정보를 제공할 수 있다고 결론내렸다.

풋가능 금융상품과 청산시 발생하는 의무

BC100A IASB는 IAS 32 문단 16E와 16F에 따라 재분류되는, 풋가능 금융상품과 발행자가 청산되는 경우에만 거래상대방에게 지분비율에 따라 발행자 순자산을 인도해야 하는 의무를 발행자에게 부과하는 금융상품에 관한 정보를 공시하도록 결정하였다. 이는 IASB가 이러한 공시로 재무제표이용자들이 재분류의 영향을 이해할 수 있을 것이라고 결론내렸기 때문이다.

BC100B IASB는 또한 자본으로 분류되는 풋가능 금융상품을 보유하고 있는 기업은, 발행자에게 금융상품의 환매를 요구할 수 있는 보유자의 능력으로 인하여 발행자의 유동성에 미치는 영향을 재무제표이용자들이 평가할 수 있는 추가정보를 공시하도록 결론내렸다. 자본으로 분류되는 금융상품은 통상적으로 금융자산을 다른 당사자에게 인도해야 하는 어떠한 의무도 포함하지 않는다. 따라서 IASB는 이러한 상황에는 추가 공시가 필요하다고 결론내렸다. 특히 IASB는 기업이 자본으로 분류되는 이러한 금융상품의 상환 또는 재매입시 기대되는 현금유출액과 그 금액의 결정 방법에 관한 정보를 공시하도록 결론내렸다. 그러한 정보를 통해 환매의무와 관련된 유동성위험과 미래현금흐름이 평가될 수 있다고 보았다.

주당 측정치의 표시

BC101 2006년의 공개초안에서는 기본주당이익과 희석주당이익의 표시에 대한 IAS 33의 요구사항을 변경하는 것을 제안하지 아니하였다. 대부분의 의견제출자들은 이러한 결정에 동의하였다. 그들은 주당이익이 포괄손익계산서에서 허용되거나 요구되는 유일한 주당 측정치이어야만 하고 이러한 요구사항의 개정은 재무제표 표시 과제단계의 범위를 벗어난다고 보았다.

BC102 그러나 일부 의견제출자들은 주당이익이 재무분석가(즉 그 밖의 측정을 전문으로 하는 신용평가기관)를 위한 가장 목적적합한 측정치로 보여지지 않을 때마다 대체적인 주당 측정치를 알고 싶어하였다. 소수 의견제출자들은 총포괄손익의 주당금액이 유용한 측정치로 고려되기 때문에 이 또한 표시해야 한다고 제안하였다. IASB는 총계와 중간합계, 항목을 집합하고 세분화하는 원칙이 재무제표 표시 과제의 다음 단계의 일부로서 언급되고 논의되기 전까지, 재무제표에 대체적인 주당 측정치를 포함하는 것을 지지하지 아니하였다.

BC103 일부 의견제출자들은 또한 IAS 33의 현행 규정이 손익계산서에 대체적인 측정치의 표시를 실질적으로 허용하는 것으로 이해하였다.

IASB는 심의과정에서 IAS 33 문단 73에 혼동의 여지가 없다는 것을 명백히 하였다. 그러나 IASB는 문단 73의 표현이 대체적인 측정치는 '주석에만' 보여줘야 한다는 것을 명확히 하도록 개선될 수 있다고 결정하였다. 이것은 IAS 33이 개정되거나 연차개선작업의 일부로서 수행될 수 있다.

BC104 한 의견제출자는 '이익(earnings)'이라는 단어를 사용하는 것은 공개초안에서 제안된 변경을 고려할 때 부적절하고 대신에 그러한 측정은 '주당 당기순손익(profit or loss per share)'으로 명명되어야 한다는 의견을 제시하였다. IASB는 용어의 특별한 변경은 IAS 1의 범위를 벗어난다고 보았다.

경과규정과 시행일

BC105 IASB는 2006년 1월 1일과 2008년 12월 31일 사이에 시작되는 연차기간동안에 실질적으로 기준이 변경되지 않는 '안정적인 단계'를 유지하기로 하였다. 또한 일부 작성자들은 IAS 1의 개정을 따르기 위해 필수적인 시스템 변경에 시간이 필요할 것이다. 따라서 IASB는 IAS 1의 시행일은 2009년 1월 1일 또는 그 이후에 개시하는 연차기간이어야 하고 조기 적용을 허용하기로 결정하였다.

SFAS 130과의 차이점

BC106 IAS 1을 개발함에 있어서 IASB는 다음과 같은 SFAS 130과의 차이점을 식별하였다.

(1) 포괄손익의 보고와 표시 SFAS 130 문단 22는 포괄손익과 그 구성요소를 단일 또는 두 개의 재무성과표(statements of financial performance)나 자본변동표에 표시하는 선택을 허용한다. IAS 1(2007년 개정)은 자본변동표에 표시하는 것을 허용하지 아니한다.

(2) 재무상태표의 자본부문에 기타포괄손익의 보고 SFAS 130 문단

26은 기타포괄손익의 총계는 보고기간말의 재무상태표에 이익잉여금 및 추가납입자본과 구분하여 보고된다고 특별히 언급하고 있다. 기타포괄손익누계액과 같은 설명적인 명칭이 자본의 해당 구성요소에 사용된다. 기업은 자본의 해당 별도구성요소 내 각 분류의 누적잔액을 재무상태표, 자본변동표 또는 재무제표의 주석에 공시한다. IAS 1(2007년 전면 개정)은 재무상태표에 총기타포괄손익누계액의 표시를 특별히 요구하지 아니한다.

(3) 지분법을 사용하는 관계기업과 조인트 벤처의 기타포괄손익항목에 대한 지분의 표시 IAS 1(2007년 전면 개정) 문단 82는 피투자자의 기타포괄손익에 대한 투자자의 지분을 포괄손익계산서에 표시하도록 요구한다. SFAS 130 문단 122는 그러한 정보가 표시되는 방법을 규정하지 않는다. 투자자는 기타포괄손익금액에 대한 비례지분을 자신의 기타포괄손익항목에 합하여 손익계산서 형태의 양식 또는 자본변동표에 그러한 금액의 합계를 표시하는 것이 허용된다.

기업회계기준서 제1001호 '재무제표 표시'의 실무적용지침

이 실무적용지침은 기업회계기준서 제1001호에 첨부되지만, 이 기준서의 일부를 구성하는 것은 아니다.

재무제표 구조의 예시

IG1 기업회계기준서 제1001호는 재무제표의 구성요소와 재무상태표, 포괄손익계산서 및 자본변동표의 공시에 관한 최소한의 요구사항을 정하고 있다. 또한 관련 재무제표의 본문이나 주석에 표시할 수 있는 추가 항목을 규정한다. 이 실무적용지침은 재무상태표, 포괄손익계산서 및 자본변동표의 표시에 관한 기업회계기준서 제1001호의 요구사항을 충족하는 간단한 사례를 제시한다. 특정한 상황에 적합하도록 하는 것이 필요한 경우에는 표시순서, 보고서의 명칭 및 각 항목에 사용된 설명을 변경하여야 한다.

IG2 실무적용지침은 세 부분으로 되어 있다. 문단 IG3~IG6은 재무제표 표시의 사례를 제시한다. 문단 IG7~IG9는 IAS 39에 따른 매도가능금융자산의 재분류조정 결정의 사례를 제공한다. 문단 IG10과 IG11은 자본 공시의 사례를 제시한다.

IG3 예시된 재무상태표는 유동항목과 비유동항목을 구분하여 표시할 수 있는 한 방법을 보여준다. 유동항목과 비유동항목의 구분이 명확하다면 다른 형식을 사용할 수도 있다.

IG4 예시는 당기손익을 포함하여 포괄손익의 모든 구성요소의 총계를 '포괄손익'이라는 용어로 사용한다. 예시는 포괄손익에 포함되지만 당기손익에서는 제외되는 수익과 비용을 '기타포괄손익'이라는 용어로 사용한다. 기업회계기준서 제1001호은 기업이 이러한 용어를 재무제표에 사용하도록 요구하지 않는다.

IG5 두 개의 포괄손익계산서를 제시하여, 단일 포괄손익계산서 또는 두 개의 보고서에 수익과 비용의 대체적인 표시를 예시한다. 단일 포괄손익계산서는 당기손익 내 수익과 비용의 기능별분류를 예시한다. 별개의 보고서(이 사례에서 '손익계산서')는 당기손익 내 수익과 비용의 성격별분류를 예시한다.

IG6 다음의 사례에서 한국채택국제회계기준의 모든 사항을 예시하려는 것은 아니다. 또한 다음의 사례에서는 현금흐름표, 유의적인 회계정책의 요약 및 그 밖의 설명을 포함하는 전체 재무제표를 보여주지도 않는다.

제 I 부: 재무제표 표시의 예시

XYZ 그룹 – 20X7년 12월 31일 현재의 연결재무상태표

(단위: 천원)

	20X7년 12월 31일	20X6년 12월 31일
자산		
비유동자산		
유형자산	350,700	360,020
영업권	80,800	91,200
기타무형자산	227,470	227,470
관계기업투자	100,150	110,770
매도가능금융자산	142,500	156,000
	901,620	945,460
유동자산		
재고자산	135,230	132,500
매출채권	91,600	110,800
기타유동자산	25,650	12,540
현금및현금성자산	312,400	322,900
	564,880	578,740
자산총계	1,466,500	1,524,200

자본 및 부채		
지배기업의 소유주에게 귀속되는 자본		
납입자본	650,000	600,000
이익잉여금	243,500	161,700
기타자본구성요소	10,200	21,200
	903,700	782,900
비지배지분	70,050	48,600
자본총계	973,750	831,500
비유동부채		
장기차입금	120,000	160,000
이연법인세	28,800	26,040
장기충당부채	28,850	52,240
비유동부채합계	177,650	238,280
유동부채		
매입채무와 기타미지급금	115,100	187,620
단기차입금	150,000	200,000
유동성장기차입금	10,000	20,000
당기법인세부채	35,000	42,000
단기충당부채	5,000	4,800
유동부채합계	315,100	454,420
부채총계	492,750	692,700
자본 및 부채 총계	1,466,500	1,524,200

XYZ 그룹 – 20X7년 12월 31로 종료하는 회계연도의 연결포괄손익계산서
(포괄손익을 단일의 보고서에 표시하고 당기손익 내 비용을 기능별로 분류하는 예시)

(단위: 천원)

	20X7년	20X6년
수익	390,000	355,000
매출원가	(245,000)	(230,000)
매출총이익	145,000	125,000
기타수익	20,667	11,300
물류원가	(9,000)	(8,700)
관리비	(20,000)	(21,000)
기타비용	(2,100)	(1,200)
금융원가	(8,000)	(7,500)
관계기업의 이익에 대한 지분(1)	35,100	30,100
법인세비용차감전순이익	161,667	128,000

법인세비용	(40,417)	(32,000)
계속영업이익	121,250	96,000
중단영업손실	–	(30,500)
당기순이익	121,250	65,500
기타포괄손익:		
해외사업장환산외환차이[(2)]	5,334	10,667
매도가능금융자산[(2)]	(24,000)	26,667
현금흐름위험회피[(2)]	(667)	(4,000)
자산재평가차익	933	3,367
확정급여제도의 재측정요소	(667)	1,333
관계기업의 기타포괄손익에 대한 지분[(3)]	400	(700)
기타포괄손익의 구성요소와 관련된 법인세[(4)]	4,667	(9,334)
법인세비용차감후기타포괄손익	(14,000)	28,000
총포괄이익	107,250	93,500
당기순이익의 귀속:		
지배기업의 소유주	97,000	52,400
비지배지분	24,250	13,100
	121,250	65,500
총포괄이익의 귀속:		
지배기업의 소유주	85,800	74,800
비지배지분	21,450	18,700
	107,250	93,500
주당이익 (단위: 원):		
기본 및 희석	0.46	0.30

대체적인 방법으로, 기타포괄손익의 구성요소는 포괄손익계산서에 세후 금액으로 표시될 수 있다.

법인세비용차감후기타포괄손익:	**20X7년**	**20X6년**
해외사업장환산외환차이	4,000	8,000
매도가능금융자산	(18,000)	20,000
현금흐름위험회피	(500)	(3,000)
자산재평가차익	600	2,700
확정급여제도의 재측정요소	(500)	1,000
관계기업의 기타포괄손익에 대한 지분	400	(700)
법인세비용차감후기타포괄손익(4)	(14,000)	28,000

(1) 관계기업의 소유주에게 귀속되는 관계기업 이익에 대한 지분을 의미한다(즉, 관계기업에 대한 세후의 비지배지분이다).

(2) 당기의 차손익과 재분류조정에 대한 공시를 주석에 표시하는 누적표시를 예시한다. 대체적인 방법으로 총계표시가 사용될 수 있다.

(3) 관계기업의 소유주에게 귀속되는 관계기업 기타포괄손익에 대한 지분을 의미한다(즉, 관계기업에 대한 세후의 비지배지분이다.).

(4) 기타포괄손익의 각 구성요소와 관련된 법인세는 주석에 공시한다.

XYZ 그룹 – 20X7년 12월 31일로 종료하는 회계연도의 연결손익계산서
(포괄손익을 두 개의 보고서에 표시하고 당기손익 내 비용을 성격별로 분류하는 예시)

(단위: 천원)

	20X7년	**20X6년**
수익	390,000	355,000
기타수익	20,667	11,300
제품과 재공품의 변동	(115,100)	(107,900)
기업이 수행한 용역으로서 자본화되어 있는 부분	16,000	15,000
원재료와 소모품의 사용액	(96,000)	(92,000)
종업원급여비용	(45,000)	(43,000)
감가상각비와 기타 상각비	(19,000)	(17,000)
유형자산손상차손	(4,000)	–
기타비용	(6,000)	(5,500)
금융원가	(15,000)	(18,000)
관계기업의 이익에 대한 지분[(5)]	35,100	30,100
법인세비용차감전순이익	161,667	128,000
법인세비용	(40,417)	(32,000)
계속영업이익	121,250	96,000
중단영업손실	–	(30,500)
당기순이익	121,250	65,500
당기순이익의 귀속:		
지배기업의 소유주	97,000	52,400
비지배지분	24,250	13,100
	121,250	65,500
주당이익 (단위: 원):		
기본 및 희석	0.46	0.30

(5) 관계기업의 소유주에게 귀속되는 관계기업 이익에 대한 지분을 의미한다(즉, 관계기업에 대한 세후의 비지배지분이다).

XYZ 그룹 – 20X7년 12월 31일로 종료하는 회계연도의 연결포괄손익계산서

(포괄손익을 두 개의 보고서에 표시하고 당기손익 내 비용을 성격별로 분류하는 예시)

(단위: 천원)

	20X7년	**20X6년**
당기순이익	121,250	65,500
기타포괄손익:		
해외사업장환산외환차이	5,334	10,667
매도가능금융자산	(24,000)	26,667
현금흐름위험회피	(667)	(4,000)
자산재평가이익	933	3,367
확정급여제도의 재측정요소	(667)	1,333
관계기업의 기타포괄손익에 대한 지분(6)	400	(700)
기타포괄손익 구성요소와 관련된 법인세(7)	4,667	(9,334)
법인세비용차감후기타포괄손익	(14,000)	28,000
총포괄이익	107,250	93,500
총포괄이익의 귀속:		
지배기업의 소유주	85,800	74,800
비지배지분	21,450	18,700
	107,250	93,500

대체적인 방법으로, 기타포괄손익의 구성요소는 세후금액으로 표시될 수 있다. 단일의 보고서에 수익과 비용의 표시를 예시하는 연결포괄손익계산서를 참조.

(6) 관계기업의 소유주에게 귀속되는 관계기업의 기타포괄손익에 대한 지분을 의미한다(즉, 관계기업에 대한 세후의 비지배지분이다).

(7) 기타포괄손익의 각 구성요소와 관련된 법인세는 주석에 공시한다.

XYZ 그룹
기타포괄손익 구성요소의 공시[(8)]
주석
20X7년 12월 31일로 종료하는 회계연도
(단위: 천원)

		20X7년		20X6년
기타포괄손익:				
해외사업장환산외환차이[(9)]		5,334		10,667
매도가능금융자산:				
당기 발생 차익	1,333		30,667	
차감: 당기손익에 포함된 차익의 재분류조정	(25,333)	(24,000)	(4,000)	26,667
현금흐름위험회피:				
당기 발생 차익(차손)	(4,667)		(4,000)	
차감: 당기손익에 포함된 차익(차손)의 재분류조정	3,333		–	
차감: 위험회피대상항목의 최초장부금액으로 대체된 조정	667	(667)	–	(4,000)
자산재평가차익		933		3,367
확정급여제도의 재측정요소		(667)		1,333
관계기업의 기타포괄손익에 대한 지분		400		(700)
기타포괄손익		(18,667)		37,334
기타포괄손익의 구성요소와 관련된 법인세[(10)]		4,667		(9,334)
기타포괄손익		(14,000)		28,000

(8) 기업이 포괄손익계산서에 누적표시방법을 선택하는 경우, 재분류조정금액과 당기의 차손익은 주석에 표시한다.

(9) 해외사업장의 처분은 없었다. 따라서 표시된 연도들에 재분류조정은 없다.

(10) 기타포괄손익의 각 구성요소와 관련된 법인세는 주석에 표시한다.

XYZ 그룹
기타포괄손익의 구성요소와 관련된 세효과의 공시
주석
20X7년 12월 31일로 종료하는 회계연도

(단위: 천원)

	20X7년			20X6년		
	세전 금액	법인세 효익 (비용)	세후 금액	세전 금액	법인세 효익 (비용)	세후 금액
해외사업장환산외환차이	5,334	(1,334)	4,000	10,667	(2,667)	8,000
매도가능금융자산	(24,000)	6,000	(18,000)	26,667	(6,667)	20,000
현금흐름위험회피	(667)	167	(500)	(4,000)	1,000	(3,000)
자산재평가차익	933	(333)	600	3,367	(667)	2,700
확정급여제도의 재측정요소	(667)	167	(500)	1,333	(333)	1,000
관계기업의 기타포괄손익에 대한 지분	400	–	400	(700)	–	(700)
기타포괄손익	(18,667)	4,667	(14,000)	37,334	(9,334)	28,000

XYZ 그룹 – 20X7년 12월 31로 종료하는 회계연도의 연결자본변동표

(단위: 천원)

	납입자본	이익잉여금	해외사업장환산	매도가능금융자산	현금흐름위험회피	재평가잉여금	총계	비지배지분	총자본
20X6년 1월 1일 현재 잔액	600,000	118,100	(4,000)	1,600	2,000	–	717,700	29,800	747,500
회계정책의 변경	–	400	–	–	–	–	400	100	500
재작성된 금액	600,000	118,500	(4,000)	1,600	2,000	–	718,100	29,900	748,000
20X6년 자본의 변동									
배당	–	(10,000)	–	–	–	–	(10,000)	–	(10,000)
총포괄손익[11]	–	53,200	6,400	16,000	(2,400)	1,600	74,800	18,700	93,500
20X6년 12월31일 현재 잔액	600,000	161,700	2,400	17,600	(400)	1,600	782,900	48,600	831,500

20X7년 자본의 변동									
유상증자	50,000	–	–	–	–	–	50,000	–	50,000
배당	–	(15,000)	–	–	–	–	(15,000)	–	(15,000)
총포괄 손익(12)	–	96,600	3,200	(14,400)	(400)	800	85,800	21,450	107,250
이익 잉여금 으로 대체	–	200	–	–	–	(200)	–	–	–
20X7년 12월 31일 현재 잔액	650,000	243,500	5,600	3,200	(800)	2,200	903,700	70,050	973,750

(11) 20X6년의 이익잉여금 53,200원은 지배기업의 소유주에게 귀속되는 52,400원과 확정급여제도의 재측정요소 800원(1,333원에서 법인세비용 333원과 비지배지분 200원을 차감)의 합계이다.

해외사업장환산, 매도가능금융자산, 현금흐름위험회피에 포함된 금액은 법인세비용과 비지배지분을 차감한 각 구성요소의 기타포괄손익을 표시한다. 예를 들어, 20X6년 매도가능금융자산과 관련된 기타포괄손익 16,000원은 26,667원에서 법인세비용 6,667원과 비지배지분 4,000원을 차감한 금액이다.

재평가잉여금 1,600원은 관계기업의 기타포괄손익에 대한 지분 (700)원과 자산재평가차익 2,300원(3,367원에서 법인세비용 667원과 비지배지분 400원을 차감)의 합계이다. 관계기업의 기타포괄손익은 자산재평가차손익에만 관련이 있다.

(12) 20X7년의 이익잉여금 96,600원은 지배기업의 소유주에게 귀속되는 당기순이익 97,000원과 확정급여제도의 재측정요소 400원(667원에서 법인세비용 167원과 비지배지분 100원을 차감)의 합계이다.

해외사업장환산, 매도가능금융자산 및 현금흐름위험회피에 포함된 금액은 법인세비용과 비지배지분을 차감한 각 구성요소의 기타포괄손익을 표시한다. 예를 들어, 20X7년 해외사업장환산과 관련된 기타포괄손익 3,200원은 5,334원에서 법인세비용 1,334원과 비지배지분 800원을 차감한 금액이다.

재평가잉여금 800원은 관계기업의 기타포괄손익에 대한 지분 400원과 자산재평가차익 400원(933원에서 법인세비용 333원과 비지배지분 200원을 차감)의 합계이다. 관계기업의 기타포괄손익은 자산재평가차손익에만 관련이 있다.

제Ⅱ부: 재분류조정의 결정에 대한 예시

IG7 이 기준서는 기타포괄손익의 각 구성요소와 관련된 재분류조정의 공시를 요구한다.

IG8 이 실무적용지침은 IAS 39에 따라 인식된 매도가능금융자산의 재분류조정 계산에 대한 예시를 제시한다.

IG9 20X5년 12월 31일 XYZ그룹은 매도가능으로 분류되는 주식(지분상품) 1,000주를 주당 10원에 매입하였다. 20X6년 12월 31일 현재 지분상품의 공정가치는 12원이었고, 20X7 12월 31일 현재 공정가치는 15원으로 증가하였다. 20X7 12월 31일에 현재 모든 지분상품은 매도되었으며, 보유한 기간 동안에 지분상품에 대해 선언된 배당은 없었다. IAS 12에 따라 적용가능한 법인세율은 30%이다.

차익의 계산

(단위: 원)

	세전금액	법인세	세후금액
기타포괄손익에 인식된 차익:			
20X6년 12월 31일로 종료하는 회계연도	2,000	(600)	1,400
20X7년 12월 31일로 종료하는 회계연도	3,000	(900)	2,100
총 차익	5,000	(1,500)	3,500

20X6년 12월 31일과 20X7년 12월 31일로 종료하는 회계연도의 당기손익과 기타포괄손익으로 보고된 금액

	20X7년	20X6년
당기손익:		
금융상품처분이익	5,000	
법인세비용	(1,500)	
당기손익으로 인식된 순차익	3,500	
기타포괄손익:		
당기에 발생한 법인세비용차감후차익	2,100	1,400
법인세비용차감후재분류조정	(3,500)	–
기타포괄손익으로 인식된 순차익(차손)	(1,400)	1,400
	2,100	1,400

대체적인 방법으로, 기타포괄손익의 구성요소는 세효과를 개별 항목으로 하여 법인세총액을 보일 수 있다:

	20X7년	20X6년
당기손익:		
금융상품처분이익	5,000	
법인세비용	(1,500)	
당기손익으로 인식된 순차익	3,500	
기타포괄손익:		
당기에 발생한 차익	3,000	2,000
재분류조정	(5,000)	–
기타포괄손익과 관련된 법인세	600	(600)
기타포괄손익으로 인식된 순차익(차손)	(1,400)	1,400
	2,100	1,400

제Ⅲ부: 자본에 대한 공시의 예시사례(문단 134~136)

감독대상 금융회사가 아닌 기업

IG10 다음의 사례는 금융회사가 아니면서 외부적으로 부과된 자본유지요건이 없는 기업이 문단 134와 135를 적용하는 경우를 예시한다. 이 사례는 기업이 자본조정후부채비율(debt-to-adjusted capital ratio)을 사용하여 자본을 관리하는 경우이다. 기업에 따라 자본을 관리하기 위해 다른 방식을 사용할 수 있다. 또한 이 사례는 비교적 간단한 경우이다. 기업은 자신의 상황에 따라 문단 134와 135의 요구사항을 충족하기 위해서 어느 정도 상세한 정보를 제공할 것인가를 결정한다.

상황

A그룹은 자동차를 제조하여 판매한다. A그룹에는 주로 리스방식으로 고객에게 금융서비스를 제공하는 금융회사가 포함되어 있다. A그룹은 외부적으로 부과된 자본유지요건이 없다.

공시의 사례

그룹은 자본을 관리함에 있어서 다음을 목적으로 합니다.
· 주주를 위한 투자수익과 다른 이해관계자를 위한 효익을 계속하여 제공할 수 있도록 계속기업으로서의 존속가능성을 보장하고
· 위험수준에 상응하는 제품과 서비스의 가격을 책정하여 주주에게 적절한 투자수익을 제공합니다.

그룹은 위험에 비례하여 자본금을 정합니다. 그룹은 자본구조를 관리하고 경제적 상황과 자산에 내재된 위험 특성의 변화를 고려하여 자본구조를 조정합니다. 자본구조를 유지하거나 조정하기 위해서 그룹은 주주에게 지급하는 배당액을 조정하고, 주주에게 자본을 반환하고, 신주를 발행하거나, 부채를 감소시키기 위하여 자산을 매각할 수 있습니다.

그룹은 동일 산업의 다른 기업과 마찬가지로 자본조정후부채비율에 기초하여 자본을 관리합니다. 이 비율은 순부채를 조정자본으로 나누어 계산합니다. 순부채는 부채총계(재무상태표에 표시된 것)에서 현금및현금성자산을 차감하여 계산합니다. 조정자본에는 현금흐름위험회피와 관련하여 자본으로 인식한 금액을 제외한 자본의 모든 구성요소(즉 자본금, 주식발행초과금, 비지배지분, 이익잉여금 및 재평가잉여금)와 몇몇 형태의 후순위채무가 포함되어 있습니다.

20X4년의 그룹 전략(20X3년 이후에 변동되지 않았다)은 BB신용등급을 유지하여 합리적인 금융원가로 자금을 조달하기 위해서 자본조정후부채비율을 6:1에서 7:1의 범위 중 낮은 수준으로 유지하는 것이었습니다. 20X4년 12월 31일과 20X3년 12월 31일 현재의 자본조정후부채비율은 다음과 같았습니다.

(단위: 백만원)

	20X4년 12월 31일	20X3년 12월 31일
부채총계	1,000	1,100
차감: 현금및현금성자산	(90)	(150)
순부채	910	950
자본총계	110	105
가산: 후순위채무상품	38	38
차감: 현금흐름위험회피와 관련하여 자본으로 누적된 금액	(10)	(5)
조정자본	138	138
자본조정후부채비율	6.6	6.9

20X4년의 자본조정후부채비율 감소는 주로 종속기업인 Z사의 매각으로 인한 순부채의 감소 때문입니다. 순부채가 감소하고, 수익성이 향상되었으며, 관리대상 매출채권의 수준이 낮아짐에 따라 배당지급액이 20X3년의 2.5백만원에서 20X4년에는 2.8백만원으로 증가하였습니다.

외부적으로 부과된 자본유지요건을 준수하지 않은 기업

IG11 다음의 사례는 기업이 외부적으로 부과된 자본유지요건을 해당 기간동안 준수하지 않았을 때 이 기준서의 문단 135(5)가 적용되는 것을 보여준다. 문단 134와 135의 다른 요구사항을 준수하기 위해서 그 밖의 사항이 공시될 수 있을 것이다.

상황

A기업은 고객에게 금융서비스를 제공하고 있는데 B감독기구가 부과한 자본유지요건을 준수해야 한다. 20X7년 12월 31일로 종료하는 회계연도에 A기업은 B감독기구가 부과한 자본유지요건을 준수하지 않았다. 20X7년 12월 31일로 종료하는 회계연도의 재무제표에 A기업은 그 미준수와 관련하여 다음 사항을 공시한다.

공시의 사례

A기업은 20X7년 10월 20일에 20X7년 9월 30일의 분기별 감독자본수익을 보고하였습니다. 그날 현재 A기업의 감독자본은 B감독기구가 부과한 자본유지요건 금액보다 1백만원이 적었습니다. 따라서 A기업은 감독자본을 요구수준까지 증가시키기 위한 계획을 감독기구에 제출하여야 했습니다. A기업은 20X7년 4분기에 비상장기업포트폴리오 가운데 11.5백만원 만큼을 매각하기로 하는 계획을 제출하였습니다. A기업은 20X7년 4분기에 고정이자율 투자자산포트폴리오를 12.6백만원에 매각하여 감독기구의 자본유지요건을 충족하였습니다.

기업회계기준서 제1001호(2008년 개정)와 기업회계기준서 제1001호(2007년 제정)와의 비교

이 비교는 기업회계기준서 제1001호의 일부를 구성하는 것은 아니다. 이 비교는 기업회계기준서 제1001호 '재무제표 표시'(2008년 개정)와 기업회계기준서 제1001호 '재무제표 표시'(2007년 제정)의 모든 차이점을 기술하고 있는 것은 아니다.

1. 풋가능 금융상품과 청산시에만 계약상 의무가 있는 금융상품에 대한 정의와 공시

   기업회계기준서 제1001호(2007년 제정)에서는 관련 규정이 없으나, 이번 개정에서는 기업회계기준서 제1032호의 개정에 따른 지분상품으로 분류되는 풋가능 금융상품과 발행자가 청산되는 경우에만 거래상대방에게 지분비율에 따라 발행자 순자산을 인도해야 하는 의무를 발행자에게 부과한 금융상품으로서 지분상품으로 분류되는 금융상품에 대한 정의와 공시를 추가하였다.

기업회계기준서 제1001호(2009년 개정)와 '기업회계기준서 제1001호(2007년 제정)'와의 비교

이 비교는 기업회계기준서 제1001호의 일부를 구성하는 것은 아니다. 이 비교는 기업회계기준서 제1001호 '재무제표 표시(2009년 개정)'와 기업회계기준서 제1001호 '재무제표 표시(2007년 제정)'의 모든 차이점을 기술하고 있는 것은 아니다.

1. 이익잉여금처분계산서(또는 결손금처리계산서)의 주석공시

   기업회계기준서 제1001호(2007년 제정)에서는 관련 규정이 없으나, 이번 개정에서는 상법 등 관련 법규에서 이익잉여금처분계산서(또는 결손금처리계산서)의 작성을 요구하는 경우에는 재무상태표의 이익잉여금(또는 결손금)에 대한 보충정보로서 이익잉여금처분계산서(또는 결손금처리계산서)를 주석으로 공시하도록 하였다.

기업회계기준서 제1001호(2010년 개정)와 '기업회계기준서 제1001호(2009년 개정)'와의 비교

이 비교는 기업회계기준서 제1001호의 일부를 구성하는 것은 아니다. 이 비교는 기업회계기준서 제1001호 '재무제표 표시(2010년 개정)'와 '기업회계기준서 제1001호 '재무제표 표시(2009년 개정)'의 모든 차이점을 기술하고 있는 것은 아니다.

1. 영업손익 관련 주석공시

기업회계기준서 제1001호(2010년 개정)에서는 영업손익(포괄손익계산서에 영업손익이 기재되지 않은 경우에 한함), 영업손익 산출에 포함된 주요 항목과 그 금액, 영업손익 산출에 포함된 항목이 과거 회계기준을 적용한 경우와 달라졌다면 그 주요 항목과 금액을 주석으로 공시하도록 하였다.

부 표 : 현 가 표

1. 1원의 현가표
2. 1원의 연금현가표

1. 1원의 현가표

$$P_{n,i} = \frac{1}{(1+i)^n} = (1+i)^{-n}$$

(n) Periods	2%	$2\frac{1}{2}$%	3%	4%	5%	6%
1	.98039	.97561	.97087	.96154	.95238	.94340
2	.96117	.95181	.94260	.92456	.90703	.89000
3	.94232	.92860	.91514	.88900	.86384	.83962
4	.92385	.90595	.88849	.85480	.82270	.79209
5	.90573	.88385	.86261	.82193	.78353	.74726
6	.88797	.86230	.83748	.79031	.74622	.70496
7	.87056	.84127	.81309	.75992	.71068	.66506
8	.85349	.82075	.78941	.73069	.67684	.62741
9	.83676	.80073	.76642	.70259	.64461	.59190
10	.82035	.78120	.74409	.67556	.61391	.55839
11	.80426	.76214	.72242	.64958	.58468	.52679
12	.78849	.74356	.70138	.62460	.55684	.49697
13	.77303	.72542	.68095	.60057	.53032	.46884
14	.75788	.70773	.66112	.57748	.50507	.44230
15	.74301	.69047	.64186	.55526	.48102	.41727
16	.72845	.67362	.62317	.53391	.45811	.39365
17	.71416	.65720	.60502	.51337	.43630	.37136
18	.70016	.64117	.58739	.49363	.41552	.35034
19	.68643	.62553	.57029	.47464	.39573	.33051
20	.67297	.61027	.55368	.45639	.37689	.31180
21	.65978	.59539	.53755	.43883	.35894	.29416
22	.64684	.58086	.52189	.42196	.34185	.27751
23	.63416	.56670	.50669	.40573	.32557	.26180
24	.62172	.55288	.49193	.39012	.31007	.24698
25	.60953	.53939	.47761	.37512	.29530	.23300
26	.59758	.52623	.46369	.36069	.28124	.21981
27	.58586	.51340	.45019	.34682	.26785	.20737
28	.57437	.50088	.43708	.33348	.25509	.19563
29	.56311	.48866	.42435	.32065	.24295	.18456
30	.55207	.47674	.41199	.30832	.23138	.17411
31	.54125	.46511	.39999	.29646	.22036	.16425
32	.53063	.45377	.38834	.28506	.20987	.15496
33	.52023	.44270	.37703	.27409	.19987	.14619
34	.51003	.43191	.36604	.26355	.19035	.13791
35	.50003	.42137	.35538	.25342	.18129	.13011
36	.49022	.41109	.34503	.24367	.17266	.12274
37	.48061	.40107	.33498	.23430	.16444	.11579
38	.47119	.39128	.32523	.22529	.15661	.10924
39	.46195	.38174	.31575	.21662	.14915	.10306
40	.45289	.37243	.30656	.20829	.14205	.09722

(n) Periods	8%	9%	10%	11%	12%	15%
1	.92593	.91743	.90909	.90090	.89286	.86957
2	.85734	.84168	.82645	.81162	.79719	.75614
3	.79383	.77218	.75131	.73119	.71178	.65752
4	.73503	.70843	.68301	.65873	.63552	.57175
5	.68058	.64993	.62092	.59345	.56743	.49718
6	.63017	.59627	.56447	.53464	.50663	.43233
7	.58349	.54703	.51316	.48166	.45235	.37594
8	.54027	.50187	.46651	.43393	.40388	.32690
9	.50025	.46043	.42410	.39092	.36061	.28426
10	.46319	.42241	.38554	.35218	.32197	.24718
11	.42888	.38753	.35049	.31728	.28748	.21494
12	.39711	.35553	.31863	.28584	.25668	.18691
13	.36770	.32618	.28966	.25751	.22917	.16253
14	.34046	.29925	.26333	.23199	.20462	.14133
15	.31524	.27454	.23939	.20900	.18270	.12289
16	.29189	.25187	.21763	.18829	.16312	.10686
17	.27027	.23107	.19784	.16963	.14564	.09293
18	.25025	.21199	.17986	.15282	.13004	.08081
19	.23171	.19449	.16351	.13768	.11611	.07027
20	.21455	.17843	.14864	.12403	.10367	.06110
21	.19866	.16370	.13513	.11174	.09256	.05313
22	.18394	.15018	.12285	.10067	.08264	.04620
23	.17032	.13778	.11168	.09069	.07379	.04017
24	.15770	.12640	.10153	.08170	.06588	.03493
25	.14602	.11597	.09230	.07361	.05882	.03038
26	.13520	.10639	.08391	.06631	.05252	.02642
27	.12519	.09761	.07628	.05974	.04689	.02297
28	.11591	.08955	.06934	.05382	.04187	.01997
29	.10733	.08215	.06304	.04849	.03738	.01737
30	.09938	.07537	.05731	.04368	.03338	.01510
31	.09202	.06915	.05210	.03935	.02980	.01313
32	.08520	.06344	.04736	.03545	.02661	.01142
33	.07889	.05820	.04306	.03194	.02376	.00993
34	.07305	.05339	.03914	.02878	.02121	.00864
35	.06763	.04899	.03558	.02592	.01894	.00751
36	.06262	.04494	.03235	.02335	.01691	.00653
37	.05799	.04123	.02941	.02104	.01510	.00568
38	.05369	.03783	.02673	.01896	.01348	.00494
39	.04971	.03470	.02430	.01708	.01204	.00429
40	.04603	.03184	.02209	.01538	.01075	.00373

2. 1원의 연금현가표

$$P_{n,i} = \frac{1-\frac{1}{(1+i)^n}}{i} = \frac{1-P_{ni}}{i}$$

(n) Periods	2%	$2\frac{1}{2}$%	3%	4%	5%	6%
1	0.98039	.97561	0.97087	0.96154	0.95238	0.94340
2	1.94156	1.92742	1.91347	1.88609	1.85941	1.83339
3	2.88388	2.85602	2.82861	2.77509	2.72325	2.67301
4	3.80773	3.76197	3.71710	3.62990	3.54595	3.46511
5	4.71346	4.64583	4.57971	4.45182	4.32948	4.21236
6	5.60143	5.50813	5.41719	5.24214	5.07569	4.91732
7	6.47199	6.34939	6.23028	6.00205	5.78637	5.58238
8	7.32548	7.17014	7.01969	6.73274	6.46321	6.20979
9	8.16224	7.97087	7.78611	7.43533	7.10782	6.80169
10	8.98259	8.75206	8.53020	8.11090	7.72173	7.36009
11	9.78685	9.51421	9.25262	8.76048	8.30641	7.88687
12	10.57534	10.25776	9.95400	9.38507	8.86325	8.38384
13	11.34837	10.98319	10.63496	9.98565	9.39357	8.85268
14	12.10625	11.69091	11.29607	10.56312	9.89864	9.29498
15	12.84926	12.38138	11.93794	11.11839	10.37966	9.71225
16	13.57771	13.05500	12.56110	11.65230	10.83777	10.10590
17	14.29187	13.71220	13.16612	12.16567	11.27407	10.47726
18	14.99203	14.35336	13.75351	12.65930	11.68959	10.82760
19	15.67846	14.97889	14.32380	13.13394	12.08532	11.15812
20	16.35143	15.58916	14.87747	13.59033	12.46221	11.46992
21	17.01121	16.18455	15.41502	14.02916	12.82115	11.76408
22	17.65805	16.76541	15.93692	14.45112	13.16300	12.04158
23	18.29220	17.33211	16.44361	14.85684	13.48857	12.30338
24	18.91393	17.88499	16.93554	15.24696	13.79864	12.55036
25	19.52346	18.42438	17.41315	15.62208	14.09394	12.78336
26	20.12104	18.95061	17.87684	15.98277	14.37519	13.00317
27	20.70690	19.46401	18.32703	16.32959	14.64303	13.21053
28	21.28127	19.96489	18.76411	16.66306	14.89813	13.40616
29	21.84438	20.45355	19.18845	16.98371	15.14107	13.59072
30	22.39646	20.93029	19.60044	17.29203	15.37245	13.76483
31	22.93770	21.39541	20.00043	17.58849	15.59281	13.92909
32	23.46833	21.84918	20.38877	17.87355	15.80268	14.08404
33	23.98856	22.29188	20.76579	18.14765	16.00255	14.23023
34	24.49859	22.72379	21.13184	18.41120	16.19290	14.36814
35	24.99862	23.14516	21.48722	18.66461	16.37419	14.49825
36	25.48884	23.55625	21.83225	18.90828	16.54685	14.62099
37	25.96945	23.95732	22.16724	19.14258	16.71129	14.73678
38	26.44064	24.34860	22.49246	19.36786	16.86789	14.84602
39	26.90259	24.73034	22.80822	19.58448	17.01704	14.94907
40	27.35548	25.10278	23.11477	19.79277	17.15909	15.04630

(n) Periods	8%	9%	10%	11%	12%	15%
1	0.92593	0.91743	0.90909	0.90090	0.89286	0.86957
2	1.78326	1.75911	1.73554	1.71252	1.69005	1.62571
3	2.57710	2.53129	2.48685	2.44371	2.40183	2.28323
4	3.31213	3.23972	3.16987	3.10245	3.03735	2.85498
5	3.99271	3.88965	3.79079	3.69590	3.60478	3.35216
6	4.62288	4.48592	4.35526	4.23054	4.11141	3.78448
7	5.20637	5.03295	4.86842	4.71220	4.56376	4.16042
8	5.74664	5.53482	5.33493	5.14612	4.96764	4.48732
9	6.24689	5.99525	5.75902	5.53705	5.32825	4.77158
10	6.71008	6.41766	6.14457	5.88923	5.65022	5.01877
11	7.13896	6.80519	6.49506	6.20652	5.93770	5.23371
12	7.53608	7.16073	6.81369	6.49236	6.19437	5.42062
13	7.90378	7.48690	7.10336	6.74987	6.42355	5.58315
14	8.24424	7.78615	7.36669	6.98187	6.62817	5.72448
15	8.55948	8.06069	7.60608	7.19087	6.81086	5.84737
16	8.85137	8.31256	7.82371	7.37916	6.97399	5.95423
17	9.12164	8.54363	8.02155	7.54879	7.11963	6.04716
18	9.37189	8.75563	8.20141	7.70162	7.24967	6.12797
19	9.60360	8.95011	8.36492	7.83929	7.36578	6.19823
20	9.81815	9.12855	8.51356	7.96333	7.46944	6.25933
21	10.01680	9.29224	8.64869	8.07507	7.56200	6.31246
22	10.20074	9.44243	8.77154	8.17574	7.64465	6.35866
23	10.37106	9.58021	8.88322	8.26643	7.71843	6.39884
24	10.52876	9.70661	8.98474	8.34814	7.78432	6.43377
25	10.67478	9.82258	9.07704	8.42174	7.84314	6.46415
26	10.80998	9.92897	9.16095	8.48806	7.89566	6.49056
27	10.93516	10.02658	9.23722	8.54780	7.94255	6.51353
28	11.05108	10.11613	9.30657	8.60162	7.98442	6.53351
29	11.15841	10.19828	9.36961	8.65011	8.02181	6.55088
30	11.25778	10.27365	9.42691	8.69379	8.05518	6.56598
31	11.34980	10.34280	9.47901	8.73315	8.08499	6.57911
32	11.43500	10.40624	9.52638	8.76860	8.11159	6.59053
33	11.51389	10.46444	9.56943	8.80054	8.13535	6.60046
34	11.58693	10.51784	9.60857	8.82932	8.15656	6.60910
35	11.65457	10.56682	9.64416	8.85524	8.17550	6.61661
36	11.71719	10.61176	9.67651	8.87859	8.19241	6.62314
37	11.77518	10.65299	9.70592	8.89963	8.20751	6.62881
38	11.82887	10.69082	9.73265	8.91859	8.22099	6.63375
39	11.87858	10.72552	9.75696	8.93567	8.23303	6.63805
40	11.92461	10.75736	9.77905	8.95105	8.24378	6.64178

보론 3

중소기업회계기준

[시행 2014. 1. 1.] [법무부고시 제2013-0029호, 2013. 2. 1. 제정]

「상법」 제446조의2 및 같은 법 시행령 제15조 제3호에 따라 법무부장관이 금융위원회 및 중소기업청장과 협의하여 고시하는 회계기준은 다음과 같다.

제1장 총칙

제1조 목적
제2조 적용
제3조 회계정책의 선택
제4조 재무제표
제5조 항목의 통합 및 구분 표시

제2장 대차대조표

제6조 대차대조표 작성기준
제7조 당좌자산
제8조 매출채권 등의 양도
제9조 재고자산
제10조 투자자산
제11조 유형자산
제12조 무형자산
제13조 기타비유동자산
제14조 유동부채
제15조 비유동부채
제16조 매입채무 등의 제거

제17조 종업원급여
제18조 그 밖의 충당부채
제19조 자본금
제20조 자본잉여금
제21조 자본조정
제22조 이익잉여금 또는 결손금

제3장 손익계산서

제23조 손익계산서 작성기준
제24조 수익의 인식 시점
제25조 수익의 측정
제26조 매출액
제27조 매출원가
제28조 매출총이익
제29조 판매비와관리비
제30조 영업이익
제31조 영업외수익
제32조 영업외비용
제33조 법인세차감전순이익
제34조 법인세비용
제35조 당기순이익

제4장 자산·부채의 평가

제36조 자산의 평가기준
제37조 재고자산의 평가
제38조 유형자산과 무형자산의 평가
제39조 유가증권의 평가
제40조 매출채권 등의 평가
제41조 매입채무 등의 평가
제42조 외화거래

제5장 회계정책·회계추정의 변경과 오류수정

제43조 회계정책 및 회계추정의 변경
제44조 오류수정

제6장 자본거래

제45조 주식의 발행
제46조 자기주식의 취득과 처분
제47조 주식의 소각
제48조 배당

제7장 특수 거래

제49조 리스거래
제50조 정부보조금과 공사부담금
제51조 사업결합

제8장 자본변동표

제52조 자본변동표

제9장 이익잉여금처분계산서 및 결손금처리계산서

제53조 이익잉여금처분계산서
제54조 결손금처리계산서

제10장 주석

제55조 주석의 정의
제56조 주석 기재 사항

부칙

제1조 시행일
제2조 최초 적용에 관한 경과조치

제1장 총칙

제1조(목적) 중소기업회계기준(이하 '이 기준'이라 한다)은 상법 시행령 제15조제3호에 따른 주식회사의 회계처리와 재무보고에 관한 기준을 정함을 목적으로 한다.

제2조(적용) 이 기준은 상법 시행령 제15조제3호에 따른 주식회사(이하 '회사'라 한다)의 회계처리에 적용한다. 다만, 회사가 주식회사의 외부감사에 관한 법률 제13조에 따른 회계기준(한국채택국제회계기준 또는 일반기업회계기준을 말한다)을 적용하는 경우에는 그러하지 아니하다.

제3조(회계정책의 선택) 거래, 그 밖의 사건 또는 상황에 적용되는 회계정책은 이 기준을 적용하여 결정한다. 다만, 구체적으로 적용할 수 있는 기준이 없는 경우 일반기업회계기준을 참조하여 회계처리한다.

제4조(재무제표)

① 이 기준에서 재무제표는 다음 각 호의 서류로 구성된다. 다만, 제3호와 제4호의 경우 하나를 선택하여 작성한다.

1. 대차대조표
2. 손익계산서
3. 자본변동표
4. 이익잉여금처분계산서 또는 결손금처리계산서

② 재무제표는 직전 회계연도 분과 해당 회계연도 분을 비교하는 형식으로 작성한다. 다만, 해당 회계연도 분만 작성할 수 있다.

③ 재무제표가 이 기준에 따라 작성된 경우에는 각 재무제표 아래에 중소기업회계기준에 따라 작성되었다는 사실을 기재한다.

제5조(항목의 통합 및 구분 표시)

① 성격이나 금액이 중요하지 아니한 항목은 성격이 비슷한 항목에 통합하여 표시할 수 있다.

② 성격과 금액이 중요한 항목은 그 내용을 잘 나타낼 수 있는 적절한 항목으로 구분하여 표시한다.

제2장 대차대조표

제6조(대차대조표 작성기준)

① 대차대조표는 회계연도 말 현재 회사의 자산, 부채와 자본에 대한 정보를 제공하는 재무보고서이다.

② 대차대조표에는 회계연도 말 현재의 모든 자산, 부채 및 자본을 적정하게 표시한다. [별지 제1호 서식 참조]

③ 대차대조표 구성요소의 정의는 다음 각 호와 같다.

1. '자산'이란 과거의 거래나 사건의 결과로 현재 회사가 통제하고 미래에 경제적 효익을 창출할 것으로 예상되는 자원을 말한다.

2. '부채'란 과거의 거래나 사건의 결과로 현재 회사가 부담하고 있고 미래에 자원이 유출되거나 사용될 것으로 예상되는 의무를 말한다.

3. '자본'이란 회사의 자산 총액에서 부채 총액을 차감한 잔여 금액으로 회사의 자산에 대한 주주의 잔여청구권을 말한다.

④ 자산과 부채는 각각 다음 각 호의 조건을 충족하는 경우에 대차대

조표에 인식한다.

1. 자산: 해당 항목에서 발생하는 미래경제적 효익이 회사에 유입될 가능성이 매우 높고, 그 원가를 신뢰성 있게 측정할 수 있다.

2. 부채: 해당 의무를 이행하기 위하여 경제적 자원이 유출될 가능성이 매우 높고, 의무의 이행에 소요되는 금액을 신뢰성 있게 측정할 수 있다.

⑤ 자산, 부채 및 자본은 다음 각 호에 따라 구분한다.

1. 자산은 회계연도 말부터 1년 이내에 현금화되거나 실현될 것으로 예상되면 유동자산으로, 그 밖의 경우는 비유동자산으로 구분하고, 유동자산과 비유동자산은 다음 각 목과 같이 구분한다.

가. 유동자산: 당좌자산, 재고자산

나. 비유동자산: 투자자산, 유형자산, 무형자산, 기타비유동자산

2. 부채는 회계연도 말부터 1년 이내에 상환 등을 통하여 소멸할 것으로 예상되면 유동부채로, 그 밖의 경우는 비유동부채로 구분한다.

3. 자본은 자본금, 자본잉여금, 자본조정과 이익잉여금 또는 결손금으로 구분한다.

⑥ 자산과 부채는 유동성이 높은 항목부터 배열한다.

⑦ 자산과 부채는 상계하여 표시하지 않는다. 다만, 회사가 채권과 채무를 상계할 수 있는 법적 권리를 가지고 있고, 채권과 채무를 차액으로 결제하거나 동시에 결제할 의도가 있다면 상계하여 표시한다.

⑧ 가지급금이나 가수금 등은 그 내용을 나타내는 적절한 항목으로 표시한다.

제7조(당좌자산)

① '당좌자산'이란 재고자산에 속하지 않는 유동자산을 말한다.

② 당좌좌산에는 현금및현금성자산, 단기투자자산, 매출채권, 선급비용, 미수수익, 미수금과 선급금 등이 포함된다.

③ 매출채권, 대여금, 미수금, 미수수익 등에 대한 대손충당금은 해당 자산의 차감계정으로 대차대조표에 표시한다.

제8조(매출채권 등의 양도) 매출채권, 대여금 등을 양도하는 경우, 그 자산을 대차대조표에서 제거하고 장부금액과 수취한 대가의 차액은 매출채권처분손익 등 당기손익으로 인식한다.

제9조(재고자산)

① '재고자산'이란 일상적인 사업과정에서 판매하기 위하여 보유하거나 생산과정에 있는 자산과 생산 또는 용역 제공 과정에 투입될 자산을 말한다.

② 재고자산에는 상품, 제품, 반제품, 재공품, 원재료와 저장품 등이 포함된다.

③ 재고자산평가충당금은 재고자산 각 항목의 차감계정으로 대차대조표에 표시한다.

제10조(투자자산)

① '투자자산'이란 장기적인 투자 수익 등과 같이 주된 영업활동이 아닌 부수적인 활동의 결과로 보유하는 자산을 말한다.

② 투자자산에는 투자부동산, 장기투자증권과 장기대여금 등이 포함된다.

제11조(유형자산)

① '유형자산'이란 재화를 생산하거나 용역을 제공하기 위하여, 또는 타인에게 임대하거나 직접 사용하기 위하여 보유한 물리적 형체가 있는 자산으로 1년을 초과하여 사용할 것으로 예상되는 자산을 말한다.

② 유형자산에는 토지, 건물, 구축물, 기계장치, 차량운반구와 건설중인 자산 등이 포함된다.

③ 유형자산의 감가상각누계액과 손상차손누계액은 유형자산 각 항목의 차감계정으로 대차대조표에 표시한다.

④ 유형자산을 폐기하거나 처분하는 경우 그 자산을 대차대조표에서 제거하고 처분금액과 장부금액의 차액을 유형자산처분손익으로 인식한다.

제12조(무형자산)

① '무형자산'이란 재화를 생산하거나 용역을 제공하기 위하여, 또는 타인에게 임대하거나 직접 사용하기 위하여 보유한, 물리적 형체가 없는 비화폐성자산을 말한다.

② 무형자산에는 지식재산권, 개발비, 컴퓨터소프트웨어, 광업권, 임차권리금과 영업권 등이 포함된다.

③ 무형자산은 상각누계액과 손상차손누계액을 취득원가에서 직접 차감한 잔액으로 대차대조표에 표시한다.

④ 무형자산을 처분하는 경우 그 자산을 대차대조표에서 제거하고 처분금액과 장부금액의 차액을 무형자산처분손익으로 인식한다.

제13조(기타비유동자산)

① '기타비유동자산'이란 투자자산, 유형자산 및 무형자산에 속하지 않는 비유동자산을 말한다.

② 기타비유동자산에는 임차보증금, 장기매출채권, 장기선급비용과 장기미수금 등이 포함된다.

제14조(유동부채)

① '유동부채'란 회계연도 말부터 1년 이내에 상환 등을 통하여 소멸할 것으로 예상되는 부채를 말한다.

② 유동부채에는 단기차입금, 매입채무, 미지급법인세, 미지급비용, 미지급금, 선수금, 선수수익, 예수금과 유동성장기부채 등이 포함된다.

제15조(비유동부채)

① '비유동부채'란 유동부채를 제외한 모든 부채를 말한다.

② 비유동부채에는 장기매입채무, 사채, 장기차입금과 퇴직급여충당부채 등이 포함된다.

제16조(매입채무 등의 제거) 매입채무, 차입금, 사채 등이 소멸하거나 제3자에게 이전되는 경우, 그 부채를 대차대조표에서 제거하고 장부금액과 지급한 대가(양도한 비현금자산이나 부담한 부채를 포함한다)의 차액은 당기손익으로 인식한다.

제17조(종업원급여)

① 종업원이 근무용역을 제공한 때 이에 대한 대가의 금액을 신뢰성 있게 측정할 수 있다면 급여로 인식하고, 이미 지급한 금액을 차감한 후 추가로 지급해야 하는 금액을 미지급비용으로 인식한다.

② 퇴직금제도의 경우 회계연도 말 현재 모든 종업원이 일시에 퇴직한다면 지급해야 할 퇴직일시금에 상당하는 금액을 퇴직급여충당부채로 인식한다.

③ 확정급여형퇴직연금제도의 경우 다음 각 호에 따라 회계처리한다.

1. 회계연도 말 현재 모든 종업원이 일시에 퇴직한다면 지급해야 할 퇴직일시금에 상당하는 금액을 퇴직급여충당부채로 인식한다.

2. 확정급여형퇴직연금제도에서 운용되는 자산은 하나로 통합하여 퇴직연금운용자산으로 표시한다.

3. 퇴직연금운용자산은 퇴직급여충당부채의 차감계정으로 표시한다. 다만, 퇴직연금운용자산이 퇴직급여충당부채보다 큰 경우에는 그 초과액을 투자자산의 퇴직연금운용자산으로 표시한다.

④ 확정기여형퇴직연금제도의 경우 해당 회계연도에 대해 회사에서 납부해야 하는 부담금(기여금)을 퇴직급여로 인식하고, 회계연도 말 현재 아직 납부하지 않은 기여금은 미지급비용으로 인식한다.

제18조(그 밖의 충당부채)

① 타인의 채무 등에 관한 보증, 계류 중인 소송사건, 하자보수 약정 등은 지출의 시기 또는 금액이 확실하지 않더라도 제6조제3항제2호 부채의 정의와 같은 조 제4항제2호 부채의 인식조건을 모두 충족한다면 충당부채를 인식한다.

② 충당부채로 인식하는 금액은 현재의무의 이행에 소요되는 지출에 대해 회계연도 말 현재 관련된 사건과 상황에 대한 불확실성을 고려한 최선의 추정치이다.

③ 상황이 달라져서 더 이상 제1항의 충당부채의 인식 조건을 충족하지 아니하게 되면, 관련 충당부채는 환입하여 당기에 이익으로 인

식한다.

제19조(자본금) '자본금'이란 상법 제451조에 따른 자본금을 말한다.

제20조(자본잉여금)

① '자본잉여금'이란 주주와의 자본거래에서 발생하여 자본을 증가시키는 잉여금을 말한다.

② 자본잉여금에는 주식발행초과금, 자기주식처분이익과 감자차익 등이 포함된다.

제21조(자본조정)

① '자본조정'이란 자본거래에 해당하지만 자본금 또는 자본잉여금으로 분류할 수 없는 항목과 당기에 손익으로 인식되지 않은 평가차손익의 누계액을 말한다.

② 자본조정에는 자기주식, 주식할인발행차금, 감자차손, 자기주식처분손실, 해외사업환산손익 등이 포함된다.

제22조(이익잉여금 또는 결손금) 이익잉여금(또는 결손금)이란 손익계산서에 보고된 손익에 다른 자본항목에서 이입된 금액을 가산한 금액에서 주주에 대한 배당, 자본금 전입과 자본조정 항목의 상각 등으로 처분된 금액을 차감한 잔액을 말한다.

제3장 손익계산서

제23조(손익계산서 작성기준)

① 손익계산서는 한 회계연도의 회사의 경영성과에 대한 정보를 제공하는 재무보고서이다.

② 손익계산서에는 그 회계연도에 속하는 모든 수익과 이에 대응하는 모든 비용을 적정하게 표시한다.

③ 손익계산서는 다음 각 호에 따라 작성한다. [별지 제2호 서식 참조]

1. 모든 수익과 비용은 그것이 발생한 회계연도에 배분되도록 회계처리한다. 이 경우 발생한 원가가 자산으로 인식되는 경우를 제외하고는 비용으로 인식한다.

2. 수익과 비용은 그 발생 원천에 따라 명확하게 분류하고, 수익항목과 이에 관련되는 비용항목은 대응하여 표시한다.

3. 수익과 비용은 총액으로 표시하는 것을 원칙으로 한다. 다만, 이 기준에서 수익과 비용을 상계하도록 요구하는 경우에는 상계하여 표시하고, 허용하는 경우에는 수익과 비용을 상계하여 표시할 수 있다.

4. 손익계산서는 다음 각 목과 같이 구분하여 표시한다. 다만, 제조업, 판매업 및 건설업 외의 회사는 매출총이익(또는 손실)을 구분하여 표시하지 아니할 수 있다.

가. 매출액

나. 매출원가

다. 매출총이익(또는 손실)

라. 판매비와관리비

마. 영업이익(또는 손실)

바. 영업외수익

사. 영업외비용

아. 법인세비용차감전순이익(또는 손실)

자. 법인세비용

차. 당기순이익(또는 손실)

제24조(수익의 인식 시점)

① 재화를 판매하거나 용역을 제공하고 이에 대한 대가를 받을 권리를 갖게 되었을 때 수익을 인식한다. 다만, 회수기간이 1년 이상인 할부매출은 할부금회수기일에 수익을 인식할 수 있다.

② 용역 제공과 건설형 공사계약의 경우, 진행률과 이미 발생한 원가와 거래를 완료하기 위하여 투입해야 할 원가를 신뢰성 있게 측정할 수 있다면 대가를 받을 권리를 갖게 된 것으로 보아 진행률에 따라 용역이 제공되거나 공사 또는 제작이 진행되는 회계연도에 걸쳐 수익을 인식한다. 다만, 1년 내에 완료·완성되는 용역 및 건설형 공사계약은 각각 용역 제공을 완료한 날과 공사 또는 제작을 완성한 날에 수익을 인식할 수 있다.

③ 이자수익과 배당금수익은 다음 각 호에 따라 인식한다. 다만, 각 회계연도의 손익에 미치는 영향이 중요하지 않다면 실제로 현금을 받은 시점에 수익을 인식할 수 있다.

1. 이자수익: 유효이자율법이나 정액법을 적용하여 기간의 경과에 따라 인식한다.

2. 배당금수익: 배당금을 받을 권리와 금액이 확정되는 시점에 인식한다.

제25조(수익의 측정) 수익은 재화를 판매하거나, 용역을 제공하거나,

자산을 사용하게 하여 받았거나 받을 대가로 측정하고, 매출에누리, 매출할인과 매출환입은 수익에서 차감한다.

제26조(매출액) '매출액'이란 회사의 주된 영업활동에서 발생한 제품, 상품 또는 용역 등의 총매출액에서 매출에누리, 매출할인과 매출환입을 차감한 금액을 말한다. 이 경우 일정 기간의 거래수량 또는 거래금액에 따라 매출액을 실질적으로 감소시키는 것은 매출에누리에 포함한다.

제27조(매출원가)

① '매출원가'란 제품, 상품 또는 용역 등의 매출액에 직접 대응되는 원가를 말한다.

② 재고자산의 순실현가능가치(일상적인 사업과정의 추정판매가격에서 판매할 때까지 발생하는 추정원가를 차감한 금액을 말한다. 이하 같다)가 장부금액보다 하락하여 발생한 평가손실은 매출원가에 가산한다.

③ 재고자산의 평가손실환입은 최초 장부금액을 초과하지 않는 범위로 한정하고, 매출원가에서 차감한다.

④ 재고자산의 장부 수량과 실제 수량의 차이에서 발생하는 재고자산 감모손실 가운데 정상적으로 발생한 부분은 매출원가에 가산한다.

제28조(매출총이익) 매출총이익(또는 손실)은 매출액에서 매출원가를 차감하여 산출한다.

제29조(판매비와관리비)

① '판매비와관리비'란 제품, 상품 또는 용역 등의 판매활동과 회사의 관리활동에서 발생하는 비용을 말하며, 매출원가에 속하지 아니하는 모든 영업비용이 포함된다.

② 판매비와관리비에는 급여, 퇴직급여, 복리후생비, 임차료, 접대비, 감가상각비, 무형자산상각비, 세금과공과, 광고선전비, 연구비, 경상개발비와 대손상각비 등이 포함된다.

③ 영업활동과 관련된 비용이 감소하여 발생하는 퇴직급여충당부채환입과 대손충당금환입 등은 판매비와관리비의 부(-)의 금액으로 표시한다.

④ 연구단계와 개발단계에서 발생한 지출은 발생한 회계연도에 판매비와관리비로 인식한다. 다만, 개발단계에서 발생한 지출이 제6조제3항제1호 자산의 정의와, 같은 조 제4항제1호 자산의 인식 조건을 모두 충족한다면 무형자산의 개발비로 인식한다.

제30조(영업이익) 영업이익(또는 손실)은 매출총이익(또는 손실)에서 판매비와관리비를 차감하여 산출한다.

제31조(영업외수익)

① '영업외수익'이란 회사의 주된 영업활동이 아닌 활동에서 발생한 수익과 차익을 말한다.

② 영업외수익에는 이자수익, 배당금수익(주식배당액은 제외한다), 임대료, 단기투자자산처분이익, 단기투자자산평가이익, 외환차익, 외화환산이익, 장기투자증권손상차손환입, 유형자산처분이익, 사채상환이익과 전기오류수정이익 등이 포함된다.

제32조(영업외비용)

① '영업외비용'이란 회사의 주된 영업활동이 아닌 활동에서 발생한 비용과 차손을 말한다.

② 영업외비용에는 이자비용, 기타대손상각비, 단기투자자산처분손실, 단기투자자산평가손실, 재고자산감모손실(비정상적으로 발생한 부

분에 한정한다), 외환차손, 외화환산손실, 기부금, 장기투자증권손상차손, 유형자산처분손실, 사채상환손실과 전기오류수정손실 등이 포함된다.

제33조(법인세비용차감전순이익) 법인세비용차감전순이익(또는 손실)은 영업이익(또는 손실)에 영업외수익을 가산하고 영업외비용을 차감하여 산출한다.

제34조(법인세비용) '법인세비용'이란 법인세법에 따라 납부하여야 할 금액인 법인세와 이에 부가되는 세액을 말하며, 과거 회계연도와 관련된 법인세 추납액 또는 환급액도 포함한다.

제35조(당기순이익) 당기순이익(또는 손실)은 법인세비용차감전순이익(또는 손실)에서 법인세비용을 차감하여 산출한다.

제4장 자산·부채의 평가

제36조(자산의 평가기준)

① 자산은 최초에 취득원가로 인식한다.

② 교환, 현물출자, 증여, 그 밖에 무상으로 취득한 자산은 공정가치(합리적인 판단력과 거래 의사가 있는 독립된 당사자 사이의 거래에서 자산이 교환되거나 부채가 결제될 수 있는 금액을 말한다. 이하 같다)를 취득원가로 한다. 다만, 같은 종류의 자산(토지와 건물을 제외한다)을 교환하였을 때에는 제공한 자산의 장부금액을 취득원가로 한다.

③ 이 기준에서 별도로 정하는 경우를 제외하고는, 자산의 진부화, 물리적인 손상 또는 시장가치의 급격한 하락 등으로 자산의 순공정가치(공정가치에서 처분부대원가를 차감한 금액을 말한다. 이하 같다)가 장부금액보다 중요하게 낮으면 장부금액을 순공정가치로 조정하고, 그 차액을 손상차손으로 인식한다.

④ 과거 회계연도에 인식한 손상차손이 더 이상 존재하지 않거나 감소하였다면 자산의 순공정가치가 장부금액을 초과하는 금액은 손상차손환입으로 인식한다. 다만, 손상차손환입으로 증가된 장부금액은 과거에 손상차손을 인식하기 전 장부금액의 감가상각 또는 상각 후 잔액을 초과할 수 없다.

제37조(재고자산의 평가)

① 재고자산의 취득원가는 매입원가 또는 제조원가를 말한다.

② 재고자산의 취득 과정에서 정상적으로 발생한 부대원가는 취득원가에 포함하고, 매입에누리, 매입할인과 매입환출은 취득원가에서 차감한다. 이 경우 일정 기간의 거래 수량 또는 금액에 따라 매입액을 실질적으로 감소시키는 것은 매입에누리에 포함한다.

③ 취득이 시작된 날부터 의도한 용도로 사용·판매할 수 있는 상태가 될 때까지 1년 이상이 걸리는 재고자산의 취득 자금에 포함된 차입금의 이자비용 등은 법인세법 제28조를 준용하여 해당 자산의 취득원가에 포함할 수 있다.

④ 재고자산이 파손, 부패 등과 같이 물리적으로 손상되거나, 장기간 판매되지 아니하거나, 진부화되어 판매가치가 하락하는 등으로 순실현가능가치가 취득원가보다 중요하게 낮아지면 순실현가능가치를 장부금액으로 한다.

⑤ 재고자산의 단위원가는 개별법, 선입선출법, 평균법, 후입선출법 또는 매출가격환원법(소매재고법)을 사용하여 결정한다.

제38조(유형자산과 무형자산의 평가)

① 유형자산과 무형자산의 취득원가는 구입가격 또는 제작원가와 의도하는 방식으로 자산을 가동하는 데 필요한 장소와 상태에 이르게 하는 데 직접 관련되는 원가를 포함하며, 매입에누리, 매입할인과

매입환출을 차감한 금액을 말한다.

② 유형자산과 무형자산의 취득 자금에 포함된 차입금의 이자비용 등은 법인세법 제28조에 따라 해당 자산의 취득원가에 포함할 수 있다.

③ 유형자산과 무형자산의 생산능력을 향상시키거나 내용연수를 연장시키는 등 자산의 가치를 실질적으로 높이는 지출(이하 '자본적 지출'이라 한다)은 해당 자산의 장부금액에 가산하고, 원상을 회복시키거나 능률을 유지하기 위한 지출은 발생한 회계연도의 비용으로 인식한다.

④ 최초 인식 후에 유형자산과 무형자산의 장부금액은 다음 각 호에 따라 결정한다.

1. 유형자산: 취득원가(자본적 지출을 포함한다. 이하 이 조에서 같다)에서 감가상각누계액과 손상차손누계액을 차감한 금액

2. 무형자산: 취득원가에서 상각누계액과 손상차손누계액을 차감한 금액

⑤ 취득원가에서 잔존가치를 차감하여 결정되는 유형자산의 감가상각대상금액과 무형자산의 상각대상금액은 해당 자산을 사용할 수 있는 때부터 내용연수에 걸쳐 배분한다.

⑥ 잔존가치는 다음 각 호에 따라 결정한다. 다만, 잔존가치는 법인세법 제23조에 따라 결정할 수 있다.

1. 유형자산: 내용연수가 끝나는 시점의 예상처분대가에서 예상처분원가를 차감한 금액으로 추정한다.

2. 무형자산: 잔존가치는 없는 것으로 한다. 다만, 경제적 내용연수보다 짧은 상각기간을 정한 경우, 상각기간이 끝나는 시점에 잔존가치가 존재할 가능성이 매우 높다면 제1호를 준용할 수 있다.

⑦ 유형자산과 무형자산의 내용연수는 자산의 예상 사용기간이나 생산량 등을 고려하여 합리적으로 결정한다. 이 경우 무형자산의 상각기간은 독점적·배타적인 권리를 주는 관계 법령이나 계약에서 정해진 경우를 제외하고는 20년을 초과할 수 없다. 다만, 내용연수는 법인세법 제23조에 따라 결정할 수 있다.

⑧ 유형자산의 감가상각방법과 무형자산의 상각방법은 다음 각 호에서 정하는 방법 중 하나를 선택한다. 다만, 사업결합에서 발생한 영업권에는 정액법을 사용한다.

1. 유형자산: 정액법, 정률법, 생산량비례법

2. 무형자산: 정액법, 생산량비례법

⑨ 잔존가치 또는 내용연수에 대한 추정이 변경되거나 감가상각방법·상각방법이 변경되는 경우에는 전진적으로 회계처리하여 그 효과를 당기와 그 이후의 회계연도에 반영한다.

제39조(유가증권의 평가)

① 유가증권의 취득원가에는 거래원가를 포함한다. 다만, 시장가격이 있는 유가증권의 경우 해당 자산의 거래원가를 최초 인식하는 시점에 비용으로 회계처리한다.

② 시장가격이 있는 유가증권은 시장가격으로 평가하고 시장가격 변동에 따른 보유손익은 단기투자자산평가손익 등으로 회계처리한다. 이 경우 시장가격이 있는 유가증권이란 한국거래소가 개설한 유가증권시장, 코스닥시장 또는 공신력 있는 외국의 증권거래시장(뉴욕증권거래소, 런던증권거래소 등)에서 거래되는 지분증권과 채무증권을 말한다. 다만, 시장가격으로 평가해 온 유가증권이 시장성을 잃으면 그 시점의 장부금액으로 평가한다.

③ 시장가격이 없는 주식, 출자금 등의 지분증권은 취득원가로 측정한다.

④ 시장가격이 없는 국채·공채, 회사채 등의 채무증권은 장부금액과 만기금액에 차이가 있는 경우 그 차이를 상환기간에 걸쳐 유효이자율법이나 정액법으로 상각하여 장부금액과 이자수익에 반영한다.

⑤ 시장가격이 없는 유가증권에 손상이 발생하였다는 객관적인 증거가 있으면 회수가능액을 추정하여 장부금액과의 차이를 손상차손으로 인식한다. 다만, 손상차손을 인식할 필요가 없다는 명백한 증거가 있거나 손상차손 금액이 중요하지 않은 경우에는 손상차손을 인식하지 않을 수 있다.

⑥ 손상차손이 회복된 경우에는 이전에 인식하였던 손상차손 금액을 한도로 하여 회복된 금액을 손상차손환입으로 인식한다.

제40조(매출채권 등의 평가)

① 제36조제1항에도 불구하고 매출채권, 대여금, 미수금, 미수수익 등(이하 '매출채권 등'이라 한다)은 현재가치평가를 아니할 수 있다.

② 매출채권 등의 장부금액과 만기금액에 차이가 있는 경우 그 차이를 상환기간에 걸쳐 유효이자율법이나 정액법으로 상각하여 장부금액과 이자수익에 반영한다.

③ 원금이나 이자 등의 일부 또는 전부를 회수하지 못할 가능성이 있는 매출채권 등은 합리적이고 객관적인 기준에 따라 대손추산액을 산출하여 대손충당금으로 설정하고, 기존 대손충당금 잔액과의 차이는 대손상각비로 인식한다.

④ 매출채권 등의 원금이나 이자 등의 일부 또는 전부를 회수할 수 없게 된 경우, 대손충당금과 상계하고, 대손충당금이 부족한 경우에는 그 부족액을 대손상각비로 인식한다.

⑤ 제3항과 제4항의 경우 매출채권에 대한 대손상각비는 판매비와관리비의 대손상각비로, 그 밖의 채권에 대한 대손상각비는 영업외비용

의 기타대손상각비로 구분한다.

제41조(매입채무 등의 평가)

① 매입채무, 차입금, 사채, 미지급금, 미지급비용, 예수금 등(이하 '매입채무 등'이라 한다)은 부담하는 채무액으로 최초에 측정한다. 다만, 현재가치평가를 아니할 수 있다.

② 매입채무 등의 장부금액과 만기금액에 차이가 있는 경우 그 차이를 상환기간에 걸쳐 유효이자율법이나 정액법으로 상각하여 장부금액과 이자비용에 반영한다.

제42조(외화거래)

① 외화로 이루어지는 거래는 최초에 그 거래일의 외화와 원화 사이의 현물환율을 외화금액에 적용하여 인식한다.

② 화폐성외화자산·부채는 매 회계연도 말에 마감환율로 다시 환산하고, 비화폐성외화자산·부채는 해당 자산을 취득하거나 해당 부채를 부담한 당시의 환율로 환산한다.

③ 화폐성외화자산·부채의 환산에서 발생하는 외화환산손익 및 결제시점에 발생하는 외환차손익은 해당 손익이 발생하는 회계연도의 손익으로 인식한다.

제5장 회계정책·회계추정의 변경과 오류수정

제43조(회계정책 및 회계추정의 변경)

① 재무제표를 작성할 때 채택한 회계정책이나 회계추정은 비슷한 종류의 사건 또는 거래의 회계처리에도 동일하게 적용한다.

② '회계정책의 변경'이란 재무제표의 작성에 적용하던 회계정책을 다

른 회계정책으로 바꾸는 것을 말한다. 이 경우 회계정책의 변경에는 재고자산의 단위원가결정방법 변경과 유형자산의 감가상각방법 변경 등이 포함된다.

③ 이 기준에서 변경을 요구하거나, 회계정책의 변경을 반영한 재무제표가 신뢰성 있고 더 목적적합한 정보를 제공하는 경우에만 회계정책을 변경할 수 있다.

④ '회계추정의 변경'이란 환경의 변화, 새로운 정보의 입수 또는 경험의 축적에 따라 회계적 추정치의 근거와 방법 등을 바꾸는 것을 말한다. 이 경우 회계추정에는 대손의 추정, 재고자산의 진부화 여부에 대한 판단과 평가, 충당부채의 추정, 감가상각자산의 내용연수 또는 잔존가치의 추정 등이 포함된다.

⑤ 회계정책 또는 회계추정의 변경은 전진적으로 회계처리하여 그 효과가 당기와 그 이후의 회계연도에 반영되도록 한다.

제44조(오류수정)

① '오류수정'이란 전기 또는 그 이전 회계연도의 재무제표에 포함된 회계적 오류를 당기에 발견하여 수정하는 것을 말한다.

② 당기에 발견한 전기 또는 그 이전 회계연도의 오류는 당기에 영업외손익의 전기오류수정손익으로 회계처리한다.

제6장 자본거래

제45조(주식의 발행)

① 주식(상환우선주 등을 포함한다)을 발행하는 경우에는 다음 각 호에 따라 회계처리한다.

1. 주식의 발행금액이 액면금액보다 큰 경우: 그 차액을 자본잉여금의

주식발행초과금으로 회계처리한다.

2. 주식의 발행금액이 액면금액보다 작은 경우: 그 차액을 주식발행초과금의 범위에서 상계하고, 남아있는 금액이 있으면 자본조정의 주식할인발행차금으로 회계처리한다.

② 이익잉여금 처분 등으로 상각되지 않은 주식할인발행차금은 향후 발생하는 주식발행초과금과 우선적으로 상계한다.

③ 자본잉여금이나 이익잉여금을 자본금에 전입하여 주주에게 무상으로 신주를 발행하는 경우에는 주식의 액면금액을 주식의 발행금액으로 한다.

第46條(자기주식의 취득과 처분)

① 주식을 발행한 회사가 발행된 주식을 다시 취득하는 경우에는 그 취득원가를 자본조정의 자기주식으로 회계처리한다.

② 자기주식을 처분하는 경우에는 다음 각 호에 따라 회계처리한다.

1. 처분금액이 장부금액보다 큰 경우: 그 차액을 자본잉여금의 자기주식처분이익으로 회계처리한다.

2. 처분금액이 장부금액보다 작은 경우: 그 차액을 자기주식처분이익의 범위에서 상계하고, 남아있는 금액이 있으면 자본조정의 자기주식처분손실로 회계처리한다.

③ 이익잉여금 처분 등으로 상각되지 않은 자기주식처분손실은 향후 발생하는 자기주식처분이익과 우선적으로 상계한다.

第47條(주식의 소각)

① 자기주식을 소각하는 경우에는 다음 각 호에 따라 회계처리한다.

1. 주식의 취득원가가 액면금액보다 작은 경우: 그 차액을 자본잉여금의 감자차익으로 회계처리한다.

2. 주식의 취득원가가 액면금액보다 큰 경우: 그 차액을 감자차익의 범위에서 상계하고, 남아있는 금액이 있으면 자본조정의 감자차손으로 회계처리한다.

② 감자차손이 이익잉여금 처분 등으로 상각되지 않고 남은 잔액은 향후 발생하는 감자차익과 우선적으로 상계한다.

③ 발행한 주식을 이익으로 소각하는 경우에는 소각하는 주식의 취득원가에 해당하는 이익잉여금을 감소시킨다.

④ 주주에게 순자산을 반환하지 않으면서 주식의 액면금액이나 주식수를 감소시키는 경우에는 감소되는 액면금액 또는 감소되는 주식수에 해당하는 액면금액을 자본잉여금의 감자차익으로 회계처리한다.

제48조(배당)

① 주주에게 현금으로 배당하는 경우에는 그 배당액을 이익잉여금에서 차감한다.

② 주주에게 주식으로 배당하는 경우에는 발행주식의 액면금액을 배당액으로 하여 자본금을 증가시키고 이익잉여금을 감소시킨다.

제7장 특수 거래

제49조(리스거래)

① '리스거래'란 리스제공자가 자산의 사용권을 합의된 기간 동안 리스이용자에게 이전하고, 리스이용자는 사용료를 지급하는 계약을 말한다.

② 자산의 소유권이 실질적으로 리스이용자에게 이전되는 리스거래는 금융리스로, 그 밖의 경우는 운용리스로 분류한다. 이 경우, 소유권이 실질적으로 이전되는지는 계약의 형식이 아닌 거래의 실질적인 내용에 따라 판단한다.

③ 운용리스이용자는 보증잔존가치를 차감한 최소리스료를 보다 체계적으로 인식할 수 있는 기준이 없다면, 리스기간에 걸쳐 균등하게 배분하여 비용으로 인식한다. 이 경우 '최소리스료'란 리스이용자가 리스제공자에게 지급해야 하는 금액을 말한다.

④ 금융리스이용자는 리스자산을 장기할부로 구입한 것으로 보아 최소리스료를 리스제공자의 내재이자율로 할인한 금액과 리스자산의 공정가치 중 적은 금액을 금융리스자산과 금융리스부채로 인식하고, 금융리스자산은 리스이용자가 보유한 다른 유사한 자산과 일관성 있게 감가상각한다.

제50조(정부보조금과 공사부담금)

① 정부보조금은 해당 보조금에 부수되는 조건을 준수하고, 이를 수취할 것이라는 확신이 있을 때 인식한다.

② 자산의 취득과 관련하여 정부보조금(비화폐성자산을 포함한다)을 받은 경우에는 다음 각 호에 따라 회계처리한다.

1. 관련 자산을 취득하기 전: 정부보조금의 금액을, 받은 자산(받은 자산을 일시적으로 운용하기 위해 취득한 다른 자산을 포함한다)의 차감계정으로 회계처리한다.

2. 관련 자산을 취득하는 시점 및 이후: 정부보조금의 금액을 관련 자산의 차감계정으로 회계처리하고, 관련 자산의 내용연수에 걸쳐 (감가)상각금액과 상계하며, 해당 자산을 처분할 때 그 잔액을 처분손익에 반영한다. 다만, 정부보조금의 금액을 관련 자산의 취득금액에서 직접 차감할 수 있다.

③ 수익과 관련하여 정부보조금을 받은 경우에는 다음 각 호에 따라 회계처리한다.

1. 정부보조금을 사용하기 위하여 특정한 조건을 충족해야 하는 경우: 조건을 충족하기 전까지는 받은 정부보조금을 부채(선수수익)로 회계처리한다.

2. 정부보조금이 특정 비용을 보전할 목적으로 지급된 경우: 해당 비용과 상계한다.

3. 정부보조금에 대응되는 비용이 없는 경우: 회사의 주된 영업활동과 직접적인 관련이 있다면 영업수익으로, 그 밖의 경우에는 영업외수익으로 회계처리한다.

④ 공사부담금의 회계처리는 제1항부터 제3항까지를 준용한다.

제51조(사업결합)

① 합병, 영업양수도 등과 같은 사업결합을 하는 경우, 취득일에 별도로 식별되는 취득 자산과 인수 부채는 취득일의 공정가치로 측정한다. 다만, 다음 각 호의 어느 하나에 해당하면 해당 자산이나 부채를 피취득자의 장부금액으로 측정할 수 있다.

1. 취득일의 공정가치가 피취득자의 장부금액과 중요한 차이가 없는 경우

2. 공정가치를 측정하기 어려운 경우

② 이전대가가 제1항에 따라 측정된 자산과 부채의 순액보다 큰 경우 그 차이를 무형자산의 영업권으로 인식한다.

③ 이전대가가 제1항에 따라 측정된 자산과 부채의 순액보다 작은 경우 그 차이를 염가매수차익으로 하여 당기에 이익으로 인식한다.

다만, 법인세법 제44조의2에 따라 회계처리할 수 있다.

제8장 자본변동표

제52조(자본변동표)

① 자본변동표는 자본의 크기와 그 변동에 관한 정보를 제공하는 재무보고서이다.

② 자본변동표에는 자본의 각 항목별로 다음 각 호와 같이 구분하여 기초 잔액, 변동사항과 기말 잔액을 표시한다. [별지 제3호 서식 참조]

1. 자본금의 변동: 유상증자(감자), 무상증자(감자)와 주식배당 등에 의하여 발생한다.

2. 자본잉여금의 변동: 유상증자(감자), 무상증자(감자), 결손금처리 등에 의하여 발생하며, 주식발행초과금과 기타자본잉여금으로 구분하여 표시한다.

3. 자본조정의 변동: 자기주식은 구분하여 표시하고, 기타자본조정은 통합하여 표시할 수 있다.

4. 이익잉여금의 변동: 연차배당(현금배당과 주식배당으로 구분한다), 중간배당, 그 밖의 전기 말 미처분이익잉여금의 처분 및 당기순이익(또는 당기순손실)으로 구분하여 표시한다.

제9장 이익잉여금처분계산서 및 결손금처리계산서

제53조(이익잉여금처분계산서)

① 이익잉여금처분계산서는 이익잉여금의 처분사항을 보고하는 재무보고서이다.

② 이익잉여금처분계산서의 항목은 다음 각 호와 같이 구분하여 표시한다. [별지 제4호 서식 참조]

1. 미처분이익잉여금: 전기이월미처분이익잉여금(또는 전기이월미처리결손금)에 중간배당액 및 당기순이익(또는 당기순손실) 등을 차감하거나 가산한 금액으로 한다.

2. 임의적립금등의 이입액: 임의적립금 등을 이입하여 당기의 이익잉여금처분에 충당하는 경우에는 그 금액을 미처분이익잉여금에 가산하는 형식으로 표시한다.

3. 이익잉여금처분액: 이익잉여금의 처분은 다음 각 목의 항목으로 구분하여 표시한다.

가. 이익준비금

나. 기타법정적립금

다. 이익잉여금처분에 의한 상각 등: 주식할인발행차금상각, 자기주식처분손실잔액 등으로 구분한다.

라. 배당금: 당기에 처분할 배당액을 현금배당과 주식배당으로 구분하여 표시한다.

마. 임의적립금

4. 차기이월미처분이익잉여금: 미처분이익잉여금과 임의적립금이입액의 합계에서 이익잉여금처분액을 차감한 금액으로 한다.

제54조(결손금처리계산서)

① 결손금처리계산서는 결손금의 처리사항을 보고하는 재무보고서이다.

② 결손금처리계산서의 항목은 다음 각 호와 같이 구분하여 표시한다. [별지 제5호 서식 참조]

1. 미처리결손금: 전기이월미처리결손금(또는 전기이월미처분이익잉여금)에 중간배당액 및 당기순이익(또는 당기순손실) 등을 차감하거나 가산한 금액으로 한다.

2. 결손금처리액: 임의적립금이입액, 기타법정적립금이입액, 이익준비금이입액, 자본잉여금이입액으로 구분하여 표시한다.

3. 차기이월미처리결손금: 미처리결손금에서 결손금처리액을 차감한 금액으로 한다.

제10장 주석

제55조(주석의 정의) '주석'이란 대차대조표·손익계산서와 자본변동표 또는 이익잉여금처분계산서(또는 결손금처리계산서)에 표시된 항목을 구체적으로 설명하거나 세분화하는 정보와 해당 재무제표의 인식 조건을 충족하지 못하는 항목에 대해 추가적으로 제공하는 정보를 말한다.

제56조(주석 기재 사항) 다음 각 호의 사항은 주석으로 기재할 수 있다.

1. 중소기업회계기준에 따라 재무제표를 작성하였다는 사실

2. 이 기준에서 둘 이상의 회계정책 가운데 하나를 선택할 수 있게 하는 경우, 적용된 회계정책

3. 회계정책의 변경과 오류수정의 내용

4. 매입채무, 차입금, 사채, 미지급금 등 현금 등으로 상환하여야 하는 부채의 주요 내용

5. 제공한 담보·보증의 주요 내용

6. 특수관계인(법인세법 시행령 제87조의 정의에 따른다)과의 중요한 거래의 내용

7. 타인으로부터 제기된 회계연도 말 현재 진행 중인 소송 사건의 내용, 소송금액, 진행 상황 등

8. 매출채권 등을 양도한 경우, 만기가 도래하지 않은 부분의 금액과 양도의 조건

9. 정부보조금 또는 공사부담금을 관련 자산에서 직접 차감한 경우 해당 회계연도에 수령한 정부보조금 또는 공사부담금의 금액 및 관련 내용

10. 대차대조표, 손익계산서, 자본변동표 또는 이익잉여금처분계산서(또는 결손금처리계산서)의 본문에 표시되지 않는 사항으로서 재무제표를 이해하는 데 필요한 추가 정보

부 칙 (2013. 2. 1.)

제1조(시행일) 이 기준은 2014년 1월 1일 이후 최초로 시작되는 회계연도부터 적용한다. 다만, 2013년 1월 1일 이후 최초로 시작되는 회계연도부터 적용할 수 있다.

제2조(최초 적용에 관한 경과조치)

① 이 기준을 처음 적용한 회계연도 전에 발생한 거래 또는 사건 등으로 인하여 재무제표에 표시되는 항목은 그 직전 회계연도 말의 장부금액을 이 기준에 따른 최초 장부금액으로 본다. 다만, 특정 항목이 실질을 반영하지 못하는 경우 최초 장부금액을 수정하고, 그에 따른 영향은 기초 이익잉여금(적절하다면 자본의 다른 항목)에 반영한다.

② 제1항 본문에 따라 재무제표를 작성하는 경우 종전 회계기준에 따른 기타포괄손익누계액(해외사업환산손익, 현금흐름위험회피 파생상품평가손익은 제외한다)은 이익잉여금으로 재분류한다.

③ 다음 각 호의 사항은 주석으로 기재할 수 있다.

1. 직전 회계연도까지 적용한 회계기준의 명칭

2. 제1항 단서에 따라 이 기준을 처음 적용하면서 일부 항목을 수정한 경우 다음 각 목의 사항

가. 수정한 항목

나. 자산 또는 부채의 기초 장부금액에 미친 영향

다. 이익잉여금 등 기초 자본에 미친 영향

[별지 제1호 서식]

대 차 대 조 표

제×기 20××년×월×일 현재
제×기 20××년×월×일 현재

회사명 (단위 : 원)

과 목	당 기		전 기	
자 산				
유동자산		×××		×××
당좌자산		×××		×××
현금및현금성자산	×××		×××	
단기투자자산	×××		×××	
매출채권	×××		×××	
(−) 대손충당금	(×××)		(×××)	
선급비용	×××		×××	
미수수익	×××		×××	
미수금	×××		×××	
(−) 대손충당금	(×××)		(×××)	
선급금	×××		×××	
……	×××		×××	
재고자산		×××		×××
상품	×××		×××	
제품	×××		×××	
재공품	×××		×××	
원재료	×××		×××	
저장품	×××		×××	
……	×××		×××	
비유동자산		×××		×××
투자자산		×××		×××
투자부동산				
장기투자증권				
장기대여금				
……				
유형자산		×××		×××
토지	×××		×××	
건물	×××		×××	
(−) 감가상각누계액	(×××)		(×××)	
구축물	×××		×××	
(−) 감가상각누계액	(×××)		(×××)	
기계장치	×××		×××	

(−) 정부보조금	(×××)		(×××)	
(−) 감가상각누계액	(×××)		(×××)	
차량운반구	×××		×××	
(−) 감가상각누계액	(×××)		(×××)	
건설중인자산	×××		×××	
……	×××		×××	
무형자산		×××		×××
지식재산권	×××		×××	
개발비	×××		×××	
컴퓨터소프트웨어	×××		×××	
광업권	×××		×××	
임차권리금	×××		×××	
영업권	×××		×××	
……	×××		×××	
기타비유동자산		×××		×××
임차보증금	×××		×××	
장기매출채권	×××		×××	
장기선급비용	×××		×××	
장기미수금	×××		×××	
……	×××		×××	
자 산 총 계		×××		×××
부　채				
유동부채		×××		×××
단기차입금	×××		×××	
매입채무	×××		×××	
미지급법인세	×××		×××	
미지급비용	×××		×××	
미지급금	×××		×××	
선수금	×××		×××	
선수수익	×××		×××	
예수금	×××		×××	
유동성장기부채	×××		×××	
……	×××		×××	
비유동부채		×××		×××
장기매입채무	×××		×××	
사채	×××		×××	
장기차입금	×××		×××	
퇴직급여충당부채	×××		×××	
……	×××		×××	
부 채 총 계		×××		×××

자 본				
자본금		×××		×××
보통주자본금	×××		×××	
우선주자본금	×××		×××	
자본잉여금		×××		×××
주식발행초과금	×××		×××	
자기주식처분이익	×××		×××	
감자차익	×××		×××	
……	×××		×××	
자본조정		×××		×××
주식할인발행차금	×××		×××	
자기주식	×××		×××	
자기주식처분손실	×××		×××	
감자차손	×××		×××	
……	×××		×××	
이익잉여금(또는 결손금)		×××		×××
법정적립금	×××		×××	
임의적립금	×××		×××	
미처분이익잉여금 (또는 미처리결손금)	×××		×××	
자 본 총 계		×××		×××
부채 및 자본 총계		×××		×××

이 대차대조표는 중소기업회계기준에 따라 작성되었습니다.

[별지 제2호 서식]

손 익 계 산 서

제×기 20××년×월×일부터 20××년×월×일까지
제×기 20××년×월×일부터 20××년×월×일까지

회사명 (단위 : 원)

과 목	당 기		전 기	
매출액		×××		×××
매출원가		×××		×××
기초제품(또는 상품)재고액	×××		×××	
당기제품제조원가	×××		×××	
(또는 당기상품매입액)				
기말제품(또는 상품)재고액	×××		×××	
매출총이익(또는 매출총손실)		×××		×××
판매비와관리비		×××		×××
급여	×××		×××	
퇴직급여	×××		×××	
복리후생비	×××		×××	
임차료	×××		×××	
접대비	×××		×××	
감가상각비	×××		×××	
무형자산상각비	×××		×××	
세금과공과	×××		×××	
광고선전비	×××		×××	
연구비	×××		×××	
경상개발비	×××		×××	
대손상각비	×××		×××	
……	×××		×××	
영업이익(또는 영업손실)		×××		×××
영업외수익		×××		×××
이자수익	×××		×××	
배당금수익	×××		×××	
임대료	×××		×××	
단기투자자산처분이익	×××		×××	
단기투자자산평가이익	×××		×××	
외환차익	×××		×××	
외화환산이익	×××		×××	
장기투자증권손상차손환입	×××		×××	
유형자산처분이익	×××		×××	
사채상환이익	×××		×××	
전기오류수정이익	×××		×××	
……	×××		×××	

영업외비용		×××		×××
이자비용	×××		×××	
기타대손상각비	×××		×××	
단기투자자산처분손실	×××		×××	
단기투자자산평가손실	×××		×××	
재고자산감모손실	×××		×××	
외환차손	×××		×××	
외화환산손실	×××		×××	
기부금	×××		×××	
장기투자증권손상차손	×××		×××	
유형자산처분손실	×××		×××	
사채상환손실	×××		×××	
전기오류수정손실	×××		×××	
……	×××		×××	
법인세비용차감전순이익 **(또는 법인세비용차감전순손실)**		×××		×××
법인세비용		×××		×××
당기순이익(또는 당기순손실)		×××		×××

이 손익계산서는 중소기업회계기준에 따라 작성되었습니다.

[별지 제3호 서식]

자 본 변 동 표

제×기 20××년×월×일부터 20××년×월×일까지
제×기 20××년×월×일부터 20××년×월×일까지

회사명 (단위 : 원)

구 분	자본금	자본 잉여금	자본조정	이익 잉여금	총 계
20××.×.×(보고금액)	×××	×××	×××	×××	×××
연차배당				(×××)	(×××)
처분후 이익잉여금				×××	×××
중간배당				(×××)	(×××)
당기순이익(손실)				×××	×××
자기주식 취득			(×××)		(×××)
20××.×.×	×××	×××	×××	×××	×××
20××.×.×(보고금액)	×××	×××	×××	×××	×××
연차배당				(×××)	(×××)
처분후 이익잉여금				×××	×××
중간배당				(×××)	(×××)
유상증자(감자)	×××	×××			×××
당기순이익(손실)				×××	×××
해외사업환산손익			×××		×××
20××.×.×	×××	×××	×××	×××	×××

이 자본변동표는 중소기업회계기준에 따라 작성되었습니다.

[별지 제4호 서식]

이익잉여금처분계산서

제 × 기	20××년×월×일부터 20××년×월×일까지	제 × 기	20××년×월×일부터 20××년×월×일까지
처분예정일	20××년×월×일	처분확정일	20××년×월×일

회사명 (단위 : 원)

구 분	당 기		전 기	
미처분이익잉여금		×××		×××
전기이월미처분이익잉여금 (또는 전기이월미처리결손금)	×××		×××	
중간배당액	×××		×××	
당기순이익(또는 당기순손실)	×××		×××	
임의적립금등의이입액		×××		×××
×××적립금	×××		×××	
×××적립금	×××		×××	
합 계		×××		×××
이익잉여금처분액		×××		×××
이익준비금	×××		×××	
기타법정적립금	×××		×××	
주식할인발행차금상각액	×××		×××	
배당금	×××		×××	
현금배당	×××		×××	
주식배당	×××		×××	
……	×××		×××	
차기이월미처분이익잉여금		×××		×××

이 이익잉여금처분계산서는 중소기업회계기준에 따라 작성되었습니다.

[별지 제5호 서식]

결손금처분계산서

제 × 기	20××년×월×일부터 20××년×월×일까지	제 × 기	20××년×월×일부터 20××년×월×일까지
처분예정일	20××년×월×일	처분확정일	20××년×월×일

회사명 (단위 : 원)

구 분	당 기		전 기	
미처리결손금		×××		×××
전기이월미처리결손금 (또는 전기이월미처분이익잉여금)	×××		×××	
중간배당액	×××		×××	
당기순이익(또는 당기순손실)	×××		×××	
결손금처리액		×××		×××
임의적립금이입액	×××		×××	
법정적립금이입액	×××		×××	
자본잉여금이입액	×××		×××	
차기이월미처리결손금		×××		×××

이 결손금처리계산서는 중소기업회계기준에 따라 작성되었습니다.

찾아보기

◀ ㅌ ▶

◀ ㅍ ▶

◀ ㅎ ▶

‖ 저자소개 ‖

최 진 현

부산대학교 상과대학 경영학과
부산대학교 대학원 경영학과 경영학석사
부산대학교 대학원 경영학과 경영학박사
University of Illinois 연구교수
한국국제회계학회 제13대 회장
현 경상대학교 경영대학 교수

[업적]
소연방회계제도의 특성과 발전에 관한 연구(한국경영학회, 1993)
러시아 합작투자기업회계의 특징과 쟁점(대한경영학회, 1998)
중국회계의 제도적 분석(한국회계정보학회, 2000)외 20여 편
회계언어론의 기초(도서출판 대명, 2006)
지방자치단체 실무회계(무역경영사, 2007)
병원관리회계(도서출판 대명, 2008)
K-IFRS 회계트래킹(무역경영사, 2012)

權 藝 卿

경상대학교 대학원 회계학과 경영학석사
경상대학교 대학원 회계학과 회계학박사
Associate Professor, Dept. of Accounting, School of Accounting,
Zhejiang University of Finance and Economics
동서대학교 경영학부 경영학과 조교수

[업적]
중국의 신회계제도와 이익조정가능성(한국회계정보학회, 2004)
중국 회계제도개혁 이후의 이익정보의 질적 개선여부(한국경영학회, 2005)
중국 회계제도 개혁의 배경과 중점(한국비영리학회, 2005)
지방공기업의 지배구조가 대리인비용에 미치는 영향(국제회계학회, 2010)
국제회계기준의 잠재적 신자유주의(국제회계학회, 2013)

회계제도론

2013년 3월 5일 인쇄
2013년 3월 10일 발행

저 자 : 최 진 현 · 權 藝 卿
펴 낸 이 : 박 노 일
펴 낸 곳 : 피앤씨미디어
주 소 : 경기도 고양시 일산동구 강송로 153
310-1501(마두동,강촌마을)
전 화 : 070-7550-3758
팩 스 : 02-718-8554
이 메 일 : pului@hanmail.net

ISBN 978-89-98786-29-8 (93320)

정가 22,000원